Paris
1881

Gambetta, léon

*Discours et plaidoyers politiques*

11vol

# DISCOURS

ET

## PLAIDOYERS POLITIQUES

DE

# M. GAMBETTA

IV

PARIS

TYPOGRAPHIE GEORGES CHAMEROT

19, RUE DES SAINTS-PÈRES, 19

# DISCOURS

ET

## PLAIDOYERS POLITIQUES

DE

# M. GAMBETTA

PUBLIÉS PAR M. JOSEPH REINACH

## IV

### TROISIÈME PARTIE

(10 Juin 1873 — 31 Décembre 1875)

ÉDITION COMPLÈTE

## PARIS

G. CHARPENTIER, ÉDITEUR

13, RUE DE GRENELLE-SAINT-GERMAIN, 13

1881

# DISCOURS

SUR

## UNE DÉPÊCHE CONFIDENTIELLE DU MINISTRE DE L'INTÉRIEUR

DISCUSSION DE L'INTERPELLATION DE

MM. GAMBETTA, LEPÈRE, CHALLEMEL-LACOUR, HENRI BRISSON

ET PLUSIEURS DE LEURS COLLÈGUES

SUR LA SUSPENSION DU JOURNAL « LE CORSAIRE »

*Prononcé le 10 juin 1873*

A L'ASSEMBLÉE NATIONALE

———————

Dans la notice qui termine le troisième volume, nous nous sommes arrêtés au vote par lequel 390 membres de l'Assemblée nationale avaient élu le maréchal de Mac-Mahon président de la République en remplacement de M. Thiers (séance de nuit du 24 mai 1873). Le lendemain matin, (25 mai), le placard suivant était affiché sur les murs de Paris :

« RÉPUBLIQUE FRANÇAISE

« *Aux préfets.*

« Je viens d'être appelé par la confiance de l'Assemblée « nationale à la présidence de la République.

« Aucune atteinte ne sera portée aux lois existantes et aux « institutions.

« Je réponds de l'ordre matériel et je compte sur votre « vigilance et sur votre concours patriotique.

« Le ministère sera constitué aujourd'hui même.

« *Le Président de la République*

« DE MAC-MAHON. »

Quelques heures plus tard, le nouveau président de la République signa dix décrets qui ratifiaient la composition

du cabinet telle qu'elle avait été préparée depuis plusieurs
jours. Le duc de Broglie devenait ministre des affaires étrangères et vice-président du conseil, M. Ernoul, ministre de la
justice, M. Beulé, ministre de l'intérieur, M. Batbie, ministre de l'instruction publique, le général de Cissey, ministre de la guerre par intérim, le vice-amiral de Dompierre
d'Hornoy, ministre de la marine, M. Deseilligny, ministre
des travaux publics, M. Magne, ministre des finances,
M. de la Bouillerie, ministre de l'agriculture et du commerce,
et M. Ernest Pascal, sous-secrétaire d'État du ministre de
l'intérieur. Le cléricalisme était la note dominante de ce
cabinet, dont tous les membres, à l'exception de M. Magne,
avaient voté contre l'ordre du jour sur les pétitions des
évêques relatives au pouvoir temporel. (V. Tome II, p. 36-38.)

Aussitôt installé, le cabinet du 25 mai se mit à l'œuvre.
Le duc de Broglie rédigea un message présidentiel où il
insista particulièrement sur la nécessité de reporter à un
avenir éloigné les discussions constitutionnelles, et ses
collègues procédèrent résolument à la révocation de tous
les fonctionnaires qui, de près ou de loin, touchaient au
gouvernement de la Défense nationale ou à la présidence de
M. Thiers. Cela s'appela, dans la presse réactionnaire,
« préparer la restauration de l'ordre moral », et ces héca-
tombes, pendant huit jours, furent tout le programme
politique du cabinet.

A vrai dire, il ne pouvait pas en avoir d'autre. Tant qu'il
ne s'était agi dans les couloirs de l'Assemblée que de renverser celui que M. Veuillot appelait « le sinistre vieillard »,
M. de Broglie, M. Chesnelong et M. Rouher avaient pu marcher
d'accord. Mais M. Thiers une fois renversé, mais les portefeuilles et les places une fois distribués entre les principaux
complices, la coalition ne pouvait subsister qu'à la condition de ne rien faire. Formée de trois partis qui avaient
l'horreur les uns des autres et dont les principes étaient
absolument contraires, elle ne pouvait recommander ni la
République, ni l'Empire, ni la Royauté légitime, ni la monarchie constitutionnelle, ni quoi que ce fût qui ressemblât
à quelque chose. Elle était condamnée à ne parler que
d'ordre moral. Mais quel spectacle plus immoral que celui
d'une coalition qui était impuissante, sauf pour la destruc-
tion et pour la curée?

L'Assemblée nationale, qui s'était séparée le 30 mai, reprit ses séances le 5 juin. Quatre jours plus tard, elle apprit de quelles armes le gouvernement de combat comptait se servir pour « faire respecter partout la loi, en lui donnant à tous les degrés des organes qui la respectent et se respectent eux-mêmes ». (*Message présidentiel du 26 mai.*) Voici dans quelles circonstances :

Le 8 juin, un arrêté du gouverneur de Paris avait interdit la publication du journal le *Corsaire*, coupable d'avoir attaqué l'ordre établi, d'être par la violence de sa polémique une menace incessante contre la paix publique, et d'avoir ouvert une souscription « dont le but réel était de constituer une véritable association politique permanente et contraire à la loi ». Les députés de la gauche demandèrent aussitôt à interpeller le gouvernement sur cet acte d'arbitraire, et M. Beulé, heureux de trouver une occasion de faire ses débuts sur un terrain où il se sentait assuré de l'appui de toute la majorité, se déclara aux ordres de l'Assemblée. La discussion de l'interpellation fut fixée au lendemain 10 juin.

La séance ouvrit par un discours de M. Lepère, qui montra avec une rare vigueur quelle était la contradiction flagrante entre les actes et les déclarations des hommes du 24 mai : « En venant demander compte au gouvernement de la suppression du journal le *Corsaire*, dit le député de l'Yonne, vous comprenez parfaitement, Messieurs, que le mobile de notre interpellation n'est ni dans l'individualité, ni dans la personnalité de ce journal, ni dans les doctrines dont il est l'organe. La question est plus haut : c'est la liberté de la presse qui est engagée dans le débat. » Puis, après avoir discuté point par point les considérants de l'arrêté qui supprimait le *Corsaire* : « Le gouverneur de Paris déclare qu'il a supprimé le *Corsaire* parce que ce journal s'est attaqué à l'ordre établi. Mais de quel ordre établi veut-on parler? Est-ce de l'ordre républicain ? Mais quelle atteinte n'y portent pas les journaux qui considèrent les républicains comme des Sarrasins? Si c'était l'ordre monarchique, alors je ne comprendrais plus cette déclaration du gouvernement que rien ne sera changé aux institutions transmises, par l'illustre homme d'État qui n'est plus au pouvoir, à l'illustre guerrier qui le remplace.

« Nous croyons que le dépôt de la République est en des mains honnêtes : nous en avons la parole d'un honnête homme et d'un soldat. Le gouvernement ne peut donc poursuivre un journal pour atteinte à l'ordre monarchique.

« Veut-on parler de l'ordre moral? Mais comment le gouvernement l'entend-il? Et de quel côté est l'ordre moral?

« Cette suppression est une œuvre de bon plaisir, et mieux eût valu une suppression sèche, une suppression sans phrases.

« Mais alors où en sommes-nous arrivés? Je me reporte au souvenir de l'Empire, à cet arbitraire qui avait du moins une certaine organisation et présentait un reste de garantie. Aujourd'hui c'est la suppression telle qu'on la pratiquait au lendemain même du 2 décembre, quand la dictature qui s'était jetée sur le pays voulait faire le silence autour de cet attentat.

« Voilà sur quel terrain nous sommes conduits. Et par qui?

« Laissez-moi vous rappeler ce que disait, au milieu de vos applaudissements, le rapporteur de la loi sur les délits de presse : c'est sous sa présidence que l'arrêté que je signale a été rendu :

« Notre projet est avant tout un projet de liberté. Il y a
« quelque mérite pour cette Assemblée à répondre par une
« loi de liberté aux violentes passions qui s'agitent jusqu'à
« ses portes. Mais elle sait ce que valent ces remèdes factices
« de compression matérielle, ce qu'ils coûtent et ce qu'ils
« produisent.

« Elle peut juger si pendant vingt ans ces remèdes ont
« arrêté le mal; elle ne veut plus rentrer dans cette voie, elle
« veut les remèdes douloureux, mais vigoureux et virils, de la
« liberté! »

« Le *Journal officiel* ajoutait : Applaudissements, félicitations.

« Et nous étions, nous aussi, de ceux qui applaudissaient. Et voilà qu'aujourd'hui on a recours à des mesures dictatoriales qu'on croit seules efficaces. Est-ce donc là le libéralisme parlementaire?

« Singuliers libéraux, singuliers conservateurs que ceux qui oublient qu'un journal est une propriété, un capital, un instrument de travail pour une centaine de familles! Si

c'est là l'ordre moral que vous nous promettez, il est singulièrement qualifié !

« J'ignore ce que l'Assemblée décidera, mais j'aime à
croire qu'elle ne voudra pas laisser protester cette parole
prononcée à la tribune par M. de Castellane :

« C'est encore dans l'Assemblée que se trouvent les plus
« sûres garanties des libertés publiques. » Elle se souviendra
que M. le vice-président du conseil a dit : « Toute poursuite
« contre la presse n'est efficace et possible que si elle est
« sollicitée par l'opinion publique. »

« Voulez-vous écouter les échos de l'opinion publique?
prenez tous les journaux qui se sont occupés... (*Oh! oh! à
droite.*) Messieurs, il y a les vôtres et les nôtres, mais, par
un singulier phénomène, cette fois ils sont tous du même
avis, et le cabinet a trouvé le moyen de les mettre d'accord
sur ce point. (*Dénégations à droite.*) Je le répète, la presse
entière, à cet égard, est unanime. Lisez les journaux les
plus accrédités qui soutiennent la politique du gouvernement, lisez-les! Les uns se taisent, les autres murmurent
quelques paroles embarrassées, d'autres ont le courage de
blâmer et de blâmer hautement. Un seul journal, pour les
ministres, s'est rencontré pour applaudir à votre arrêté de
suppression, et ce témoignage semble vous être venu afin
que fût accompli cette prophétie vengeresse que vous jetait
du haut de cette tribune l'illustre homme d'État dont vous
demandiez le renversement. (*Rires ironiques à l'extrême
droite.*)

« Ce journal, Messieurs, le seul qui ait honoré de son approbation la mesure qu'a prise le conseil des ministres, —
et c'est là la signification et le châtiment de sa politique, —
ce journal, ce seul journal, c'est le journal de l'Empire!
(*Applaudissements répétés à gauche.*) »

Le ministre de l'intérieur répondit à M. Lepère par un
discours qui est demeuré fameux : « L'honorable préopinant me demande, dit M. Beulé, quel est l'ordre établi
qui a été attaqué par le *Corsaire*? est-ce le même que sous le
gouvernement précédent? ou bien est-il changé depuis que
l'éminent M. Thiers a quitté le pouvoir? Est-ce l'ordre républicain ou l'ordre monarchique? Vous savez bien, Messieurs,
que nous n'avons rien modifié dans nos institutions. L'Assemblée nationale, que le pays a choisie dans un jour de

malheur... » A ces mots, des rires bruyants et des applaudissements ironiques partent de tous les bancs de la gauche !
« *Oui! oui! très-bien! dans un jour de malheur! vous avez
raison! c'est la vérité!* » La droite, confondue par la maladresse du ministre, récrimine faiblement. Le président Buffet essaie d'intervenir. Le bruit continue. M. Beulé déclare
« qu'on jugera les applaudissements de la gauche ». La
gauche riposte par une nouvelle salve d'applaudissements
ironiques. « C'est un outrage à l'Assemblée », dit M. Buffet.
Le ministre décontenancé prononce encore quelques paroles
et descend de la tribune. « Les députés de la droite se regar-
daient entre eux avec des airs consternés. » (Compte-rendu
de la *République française.*)

M. Gambetta demanda la parole :

M. LE PRÉSIDENT. — La parole est à M. Gambetta.

M. GAMBETTA. — Messieurs, après le débat qui vient
de se dérouler devant l'Assemblée, après l'exposé si
complet des faits, après la défense si énergique des
principes, qui vous ont été présentés par M. Lepère,
et après la réponse si modérée que lui a faite M. le
ministre de l'intérieur, je ne retiendrai pas bien
longtemps l'attention de l'Assemblée.

Si je me permets d'intervenir dans le débat, c'est
uniquement pour y introduire un élément nouveau
d'appréciation sur ce qui semble être le dessein général du cabinet en matière de régime de presse.
(*Mouvements divers.*)

Tout ce qui touche aux principes a été très bien dit
et n'a été ébranlé ni entamé par la réponse, ou plutôt par l'essai de réfutation qui a été tenté par M. le
ministre de l'intérieur. (*Murmures à droite. — Assentiment sur divers bancs à gauche.*)

Mais, Messieurs, à côté de l'action extérieure, directe et que l'on pourrait appeler le régime de terreur
extérieure contre la presse... (*Exclamations à droite.*)

Si vous croyez, Messieurs, que retrancher un journal d'un mot, sans faire comparaître le rédacteur, le

directeur de ce journal devant une autorité judiciaire...
(*Nouvelles exclamations à droite.*)

M. LE VICOMTE ARTHUR DE CUMONT. — C'est ce que
vous avez fait pour moi, monsieur Gambetta !

M. GAMBETTA. — Monsieur de Cumont, quand vous
voudrez, nous viderons votre cas spécial ; seulement
ce n'est pas aujourd'hui le jour.

*A droite.* — Ah ! ah !

M. GAMBETTA. — Prenez jour pour une interpellation relative à la suppression du journal *l'Union de
l'Ouest* et je vous répondrai. (*Réclamations diverses.*)

*Un membre à droite.* — Et l'affaire de la Banque?
(*Bruit.*)

M. GAMBETTA. — Je disais qu'à côté de ce régime
extérieur, il y a la pratique intérieure du gouvernement, il y a un dessein suivi clandestinement... (*Dénégations à droite.*)

Ne niez pas, Messieurs, vous vous repentiriez de
votre précipitation ! (*Rires ironiques à droite.*)

*Plusieurs membres à droite.* — Nous connaissons
cela !

M. GAMBETTA. — Si vous le connaissez, permettez
que je mette le public tout entier dans vos confi-
dences.

M. LE VICOMTE ARTHUR DE CUMONT. — C'est ce que
nous demandons !

M. GAMBETTA. — Vous allez être satisfaits ; ayez un
peu de patience.

Je répète que, à côté des actes extérieurs qu'on
vient d'examiner et de juger à cette tribune, j'ai besoin de poser à M. le ministre de l'intérieur la question suivante, sur ce que j'appelle les menées et les
visées intérieures du cabinet, quant au régime de
la presse.

Est-il vrai qu'à la date de mercredi, 4 juin, il ait été
expédié du ministère de l'intérieur aux agents de l'administration préfectorale, en France, une dépêche

dont je prie l'Assemblée de vouloir bien me permettre de lui donner lecture ?

*Voix à droite.* — Comment la connaissez-vous ?

*Un membre.* — Vous l'avez déchiffrée ?

*A gauche.* — N'interrompez pas !

M. GAMBETTA. — Vous pourrez contrôler cette dépêche, Messieurs, puisque vous la connaissiez ; vous avez des moyens de comparaison et il vous sera libre d'édifier nos consciences à cet égard. Je ne pose qu'une question au gouvernement. On niera ou on affirmera l'authenticité de cette dépêche, et nous nous déterminerons d'après la nature de la réponse qui sera faite. (*Interruptions en sens divers. — Rumeurs à droite.*)

Voici cette dépêche :

« Envoyez-moi d'urgence un rapport sur la presse dans votre département. L'heure est venue de reprendre, de ce côté, l'autorité et l'influence qu'une affectation de neutralité indifférente avait détruites. » (*Marques d'approbation à droite. — Réclamations à gauche.*)

M. HENRI VINAY. — Jusque-là c'est très bien ! (*Exclamations à gauche.*)

M. MALENS. — Il y a des amis dangereux !

M. GAMBETTA. — Je comprends parfaitement, Messieurs, et je ne suis pas du tout porté à m'étonner des marques d'adhésion qu'un certain nombre de nos collègues donnent à cette circulaire qui a pour but d'organiser la presse officielle dans l'intérêt des candidatures officielles.

*Voix à droite.* — Et les vôtres ?

M. GASLONDE. — Il ne s'agit que de statistique !

M. GAMBETTA. — Il n'y a rien de plus humain et de plus naturel, et ce sont des points qui nous permettront peut-être de définir avec précision, et à l'aide de faits, ce qu'on entend par ordre moral. (*Marques d'approbation à gauche. — Interruptions prolongées à droite.*)

Messieurs, si vous n'interrompiez pas, je lirais d'un

seul trait ; mais je suis obligé de répondre à vos manifestations.

« Dites-moi les journaux conservateurs ou susceptibles de le devenir... » (*Exclamations et rires sur divers bancs.*)

M. HENRI VINAY. — On espère des concessions !

M. GAMBETTA. — Les conversions sont prévues, c'est tout naturel.

« Dites-moi les journaux conservateurs ou susceptibles de le devenir, quelle que soit d'ailleurs la nuance à laquelle ils appartiennent ; leur situation financière... » (*Ah ! ah ! à gauche.*) « et le prix qu'ils pourraient attacher au concours bienveillant de l'administration... » (*Bruyantes exclamations à gauche. — Mouvement prolongé.*)

M. CHALLEMEL-LACOUR. — Toujours pour rétablir l'ordre moral !

M. GAMBETTA. — « ... le nom de leurs rédacteurs en chef, leur opinion présumée et leurs antécédents. Si vous pouvez causer avec eux, voyez s'ils accepteraient une correspondance et dans quel sens ils la souhaiteraient. » (*Nouveaux rires à gauche.*)

*Un membre à droite.* — Cela vaut mieux !

*Plusieurs voix.* — Continuez !

M. GAMBETTA. — Je comprends que vous ne vouliez en rien perdre.

« Nous allons organiser un bulletin de nouvelles télégraphiques et autographiques qui vous sera régulièrement adressé et dont vous mesurerez la communication au degré de confiance... » (*Bruit à droite.*)

M. LE DUC DE BROGLIE, *ministre des affaires étrangères.* — Eh bien ?

M. GAMBETTA. — Comment, eh bien ! Est-ce qu'il y a deux façons de considérer cela ? (*Exclamations à droite.*)

*Plusieurs membres.* — Vous n'en avez pas fait d'autre !

M. HENRI VINAY. — C'est ce que vous faisiez tous les jours ! (*Bruit.*)

*Voix à gauche.* — Ne répondez pas ! — Lisez ! lisez !

M. GAMBETTA. — Messieurs, vous étiez tout à l'heure impatients d'entendre lire, et maintenant que je lis le plus lentement que je peux, vous manifestez une impatience que je ne peux qu'approuver. Vous êtes très désagréablement impressionnés, et vous avez raison. (*Dénégations à droite.*) Cela soulève vos protestations, cela gêne votre délicatesse...

*A droite.* — Non ! non !

M. GAMBETTA. — Votre pudeur est outragée et vous avez raison. (*Applaudissements à gauche. — Dénégations à droite.*)

On vous accusait de devenir les protégés de l'empire; vous en devenez maintenant les plagiaires ; vous allez même au delà. (*Nouveaux applaudissements à gauche.*)

Je reprends :

« Nous allons organiser un bulletin de nouvelles télégraphiques... »

Vous créez les nouvelles; vous ne les répercutez pas.

*Un membre.* — Et l'Agence Havas !

M. BOTTIEAU. — C'est ce que vous avez fait vous-même.

M. GAMBETTA. — Non, Monsieur, cela n'est pas; je ne l'ai pas fait. Citez un fait ! (*Bruits divers. — Rumeurs à gauche.*)

*Voix à gauche.* — Ne répondez pas !

M. GAMBETTA. — «... un bulletin de nouvelles télégraphiques et autographiques qui vous sera régulièrement adressé et dont vous mesurerez la communication au degré de confiance que les divers journaux vous inspireront. Pour cela, vous ferez sagement de créer un service de la presse dans votre cabinet, soustrait aux employés... »

Ici, il y a un mot qui est à double entente. Il y a : « Aux employés *indigènes,* ou *indigents* », — je vous donne à choisir. (*Rires à gauche.*)

« Donnez-moi sur ces divers points votre sentiment ; je m'en rapporte à votre tact ; il n'est pas de
question plus délicate... » — Vous le sentiez tout à
l'heure, — « et qui exige plus de prudence et d'habileté. Multipliez autour de vous vos relations, et soyez
très accessible aux représentants de la presse. »

*Quelques voix à droite.* — Eh bien ?

M. GAMBETTA. — Il n'y a pas un mot à ajouter à une
pareille circulaire. Si elle est vraie, elle permet de
juger l'ordre moral qu'on introduit dans l'administration. *(Bravos et applaudissements prolongés à gauche.)*

La circulaire était authentique : elle était l'œuvre de
M. Ernest Pascal, sous-secrétaire d'État du ministre de
l'intérieur.

Le parti du cabinet fut rapidement pris. En présence de
l'excitation que la lecture de la dépêche *très confidentielle*
avait produite sur tous les bancs de l'Assemblée, il fut décidé
que M. Pascal serait sacrifié pour que M. Beulé, dont la
capacité politique venait cependant d'être jugée à deux
reprises, pût conserver son portefeuille. M. Pascal était un
subordonné irresponsable devant la Chambre, et il semblait
incroyable que le ministre de l'intérieur eût ignoré l'existence de la circulaire dénoncée par M. Gambetta à l'indignation publique. Mais peu importait aux ministres du
25 mai : ce qu'il fallait éviter à tout prix, c'était une dislo-
cation du cabinet après quinze jours d'existence.

Donc, M. Beulé monta tristement à la tribune et, tout en
déclarant qu'il *acceptait, assumait et invoquait la responsabilité de l'acte qui était soumis à l'Assemblée,* il affirma qu'il
n'avait *ni lu ni dicté* la circulaire, et que M. Gambetta le
savait. « C'est le pilori ! » lui cria M. Wilson, et M. de Pressensé : « C'est un scandale ! » M. Beulé balbutia encore
quelques excuses et termina par ces mots qui furent accueillis à droite par de rares *très bien !* et à gauche par des
exclamations bruyantes : « Je proteste contre toute interprétation qui semblerait admettre la pensée d'une subven-
tion offerte par l'entremise de 87 préfets à 5 ou 6,000 journaux ! Cela est impossible, invraisemblable, et cela ne sera
jamais ! »

Une longue agitation succède à cette triste défense. —
MM. Gambetta, Edmond Adam, Louis Blanc, Challemel
Lacour, Taxile Delord et Tirard déposent contre le ministère
un ordre du jour de blâme ainsi conçu : « L'Assemblée
nationale, protestant contre la circulaire du ministre de
l'intérieur, passe à l'ordre du jour. » M. Baragnon demande
l'ordre du jour pur et simple. Le comte Rampon s'élève avec
énergie contre cette proposition : « Jamais, dans les temps
les plus mauvais de l'Empire, on n'aurait osé écrire une
pareille circulaire aux préfets ; et en définitive, tout en respectant M. le ministre et en admettant qu'il a pu être
trompé, nous avons compris que c'est avec l'argent de la
France que l'on voudrait soudoyer la presse. Jamais nous ne
voterons pour un pareil gouvernement. » M. Beulé proteste
contre l'interprétation donnée par M. Rampon au passage
incriminé de la circulaire. M. Germain en donne lecture :
« Vous me direz leur situation financière, et le prix qu'ils
pourraient attacher au concours bienveillant de l'administration. » La gauche fait entendre de vives exclamations :
« Assez ! assez, crie M. de Choiseul, n'ajoutez rien ! c'est assez
clair ! » M. Germain déclare qu'en présence d'un texte pareil,
l'Assemblée se doit de ne pas voter l'ordre du jour pur et
simple demandé par M. Baragnon, et M. Christophe dépose
un ordre du jour ainsi conçu : « L'Assemblée, désapprouvant
la circulaire émanée du ministre de l'intérieur et adressée
aux préfets sur le régime de la presse, passe à l'ordre du
jour. » M. Gambetta se rallie à l'ordre du jour proposé par
M. Christophe.

La situation devenait grave pour le cabinet. C'était son
existence même qui était mise en jeu, quinze jours après la
chute de M. Thiers. Le duc de Broglie vit le danger et n'hésita pas : il se résigna à un nouveau sacrifice. M. Baragnon,
toujours dévoué, vint déclarer que l'ordre du jour pur et
simple n'impliquait pas l'approbation de tous les termes de
la circulaire.

On passa au vote. L'ordre du jour pur et simple fut tristement voté par 368 voix contre 308.

Le lendemain, M. Pascal remettait sa démission entre les
mains du président de la République, et M. Beulé restait
ministre.

# DISCOURS

*Prononcé*

## AU BANQUET COMMÉMORATIF DE LA NAISSANCE DU GÉNÉRAL HOCHE

*Le 24 juin 1873*

A VERSAILLES

---

La séance du 10 juin avait été mauvaise pour le cabinet du 25 mai. L'ordre moral avait été surpris par ses adversaires en flagrant délit d'immoralité politique, et il avait déconcerté ses défenseurs par la plus insigne maladresse. Le duc de Broglie se rendit compte qu'un terrain considérable avait été perdu et qu'il importait de le reprendre au plus tôt. Comme il ne fallait plus compter, après la découverte de la dépêche *très confidentielle*, sur un concours quelconque de la part du centre gauche, le cabinet résolut de donner des gages décisifs aux bonapartistes et de hâter l'explosion cléricale. Le *gouvernement de combat* entra dans sa période d'action.

Nous devons rappeler brièvement les principaux incidents de cette triste époque. Le 12 juin, M. Buffet donnait lecture d'une lettre du ministre de la guerre annonçant que le gouverneur de Paris « demandait à l'Assemblée nationale l'autorisation de traduire M. Ranc devant les tribunaux compétents, sous l'accusation de participation à l'insurrection de la commune de Paris ». Le 18, M. Ducros, préfet du Rhône, prenait un arrêté ordonnant que les enterrements civils auraient lieu désormais à Lyon, l'été à six heures, l'hiver à sept heures du matin. Le 20, sur un discours de M. Ernoul, ministre de la justice, l'Assemblée nationale autorisait les poursuites contre M. Ranc par 485 voix contre 137. Le 21, aux funérailles de M. Brousses, député républicain de l'Aude, M. de Goulard, vice-président de l'Assemblée, MM. Albert Desjardins et Cazenove de Pradines, secrétaires, M. Martin des Pallières, questeur, et les membres de la droite désignés par le sort pour assister aux obsèques, se retiraient avec éclat parce qu'aucun prêtre n'accompagnait le convoi et prenaient sur eux, contrairement à la loi du 24 messidor an XIII, de congédier les huissiers de l'Assemblée et le détachement de cuirassiers qui figuraient dans le cortège. Le 24, répondant à l'interpellation de M. Le Royer sur l'arrêté de M. Ducros et sur la violation de la loi de messidor aux obsèques de Brousses, M. Beulé approuvait M. Ducros, et M. du Barrail, ministre de la guerre, déclarait, en jouant sur les mots, que, lorsque le convoi funèbre n'allait pas à l'église, les troupes devaient être dispensées d'aller à l'église. Le 29 juin, à Paray-le-Monial, l'évêque d'Autun, assisté de M. de Belcastel, consacrait la France au sacré cœur de Jésus « pour racheter ses crimes ». En même temps, le ministre de la guerre préparait le rétablissement des aumôniers militaires; M. Batbie, ministre de l'instruction publique, faisait disparaître le principe de l'enseignement obligatoire du projet de loi sur l'instruction primaire préparé par M. Jules Simon; MM. Beulé et de la Bouillerie soutenaient le projet tendant à déclarer d'utilité publique la construction de l'église que, « par suite d'une souscription nationale, l'archevêque de Paris proposait d'élever sur la colline de Montmartre, en l'honneur du sacré cœur de Jésus-Christ, pour appeler sur la France et en particulier sur la capitale la miséricorde et la protection divines ».

Le 24 juin, la célébration de l'anniversaire du général Hoche permit à M. Gambetta de s'expliquer, à Versailles, sur la politique inaugurée par les coalisés du 24 mai. Le ministre de l'intérieur ayant interdit le banquet public qui devait avoir lieu à l'hôtel des Réservoirs, les commissaires de la fête et les principaux invités se réunirent chez un excellent républicain de Versailles, M. Jeandel. A la suite d'une courte allocution où M. Carnot, député de Seine-et-Oise, avait rappelé en termes émus les principales circonstances où son père et le général Hoche s'étaient trouvés en relation, M. Gambetta prononça le discours suivant :

Messieurs et chers concitoyens,

Après les évènements accomplis depuis notre dernière réunion, après les paroles si touchantes et si vraies, où nous avons tous reconnu l'accent de la vérité sous l'empire de cette émotion que communique seul le sentiment de la tradition et de la famille, après les souvenirs qui nous étaient rappelés tout à l'heure par M. Carnot, n'attendez pas que je revienne à mon tour sur la noble existence de Hoche, sur les exemples qu'elle contient, sur les vertus qu'elle fait éclater. C'est une tâche qui a été trop parfaitement remplie pour que la pensée me vienne d'y rien ajouter. Comment ne pas vous dire cependant, Messieurs. que si quelque chose est de nature à frapper l'attention publique et à nous réconforter, — non-seulement nous tous qui sommes ici, mais tous ceux du dehors, — à raffermir nos convictions, à fortifier nos espérances, dans la crise, plus bouffonne que redoutable, que nous traversons (*Bravos et rires*), c'est, à coup sûr, notre réunion ici, sous le toit de cet homme de bien, de cet homme de cœur que son patriotisme rattache au drapeau de la République (*Bravos. — Très bien!*), de ce digne citoyen qui, dans Versailles, depuis de longues années et en face du pouvoir avilissant et corrupteur de cet empire abhorré que de misérables impuissants ne craignent pas de laisser publiquement réhabiliter, sans doute parce qu'ils s'en font les plagiaires, a dévoué ses efforts à faire revivre cette pure et grande figure de Hoche, offrant ainsi à la France, au pays, à l'armée, la contemplation d'un véritable Français qui a donné son sang pour la patrie, qui fut le plus grand des citoyens, le plus brave des capitaines, le plus généreux des sol-

dats, et à la mémoire duquel la France peut chaque
année rendre hommage, sans amertume et sans dissidences, et sans trouver, dans l'existence de ce héros
une ombre, une tache qui ternisse l'éclat de sa gloire?
(*Bravos prolongés.*)

Nous voilà donc assemblés, mais non pas aussi
nombreux que nous l'eussions désiré. Ce n'est pas,
Messieurs, que le nombre nous eût fait défaut; le
nombre ne nous manque jamais, et c'est précisément
parce que nous avons pour nous le nombre assuré,
inévitable, c'est parce que ce nombre tant redouté se
montre, dans les circonstances actuelles, attentif et
recueilli que vous voyez éclater tant de haines, tant
de provocations impuissantes et désavouées à l'avance.
Aussi, quand nous nous réunissons en petit nombre,
c'est qu'il nous plaît qu'il en soit ainsi, c'est qu'il ne
nous convient pas de faire le jeu d'adversaires ou
trop naïfs, ou trop roués, et de tomber dans leurs
pièges éventés par avance. (*Oui! — Très bien! — Bravos.*) Mais il nous suffit d'être ensemble, dans cette
maison, entre amis connus les uns des autres, pour
qu'il nous plaise également de parler du passé, du
présent et de l'avenir de nos idées, dans ce Versailles
qui appartient à la démocratie républicaine, qui est
bien nôtre et qui a toujours été nôtre depuis 89 jusqu'à ce jour, jusqu'à la minute actuelle où je parle,
sans s'être jamais démenti, car on dirait qu'il y a une
tradition d'indépendance à laquelle elles ne manquent jamais pour ces villes qui sont la résidence des
rois et qui, les voyant de plus près, connaissent mieux
que toutes les autres villes de France la vanité et les
périls, la sottise et les dangers des fastueuses monarchies.

Oui, Messieurs, il est utile qu'on le sache partout,
ce Versailles, que l'on croit royaliste et réactionnaire,
a toujours été vibrant à chaque vibration de la France;
depuis quatre-vingt-quatre ans, il n'a jamais laissé à

aucune ville dans le pays l'honneur et l'avantage de
le devancer. Paris, lui-même, qui est si voisin et si
semblable, Paris n'a jamais devancé Versailles. En
1815, en 1830, en 1848, en 1870 (1), savez-vous ce qui
est arrivé? Il faut le dire en face de ces inconscients
qui l'ignorent. C'est Versailles toujours, qui, au milieu
de toutes les autres villes de France, acceptait et proclamait le premier l'évènement général qui s'accomplissait à Paris, de telle sorte que, si l'on a cru, en
venant ici, se retirer dans une sorte de camp retran-
ché de la réaction, on s'est trompé, car vous tous,
citoyens de Versailles, vous êtes tous des serviteurs
fidèles de la Révolution française, vous tous, les présents et les absents. (*Oui! oui!* — *Bravos.*) Depuis trop
longtemps le soupçon et la défiance, la calomnie et
l'injure pèsent sur cette noble et majestueuse cité.
Il faut qu'on sache que Versailles est à l'unisson de
toutes les grandes agglomérations qui ne vivent et
respirent que pour la République. On a fait de Versailles la capitale cadette de la France, et il le méritait: Paris reste son aîné, Versailles est digne de
venir immédiatement après Paris, car il n'a jamais
marchandé ses efforts à la défense du droit et de la
patrie. (*Très bien!* — *Bravos.*)

Messieurs, nous sommes à un an de date de cette
première réunion qu'on rappelait tout à l'heure et
qui, au lendemain de cette souillure si noblement
supportée,—l'étranger envahissant jusqu'à vos foyers
les plus intimes, — avait été comme une sorte de
reprise de vous-mêmes, non pas certes dans une pensée de revanche, — ce sont là des mots qui nous sont
pour longtemps encore interdits, — mais comme une
sorte de purification patriotique de votre ville au lendemain du départ de l'ennemi. (*Mouvement.*) L'an der-

---

(1) Le 4 septembre 1870, à dix heures du matin, le conseil municipal élu de Versailles proclamait la déchéance de l'Empire et
la République. (Extrait des procès-verbaux du conseil municipal.)

nier, dans cet hôtel des Réservoirs, que de mesquines querelles de police nous ferment aujourd'hui, ce que vous cherchiez en vous réunissant, ce n'était certainement pas à créer une agitation ni une sédition politiques capables de faire trembler nos adversaires ; vous teniez, au moment où la France commençait à se retrouver libre, à lui montrer, pour ranimer son courage, la noble et bienfaisante figure de Lazare Hoche, général des armées de la première République, pacificateur de la Vendée, le plus illustre des Français né dans votre grande et généreuse ville de Versailles. (*Applaudissements prolongés.*)

Nous voulions cette année continuer ce culte du souvenir; nous aurions désiré, en nous retrouvant ensemble, nous consoler des défaillances que nous subissons à l'heure actuelle, échapper pour un moment à ces étreintes que subit la France, à ce deuil qui nous pèse et dont nous sentons, cependant, que notre pays pourrait victorieusement sortir, si l'exercice de sa souveraineté lui était rendu. Nous ne voulions pas faire acte de parti; nous souhaitions simplement de nous remettre en présence du génie même de la patrie, nous retremper au souvenir de celui qui en fut l'incarnation la plus pure ; nous voulions parler de la France en rappelant la vie, en retraçant l'histoire d'un des plus glorieux fils de la France. (*Oui !* — *Très bien !* — *Applaudissements.*)

On ne l'a pas voulu, on ne l'a pas permis. Mais, Messieurs, puisque nous sommes réunis, il faut retourner la question et savoir, — l'occasion est propice, — pourquoi cette réunion, qui avait été si facile, et qui avait paru si naturelle il y un an, est aujourd'hui contestée, gênée, embarrassée, empêchée, et pourquoi il y a une sorte d'acte de courage non de notre part, mais de la part du digne ami qui a bien voulu offrir son toit à des amis de vingt ans pour causer de questions qui intéressent à la fois la patrie et la République.

Que s'est-il passé depuis notre dernière réunion ?
Messieurs, parlons ici sans passion, puisque nos
adversaires ont toujours le tort, — volontaire ou in-
conscient, je l'ignore, — de nous représenter constamment aux yeux du pays, dans leurs journaux et dans
leurs discours, comme des hommes de passion, incapables de bien juger, incapables de se maîtriser, de
réunir des faits, de les examiner, de rechercher les
enseignements qu'ils contiennent, de se déterminer
d'après les règles que le bon sens vérifie, que la raison
accepte et que l'utilité générale du pays commande.
Et si je parle ainsi, ce n'est pas pour vous, Messieurs,
c'est pour ceux qui sont, tous les jours, les victimes
de ces déclamations et de ces calomnies. C'est à cause
de ceux qu'on redoute et qu'on veut exclure, que l'on
cherche à mettre la main sur la bouche des hommes
qui peuvent exprimer, sur les projets et les espérances de la démocratie, des opinions régulières, sensées,
acceptables, parfaitement scientifiques et justes, fon-
dées sur la pratique de peuples voisins et, par conséquent, démontrées par l'expérience. C'est à l'adresse
de ceux qui composent le nombre que l'on a imaginé
de dire que tel serait un trouble-fête dans la nation
qui oserait parler, en dehors de l'Assemblée de Versailles, sur la politique et les affaires de la France, et
qui aurait la prétention d'en entretenir les électeurs
dans un pays de suffrage universel, c'est-à-dire dans
un pays où tout le monde non seulement prend une
part effective dans le gouvernement de l'État par son
vote, mais joue constamment sa propre destinée dans
les mêlées électorales, en ne pouvant en rendre responsable que lui seul, quand le scrutin a prononcé.
Hé quoi ! Messieurs, on trouverait séditieux, factieux, qu'un citoyen investi par le suffrage de ses
concitoyens des pouvoirs nécessaires pour les représenter, sortît de l'enceinte où se font les lois pour
aller vers ceux à qui on doit les appliquer et qui,

seuls, délèguent le pouvoir de les faire ! (*Très bien !
.rès bien ! — Vive approbation.*)

On trouverait étrange, subversif, — ce sont les
expressions qu'on emploie, — de voir ceux-là qu'on
appelle le parti radical aller vers ceux qui les ont
créés, constitués, commissionnés, qui leur ont donné
le mandat dont ils tiennent tous leurs droits de représentants, pour leur rendre compte du mandat, de
la commission, pour leur expliquer ce qu'on a fait,
en quoi on s'est rapproché de leurs volontés, en quoi
on s'en est écarté, ce qu'on a eu l'intention de faire
soit en conformité avec leurs intérêts, soit en contradiction avec leurs désirs ! Et cette conduite loyale,
honnête, normale, pacificatrice, qui a pour but d'apai-
ser les passions, de faire disparaître les idées fausses
et de réduire les chimères, d'avoir raison des utopies,
de modérer les excès de zèle et les impatiences, de
discipliner les élans, les ardeurs et les énergies, ce
travail régulier, légal, moralisateur et ordonnateur
de la paix entre les classes et les hommes, on le trai-
terait de faction, de sédition, et l'on voudrait l'interdire ! Cela est impossible, Messieurs, et nous ne saurions le tolérer ! (*Très bien ! — C'est cela ! — Applaudissements répétés.*)

Aussi, Messieurs, toutes les fois que j'en trouverai
l'occasion, qu'elle soit petite ou grande, — et je vous
demande pardon de me servir d'une pareille opposition dans les termes, car il n'est pas de petite occasion pour dire la vérité, ne fût-ce que devant un seul
de ses semblables, — je protesterai en faveur du droit
de compte-rendu et de propagande. (*Vive approbation.*) En effet, il n'est pas au monde de devoir plus
impérieux que de dire la vérité, que de consacrer sa
vie à la défendre et que d'y conformer sa conduite;
et, n'eût-on arraché qu'une seule conscience à l'erreur,
n'eût-on envahi qu'une seule intelligence, oui, n'en
eût-on ramené qu'une seule à la vérité, au droit et au

juste, qu'on pourrait mourir content, sans les pompes d'un culte quelconque... (*Salve d'applaudissements. — Oui! oui! — Très bien!*) et défier les diatribes de ses détracteurs : une seule intelligence émancipée, c'est une grande victoire sur l'erreur, et il n'en est pas de plus noble dans le monde ! (*Nouveaux applaudissements.*)

Voyons les choses de près, Messieurs. Au fond, comment agissent nos adversaires ? Est-ce que, dans ce monde qui nous environne, vous n'entendez pas émettre, tous les jours, cette opinion qu'il existe, quelque part, un pouvoir de constitution divine, mais de représentation humaine, qui a seul le dépôt de la vérité dans toutes les questions, qui a la puissance de lier et de délier, qui opère sur les consciences, et qui ne prétend à d'autre mission dans le monde que de sauver des âmes ? Or, ce que font ceux qui émettent une pareille prétention et qui s'y disent autorisés, pourquoi ne nous appartiendrait-il pas de l'entreprendre, dans l'intérêt d'une autre cause que celle de nos adversaires, d'une cause non moins sainte, non moins élevée, non moins sacrée et non moins juste, que dis-je? de la seule cause juste? Pourquoi ne nous appartiendrait-il pas de faire la propagande du prosélytisme à travers toutes les entraves officielles ou officieuses, d'aller droit aux intelligences asservies et, nous retournant vers cette doctrine qui a placé ses oracles au Vatican, de lui dire : Si tu parles pour Dieu, je parle pour l'homme ; si tu combats pour les choses surnaturelles, moi je combats pour l'établissement de la justice et la propagation du bonheur parmi les hommes ! Car, Messieurs, ne l'oubliez pas, nous ne combattons point pour des rêveries, mais pour des faits ; non pas pour des idéalités, mais pour des réalités ; nous n'aspirons pas à faire des saints, mais des citoyens ; nous luttons pour donner à notre pays des hommes libres, des patriotes ; nous luttons pour la France ! C'est une assez grande chose dans le monde. Pourquoi donc ne jouirions-nous pas des mêmes droits que ceux qui luttent pour l'Église romaine et pour ses doctrines? (*Double salve d'applaudissements.*)

Encore une fois, Messieurs, plus que jamais il est nécessaire d'indiquer, de préciser cet antagonisme, d'opposer l'un à l'autre ces deux systèmes d'éducation générale; car, soyez-en certains, puisque vous le voyez tous les jours, tout s'efface, tout disparaît aujourd'hui en présence de ce grand et redoutable conflit. Les hommes menacent de se diviser en deux camps ainsi tranchés : le camp de ceux qui s'inclinent sous l'obéissance passive à un dogme que rien ne justifie, et le camp de ceux qui ne se réclament que de la libre raison et de la dignité humaine. Messieurs, dans ce grand duel qui tient le monde attentif, ils deviennent bien petits et bien mesquins, les intérêts de ces deux ou trois familles qui prétendent avoir le droit de commander à notre pays ! Non, le bonapartisme, la légitimité, l'orléanisme et je ne sais quelle autre combinaison d'aventure, ne sont rien quand on les met en présence de ce combat singulier si tragique et qui semble avoir pris notre pays pour théâtre, de ce duel de la raison contre l'oppression de la raison. (*Bravos prolongés.*) Plus nous allons et plus la politique de ce pays se dessine dans ce sens, et, si quelque spectacle est fait enfin pour dessiller les yeux de la France hésitante, c'est l'apparition de ce spectre du passé qui, loin de se déguiser, s'avance à pas lents et calculés, mais ouvertement, de ce spectre qui a la prétention de remettre la main sur la France et de la replacer sous le joug du passé. (*Jamais! non, jamais ! la France n'y consentira!*) Vous dites jamais ! et vous avez raison de prononcer ce mot. Messieurs, je peux rendre, à cet égard, un témoignage absolument certain, car, dans les divers voyages que

j'ai faits à travers la France, j'ai pu rencontrer sur
quelques points du territoire, des divisions, des dissentiments, des tiédeurs même, au point de vue de la
vraie politique à suivre ; mais il y a un sentiment dans
lequel j'ai trouvé la France toujours unanime et
vibrante, toujours semblable à elle-même, toujours
émue et agitée par la même antipathie, soit que l'on
se trouvât sur les bords de la Méditerranée ou de la
Manche, ou bien au centre du pays ; partout j'ai entendu, pour peu qu'on descendît et qu'on prêtât l'o-
reille, que ce fût sous la cabane du pauvre ou dans
la maison d'un homme plus aisé, le cri de révolte
contre le cléricalisme, car le cléricalisme, c'est le
retour de la France vers l'ancien régime, et la France
a rejeté l'ancien régime avec horreur et pour toujours.
(*Oui! oui!* — *Très bien!* — *Applaudissements.*)

Ce sentiment d'antipathie, Messieurs, est général et
indestructible. Aussi bien suffira-t-il que ceux qui ont
jugé à propos de renverser du pouvoir l'homme qui,
en somme, a accompli la plus grande tâche qu'il y
eût à accomplir depuis deux ans, l'affranchissement
du territoire, — il leur suffira, dis-je, de laisser entrevoir, aux yeux de la France attentive et clairvoyante,
l'arrière-pensée du cléricalisme pour qu'à l'instant
même, sans discussion, sans dissidences politiques,
la France regarde du regard qui convient ces gens qui
prétendent être les maîtres chez nous, et pour qu'elle
les attende, impassible et de sang-froid, jusqu'au moment où, pour réaliser leurs détestables desseins, ils
chercheront à sortir de la légalité ! Jusque-là, calme,
immobile, elle pourra bien les laisser faire sans trop
s'émouvoir en apparence ; mais, quand les fautes auront comblé la mesure, le jugement de l'opinion se
fera entendre, et le suffrage universel, même menacé,
même sophistiqué, même mutilé, de sa grande voix
couvrira la voix de ces misérables rhéteurs qui peuvent l'injurier, mais qui ne sont de taille ni à le bâil-

lonner, ni à l'asservir. (*Applaudissements prolongés.*)

Et s'il y a, Messieurs, aujourd'hui, un enseignement à tirer de la réunion qui nous rassemble, c'est que, si des changements, des mutations, se sont produits dans les personnes, à coup sûr il n'y a rien de changé dans les choses. La France n'a pas changé de volonté, le pays n'a pas changé de résolution, les pouvoirs n'ont pas changé de nom, la légalité est restée la même. Les divisions des coalisés royalistes sont aussi profondes, que dis-je? plus profondes; car, à la veille de la chasse, on est d'accord; mais, quand le gibier est abattu, on cherche à dépecer la proie, et chacun en veut le plus riche morceau. (*Hilarité. — Très bien! — Bravos.*) Messieurs, envisageons la question avec sang-froid : en réalité, rien n'est changé ; le pouvoir a passé dans d'autres mains, mais c'est au nom de la République que cette transmission du pouvoir a eu lieu ; c'est là une décisive et solennelle démonstration qui a permis au pays d'apprécier la valeur de ce mécanisme républicain tant et si souvent discuté. On a vu le pouvoir changer de mains au nez et à la barbe, permettez-moi cette expression, de quatre prétendants différents (*Hilarité vive et prolongée*), et cependant l'ordre n'a pas été troublé. Pourquoi? Parce que le pouvoir était impersonnel, parce qu'il pouvait changer de mains, mais qu'il ne changeait pas de titre, et que ce titre suffit pour assurer l'obéissance et le respect de la loi. (*Mouvement. — Très bien! — C'est cela!*)

Ce qui se passe n'est donc pas fait pour nous abattre et, à coup sûr, nous n'avons pas même à redouter la présence au pouvoir du plus fragile des cabinets. (*Rires.*) Messieurs, je perdrais mon temps à discuter la valeur personnelle des hommes qui le composent, et l'on pourrait y voir des intentions de satire ou d'épigramme fort éloignées de ma pensée. Je prends les choses telles qu'elles sont, et je dis, parce que

c'est là un jugement qu'il convient de porter devant
la démocratie française qui appréciera mes paroles, je
dis qu'il y a dans la situation actuelle deux éléments :
d'une part, une majorité légale, toute-puissante, mais
transitoire et passagère, qui est aujourd'hui à l'extrême, demain au centre et, après-demain, d'un
autre côté ; une majorité qui dépend de la volonté de
la nation, que celle-ci peut changer par un contingent
nouveau de volontés nouvelles et qui, par conséquent,
est modifiable et changeante comme signification et
comme caractère ; et, d'autre part, au-dessus de cette
force légale mais précaire, légale mais provisoire,
légale mais commutable, un pouvoir qui est le pouvoir
présidentiel républicain, et qui ne peut être que républicain. Messieurs, en parlant de ce pouvoir présidentiel républicain, essentiellement républicain, j'ai
le droit, en mon nom et au nom de mes amis, de me
réclamer des déclarations solennelles dont celui qui en
est investi a fait précéder la prise de possession de la
magistrature suprême. Il y a eu là, en dehors et au
dessus des partis, un pacte avec le pays tout entier.
Le pays a fait confiance à ces paroles, et j'ajoute qu'il
y a là le plus sacré et le plus synallagmatique des
contrats, qui ne pourrait être brisé que par un coup
de force d'en bas ou par un attentat d'en haut. Eh
bien ! je crois que, de part et d'autre, la violence
serait également coupable, et que le monde et l'histoire jugeraient avec la dernière sévérité quiconque
sortirait de la légalité pour entrer dans le crime.
(*Très bien ! très bien ! — Applaudissements.*)

Messieurs, je ne suis pas assez nouveau venu dans
la vie politique pour prendre le change que cherchent
à nous offrir nos adversaires. Je les connais de longue date, je les ai vus à l'œuvre les uns et les autres ;
je vous fais grâce du portrait et de la description de
leur caractère, de leurs manœuvres, de leurs mé-
chancetés ordinaires, je veux seulement dégager un

seul trait qui leur est commun à tous, c'est celui-ci.

Ils affectent d'entrevoir, dans les autorités constituées du pays, les pouvoirs publics d'abord, l'armée
ensuite, puis la magistrature et d'autres forces sociales, je ne sais quel complot attendu pour quelque
détestable entreprise. C'est là un outrage à ceux dont
on escompterait ainsi la collaboration coupable, et,
pour ma part, je renvoie cet outrage à ses auteurs,
convaincu, entendez-le bien, de la loyauté de celui
qui tient le pouvoir suprême, convaincu surtout. — et
ici j'entends dire toute ma pensée, — des sentiments
d'honneur, de patriotisme et d'obéissance absolue
aux intérêts supérieurs de la loi et du pays, qui animent tous les rangs de l'armée française sans distinction. Et sans servir dans ce moment, je l'affirme en
toute conscience, les intérêts de tel parti plutôt que
ceux de tel autre, je dis que, dans un pays aussi
agité que le nôtre, en dépit de quelques collisions
savamment préparées par les coupe-jarrets de Bru-
maire et de Décembre, nous avons cette suprême
consolation que jamais l'armée n'a été et ne sera
l'instrument de *pronunciamientos* politiques. (*Très bien!
très bien! — Bravos prolongés.*) L'armée est au-dessus
de pareils actes, et elle n'a pas plus besoin de nos
paroles que des paroles intéressées qu'on lui adresse
d'autre part. Aussi, Messieurs, je vous le dis, n'ayez
aucune inquiétude ; continuez à vous servir des lois
pour la propagation de vos idées ; continuez à démontrer tous les jours à ce peuple qui vous environne
l'excellence et la supériorité de la constitution républicaine ; continuez à démontrer par des comparai-
sons, par des faits, les avantages incontestables de la
démocratie républicaine sur tous les régimes dynastiques et monarchiques ; prouvez à ce pays qu'en
face de l'Europe qui nous regarde, et qui s'apprête à
profiter de toutes nos faiblesses et de toutes nos défaillances, il n'y a plus qu'un refuge, plus qu'un rem-

part, plus qu'un asile, non pas seulement pour des républicains, mais pour des Français : c'est une République sincère et définitive, amie des sages progrès et capable de résister à toutes les réactions ; une République, gouvernement supérieur de la démocratie, dans laquelle la France s'étant ressaisie elle-même et ayant assujetti tous ses enfants au service militaire et tous ses citoyens à des contributions justes et également réparties, ayant réalisé l'immense et nécessaire réforme de l'éducation nationale, — pourra, dans une heure décisive, présenter tous ses fils égaux et régénérés comme un faisceau indissoluble devant l'ennemi. — (*C'est cela! Très bien! très bien! — Salves d'applaudissements.*)

# DISCOURS

SUR

## LA PROPOSITION DE M. DUFAURE

TENDANT

A LA MISE A L'ORDRE DU JOUR DES BUREAUX
DE L'EXAMEN DES PROJETS DE LOIS CONSTITUTIONNELLES

*Prononcé le 2 juillet 1873*

A L'ASSEMBLÉE NATIONALE

---

Les 19 et 20 mai 1873, M. Dufaure, alors garde des sceaux et président du conseil, avait déposé sur la tribune de l'Assemblée deux projets de loi sur la révision de la loi électorale et sur l'organisation des pouvoirs publics. M. Buffet, à la suite des votes du 24 mai, n'avait pas jugé nécessaire de renvoyer ces projets aux bureaux. M. Dufaure patienta pendant un mois et demi, puis, le 2 juillet, il vint demander à l'Assemblée d'inscrire à son ordre du jour la nomination d'une commission chargée d'examiner les projets de lois constitutionnelles préparés par M. Thiers. Il mit en demeure M. de Broglie, en sa qualité d'ancien rapporteur de la commission des Trente, de réclamer avec lui l'exécution de l'article 15 de la loi du 13 mars 1873. Il expliqua enfin que si sa proposition devait être combattue, ce ne pouvait être que par les députés de l'Union républicaine, qui, ayant voté contre la loi des Trente et n'ayant cessé de contester ce pouvoir constituant de l'Assemblée en réclamant la dissolution, seraient conséquents avec eux-mêmes en repoussant la mise à l'ordre du jour des projets de lois constitutionnelles. M. Dufaure termina en rappelant les termes de la déclaration du groupe des Quatorze, dont la défection avait précipité, au 24 mai, la chute de M. Thiers. La gauche applaudit; la droite, vivement irritée, interrompit l'ancien garde des sceaux avec une telle violence, que M. Buffet, renonçant pour une fois à ses traditions de partialité, menaça ses amis de la droite de les rappeler à l'ordre et que M. Dufaure, à bout de patience, finit par s'écrier : « En vérité, je ne comprends pas ces interruptions : elles sont si inintelligentes ! »

M. Leurent, député du Nord, répondit à M. Dufaure, pour réclamer un ajournement. Le pays ne tenait pas du tout à voir l'Assemblée s'occuper de politique. Le monde commercial et industriel avait vu les affaires suspendues, parce que la sécurité économique n'existait pas. Depuis le 24 mai, il y avait une amélioration, un peu plus de confiance dans l'avenir. Mais, le jour où l'Assemblée reprendrait ses discussions constitutionnelles, elle donnerait le frisson à tout le monde industriel. En conséquence, M. Leurent demandait que l'examen des projets de loi déposés par M. Dufaure fût ajourné à un mois après les vacances. La coalition voulait gagner du temps.

M. Gambetta répondit à M. Leurent.

M. Gambetta. — Messieurs, l'honorable M. Dufaure vous disait tout à l'heure qu'il savait d'avance qu'une objection se produirait sur les bancs de l'extrême gauche contre la proposition qu'il venait soumettre à l'Assemblée.

M. Dufaure ne s'est pas trompé. Il ne courait guère de risque de commettre une erreur, en nous attribuant la pensée formelle, toutes les fois, — et c'est notre droit, bien qu'on ait essayé de le contester, — toutes les fois que nous verrons l'Assemblée se rapprocher de la confection d'une constitution quelconque, de venir dire, sans discussion aucune, au nom des principes que nous représentons dans cette enceinte, au nom...

M. Méplain. — Du 4 septembre !

M. Gambetta. — Oui, Monsieur, au nom du 4 septembre, en vertu duquel vous siégez sur ces bancs. (*Applaudissements sur plusieurs bancs du côté gauche. — Vives et nombreuses protestations à droite et au centre.*)

*Plusieurs membres.* — Malgré vous ! malgré vous !

M. LE COMTE DE RESSÉGUIER. — C'est au nom de la France que nous siégeons ici, et malgré le 4 septembre.

M. RIVAILLE. — Nous sommes une protestation vivante contre le 4 septembre ! (*Agitation.*)

M. GAMBETTA. — Je dis que nous ne faillirons jamais à ce devoir qui est l'exécution stricte du mandat que nous avons reçu du suffrage universel, mandat que nous exécuterons malgré les murmures et les obstacles qu'on voudrait apporter à son accomplissement...

M. PARIS (Pas-de-Calais.) — Mandat impératif !

M. GAMBETTA. — Mandat impératif, monsieur Paris, et le plus sacré de tous... (*Oh! oh! à droite et au centre,*) car il est un contrat librement passé, entendez-le bien, entre les électeurs qui sont nos souverains et nos commettants, et un candidat libre de sa direction de conscience, qui accepte et signe un mandat qu'il vient défendre dans cette enceinte... (*Interruptions et rumeurs à droite.*)

M. GASLONDE. — Il n'est plus libre quand il a signé !

M. GAMBETTA. — Liberté absolue, car on était le maître d'accepter ou de répudier les stipulations qu'on vous proposait. Quant à moi, je n'ai jamais signé une chose que je n'étais pas disposé en conscience à soutenir et à défendre.

Mais ce n'est point là la question : la question qui nous occupe et qui demande à être traitée en quelques mots pour dégager le vote que nous allons émettre sur la proposition dont vous êtes saisis, même formulée dans les termes que M. Leurent vient de lui donner à l'instant même, c'est que nous estimons que, dans l'état actuel du pays, après les manifestations non équivoques de sa volonté... (*Ah! ah! à droite.*)

Eh! Messieurs, vous riez quand on invoque l'enseignement le plus clair...

*Plusieurs membres.* — Personne n'a ri!

M. Gambetta. — ... l'indication la plus formelle qu'on puisse apporter à une tribune politique : la décision du suffrage universel.

Tout à l'heure, l'honorable M. Leurent vous disait : « Allons en vacances! Mettons-nous en communication avec nos électeurs, ce sont nos électeurs qui nous éclaireront; après ce contact nous reviendrons ici plus assurés de ce que nous devons faire. »

Mais, Messieurs, ce que le pays vous demande, c'est que le contact soit réel, soit sérieux, c'est que ce ne soit pas une simple communication... (*Applaudissements sur plusieurs bancs à gauche.*) Ce contact a un nom bien connu, un nom qui a ici retenti à plusieurs reprises, qui est l'objet d'une manifestation signée par une grande quantité d'électeurs, ce contact réclamé par M. Leurent, et que je demande plus complet, plus décisif, plus national, c'est la dissolution! (*Nouveaux applaudissements sur divers bancs à gauche. — Vives exclamations à droite.*)

Eh! Messieurs, si quelque chose légitime la persistance de l'opinion publique et des mandataires du suffrage universel qui siègent de ce côté (*l'orateur désigne la gauche*), à réclamer sans se lasser la dissolution de l'Assemblée actuelle, c'est certainement le spectacle auquel vous venez d'assister il y a quelques minutes. Comment! un homme comme M. Leurent, connu par son bon sens... (*Rires et marques d'assentiment sur divers bancs*), par son expérience des affaires et des hommes, monte à la tribune après l'honorable M. Dufaure, et quelle est sa première parole pour repousser la proposition de cet homme politique non moins consommé en politique que M. Leurent en affaires? Il nous dit que si, par malheur, on introduit ici une question de constitution, que si on aborde la discussion de la politique, que si l'on fait de la politique dans cette Assemblée politique, tout est perdu.

Oui, cette parole est vraie, je la salue comme vraie, comme loyale, car il est certain qu'il y a ici une chose qui ne disparaîtra jamais, parce qu'elle repose sur la loyauté et l'intégrité des consciences et des partis, c'est la division insoluble, c'est la séparation en partis rivaux, inconciliables, qui vous interdit sérieusement de songer à rédiger une charte pour la France et d'écrire une constitution, car qui tiendrait la plume? Qui dicterait les articles? Est-ce que vous êtes d'accord pour faire quoi que ce soit? (*Réclamations à droite et au centre.*)

Oui, monsieur Leurent, vous avez raison, on ne peut toucher à la politique sans allumer les passions et sans jeter le trouble dans les affaires. Et quel enseignement faut-il tirer de ce fait? Qu'il n'y a rien à faire? Qu'il n'y a qu'à se croiser les bras?... Non, je vous rappelle à ces déclarations que vous avez admises, que vous avez ratifiées; je vous rappelle à ces déclarations qui n'ont pas échappé sans raison à certains d'entre vous, qui vous disaient : Allons jusqu'à la libération du territoire! A cette époque la dissolution sera chose nécessaire et légitime. (*Applaudissements sur plusieurs bancs à gauche.*) Je ne veux pas citer de noms, mais je le pourrais.

Eh bien, cette parole qui, à cette époque, paraissait une parole de sagesse et de prévoyance, qu'en avez-vous fait?

Est-ce que vous avez la prétention aujourd'hui de déclarer que ce qui s'est passé le 24 mai a changé à ce point l'état respectif des partis dans cette Assemblée, l'état de l'opinion au dehors....

*Sur divers bancs.* — Oui! oui!

M. GAMBETTA. — Laissez-moi exprimer toute ma pensée, Messieurs... les intérêts, l'état de la France, la direction de ses volontés, que vous puissiez ne tenir

aucun compte du caractère indéterminé du mandat
que vous avez reçu, des protestations et des répudia-
tions manifestes que, depuis le 8 février 1871, le pays
a faites dans les mêmes endroits, dans les mêmes
collèges électoraux, d'une politique antérieure ; que
vous ayez la prétention de vous perpétuer contre son
consentement et d'attendre on ne sait quelle aventure, on ne sait quel accident heureux ou malheureux
pour les uns ou pour les autres, qui vous permettra
de conduire la France vers cet avenir dont on parle
discrètement, mais qu'on ne veut pas nommer ? (*Protestations à droite.*)

Eh bien, il faut cependant que, si vous voulez vous
séparer sans avoir, comme le dit M. Leurent, touché
à la politique, il faut cependant que le gouvernement,
représentation de trois minorités coalisées qui l'ont
porté au pouvoir le 24 mai... (*Exclamations ironiques
à droite et au centre. — Très bien ! à gauche*), il faut que
le gouvernement dise au pays ce qu'il entend accepter ou répudier de ce legs constitutionnel que lui a
fait le gouvernement antérieur. Il faut surtout, puisqu'on se targue ici de ce que les choses sont changées,
qu'on nous dise en vertu de quel enseignement elles
sont changées ; pour attester la vérité de ce changement, que le cabinet actuel me permette de lui dire
qu'il a un moyen en dehors de cette dissolution générale, de ces élections générales qui vous effraient,
mais où votre impuissance vous mènera malgré vous...
(*Très bien ! à gauche. — Réclamations à droite.*) Il y a
un moyen de s'assurer que les choses changeront,
que les esprits se modifieront, que vous ne serez pas
après les vacances ce que vous êtes aujourd'hui. Mais
il y a dix collèges ouverts ; qu'il consulte les deux
millions d'électeurs qui forment ces dix collèges, et
qu'il prenne pour base de son opinion le jugement
qui sera rendu par le suffrage universel. Ce jour-là,
j'ai pleine confiance que vous connaîtrez l'opinion du

pays; mais je suis convaincu que vous ne consulterez pas ces dix collèges électoraux, parce que vous suivez un système, parce que vous savez bien quel est l'esprit public, parce que vous savez bien ce qu'il vous répondra quand vous l'interrogerez. (*Applaudissements sur plusieurs bancs à gauche. — Réclamations à droite.*)

Je reprends et je parle au nom des hommes qui siègent de ce côté de l'Assemblée (*L'orateur désigne la gauche*), et que M. Dufaure réduisait tout à l'heure au chiffre de 53, ce qui m'étonne, car nous nous sommes trouvés 222 pour nier le pouvoir constituant de cette Assemblée, et ce n'est pas l'évènement du 24 mai qui pourrait avoir à ce point altéré et troublé les esprits, qu'on ne trouvât plus aujourd'hui que 53 députés dans cette enceinte pour protester, comme nous protesterons jusqu'à ce que vous ayez définitivement fait les lois. Ce jour-là seulement nous vous devrons l'obéissance. (*Ah! ah! à droite.*) Mais jusque-là c'est notre devoir de discuter, de retarder, de faire appel au pays, de jouer dans cette Assemblée notre rôle d'hommes politiques.

Eh bien, je dis que c'est au nom de cette triple considération, au nom de l'infirmité de votre origine... (*Violents murmures à droite et cris : A l'ordre! à l'ordre!*)

M. LE BARON DE VINOLS. — C'est une insulte à l'Assemblée! A l'ordre!

M. LE PRÉSIDENT. — J'invite M. Gambetta à vouloir bien expliquer l'expression dont il vient de se servir...

M. GAMBETTA. — C'est très simple.

M. LE PRÉSIDENT. — ... en parlant de l'origine de l'Assemblée actuelle.

L'Assemblée actuelle a assurément l'origine la plus légitime. (*Très bien! très bien!*)

M. GAMBETTA. — Messieurs, je crois que je vais répondre...

*Un membre à droite.* — Rétractez-vous!

*D'autres membres.* — Laissez parler!

M. Gambetta. — ... de manière à satisfaire même l'impatient qui me dit : « Rétractez-vous », aux demandes d'explication dont M. le président s'est fait l'interprète.

J'ai dit l'infirmité de l'origine de l'Assemblée, — l'expression est peut-être un peu incorrecte au point de vue de la langue... (*Rumeurs à droite.*)

J'entendais par là que l'Assemblée du 8 février 1871, — et je n'ai pas besoin de retracer ces circonstances, vous les connaissez comme moi, — avait été élue dans des conditions de brièveté, de non-communications. de non-vérifications, qui faisaient qu'elle ne ressemblait pas, comme netteté de mandat... (*Protestations à droite.*)

M. Courbet-Poulard. — Trouvez donc ailleurs une pareille plénitude de mandat!

M. Gambetta. — Cela est certain, Messieurs, et la preuve en est que ce débat ne se clôt jamais, qu'il se continue non seulement entre vous et nous, mais entre vous et le pays... (*Réclamations à droite et au centre.*)

Il est bien certain que le mandat que vous avez reçu n'était pas complet. (*Nouvelles réclamations.*)

Voilà ce que signifiait le mot que j'ai prononcé.

J'ajoute qu'à ces deux raisons, tirées du caractère de votre mandat et de la division qui règne dans cette Assemblée, j'en joins une troisième : c'est que nous sommes dans la situation politique la plus facile... (*Rumeurs à droite.*)

Écoutez, Messieurs!... la plus facile, si nous voulons loyalement les uns et les autres consulter le pays. En effet, vous dites, vous répétez tous les jours... (*Nouvelles rumeurs à droite.*)

Si on ne peut formuler un argument aussi simple, c'est à désespérer de la liberté de la tribune. (*Parlez! parlez!*)

Vous dites, vous répétez tous les jours que l'ordre est assuré, que vous n'avez aucune inquiétude sur la

sécurité matérielle; vous allez même plus loin, et
vous parlez de rétablir et d'organiser l'ordre moral.

Eh bien, Messieurs, vous touchez aux limites de
l'occupation du sol; donc, vous allez vous trouver
dans une condition parfaitement intacte, parfaitement facile, pour consulter le pays, pour lui demander
si, entre ces trois ou quatre partis qui le divisent, qui
le passionnent, il a fait un choix. Le moyen que vous
emploierez, c'est là que doit se poser votre prérogative. Vous nous direz par quel moyen vous voulez
consulter le pays. Mais il me semble que toute autre
tâche n'est pas dans votre compétence, et cela par
une raison de principe que j'ai invoquée : votre origine, et, par une raison de fait : votre division. C'est
pour cela que nous ne prêterons la main, ni de près,
ni de loin, à des tentatives de constitution sans examiner la question de savoir avec qui nous votons et
contre qui nous votons; nous ne voulons, ni de près,
ni de loin, vous tailler une besogne constitutionnelle,
et nous associer à ce que nous considérons comme
une usurpation contre les droits de la France. (*Vives
protestations à droite et au centre. — Très bien! très
bien! et applaudissements sur plusieurs bancs à gauche.
— Aux voix! aux voix!*)

M. de Broglie monte à la tribune pour soutenir la proposition de M. Leurent. Quant au discours de M. Gambetta, le vice-président du conseil n'a pas l'intention d'y
répondre. « La discussion actuelle, dit M. de Broglie n'a
rien à faire avec le vieux débat qui existe entre cette Assemblée et l'honorable préopinant, débat qui a commencé
même avant qu'elle fût élue et alors qu'il voulait l'empêcher
de prendre naissance. Elle n'a pas attendu sa permission
pour naître : elle n'a pas besoin de sa permission pour vivre
et pour régir la France. » La droite applaudit ces imperti-
nences que le gouvernement fit afficher quelques jours
plus tard sur les murs de Paris et dans toutes les communes.

Après une courte et vive réplique de M. Léon Say, la pro-

position de M. Leurent est mise aux voix et adoptée par
assis et levé à une faible majorité.

L'ajournement de la proposition de M. Dufaure permettait à la majorité d'organiser sans crainte, pendant les
vacances, une tentative décisive de restauration monarchique. Quand le vice-président du conseil avait allégué le
danger que présenterait, au point de vue des intérêts matériels, l'agitation inhérente à tout débat constitutionnel,
c'était les intérêts de la conspiration royaliste que le duc de
Broglie avait uniquement en vue.

# DISCOURS

## POUR UN FAIT PERSONNEL

*Prononcé le 12 juillet 1873*

A L'ASSEMBLÉE NATIONALE

---

Nous avons raconté dans le volume précédent à quelle agitation plus ou moins factice le discours prononcé par M. Gambetta à Grenoble avait servi de prétexte aux mois d'octobre et de novembre 1872.

Après avoir fait le procès « des classes de la société qui ne peuvent prendre leur parti de la Révolution », M. Gambetta avait prononcé ces paroles : « Oui, je pressens, je sens, j'annonce la venue et la présence dans la politique d'une couche sociale nouvelle qui est aux affaires depuis tantôt dix-huit mois, et qui est loin, à coup sûr, d'être inférieure à ses devancières (1) ! »

Ces deux mots de *couche sociale* avaient sonné comme un glas aux oreilles de la réaction. M. Thiers avait été interpellé à la commission de permanence et à l'Assemblée. M. Changarnier, dans la séance du 18 novembre, avait traité M. Gambetta de « factieux prêt à tout bouleverser ». M. de Broglie avait qualifié le discours de Grenoble de « grand et immense scandale ». M. Mettetal avait fait voter par 263 voix contre 116, un ordre du jour qui portait que l'Assemblée « réprouvait les doctrines professées à Grenoble... (2) »

Le 12 juillet 1873, M. Audren de Kerdrel donna à M. Gambetta, qui avait patiemment attendu, l'occasion d'expliquer les paroles prononcées à la réunion de Grenoble. Voici dans quelles circonstances :

M. Melvil-Bloncourt, représentant de la Guadeloupe, et

1. Tome III, page 101.
2. Tome III, pages 194-203.

M. de Mahy, représentant de la Réunion, venaient de prendre la parole sur le procès-verbal de la discussion du projet de loi sur l'établissement du jury aux colonies. M. Audren de Kerdrel, dont les allégations relatives à l'île de la Réunion avaient été traitées de calomnieuses par M. La Serve, monte à son tour à la tribune pour expliquer ses accusations. L'Assemblée était déjà fort agitée. M. de Kerdrel, au lieu de parler sur son fait personnel, trouve plus commode de recommencer contre le discours de Grenoble les harangues de M. Changarnier et de M. de Broglie. La gauche proteste.

« Est-il vrai, oui ou non, s'écrie M. de Kerdrel, qu'il y ait un parti en France qui a excité certaines couches sociales contre ce que l'on appelle les classes dirigeantes?... Si oui, j'ai eu le droit de dire qu'entre un pays dans lequel se produisait une situation pareille et l'Angleterre, au point de vue de l'établissement du jury dans les colonies respectives des deux pays, il y avait une différence. Prendra pour lui qui voudra mes paroles, mais je dis aux personnes qui représentent les colonies : Vous n'avez pas le droit de les prendre pour vous ou pour vos compatriotes. Maintenant, si dans cette Assemblée il y a des hommes qui aient parlé de ces couches sociales, de l'antagonisme entre la démocratie et ce qu'ils appellent les classes dirigeantes...

M. GAMBETTA. — Oui, certainement, il y en a !

M. de KERDREL. — ...qu'ils montent à la tribune et je suis prêt à leur répondre ! »

M. Gambetta demande aussitôt la parole et se présente à la tribune. « Vous n'avez pas la parole, » lui dit M. Benoist d'Azy qui préside et qui, dans le trouble de l'Assemblée, oublie les dispositions formelles du règlement.

« M. GAMBETTA. — Ce n'est pas moi qui ai soulevé l'incident ; j'ai été désigné par M. de Kerdrel, j'ai le droit de répondre ! (Oui! oui! à gauche. — Non! non! à droite. — Bruit général et confus.)

M. LE PRÉSIDENT. — Je répète à M. Gambetta qu'il n'a pas la parole.

M. PELLETAN. — Le règlement est violé !

M. TOLAIN. — Je demande la parole pour un rappel au règlement. »

M. Benoist d'Azy essaie de mettre aux voix la clôture de

l'incident. Mais de vives réclamations s'élèvent à gauche et
le vote demeure interrompu.

« M. DE KERDREL, *au milieu du bruit.* — Je déclare que j'ai
fait allusion à M. Gambetta.

M. DE CHAMPVALLIER. — La clôture! la clôture!

M. GAMBETTA, *à la tribune.* — M. de Kerdrel est plus loyal
que vous, Monsieur de Champvallier, il déclare que c'est à
moi qu'il faisait allusion. »

Le tumulte redouble. M. Benoist d'Azy se couvre et
quitte le fauteuil.

A la reprise de la séance et après un nouvel incident sur
le procès-verbal soulevé par M. de Choiseul, la parole est
donnée à M. Gambetta pour un fait personnel.

M. GAMBETTA. — Messieurs, ce qui m'amène à cette
tribune, un peu tardivement, ce sont les paroles qui
ont été prononcées par l'honorable M. de Kerdrel.
Quoiqu'il ne m'ait pas désigné nommément, il s'a-
dressait d'une façon tellement claire à celui qui a
l'honneur d'être à cette tribune, que j'ai dû les relever et demander à l'Assemblée de me permettre d'y
répondre en quelques mots. M. de Kerdrel lui-même
a reconnu, avec sa franchise ordinaire, que c'était bien
moi qu'il avait entendu désigner.

*Voix à droite.* — Plus haut!

M. GAMBETTA. — Tout à l'heure, Messieurs. (*Rires et
mouvements divers.*)

Tout à l'heure. Messieurs, je veux rester dans
l'attitude qui convient quand il s'agit de donner des
explications de doctrine politique. (*Mouvements.*)

M. de Kerdrel m'a reproché d'avoir jeté dans le
pays une expression qui, à son sens, ne contiendrait
pas moins qu'une théorie de guerre civile, d'antagonisme et d'hostilité irréconciliable de diverses classes les unes contre les autres.

*A droite.* — On n'entend pas!

*A gauche.* — Écoutez, vous entendrez!

M. GAMBETTA. — Et, généralisant son sentiment, il

n'était pas loin de nous considérer comme représentant dans la société française un principe général de sédition, que nous porterions même jusqu'aux colonies.

Messieurs, il y a assez longtemps que cette expression de « nouvelles couches sociales », de « couches sociales différentes », a été employée ici même, et avant moi, par divers membres de cette Assemblée, pour que, s'il ne s'agissait que du mot lui-même, je n'eusse ni à le revendiquer, ni à le défendre.

Mais évidemment, puisque l'on me fait de cette expression une application personnelle, puisque l'on prétend en faire sortir des théories politiques de nature à porter dans la société le trouble et le désordre, j'ai dû croire que l'occasion était propice, qu'elle était bonne pour exprimer ma pensée, pour la limiter, pour ramener à leur véritable valeur ces deux mots que l'on a défigurés par passion politique, par entraînement, par hostilité, par l'effet de cette antipathie que certaines personnes conservent contre leurs adversaires politiques, par toutes ces préventions enfin qu'on a depuis tantôt un an amassées autour d'une expression parfaitement simple en elle-même, et qui, dans ma pensée, n'était que la traduction exacte des faits accomplis ou en train de s'accomplir sous nos yeux dans le mouvement du suffrage universel lui-même. (*Écoutez! écoutez!*)

J'affirme donc, Messieurs, que, lorsque je disais que l'on pouvait définir et partager la société française en deux grandes fractions, dont l'une s'obstine à demeurer attachée au passé et s'acharne à faire obstacle à l'avenir, et dont l'autre marche de plus en plus vers l'organisation d'une démocratie pacifique et légale; quand je parlais de la République, et que je la signalais comme l'idéal particulier du gouvernement des nouvelles couches sociales, c'est-à-dire de celles qui ont été créées par la Révolution française, favorisées

dans leur développement par l'application des idées,
des théories et des lois de la Révolution française, et
qui ont pris peu à peu, obscurément d'abord, d'une
façon plus sensible, plus claire, plus intelligente par
la suite, conscience et possession d'elles-mêmes à
l'aide du suffrage universel, j'affirme que je ne faisais que décrire un phénomène politique et social
qui s'accomplit en France dans les couches profondes
de la société. (*Assentiment à gauche.*)

Messieurs, je pense, et je regarde mon opinion
comme incontestable, qu'à côté et au-dessus de ce
monde nouveau, de ce monde qui est heureusement
arrivé non seulement au travail, à la propriété, mais
à la capacité politique, il y a un autre monde parfaitement respectable, sans doute, investi d'une grande
tradition, ayant joué un rôle considérable dans la
formation première de la nationalité française, mais
qui, plus pénétré de certaines idées sur le gouvernement non seulement de ses propres intérêts et, si
vous le voulez, des intérêts généraux de la société,
mais même sur la direction et la conduite de ces
classes prétendues inférieures, mineures et incompé-
tentes, garde, à travers toutes nos vicissitudes révolutionnaires, une façon particulière de comprendre la
politique, les devoirs et les relations de l'État vis-à-vis
des simples citoyens.

Je pense encore, Messieurs, qu'il y a là un monde
qui finit, mais un monde dont il faut tenir le plus
grand compte dans la balance des forces politiques. car
il a conservé, à travers nos révolutions successives,
sinon des privilèges, au moins une suprématie pour laquelle il lutte, une prépondérance qu'il ne veut pas
se laisser arracher. Et je ne lui en fais pas un reproche, remarquez-le bien. Je ne m'étonne pas de cette
lutte, et je ne suis pas éloigné de trouver qu'elle peut
être expliquée et justifiée. Mais, Messieurs, il n'en
reste pas moins certain que, plus on étudie la société

qui est sortie du droit de suffrage individuel et universel, et plus on s'aperçoit qu'il y a aujourd'hui comme
deux Frances : une France de la Révolution française
et une France... (*Réclamations à droite*).

*Plusieurs membres à droite.* — Il n'y a qu'une France !

M. DE MARCÈRE. — Deux Frances, c'est inexact !

M. GAMBETTA. — N'abusez pas d'un mot dont vous
saisissez parfaitement le sens. Je veux dire qu'il y a
dans la société française deux courants, deux tendances qui sont représentés par des hommes, par des
passions, par des intérêts rivaux, antagonistes...
(*Non ! non ! sur plusieurs bancs.*)

Pardon ! Messieurs, vous répondrez...

M. CÉZANNE. — Nous sommes tous Français et égaux ;
il y a des whigs et des torys, il n'y a pas deux Frances.

M. GAMBETTA. — Messieurs, il m'est absolument
impossible de répondre aux interruptions.

*Quelques membres à droite.* — Il n'y en a pas.

M. GAMBETTA. — Si, il y en a : l'honorable M. Cézanne m'interrompt pour me dire : « Il n'y a pas
deux Frances ; il y a des whigs et des torys » ; il y a
donc, et je suis bien obligé de les signaler, deux tendances ! (*Réclamations.*)

C'est une interruption ! Vous ne l'avez pas entendue, mais moi qui l'ai entendue et qui tiens compte
de l'opinion de mon honorable collègue, je suis bien
obligé de m'y arrêter.

Messieurs, veuillez considérer que vous avez demandé l'explication de ma pensée, je vous la donne,
non seulement parce que je vous la dois comme Assemblée politique, mais pour faire justice d'une série
d'accusations injustes, à mon sens, de critiques et de
réclamations hostiles qu'on a cherché à exploiter
contre moi, contre le parti que je sers, en faisant de
ce mot « nouvelles couches sociales » un drapeau de
désordre, un brandon de discorde. C'est contre cette
interprétation injuste que je proteste.

Ce que je veux établir, c'est que je n'ai fait absolu·
ment que prendre acte de ce qui se passe dans ce
pays-ci, depuis que nous avons le suffrage universel.
Le suffrage universel, en effet, a eu pour principal
résultat de créer une nouvelle couche sociale et politique, car le propre de tous les régimes électoraux est
de créer ou de défendre des classes, ou de les étendre,
ou de les restreindre.

Il est certain que dans un pays où, comme sous la
Restauration, le cens était restreint, où on était en
présence non pas d'une véritable aristocratie, mais
d'une oligarchie qui gouvernait l'État, qui cherchait
à faire rebrousser chemin à la France, qui voulait remonter le cours des siècles... (*Exclamations à droite.*)

Messieurs, ne protestez pas...

*Un membre à droite.* — Cela n'en vaut pas la peine !

M. GAMBETTA.... — Il est bien certain que la moitié
au moins de ceux qui siègent sur les bancs du centre
droit, ou du moins leurs pères, qui renversaient cette
Restauration pour installer la monarchie de 1830
(*Applaudissements à gauche*), croyaient à cet effort pour
ramener la France en arrière.

Eh bien, je dis que le système électoral de la Restauration avait fondé un personnel politique, une
classe politique particulière qui gouvernait l'État
d'après ses théories, ses intérêts et ses passions de
classe politique. (*Interruptions à droite.*) J'ajoute que
la Révolution de 1830, en étendant le système électoral, a élargi le cercle de cette oligarchie, mais
qu'elle a constitué, encore à l'état d'oligarchie politique, des classes gouvernantes, dirigeantes, comme
vous le dites, monsieur de Kerdrel ; qu'elle gouvernait,
pour tout dire d'un mot qui résume toute ma pensée, à l'aide d'une classe, d'un personnel qui n'était
encore à cette époque qu'une minorité dans la nation,
car elle se composait de 281,000 électeurs sur 30 millions d'habitants.

Il est donc certain que chaque système électoral
correspond à un système social, et que, toutes les fois
qu'un régime électoral fonctionne pendant deux,
quatre, dix et quinze ans, il crée, entendez-le bien,
à son image, une nouvelle classe sociale et politique.
Pourquoi ne voudriez-vous pas que ce qui s'est passé
sous le système oligarchique, avec le cens tout à fait
restreint de la Restauration comme avec le cens un
peu élargi du gouvernement de Juillet, ne se fût pas
accompli avec le régime du suffrage universel, dont
l'établissement sera l'éternel honneur de la Révolution de 1848? (*Applaudissements à gauche. — Exclamations sur quelques bancs à droite.*)

*Une voix à droite.* — Et l'empire?

M. GAMBETTA. — Vous dites : « Et l'empire? » Ah! ce
mot-là, on peut le relever sans crainte, car ce que je
vais répéter ici, je l'ai dit dans une autre enceinte,
quand l'empire était debout. Après que la révolution
du 24 février a eu doté chaque Français de la capacité politique, comme la Révolution de 89 l'avait doté
de la capacité sociale, il est venu une Assemblée réactionnaire, aveugle, affolée par des mots comme ceux
qu'on fait aujourd'hui résonner aux oreilles de la
France. (*Interruptions à droite. — Applaudissements à
gauche.*)

Vous savez très bien ce que je veux dire, vous savez
et tout le monde sait par quel système de panique
organisée, de terreur voulue et simulée, on en est
arrivé à porter la main sur le suffrage universel ; comment l'empire s'est trouvé tout armé pour mettre à
la raison cette oligarchie parlementaire imprudente,
et comment il a trouvé, aux yeux des nouvelles couches sociales, paysans et ouvriers, je ne dis pas une
excuse, mais un prétexte pour le coup d'État. (*Très
bien! très bien! et applaudissements à gauche.*)

Par conséquent, l'interruption : « Et l'empire? » se
retourne contre celui qui l'a faite. Mais ce n'est pas

un mot oiseux qui a été lancé; il faut le relever et le méditer car il peut être pour vous tous, Messieurs, que l'on accuse de nourrir de coupables desseins contre le suffrage universel (*Réclamations à droite*), un enseignement dont vous saurez peut-être profiter. (*Applaudissements à l'extrême gauche. — Interruptions à droite et au centre.*)

M. DE RESSÉGUIER. — Qu'en avez-vous fait du suffrage universel quand vous étiez au pouvoir? Vous l'avez confisqué.

M. DAHIREL. — Vous l'avez supprimé entièrement.

M. DE RESSÉGUIER. — Vous n'avez pas le droit de parler du suffrage universel. Vous l'avez confisqué.

M. LE PRÉSIDENT. — N'interrompez pas; cette discussion se prolonge déjà depuis trop longtemps.

M. GAMBETTA. — Je dis donc que le suffrage universel ayant fonctionné depuis vingt ans, ayant fonctionné d'une manière plus ou moins libre... (*Interruptions à droite.*)

M. DAHIREL. — Malgré vous!

M. HENRI FOURNIER... — Et ayant été interrompu après le 4 septembre!

M. LE VICOMTE DE LORGERIL. — Qu'avez-vous fait après le 4 septembre? (*Rumeurs à gauche.*)

M. HENRI FOURNIER. — Pourquoi n'a-t-il pas fonctionné après le 4 septembre?

M. GAMBETTA. — Le suffrage universel a fonctionné...

M. DAHIREL. — Malgré vous! (*Réclamations à gauche.*)

(Des interruptions sont échangées entre les membres qui siègent à droite et à gauche.)

M. GAMBETTA. — Le suffrage universel ayant fonctionné...

M. DAHIREL. — Malgré vous! (*Nouvelles réclamations à gauche.*)

M. LE PRÉSIDENT. — Veuillez ne pas interrompre.

M. GAMBETTA. — Le suffrage universel, je le répète, ayant pendant vingt ans fonctionné sous l'empire, ayant fonctionné à partir de la paix... (*Interruptions.*)

M. DAHIREL — Malgré vous !

M. GAMBETTA. — Malgré moi, je vais vous le dire, mais laissez-moi parler.

*Plusieurs membres à droite.* — Pourquoi l'avez-vous confisqué?

M. GAMBETTA. — M. Dahirel prétend que c'est malgré moi.

*A droite.* — Oui ! oui !

M. GAMBETTA. — Oui! oui! Après? Quand vous le répéterez cent fois!

*Un membre à gauche.* — On veut vous empêcher de continuer; ne répondez pas!

*Un autre membre à gauche.* — M. le président oublie de rappeler à l'ordre les interrupteurs. Si nous interrompions ainsi, nous serions rappelés à l'ordre.

M. GAMBETTA. — Le suffrage universel ayant fonctionné dans différentes circonstances, avant comme après la guerre, — non pendant la guerre, — et j'estime encore, monsieur Dahirel, qu'il ne pouvait pas fonctionner pendant la guerre. (*Exclamations ironiques à droite.*)

M. DAHIREL. — Je demande la parole.

M. GAMBETTA. — Eh bien, le suffrage universel... (*Interruptions à droite.*)

*Un membre à droite.* — Au lieu de consulter le suffrage universel, vous avez pris le pouvoir.

M. GAMBETTA. — Oui! il était enviable, le pouvoir, dans ce moment-là! (*Exclamations à droite.*)

*Quelques membres à droite.* — Pourquoi l'avez-vous pris?

M. GAMBETTA. — Je ne l'ai pas pris. (*Si! si! à droite.*) En ce moment, personne ne voulait se le disputer. (*Nouvelles et bruyantes interruptions à droite.*)

Si vous vouliez me permettre de remplir ma pensée. je terminerais brièvement et je vous fatiguerais moins de ma présence.

*Un membre à droite.* — Oui ! Très bien !

*A gauche.* — A l'ordre ! à l'ordre ! (*Bruit prolongé.*)

M. TOLAIN. — Que l'interrupteur mette son nom à l'*Officiel*, afin qu'on le connaisse.

M. SCHŒLCHER. — C'est une inconvenance.

M. GAMBETTA. — Messieurs, je comprends toutes les impatiences ; mais vous pourriez renoncer à ce système de provocations peu courtoises, car je suis résolu à aller jusqu'au bout (*Très bien ! très bien ! à gauche*) et à ne pas manquer de patience, pour mon compte.

. Eh bien, Messieurs, dans les observations que vos interruptions ont si souvent coupées, j'avais l'honneur de dire, après avoir esquissé très brièvement les résultats naturels des divers régimes électoraux, que le suffrage universel, lui aussi, a mis au jour dans ce pays-ci une nouvelle couche sociale, et j'ajoute que c'est cette nouvelle couche sociale que depuis deux ans on voit apparaître partout, sage, modérée, patiente, maîtresse d'elle-même (*Interruptions à droite*), capable de mettre la main aux affaires et de les bien diriger, répétant chaque jour à ceux qui représentent l'ancien monde politique : Voulez-vous enfin prendre votre parti de l'état démocratique indestructible et inévitable de la France ? Voulez-vous nous faire une part dans la gestion des affaires du pays ? Voulez-vous qu'il n'y ait plus de haines de classes à classes ? Reconnaissez la démocratie ! (*Interruptions à droite. — Bravos et applaudissements à gauche.*)

M. LE VICOMTE DE LORGERIL. — Ce que nous n'avons pas... (*Bruit.*)

*A gauche.* — A l'ordre ! à l'ordre !

M. GAMBETTA. — Reconnaissez la démocratie et la démocratie avec sa forme de gouvernement, une forme nécessaire (*Ah ! ah !*), essentielle, la République ; reconnaissez la République ! (*Exclamations à droite. — Applaudissements à gauche.*)

Aussi bien, Messieurs des classes dirigeantes, comme vous n'avez pas voulu prêter l'oreille à un semblable contrat, il se passe tous les jours dans le pays quelque chose de plus considérable qu'une révolution soudaine, que ces journées plus ou moins militantes dont on tient les annales dans notre histoire ; malheureusement, depuis quatre-vingt-quatre ans, il s'accomplit, en ce moment même, non pas sous vos yeux, puisque vous ne voulez pas le voir, mais sous les yeux de tous les observateurs attentifs et impartiaux, une véritable révolution légale et sociale.

Partout où depuis soixante ans, entendez-vous bien, dans les conseils généraux, on n'avait pu faire pénétrer une minorité appréciable d'hommes sortis des rangs du peuple, ayant ses aspirations... (*Interruption à droite*), ayant ses aspirations, ses idées et ses espérances ; partout ou presque partout le suffrage universel a écarté... sans y mettre toujours des ménagements, mais cela tient à ce qu'on n'a pas entendu la parole de conciliation et de transaction sur le terrain républicain... (*Exclamations ironiques à droite. — Vive approbation à gauche.*)... Le suffrage universel a écarté des gens qui auraient pu rendre de réels services, s'ils avaient compris le rôle qui leur était offert, de tuteurs, d'éducateurs et de guides du peuple. Le peuple lui-même s'est installé aux affaires, et c'est cette éclosion que, sous le nom de nouvelles couches sociales, fruit du suffrage universel, j'ai saluée à Grenoble ! (*Vifs applaudissements à gauche.*)

Et je dis, Messieurs, que vous avez beau chercher à défigurer ma pensée, à en faire une sorte de drapeau rouge, je dis que vous ne parviendrez pas à égarer le bon sens de ce pays ; il sait très bien que je ne suis pas partisan des théories niveleuses, que je ne suis pas un homme de chimères et d'utopies, et que, si je demande l'accession, l'avènement de la démocratie aux affaires, c'est que je ne suis désireux que d'une

chose, relever la France par l'ordre matériel et par
l'ordre moral... (*Très bien! très bien!* — *Applaudissements prolongés à gauche.*) Et si quelque chose pouvait
donner à ce mot, de « nouvelles couches sociales » sa
consécration, son véritable caractère, c'est la politique que l'on nous apporte et que l'on fait ici depuis
tantôt deux mois, politique qui n'a qu'un nom, que
la France connaît, contre laquelle elle s'est déjà prononcée, contre laquelle elle se prononcera toujours,
la politique de l'ancien régime contre la politique de
la Révolution! (*Vives protestations et cris : A l'ordre! à
l'ordre! à droite.* — *Bravos et applaudissements à gauche.* — *L'orateur, en retournant à son banc, est entouré
par un grand nombre de ses collègues du côté gauche, qui
quittent leur place pour venir le féliciter.*)

M. Ernoul, garde des sceaux, répond à M. Gambetta : il
déclare que le gouvernement proteste avec toute son énergie contre les paroles qui viennent d'être prononcées, et
qu'étant « né de la libre volonté du pays que l'Assemblée
représente seule », il ne reculera jamais devant l'application
de sa politique.

« La politique du *Syllabus!* » s'écrie M. Lockroy.

M. Ernoul continue : « Je suis le fils de mes œuvres, le
fils de mon travail, et nous sommes la ligue des gens de
bien contre les tentatives de désordre. » M. Horace de Choiseul : « Et les autres alors? Qualifiez-les! »

La droite fait une ovation au ministre de la justice. La
gauche réclame ironiquement l'affichage des deux discours
de M. Gambetta et de M. Ernoul. L'Assemblée reprend son
ordre du jour.

# DISCOURS

SUR

## LE PROJET DE LOI

TENDANT

A CONFÉRER A LA COMMISSION DE PERMANENCE LE DROIT
D'AUTORISER LA POURSUITE DES DÉLITS DE PRESSE
COMMIS CONTRE L'ASSEMBLÉE NATIONALE PENDANT LA PROROGATION

*Prononcés les 14 et 26 juillet 1873*

A L'ASSEMBLÉE NATIONALE

---

La séance du 12 juillet n'avait été qu'une préface : ce
n'avait pas été sans arrière-pensée qu'au cours d'un débat
sur le jury des colonies, M. de Kerdrel avait trouvé moyen
de parler du discours de Grenoble et de rappeler à la majorité le voyage de Savoie et du Dauphiné. Dès le surlendemain (séance du 14 juillet), comme M. Paris venait de présenter une proposition relative à la prorogation de l'Assemblée à partir du 27 juillet, le garde des sceaux Ernoul
déposa sur la tribune un projet de loi tendant à conférer à
la commission de permanence le droit d'autoriser les poursuites des délits d'offense commis contre l'Assemblée nationale pendant sa prorogation. Ce projet donnait à la coalition
une arme commode pour frapper, sous prétexte d'offense
à la représentation nationale, les orateurs et écrivains
républicains qui combattraient les tentatives de restauration
dont le plan était arrêté en vue des vacances.

Une explosion unanime de colère accueillit sur les bancs
de la gauche la proposition de M. Ernoul. Les membres du

centre gauche et de la gauche républicaine se font remarquer par l'énergie de leurs protestations. M. de Marcère,
M. Bamberger, M. de Pressensé, M. Arago, se lèvent et inter-
pellent le ministre. M. Ernoul se trouble et se plaint que la
liberté de la tribune soit violée dans sa personne. Il demande
l'urgence.

M. Emmanuel Arago répond au garde des sceaux par
quelques paroles éloquentes que la gauche accueille par
des applaudissements répétés. Il combat la demande d'urgence :

« M. le ministre nous a dit qu'il défendrait la liberté de la
tribune. Je soutiens qu'il la nie et veut l'anéantir par son
projet de loi.

« Il vous demande qu'une commission de vingt-cinq
membres, nommée par la majorité de l'Assemblée, soit
investie des pouvoirs de l'Assemblée tout entière, investie
d'un droit tel qu'elle puisse autoriser des poursuites que
l'Assemblée n'autorise qu'après discussion. Eh bien, c'est là
une usurpation constitutionnelle. Les lois de 1848, auxquelles vous vous référez, n'accordent aux commissions de
permanence que le droit de convoquer l'Assemblée si les
circonstances l'exigent. Et vous, vous voulez qu'une commission de vingt-cinq membres puisse faire, en séance
secrète, sans publicité, ce que l'Assemblée tout entière a
seule le droit de faire!.. Le pays entendra la dernière parole
que je vais prononcer : Vous n'êtes pas seulement un gouvernement de combat, vous êtes un gouvernement qui veut,
pour ce qu'il appelle l'ordre, pour ce qui est, à mon sens,
le désordre moral, constituer subrepticement à son profit un
comité de salut public. »

M. le comte Jaubert remplace M. Arago à la tribune et
soutient la demande d'urgence : « J'en demande pardon à
l'honorable M. Arago, ce n'est pas la liberté de la tribune
qu'il vient de défendre tout à l'heure, c'est la liberté du
balcon appuyée sur les clubs et excitant des séditions. » Le
mot de *liberté du balcon* excite à droite un véritable enthousiasme. M. Jaubert rappelle qu'à la session précédente il
avait présenté, pour réprimer les offenses dirigées contre
l'assemblée, un projet analogue à celui de M. Ernoul. Ce
projet avait été repoussé par la commission d'initiative.
Aujourd'hui le gouvernement le reprend. M. Jaubert s'en

félicite. « Dans les circonstances encore graves où nous sommes, nous ne pouvons pas nous dissimuler que, après notre séparation pour les vacances, va recommencer une campagne contre l'Assemblée. C'est à prévenir ces dangers et à y mettre bon ordre que le gouvernement a la sagesse de nous convier. L'urgence est suffisamment justifiée. J'appuie la demande du ministre. »

M. Gambetta demande la parole :

M. LE PRÉSIDENT. — La parole est à M. Gambetta.

M. GAMBETTA. — Messieurs, le projet de loi pour lequel le gouvernement réclame l'urgence...

*Quelques voix à droite.* — La clôture ! la clôture !

*Autres voix du même côté.* — Non ! non ! — Laissez parler !

M. GAMBETTA. — Messieurs, le projet de loi que le gouvernement vient de proposer...

*Quelques voix à droite.* — Nous demandons la clôture !

*Un membre à gauche.* — Voilà la liberté de la tribune !

M. GAMBETTA. — Et pour lequel M. le comte Jaubert réclame l'urgence, a pris sous sa parole sa véritable portée et sa véritable signification.

Avec M. le comte Jaubert on est presque toujours certain d'apprendre gaiement la vérité, qui, quelquefois, se dissimule. (*On rit.*)

M. GASLONDE. — Dites spirituellement !

M. GAMBETTA. — Il a dit, non sans justesse, que c'était moins la liberté de la tribune parlementaire qui était en question qu'une autre liberté d'un genre moins nouveau qu'il n'affecte de le croire, qu'il a appelée la liberté du balcon.

M. DE RAINNEVILLE. — Les deux libertés, comme les deux Frances !

M. GAMBETTA. — Et, Messieurs, quoique je ne sois pas plus en cause qu'un autre en cette matière... (*Rires à droite.*)

M. Audren de Kerdrel. — Pas moins!

M. Gambetta. — Je crois, Messieurs, qu'il est peut-être bon de faire observer à l'honorable comte Jaubert, et à bien d'autres esprits qui poursuivent ici la même politique que notre honorable collègue, que la liberté du balcon a besoin d'être garantie et protégée aussi bien que la liberté de la tribune. (*Oui! oui!* — *Très bien!* *à gauche.* — *Exclamations à droite.*)

Qu'est-ce à dire, Messieurs? Mais ce n'est pas autre chose. Et M. le comte Jaubert le sait bien, lui qui a peiné quarante ans de sa vie pour établir dans ce pays la monarchie constitutionnelle et le régime légal des Assemblées parlementaires, et les luttes en plein soleil, et le *fair play* des Anglais, la liberté de discussion, le droit de ramener à soi les hommes par la persuasion, par la voie des réunions, par tous les moyens légaux de propagande. (*Bruit à droite.* — *Très bien! très bien! à gauche.*)

Que M. le comte Jaubert me démente si je me trompe! (*Applaudissements à gauche.*) Eh bien! Messieurs, je dis que ces efforts ont été tentés pendant quarante-cinq ans dans ce pays, non sans quelques heures de prestige et de grandeur.

L'école à laquelle M. le comte Jaubert s'est rattaché, et dont il a été un des plus brillants représentants, cette école, de quelles traditions s'inspirait-elle? à quels souvenirs faisait-elle appel? On ne disait pas, comme récemment : Passons l'Atlantique! non, on nous conviait à passer la Manche; on nous faisait le tableau véritablement enchanteur de ce pays où des aristocraties juxtaposées vivaient sans secousse, sans collision... (*Rumeurs à droite.* — *Parlez! parlez!*) sans collision, ou au moins sans conflits sanglants, avec un monde aussi passionné, aussi laborieux, plus grossier et plus misérable à coup sûr que les travailleurs français.

On disait aux hommes trop ardents de la démo-

cratie française : Prenez là des modèles; imitez ces
luttes légales; voyez comme en Angleterre les conflits
se dénouent par la propagande!

Et on citait les grands noms de Cobden, de Bright;
on nous invitait à entrer dans cette arène pacifique
de contradiction, de dialectique, où le progrès est
la conquête de la raison et bientôt celle de la majorité. (*Très bien! très bien! Applaudissements à gauche et
au centre gauche.*)

Eh bien! Messieurs, qu'est-ce à dire?

M. LE COMTE DE MAILLÉ. — Ils n'attaquaient pas la
Chambre!

M. GAMBETTA. — L'honorable comte de Maillé m'interrompt pour me dire : « Ils n'attaquaient pas la
Chambre! » (*Exclamations à gauche.*)

Je fais appel à ceux de nos collègues qui ont lu les
comptes rendus de ces scènes presque violentes, —
car il n'y a pas que les Français qui aient le sang chaud
et prompt; les Anglo-Saxons ont aussi leurs empor-
tements, leurs passions parfois brutales, leur manière
vive de trancher les questions, ou au moins de se
pousser un peu dans les réunions publiques, — je
fais appel aux souvenirs de ceux de nos collègues qui
ont lu ces récits. Il en est parmi nous, et jusque sur
le banc des ministres, qui les ont examinés de plus
près, qui les ont décrits, qui en ont exposé, dans une
publication spéciale ou dans une revue devenue presque une institution politique en France, des peintures
exactes et justement remarquées. Il en est quelques-
uns d'entre vous qui ont des sympathies pour un
prince dont vous connaissez les travaux et qui a eu
pour but précisément de mettre en lumière, dans un
livre loué par ses amis et qui a failli devenir la base
d'une enquête spéciale de la part de l'Assemblée nationale, la description de cette animation, de cette
lutte, de cette liberté d'association, de réunion, de
protestation, de propagande. De telle sorte que nous

en sommes à envier le spectacle de la liberté individuelle chez nos voisins.

M. LE COMTE DE DOUHET. —L'Angleterre est un pays
complètement organisé, tandis que la France ne l'est
pas! (*Bruit.*)

M. GAMBETTA. — A l'aide de quels procédés les Anglais peuvent-ils pousser à la conquête légale des
libertés et des droits qu'ils réclament? A l'aide de la
liberté de balcon, oui, de balcon, dont vous parliez
tout à l'heure, parce qu'ils ont le droit de se réunir
autour de plates-formes, sur les places publiques,
dans les édifices construits par la munificence des
citoyens qui appartiennent à l'aristocratie elle-même,
qui, plus soucieux ou plus intelligents de leurs intérêts et comprenant mieux leurs devoirs, savent qu'il
n'y a qu'un moyen de diriger les démocraties dans les
voies de la justice, c'est de leur tendre la main, c'est
de leur ouvrir les portes de l'arène légale, c'est de les
instruire par la pratique même de la liberté. (*Applaudissements à gauche.*)

En conséquence, permettez-moi de dire que cette
liberté, dont on croit se défaire par une épigramme,
est la plus essentielle de toutes dans une démocratie.
Essentielle pour nous surtout, car, malheureusement,
nous avons affaire à un peuple auquel on a mesuré,
d'une façon bien avare, l'instruction et la science...
(*Réclamations à droite. — Approbation à gauche*), à un
peuple qui ne lit pas, qui ne s'intéresse pas aux œuvres
écrites. Et alors, le vrai droit pour lui et le véritable
moyen, non seulement d'apprendre, mais de se discipliner, de se gouverner lui-même, c'est le droit de
réunion, c'est la liberté de propagande. (*Très bien! à
gauche.*)

*Plusieurs membres à droite.* — A la question!

M. GAMBETTA. — Voilà le droit avec lequel vous
pourrez espérer distinguer ce qu'il y a de bon parmi
les éléments confus qui bouillonnent dans les démo-

craties, faire un juste départ entre les chimères et les
idées réalisables. Par conséquent, Messieurs, débar-
rassez-vous de ces superficielles façons de juger les
choses.

Allez au fond, et vous reconnaîtrez que, de même
que la liberté de la tribune est ici sacrée pour l'instruction et la direction du pays, de même, pour éclairer, pour moraliser les masses, il y a une liberté
sacrée, nécessaire : c'est cette liberté dont vous vous
raillez, et dont vous ne comprenez pas qu'il vous
appartient à vous-mêmes de faire usage pour instruire
les campagnes, pour parler à vos électeurs. Usez-en,
mais faites-nous une liberté égale, suivez ces Anglais
que vous voulez imiter, faites le *fair play.*

Voilà comment on gouverne les démocraties. Si
vous vouliez les bâillonner, de plus robustes bras
que les vôtres s'y sont brisés déjà bien des fois, vous
y péririez comme vos devanciers, et vous ne laisseriez
que le souvenir d'une proscription insensée. (*Applaudissements à gauche. — Réclamations et murmures à
droite.*)

Le gouvernement ne voulut pas laisser la Chambre sous
l'impression de ce discours. Le ministre de la justice re-
monta à la tribune pour affirmer « que les autorisations
de poursuites que l'Assemblée doit accorder, d'après la
constitution de 1848, et que le gouvernement demande la
permission de faire donner par la commission de permanence, ne sauraient, dans l'intention des auteurs du projet,
être accordées contre les membres de l'Assemblée. Il ne
s'agit que de la presse.

« M. Arago vous a dit que vous vouliez former un comité
de salut public; je réponds que les comités de salut public
ne s'appuient que sur des minorités. Quant à M. Gambetta,
il nous a conviés à imiter les pratiques de l'Angleterre :
si le peuple anglais est si libre et si grand, c'est qu'il a
commencé par pratiquer le respect de la loi.

« J'ai toujours cherché, quant à moi, à unir ces deux
principes : le respect de la liberté et le respect des lois du

pays, et je dis qu'il ne faut pas laisser le jury, cette autre forme de représentation du pays, dans l'impuissance de réprimer les campagnes qui pourront être entreprises contre l'Assemblée, sauvegarde et protection de la France. »

Après une vigoureuse réplique de M. de Pressensé, M. Depeyre vient à son tour appuyer l'urgence demandée par le gouvernement : « Tout à l'heure, M. Gambetta vous disait que pendant de longues années on avait convié la France à emprunter des institutions à la libre Angleterre, et que c'était une singulière situation de voir qu'on voulait aujourd'hui entraver ce que M. le conte Jaubert a appelé si spirituellement la liberté de balcon.

« Je répondrai que la comparaison entre la France et l'Angleterre ne peut être admise. En Angleterre, le pouvoir est respecté par tous. Jamais, dans les meetings dont a parlé M. Gambetta, jamais on n'a proféré une attaque contre le gouvernement de la reine!

M. GAMBETTA. — Relisez donc le discours de sir Charles Dilke sur l'emploi des crédits votés pour la couronne.

M. DEPEYRE. — Oui, en Angleterre, il y a une autorité indiscutée ; en France, il doit y avoir un pouvoir indiscuté; c'est celui de cette Assemblée! Que le projet du gouvernement semble gênant à ceux qui, profitant de la prorogation de l'Assemblée, promènent dans le pays des excitations coupables contre son pouvoir, je le comprends fort bien... Je comprends que ceux qui, dans un banquet resté célèbre, ont dit : « L'Assemblée nationale est morte, elle n'attend plus que le fossoyeur,.. » je comprends que ceux-là veuillent garder le droit d'exciter contre vous toutes les mauvaises passions. Mais l'Assemblée nationale vit encore et le fossoyeur peut attendre! (*Applaudissements à droite. — Bruit à gauche.*)

M. GAMBETTA. — Demandez cela au pays, c'est lui qui sera votre fossoyeur.

M. DEPEYRE. — Il faut bien que le pays sache qu'il y a une croisade entreprise par vous contre tout ce qui reste debout de nos forces sociales... »

A ces mots de M. Depeyre, tous les membres de la gauche se lèvent, protestent et réclament le rappel à l'ordre que M. Buffet refuse d'appliquer à l'orateur royaliste. M. Depeyre descend de la tribune, et la majorité, refusant d'entendre M. Henri Brisson, prononce la clôture.

L'urgence est prononcée, et le projet de loi, déposé par M. Ernoul, est renvoyé à une commission spéciale.

Le 23 juillet, l'ordre du jour de l'Assemblée appelait la discussion de ce projet. Le rapport de la commission était favorable.

M. Henri Brisson combat le projet, qui est défendu par M. Lucien Brun.

« On a prétendu que la loi était inutile, dit M. Brun, qu'on s'en était passé jusqu'à présent; mais a-t-il été utile qu'on s'en passât? Pendant les vacances de l'année dernière, la chance de l'impunité n'a-t-elle pas encouragé des offenses qui n'auront plus lieu quand la répression sera possible? On a ajouté qu'on ne pourrait poursuivre les députés, mais seulement les journaux. C'est bien quelque chose! Il en est de certains discours comme des feux d'artifice : on ne se les tire pas à soi-même.

M. GAMBETTA prononce de sa place quelques paroles qui se perdent dans le bruit.

M. LUCIEN BRUN. — Si M. Gambetta a cru que je faisais allusion à lui, pour l'heure présente il s'est trompé.

« M. Brisson est effrayé d'un mot qui se trouve dans le rapport. Il ne serait pas permis, pense-t-il, de parler de la dissolution de l'Assemblée, pas même de la durée de son mandat! Je n'ai qu'une chose à dire : Rien n'est innové quant au droit. Vous pourrez parler de la dissolution, pourvu que ce soit en termes respectueux pour l'Assemblée, pourvu que vous exposiez vos motifs honnêtement et poliment. Si à cette Assemblée qui est ici malgré vous, qui y restera malgré vous..., si vous lui dites qu'il vous semble que de nouvelles élections sont nécessaires, vous êtes dans votre droit; mais si à cette Assemblée qui est tout ce qui reste debout d'autorité et de force sociale dans le pays..., si vous lui dites qu'elle est morte, qu'elle attend le fossoyeur, ce sera une injure, et il faut que les journaux qui la reproduiront puissent être poursuivis.

« Mais, Dieu merci! cette loi deviendra inutile aussitôt qu'elle sera votée; car, lorsqu'on saura que l'impunité n'existe plus, que les poursuites peuvent être immédiates, il n'y aura plus de délits. Mes paroles ne peuvent blesser personne ici, car je ne suppose pas qu'aucun de mes collègues soit dans l'intention d'offenser l'Assemblée. »

Le discours de M. Lucien Brun avait dépassé le but : il avait avoué trop naïvement que le projet de loi visait particulièrement M. Gambetta. La droite se hâte de réclamer la clôture qui est prononcée malgré les réclamations de M. Gambetta, qui demande la parole pour un fait personnel, et de M. Bethmont, qui fait observer que le garde des sceaux doit à l'Assemblée de s'expliquer sur le projet qu'il a présenté.

M. LE PRÉSIDENT. — La discussion générale est close.

M. GAMBETTA monte à la tribune et échange quelques paroles avec M. le président.

*Voix à droite.* — Sur quoi M. Gambetta a-t-il la parole?

M. LE PRÉSIDENT. — M. Gambetta m'avait demandé la parole pour un fait personnel; je lui faisais remarquer que son nom n'avait pas été cité dans le discours de M. Lucien Brun.

*Un membre à gauche.* — On l'a désigné par son propre nom!

M. LE PRÉSIDENT. — M. Gambetta insiste; il trouve qu'il a été désigné. Je lui donne la parole pour un fait personnel.

M. GAMBETTA. — Messieurs, j'ai cru qu'après les paroles prononcées par l'honorable M. Lucien Brun, à la fin de son discours, et qui constituent, à mon sens, une agression personnelle... (*Rumeurs à droite*) que je trouve parfaitement permise à condition que vous me donniez la liberté de la relever... (*Parlez! parlez!*)

Et, remarquez-le, Messieurs, je n'ai pas cherché le moins du monde, pendant que j'écoutais M. Lucien Brun, auquel je désirais qu'on maintînt la parole, je n'ai pas cherché le moins du monde à introduire aucune animation personnelle dans le débat. Je crois que le projet de loi que vous discutez, et M. Lucien Brun en convient lui-même à la fin de son observation, a, je ne dis pas une couleur personnelle; mais évidemment, dans la pensée d'un certain nombre de ses collègues, on a considéré que j'avais réellement commis contre l'Assemblée tout au moins le délit d'offense. Et on a rappelé à ce sujet les expressions dans lesquelles M. Lucien Brun prétend rencontrer le délit d'offense. Je voudrais que l'Assemblée me fît l'honneur de me laisser expliquer mon sentiment personnel : je suis bien convaincu, pour ma part, que le motif principal de la présentation de ce projet ne sera pas atteint, que la raison principale qui avait engagé M. le garde des sceaux à vous présenter ce projet de loi et votre commission à l'accueillir.....

M. LE PRÉSIDENT. — Permettez, monsieur Gambetta, il n'y a pas le moindre fait personnel là-dedans. (*Rires et nombreuses réclamations à gauche.*)

Aucune de vos clameurs, Messieurs, ne m'empêchera de remplir mon devoir de président. (*Très bien! très bien! à droite et au centre.*)

Je faisais remarquer à M. Gambetta que rechercher et discuter les causes de la présentation du projet de loi, c'était évidemment rentrer dans la discussion que l'Assemblée vient de clore...

*A gauche.* — Mais non! mais non!

*A droite.* — Si! si! c'est exact!

M. LE PRÉSIDENT. — ... Et que ce n'était pas parler pour un fait personnel. C'est ce que je maintiens. (*Très bien! très bien!*)

*Un membre à gauche.* — Personne n'a réclamé!

M. LE PRÉSIDENT. — Et moi, Monsieur, j'ai réclamé dans l'intérêt de l'ordre et du règlement. (*Applaudissements à droite.*)

*Un membre à gauche.* — C'est trop de zèle! (*Bruit.*)

M. GAMBETTA. — Messieurs, je suis obligé de reconnaître que dans cette discussion le côté juridique est mêlé à une question de personne... (*Dénégations à droite.*)

Enfin, Messieurs, laissez-moi parler!

La preuve de ce que j'avance, c'est qu'un de nos

honorables orateurs, s'adressant à nous, disait : La loi
que nous faisons, c'est une loi d'intimidation.

*Un membre au centre.* — On n'a pas dit cela !

M. Gambetta. — Comment, on ne l'a pas dit ? Nous
l'avons tous entendu...

M. le président. — Renfermez-vous donc dans le fait
personnel, monsieur Gambetta ; je ne vous permets
pas d'en sortir. Vous aurez la parole sur l'article unique de la loi ; mais, jusque-là, renfermez-vous, je le
répète, dans le fait personnel.

M. Gambetta..... — Et il allait jusqu'à rappeler certains discours, et il ajoutait en concluant :

« Nous vous connaissons assez pour savoir que vous
vous arrêterez ! »

Et vous avez applaudi, messieurs de la droite. (*Voix
diverses : Oui! oui! — Assez! — La clôture!*)

M. Gambetta. — Eh bien, permettez-moi de vous
dire, et c'est là le fait personnel, qu'ayant la conviction absolue de n'avoir jamais proféré contre l'Assemblée nationale... (*Interruptions à droite.*)

Messieurs, je vous en prie... de n'avoir jamais proféré contre l'Assemblée nationale des paroles délic-
tueuses, j'ai pu, — et cela est dans mon droit, comme
cela est dans le vôtre quand vous caractérisez tel ou
tel groupe politique dans cette Assemblée, — j'ai pu
employer des expressions véhémentes....

M. Ferdinand Boyer. — Injurieuses !

M. Gambetta. — Préférez-vous avoir été injurié ?

Je tiens à vous expliquer, Messieurs, que je n'ai
pas voulu vous injurier.

M. Ferdinand Boyer. — C'est une défense !

M. Gambetta. — Il ne me semble pas possible que,
membre de cette Assemblée, je laisse dire, même
dans la chaleur de l'improvisation de M. Lucien Brun,
complétant, ou plutôt cherchant à échapper à la thèse
juridique pour entrer dans le domaine de la passion
politique, je lui laisse dire que j'ai commis un délit.

Je crois n'avoir jamais commis un délit, et je suis convaincu, et vous pouvez, vous cabinet nouveau, puisque vous trouvez qu'on nous a couverts d'une impunité..... (*Interruptions à droite.*)

Eh bien! je renonce quant à moi à l'immunité parlementaire. (*Oh! oh!*) Vainement vous déclarez que je n'ai pas le droit de juger cette Assemblée devant le suffrage universel dont je relève, de critiquer ses actes, de condamner sa politique, de la trouver absolument contraire aux intérêts de la démocratie..... et de le démontrer..... (*Nouvelles interruptions.*)

Je suis convaincu que, si vous aviez le sentiment que ce que je dis n'est inspiré que par l'esprit d'erreur et de violence..... (*Exclamations à droite*), permettez-moi de répéter, que, si vous pensiez que dans ces entretiens avec les membres du suffrage universel et au dehors, je n'étais inspiré que par l'esprit d'erreur, de dénigrement injuste, eh bien, vous ne feriez pas de loi pour empêcher la reproduction de ces discours. (*Très bien! très bien! à gauche.*)

Vous imiteriez l'ancien gouvernement....

M. LE PRÉSIDENT. — Monsieur Gambetta, vous rentrez dans la discussion générale qui vient d'être close.

Je ne puis pas vous le permettre.

Le fait personnel est épuisé. Vous avez expliqué les paroles que vous aviez prononcées et auxquelles vous pensiez qu'on avait fait allusion. Vous pourrez, si vous le voulez, demander la parole sur l'article de la loi; mais en ce moment je ne puis vous laisser continuer.

M. GAMBETTA. — Eh bien, je demande la parole sur l'article unique de la loi.

M. LE PRÉSIDENT. — Vous l'aurez quand l'article sera en discussion; mais je ne puis permettre de laisser mêler la discussion de la loi à la discussion d'un fait personnel.

M. GAMBETTA. — Eh bien, permettez, je ne veux

pas créer ici de discussion entre le président et un
simple membre de l'Assemblée; je renonce à la parole, seulement vous me permettrez de trouver extraordinaire que quand on fait presque une loi *ad homi-
nem* on ne me laisse pas la parole. (*Applaudissements à
gauche. — Vives réclamations à droite.*)

M. LE MARQUIS DE GRAMMONT. — Voilà de la modes-
tie!

M. LE PRÉSIDENT. — Je consulte l'Assemblée sur
la question de savoir si elle entend passer à la discussion de l'article unique.

(L'Assemblée décide qu'elle passe à la discussion
de l'article unique.)

*Voix à gauche.* — A demain! à demain!

*A droite.* — Non! non!

M. GAMBETTA. — J'ai demandé la parole sur l'article unique du projet de loi.

M. LE GARDE DES SCEAUX. — Je l'avais demandée antérieurement.

M. LE PRÉSIDENT. — On a proposé de renvoyer la
discussion à demain, et d'un autre côté on semble s'y
opposer. (*Oui! oui! à droite.*) Je consulte l'Assemblée.

L'Assemblée consultée déclare que la discussion continue
sur l'article unique. M. Ernoul défend ce projet de loi dans
un discours qui excite sur les bancs de la droite le plus vif
enthousiasme. M. Bethmont répond au garde des sceaux :
« Vous vous croyez la seule force sociale qui subsiste,
après nos malheurs! Mais le suffrage universel, Messieurs,
n'y pensez-vous pas? Vous proclamez votre droit au respect. Nous vous devons le respect, soit, mais non pas
l'hommage; au-dessus de vous, il y a la nation, il y a la
France, cette grandeur toujours vivante, cette personnalité glorieuse et indestructible devant laquelle les majorités, même les plus solides, ne sont que poussière.
Croyez-vous, par hasard, que nous allons immoler les droits
de la France à votre prétention de souveraineté indiscutable et perpétuelle? Non, non, la question de la dissolution

est posée, et il faut qu'elle soit résolue. C'est le droit de tous les Français aujourd'hui de le proclamer ; ce sera demain le devoir de tous de faire que cette proclamation ne reste pas vaine. Tous devront y travailler par la parole, par la plume, par tous les moyens que la loi laisse en leur pouvoir. » C'était la première fois qu'un membre du centre gauche se déclarait, aux applaudissements de ses amis, partisan de la dissolution. Ce fut le véritable évènement de la séance.

Aucun membre du cabinet ne s'étant présenté pour répondre à M. Bethmont, M. Gambetta monte à la tribune. La droite réclame aussitôt la clôture.

M. GAMBETTA. — Je demande la parole contre la clôture !

M. LE PRÉSIDENT. — M. Gambetta demande la parole contre la clôture.

M. GAMBETTA.— Messieurs, il est toujours très difficile de lutter contre un courant évident qui se forme dans une Assemblée. Mais, cependant, il y a des devoirs qu'il faut savoir remplir alors même qu'on est assuré de vous déplaire.

Eh bien, permettez-moi de vous dire que, quelque éloquentes qu'aient été les paroles de l'honorable garde des sceaux, il ne me semble pas qu'il ait justifié devant vous le projet de loi... (*Interruptions et rires à droite.*)

Il a très clairement, très véhémentement justifié ses intentions. Cela n'est pas douteux ; et le projet de loi vous a paru aussi correct que clair, parce qu'il vous a très clairement indiqué sa pensée.

Mais ce n'est pas là qu'est la thèse. (*A droite : Non ! non ! — A gauche : Si ! si !*) La thèse est de savoir si les précautions légales qu'il vous invite à prendre sont légitimes ; et, au cas où elles seraient légitimes, si elles sont réellement efficaces. (*Écoutez ! écoutez !*)

Eh bien, Messieurs, il me semble qu'il est facile de démontrer, quoi qu'en ait dit M. le garde des sceaux, que le projet de loi est superflu, et qu'il n'est pas de la compétence de l'Assemblée.

Que dirait M. le garde des sceaux lui-même ?...

*Sur divers bancs à droite.* — La clôture ! la clôture !

*A gauche.* — Non ! non ! Parlez !

M. LE PRÉSIDENT. — Si on insiste sur la clôture, je vais d'abord consulter l'Assemblée.

M. GAMBETTA. — Je m'engage à démontrer, en comparant l'exposé des motifs de M. le garde des sceaux avec ses dernières paroles, qu'il n'a nullement besoin, pour atteindre le but qu'il a fait luire devant nos yeux, de la loi qu'il vous propose.

*Voix nombreuses à droite et au centre.* — La clôture ! la clôture !

M. DE TILLANCOURT. — Comment, la clôture ? La discussion n'est pas commencée ; personne n'a encore discuté l'article unique du projet. (*Exclamations à droite.*)

M. LE PRÉSIDENT. — On a déjà à plusieurs reprises demandé la clôture. M. Gambetta vient d'indiquer les considérations qu'il se proposait de présenter à l'Assemblée et de développer devant elle dans le cas où la discussion continuerait. Si on persiste à demander la clôture, je dois évidemment consulter l'Assemblée. (*Oui ! — Très bien ! — La clôture !*)

M. DE TILLANCOURT. — Il n'y a pas eu véritablement de discussion sur l'article.

*Voix à droite.* — On a entendu M. le garde des sceaux et M. Bethmont !

M. DE TILLANCOURT. — M. Bethmont n'a pris la parole que pour s'expliquer sur un fait personnel, et non pour répondre à M. le garde des sceaux. Par conséquent, un orateur a le droit de parler maintenant pour répondre au ministre. (*Approbation du côté gauche.*)

*Voix nombreuses à droite et au centre.* — La clôture ! la clôture !

M. LE PRÉSIDENT. — Je mets aux voix la clôture de la discussion sur l'article unique du projet de loi.

La clôture est prononcée et l'article unique de la loi est adopté par 396 voix contre 263. Les articles additionnels présentés par M. Cotte, par M. Beaussire et par M. Naquet sont successivement rejetés.

Malgré le vote de la loi de répression proposée par le cabinet du 25 mai, la séance du 23 juillet fut bonne pour le parti républicain. La question de la dissolution avait accompli une évolution décisive : le centre gauche et les membres hésitants de la gauche réplicaine avaient reconnu la nécessité de consulter le pays dans le plus bref délai. La *République française* disait le lendemain : « Que nous importe la loi de M. le garde des sceaux? Ce qu'il nous faut, c'est redoubler de patience, d'énergie et de fermeté. Plus que jamais il importe que le pays ne se laisse point abattre, qu'il persiste avec calme, avec résolution dans la conviction qu'il s'est faite de la nécessité et des avantages du régime républicain. Les majorités passent, mais le pays reste. La France veut la République; qu'elle continue à la vouloir sans fracas, sans violence, mais avec persévérance, avec obstination. Par là, tous les calculs de la réaction seront déjoués, et il ne restera aux royalistes parlementaires que la courte honte d'avoir désavoué tous les principes de la monarchie libérale, dans un intérêt qui ne pouvait pas triompher. »

Le 29 juillet, l'Assemblée se prorogea au 5 novembre, après avoir, dans la séance du 24, « déclaré d'utilité publique la construction d'une église sur la colline de Montmartre, conformément à la demande de l'archevêque de Paris ».

L'Union républicaine se réunit à Paris, sous la présidence du représentant Brillier, et adopta le procès-verbal suivant, qui fut publié par les journaux républicains :

« Paris, 30 juillet 1873.

« Au moment de se séparer, les membres de l'Union républicaine constatent que, depuis le 24 mai, date du succès de la coalition, l'esprit républicain s'est affermi dans toute la France, et que cette révolution parlementaire a eu pour premier résultat de fortifier la cohésion et la discipline dans tous les rangs du parti républicain. Ils estiment qu'il faut persévérer dans la ligne de conduite qu'ils se sont tracée à eux-mêmes et qui consiste à user avec résolution de tous les moyens que leur assure la loi pour lutter contre tous les fauteurs de restauration, quels qu'ils soient, pour éclairer le suffrage universel, c'est-à-dire la démocratie elle-même, sur ses droits et sur ses intérêts, et lui dénoncer toutes les intrigues, tous les pièges, tous les complots dont elle serait l'objet, en un mot faire constamment appel au pays, et le fortifier, pour le jour inévitable des élections générales, dans son attachement à la cause du droit et de la République, qui en est la garantie.

« C'est donc avec une parfaite sécurité, avec une confiance réelle dans la loyauté des déclarations du premier magistrat de la République, que les représentants de l'Union républicaine se rendent auprès de leurs commettants, non sans s'être promis d'employer ces trop longues vacances à la défense et à la propagande de leurs idées. Ils pensent, en effet, qu'ils doivent aux électeurs de les visiter et de leur parler, de leur démontrer surtout la nécessité politique de la dissolution de l'Assemblée actuelle.

« Ne pouvant ni nier ni contester le droit de réclamer la dissolution, le cabinet a voulu essayer d'en entraver l'exercice. Il appartient aux représentants du peuple, par la pratique même, de démontrer et l'inviolabilité de ce droit et la puérilité des réglementations qu'on a voulu lui opposer.

« Cette idée de la dissolution nécessaire ne peut manquer, d'ailleurs, de faire des progrès dans les esprits durant ces vacances, et il est permis d'augurer, d'après l'adhésion récente de certains membres du centre gauche, qu'on la retrouvera au retour mûrie par l'échec même des tentations de fusion monarchique.

« Les élections partielles, du reste, qui auront lieu avant la rentrée de la Chambre, seront une nouvelle et importante occasion que la démocratie républicaine ne laissera pas échapper et qui permettra à plus de deux millions de Français de juger solennellement la politique du 24 mai, ses résultats et ses tendances.

« La réunion, dans laquelle figurent un grand nombre de députés de l'Est, les a chargés de transmettre à leurs compatriotes l'expression d'admiration, de sympathie, de solidarité que tous ses membres éprouvent pour eux, en regrettant toutefois que ce grand évènement de la libération du territoire n'ait pas pu coïncider, par suite du changement de gouvernement, avec la levée de l'état de siège et avec des mesures d'apaisement et de clémence.

« Avant de lever la séance, la réunion a nommé plusieurs de ses membres pour la représenter pendant la prorogation de l'Assemblée. »

# DISCOURS

*Prononcé le 28 septembre 1873*

A PÉRIGUEUX

---

L'évacuation de la Lorraine par les troupes allemandes avait commencé le 22 juillet. Après une occupation qui avait duré près de trois années, une immense explosion de joie accompagna partout le départ de l'armée prussienne, et partout, de Belfort à Lunéville, et de Nancy à Sedan, les populations urbaines et rurales saisirent dans le grand évènement de la libération du territoire une occasion solennelle d'affirmer leurs sentiments républicains. Les innombrables adresses envoyées à M. Thiers le félicitèrent autant des efforts qu'il avait faits pour établir la République que de l'heureux succès des négociations pour le départ des étrangers. Quant au cabinet du 25 mai, il avait commencé par s'opposer aux réjouissances populaires, à l'exhibition des drapeaux ornés de devises en l'honneur du « libérateur du territoire», aux manifestations des villes qui acclamaient à la fois la délivrance et la République. Une protestation unanime répondit à cette audacieuse prétention. M. de Broglie dut céder. Le 17 septembre, le dernier soldat allemand quitta le sol de la France.

Pendant que s'accomplissait la libération du territoire, le parti royaliste consacrait tous ses efforts à une suprême tentative de restauration. Dès le lendemain du 24 mai, il avait été décidé, dans l'esprit des meneurs du parti légitimiste et du parti orléaniste, que les vacances de l'Assemblée nationale seraient mises à profit pour réconcilier les deux branches de la maison de Bourbon, et pour assurer par la fusion la restauration de la monarchie légitime. L'Assemblée à peine séparée, l'intrigue se montra à ciel ouvert. Le cabinet du 25 mai cessa brusquement de parler de son respect pour « les institutions existantes ». La plupart des collègues de M. de Broglie se mirent presque ouvertement dans le complot.

Le succès parut d'abord répondre aux efforts des meneurs. Le 5 août, à la suite d'une négociation conduite par M. Édouard Hervé, rédacteur en chef du *Journal de Paris*, le comte de Paris se rendit à Froshdorf auprès du comte de Chambord, et la presse fut informée que le prince à qui son père avait recommandé par testament « de se montrer avant tout serviteur exclusif et passionné de la France et de la Révolution, » avait abordé son cousin en disant : « Sire, je viens vous faire une visite qui était dans mes vœux depuis longtemps. Je salue en vous, au nom de tous les membres de ma famille et en mon nom, non seulement le chef de notre maison, mais encore le seul représentant du principe monarchique en France. » Quelques jours après, M. Hervé écrivit dans le *Journal de Paris* ces lignes qui devaient recevoir, le 30 janvier, 1875 un si singulier démenti : « Nous avons coupé les ponts derrière nous; *nous ferons la monarchie à une voix de majorité.* »

Nous n'entrerons pas ici dans les détails de cette intrigue qui devait si misérablement avorter et qui, trois mois durant, agita et troubla le pays sans que cependant le parti républicain perdît jamais confiance dans la victoire définitive de sa cause. De plus en plus discipliné et de plus en plus soucieux du respect strict de la légalité, le parti républicain ne répondit à toutes les persécutions de fonctionnaires du 24 mai et à toutes les provocations des conspirateurs royalistes que par un redoublement d'activité dans son œuvre de propagande démocratique, et par une union plus étroite de toutes ses fractions, également intéressées au maintien du régime proclamé le 4 septembre. C'est à cette attitude courageuse et prudente, non moins qu'à la loyauté finale du comte de Chambord, qu'il faut attribuer l'échec du complot monarchique. Dès le 30 août, le procès-verbal de l'Union républicaine avait pu constater que « la cause de la République et la nécessité de son affermissement faisaient tous les jours des progrès et s'imposaient aux esprits patriotes, mais jusqu'alors indécis, que le spectacle des tentatives de restauration monarchique et cléri-

cale, avec les odieuses conséquences qui en seraient la
suite, rattache aux institutions républicaines comme au
dernier rempart de l'ordre dans la liberté ». M. Thiers avait
justement prédit que la victoire resterait au plus sage.

Le 28 septembre, dans un banquet offert par la municipalité de Périgueux à la municipalité de Vincennes, à l'occasion de l'inauguration solennelle de la statue du général
Daumesnil, M. Gambetta prononça le discours suivant en
réponse au toast qui lui avait été porté par le maire révoqué
de Périgueux, M. Fournier-Laurière.

### Messieurs et chers concitoyens,

Ce n'est pas sans émotion que l'on entend de telles
paroles, et il faudrait qu'au milieu des déceptions de
la vie publique, l'âme d'un républicain eût perdu tout
ressort pour ne pas vibrer jusqu'à se briser sous l'impression de semblables discours qui traduisent des
sentiments si bienveillants et si généreux. Vos applaudissements, venant donner à ces paroles comme une
consécration, me laissent profondément ému et recon-
naissant, mais tout à fait incapable d'y répondre,
comme je le voudrais, c'est-à-dire d'une façon digne
non pas seulement des hommes qui sont ici, car, après
tout, les hommes sont peu de chose dans la mêlée des
partis et en face de la grandeur des idées qu'ils défendent (*Applaudissements*), mais digne surtout de la
grande cause qui vient d'être si noblement rappelée
et que nous sommes tous résolus à défendre jusqu'à
notre dernier soupir.

Messieurs, dans le discours de notre ami, M. Lau-
rière, il y a une assimilation que la postérité et l'histoire ont seules le droit de faire, entendez-le bien.
Quoiqu'elle ait été faite par un cœur sympathique et
généreux, je dois la repousser. Mais puisqu'on veut
bien reconnaître que j'ai quelque droit de parler au
milieu des républicains mes frères, et en leur nom,
qu'il me soit permis de ne point laisser s'introduire

parmi nous un langage trop complaisant où un homme quel qu'il soit tient toujours trop de place, où, peu à peu, il refoule et écrase l'idée qu'il représente. Citoyens, ne donnons jamais à penser que cette auguste incarnation de la justice parmi les hommes, la République, c'est-à-dire la vertu devenant le levier du gouvernement des hommes (*Bravos*), puisse dépendre de l'existence d'une personne, du hasard de la maladie, des infirmités d'un organisme, au lieu de reposer, immuable et éternelle, sur le droit et la volonté respectée d'une nation toujours libre. (*Applaudissements prolongés.*)

Permettez-moi donc, mon cher Fournier-Laurière, ces quelques mots de réserve et de correction après les paroles que vous avez fait entendre ; d'ailleurs vous avez, ce jour-ci, mérité un honneur auprès duquel ne peuvent compter pour rien ni les applaudissements de vos amis ni la reconnaissance de vos concitoyens. Que vous est-il donc arrivé ? Le voici : toute votre ville en est encore émue. Vous qui avez tout fait pour cette ville, vous qui lui avez donné la lumière et l'eau, la salubrité et le bien-être, vous qui, jour et nuit à la tâche, avez remis ici tout en ordre sur la voie publique comme dans les finances, vous, le maire que toute cité devrait envier et que tout gouvernement devrait soutenir, au milieu de vos travaux, dans votre œuvre de zèle et de dévouement, vous avez été tout à coup frappé, suspendu, révoqué ! au nom de quoi ? au nom de l'ordre... mais de l'ordre moral. Et par qui ? Par vos adversaires politiques. (*Salve d'applaudissements. — Acclamations.*) Voilà le grand honneur qui vous est échu. (*Nouveaux applaudissements.*)

Mais, si vous avez encouru les arrêts ou plutôt les arrêtés (*Rires*) de l'ordre moral, le suffrage de vos concitoyens, — auquel est venu se joindre, dès que la mesure qui vous frappait a été connue, le suffrage de tout le reste de la France, — vous réserve la compen-

sation certaine que la justice et le bien accompli rencontrent tôt ou tard dans ce monde. Car, Messieurs,
laissez-moi exprimer cette conviction tout intime,
c'est dans ce monde que les œuvres reçoivent leur
sanction, quoi qu'on en dise ; la justice est parmi
nous, elle arrive boiteuse ou rapide, trop rapide souvent, — nous l'avons bien vu après notre irréparable
faute du plébiscite ; — trop lente aussi quelquefois,
mais elle arrive sûrement : et c'est cette confiance en
la justice qui fait notre force, et qui nous soutient.
Pour moi je n'en ai, je n'en connais point d'autre.
(*Sensation et applaudissements répétés.*)

Messieurs, on rappelait tout à l'heure cette époque
fatale où le pays abandonné, trahi par ceux-là mêmes
qui, pendant vingt ans, s'étaient faits non pas ses
guides, mais ses exploiteurs, ne rencontra, au milieu
de désastres sans nombre, ni armée régulière, ni finances, ni administration, ni diplomatie : tout s'était
écroulé à la fois, et, la bande impériale s'étant retirée,
la France nue, garrottée et gisante, était réduite à subir
les injures et les souillures de l'étranger. Elle se releva,
grâce à la République ! (*Oui ! oui ! c'est vrai !*) Aussi,
Messieurs, je ne laisserai jamais dire sans protester
que notre pays a manqué de patriotisme. Non ! il n'en
a manqué à aucune heure, et, dès le lendemain de la
capitulation et de la défaite, il a tout donné, il a tout
apporté, des hommes, de l'argent, des ressources matérielles. Il a dit : Prenez et employez ces choses, et
on les a employées. Si la défaite est venue, si la victoire n'a pas récompensé les efforts et les sacrifices,
il faut savoir le dire, c'est parce qu'il y a eu des
hommes et des partis politiques qui, tablant sur les
revers de la France, ont tout énervé et tout arrêté,
préférant la capitulation, la défaite et l'abaissement
de la patrie à l'abdication de leurs convoitises particulières. (*Marques générales d'adhésion. — Applaudissements prolongés.*)

Messieurs, je reviens sur tous ces faits douloureux pour établir deux points qui sont connus au dehors, que l'univers sait et qu'il faut que la France sache bien à son tour : à savoir, que notre peuple ne s'est pas abandonné, que notre nation s'est retrouvée, qu'elle s'est retrempée dans l'extrémité même de ses malheurs, que les âmes se sont relevées à la hauteur des désastres éprouvés et que des efforts inouïs ont été faits pour résister à l'invasion, efforts dénigrés chez nous, mais admirés par le reste du monde. (*Très bien ! Très bien ! — Applaudissements.*)

Ces souvenirs si tristes, citoyens, ont leur côté glorieux : loin de moi la pensée d'en faire attribution au bénéfice de tel ou tel parti. C'est la France entière qui s'est levée, c'est à elle qu'on faisait appel, et c'est elle, elle seule, qui a répondu. Ce n'est pas nous, qu'on le sache bien, qui avons jamais distingué la couleur des drapeaux qui marchaient à l'ennemi ; non, jamais, je le déclare hautement, une pensée aussi impie ne m'est arrivée à l'esprit ! (*Salve d'applaudissements.*)

C'est pour cela que je suis profondément humilié, pour l'honneur et pour le renom de ma patrie, de voir s'élever autour des républicains qui ont servi la France, je ne sais quelles susceptibilités jalouses, je ne sais quels ombrages mesquins du genre de ceux que l'on témoigne aujourd'hui. Aussi, Messieurs, en ce moment même, si un devoir impérieux s'impose à vous, c'est le souvenir de ceux qui manquent ici, et c'est à ceux-là qu'il faut porter un toast, non pas au nom d'un parti politique, mais au nom du senti-ment national, au nom de la France tout entière. Messieurs, après les défaites que nous avons essuyées et qu'il faut maintenant réparer, le sentiment qui doit dominer dans nos cœurs, nous exciter et nous soutenir, c'est le sentiment de la patrie ; et si j'avais pu croire que ma présence à ce banquet où vous m'avez convié devait avoir pour effet d'en exclure

les représentants de la vaillance française, les défenseurs du drapeau français, ceux qui n'ont jamais faibli,
ceux qui n'ont jamais capitulé, ceux qui n'ont jamais
rompu d'une semelle... (*Adhésions unanimes. — Très
bien ! très bien! — Bravos. — Double salve d'applaudissements.*)

Si j'avais pu penser, dis-je, que ma présence pût
entraîner leur exclusion de ce banquet, oui, malgré
la joie profonde que j'éprouve à presser la main fraternelle de cette démocratie qui est ici réunie et à
laquelle j'ai voué toutes mes forces, toute mon intelligence, — je ne serais pas venu. (*Sensation profonde.*)
Je ne serais pas venu, parce qu'il y a quelque chose
qui m'importe plus que nos fêtes républicaines, c'est
le rôle, c'est la mission, c'est la place de ceux qui
représentent la vaillance de la patrie devant l'étranger. (*Explosion d'applaudissements. — Bravos unanimes.*)

Ils seraient des calomniateurs, ceux qui interpréte-
raient mes paroles autrement qu'elles ne doivent l'être.
Je ne les prononce pas dans un mesquin intérêt de
parti; je les dis parce qu'il y a quelque chose de supérieur à la République, de supérieur à la liberté de la
pensée : c'est la France, c'est l'indépendance de la
France, c'est la passion, c'est la religion de la France !
(*Oui! oui! — Très bien! — Bravos et applaudissements répétés.*) La France résume tout pour moi : liberté de la
raison, progrès et justice, république : tout cela, c'est
la France, voilà pourquoi il n'y a rien, il ne peut rien
y avoir au-dessus de la France. (*Nouveaux applaudissements.*)

Aussi j'ai le droit de dire, parce que c'est une vérité
qui s'impose à tous, que, désormais, il ne peut plus
être fait de séparation ni de rupture entre la France
et le parti républicain, entre la France et la démocratie. J'en atteste notre histoire, est-ce que notre
malheureux et noble pays a jamais pu trouver une
réparation ou un refuge contre les désastres ac-

cumulés par les monarchies successives, ailleurs
que sous l'égide et l'abri de la République? Et lorsque cette République s'était dévouée, quand elle
s'était, pour ainsi dire, sacrifiée, après qu'elle s'était
soumise à toutes les malédictions pour secourir la patrie, alors ses adversaires, comme une meute acharnée,
se sont retournés contre elle, criant, aboyant, hurlant
pour chercher à la rendre responsable des malheurs
qu'elle s'était donné mission de réparer.

C'est ainsi qu'ils ont essayé de troubler l'esprit du
peuple, de pervertir la clairvoyance du paysan, cette
création immortelle de la Révolution française (*Applaudissements unanimes*), et celle de l'ouvrier, cette autre
création de la science moderne appliquée à la conquête de la nature. (*Nouveaux applaudissements.*) Ils
sont parvenus seulement à troubler l'esprit du bourgeois, qui devait être l'initiateur, le conducteur et le
guide de la famille française, en lui faisant renier
ses traditions et sa gloire, son génie et ses intérêts,
pour le faire se précipiter, tremblant, aux pieds d'un
maître !

Ils ne réussiront pas, Messieurs..... Mais je ne suis
pas ici pour parler de notre politique intérieure, et,
une autre fois..... (*Très bien! très bien! — Applaudissements répétés.*)

A ce moment, l'orateur, en proie à une vive et profonde
émotion, s'arrête, s'assied un instant, se relève et continue :

Je vous demande pardon, Messieurs. Au milieu de
l'émotion qui me gagnait, j'ai oublié ce qu'on ne doit
jamais oublier dans des fêtes analogues, c'est Paris
et le souvenir de tout ce qu'il a fait pour la France.
Je ne serais pas son représentant, son mandataire si
je m'asseyais sans constater la présence ici de la municipalité de Vincennes, et pour nous Vincennes, c'est
Paris confondu dans une étroite solidarité avec la
municipalité de Périgueux, affirmant, dans cet admi-

rable culte de la vertu nationale, leur intime union,
démontrant que c'est l'esprit de Paris, que c'est l'âme
de Paris qui vit et palpite dans l'âme de la province,
et que c'est le sentiment de l'unité française qui rattache la province à ce Paris souffrant et glorieux, toujours cher à toute la nation. L'union est si parfaite
qu'on ne sait, dans ce culte du dévouement et de l'héroïsme, à qui revient l'initiative. Est-ce au département
de la Dordogne qui a été le berceau de Daumesnil,
de ce héros simple et modeste, qui enseigne aux militaires d'aujourd'hui que, pour s'inscrire au Panthéon
des grands hommes, le génie n'est pas toujours nécessaire, et qu'il suffit simplement de faire son devoir ?... (*Très bien ! très bien ! — Applaudissements.*)

Ou bien cette initiative appartient-elle à la municipalité de Vincennes, dont les représentants sont venus
assister à la fête que vous donnez pour perpétuer la
mémoire de Daumesnil ? Admirable confusion mutuelle qui nous rappelle ces premiers jours, jours su-
perbes, de la Révolution française où, pour se donner
le baiser fraternel, pour se communiquer la même
pensée, les mêmes frères, les mêmes Français en-
voyèrent de tous les points du territoire des délégués
des provinces à Paris. C'est cette fédération nationale,
— non pas une fédération qui implique le désordre,
la division et l'anarchie, — qui nous a réunis tous en
un admirable faisceau et qui a constitué la patrie
française ; c'est cette fédération nationale qui a définitivement associé nos destinées les unes aux autres,
et qui nous a vraiment appris à tous qu'il vaut mieux
mourir tous ensemble plutôt que de rien laisser dis-
traire de notre admirable patrimoine national. Mais,
hélas ! cruel retour sur nous-mêmes ! ces paroles
nous rappellent qu'il manque des verges au faisceau
de la République ! (*Profonde sensation.*)

A la municipalité de Vincennes, qu'on pourrait
presque appeler la municipalité de Paris, et à la mu-

nicipalité de Périgueux ; aux patriotes absents, à la
France, à la République ! (*Acclamations et applaudissements prolongés.*)

Un seul journal de Paris, *le Siècle*, reproduisit, dans son
numéro du 1er octobre, les principaux passages du discours
dont nous venons de donner pour la première fois le texte
intégral. Le lendemain 2 octobre, « vu les instructions de
M. le ministre de l'Intérieur », le préfet de police prenait
un arrêté « pour interdire la vente sur la voie publique du
journal *le Siècle* dans toute l'étendue du département de la
Seine. »

Le même jour, un arrêté du préfet de la Dordogne frappait le journal *le Républicain* (de Périgueux) de la même
peine pour avoir publié le même discours.

# DISCOURS

*Prononcé le 3 octobre 1873*

AU CHATEAU DE LA BORDE

(PRÈS CHATELLERAULT)

M. Gambetta, en quittant Périgueux, s'était rendu au château de la Borde, près Châtellerault, chez M. Adolphe Escarraguel, qui lui offrit, le 3 octobre, un banquet de cinquante couverts. M. Gambetta profita de l'occasion pour s'expliquer dans un nouveau discours sur la situation que la conspiration royaliste faisait au parti républicain et pour recommander à tous ses amis la confiance et l'union.

Messieurs,

Si vous pouviez, comme je le peux, moi, tous les jours, voir et connaître de près ce grand parti républicain, qui bientôt perdra le nom de parti pour devenir la patrie elle-même, (*Marques d'adhésion.*) si vous pouviez voir dans tous les rangs, dans toutes les conditions, ce qu'il recèle de trésors de bonne volonté, d'esprit de sacrifice, de générosité native qui ne calcule jamais, d'ardeur spontanée, toujours prêt à s'élancer, dans toutes les circonstances, vers qui lui tend les bras et qui se présente comme son défenseur, vous comprendriez le profond respect, l'amour sans bornes, le dévouement sans mesure que doit inspirer cette démocratie française à tous ceux qui ont l'honneur de la servir.

Pour ne parler que de nos récents malheurs, d'au-

tant plus cruels qu'ils étaient immérités, si vous aviez
pu voir avec quelle générosité notre nation, surprise
et éperdue, donnait, sans compter, ses enfants, ses
richesses, ne réclamant en retour que d'être organisée, d'être commandée, d'être unifiée pour faire face
à l'ennemi, alors vous comprendriez quel sentiment
d'humilité personnelle, quel sentiment de circonspection et de réserve je dois garder au fond du cœur,
moi qui ai bien vu que, dans ces grandes crises, nul
homme ne peut se flatter de gouverner les nations,
au sens étroit où les sauveurs de profession entendent
ce mot. Dans ces moments terribles, Messieurs, on
est tout au plus l'interprète des nations; on les sert;
on se dévoue à leur cause; on cherche, autant que
possible, à mettre au net, à traduire la pensée supérieure qui les agite; mais ne croyez pas qu'il dépende
d'un homme, si fermement trempé, si résolu, si dévoué qu'il puisse se montrer, de tout faire et de tout
accomplir ! Ne croyez pas que sa volonté puisse à elle
seule faire merveille.

Il n'y a de vrai et d'efficace que l'action de tout un
peuple où les citoyens pensent et agissent par eux-
mêmes, où ils se concertent entre eux, où ils ne prennent des hommes que comme des serviteurs, que
comme des mandataires, sans les laisser jamais empiéter sur les prérogatives souveraines et imprescrip-
tibles de la nation. (*Marques d'approbation. — Bravos.*)

Tel est cependant le spectacle auquel nous sommes
menacés d'assister, car, enfin, ce ne serait pas répondre aux préoccupations qui nous réunissent ici, que
de ne rien dire de l'anxiété qui nous est commune
avec toute la nation. Messieurs, pourquoi nous dissi-
mulerions-nous à nous-mêmes, en dépit de ces airs
de fête, de la cordialité de ce banquet, de l'éclat de
ces lumières et de ces fleurs, de l'expansion qui nous
anime sous ce toit hospitalier, que nous éprouvons,
malgré tout, un sentiment amer; que nous nous sen-

tons aux prises avec un ennemi terrible qui nous tend des pièges, qui nous dresse des embûches, et qu'il faut vaincre à tout prix, si nous voulons que la République demeure victorieuse et triomphante.

Voilà ce qui nous agite. Comment de pareils attentats sont-ils possibles encore dans ce pays ? Parce que notre généreux pays a trop souvent commis la faute de donner aveuglément sa confiance; parce qu'il a suffi, à certaines époques, qu'un homme, ou qu'un groupes d'hommes, ou qu'un parti apparût sur la scène politique et dit au peuple français : Tu veux la paix, je te l'assurerai, je te donnerai par surcroît la prospérité; mais, avant tout, il me faut un blanc-seing, il faut que tu t'en rapportes toujours à moi, il faut que tu abdiques entre mes mains. Et quand le peuple a consenti, dans un moment de stupeur et d'égarement, dans une heure d'aveuglement, quand il a ainsi donné le blanc-seing qu'on lui demande, toujours le châtiment arrive, prompt et inexorable, parce que, je ne me lasserai pas de le répéter, toute faute est châtiée : l'arrêt, l'arrêt terrible apparaît et s'exécute. (*Sensation.* — *Marques d'approbation.*)

Oui, nous avons péri en septembre 1870 parce que la nation s'était donnée au maître et parce qu'elle l'avait accepté, toléré trop longtemps. (*Oui!* — *Très bien!*)

Aujourd'hui que nous propose-t-on encore malgré toutes les leçons du passé ? De nous donner un nouveau maître. Messieurs, je le dis avec effroi, mais avec certitude : si nous nous remettons volontairement sous le joug de la monarchie, de nouveaux châtiments, c'est-à-dire de nouveaux malheurs nous attendent. (*Très bien! très bien!* — *Applaudissements.*)

Messieurs, il faut que les épreuves que nous avons subies profitent enfin à quelque chose. Au spectacle de la patrie mutilée, ruinée, vidée d'argent par l'étranger, mais encore capable, par la concorde, par le

travail, par le génie de l'épargne qui lui est propre,
de se relever de ses revers, il faut que la France inspire à ses enfants le sentiment de leurs devoirs, en
leur assurant l'éducation, en leur conservant leur
part de souveraineté par le suffrage universel, en re-
constituant l'armée nationale, en dénouant avec
sagesse, mais avec fermeté, les liens qui rattachent
l'Église à l'État, en mettant la réforme et le progrès
partout où est l'abus et la routine, en substituant l'esprit d'ordre et de légalité à l'agitation impuissante et
désordonnée; la légalité, Messieurs, mais la vraie
légalité, celle qui s'inspire du respect des droits de
tous, non pas une légalité hypocrite et menteuse,
comme cette légalité à l'aide de laquelle on prétend
disposer, à une voix de majorité, d'une nation comme
d'un vil troupeau. (*Très bien! très bien! — Bravos.*)

Messieurs, ne nous lassons pas d'avertir ceux qui
seraient assez téméraires pour vouloir appliquer une
telle légalité, que le peuple ne pourrait pas y donner
son consentement. Revenons sans cesse à cette thèse
si profondément vraie, que les peuples, pas plus que
les individus, n'ont le droit de stipuler leur servitude;
que les droits de ceux qui font partie d'une nationalité ne s'aliènent pas et ne peuvent se transmettre,
comme des hochets, de berceau en berceau. (*Marques
générales d'approbation. — Bravos.*)

Quand on a proclamé que le suffrage universel était
l'expression définitive de la souveraineté nationale,
on a voulu dire que tout citoyen français, par le fait
seul qu'il avait pris naissance sur le sol de la patrie
et satisfait à tous les sacrifices d'impôts du sang et
d'argent, par le fait seul qu'il était partie prenante
dans les charges, devait être partie prenante aussi
dans le règlement des affaires de pays.

Suffrage universel signifie que tout Français a une
part de souveraineté pour sa tête dans le Champ-de-
Mai de la nation. C'est ce qui fait que notre souve-

raineté politique n'est semblable à aucune autre;
nous avons cet honneur entre tous les peuples que,
malgré nos divergences passagères, nous avons toujours tendu vers un état social et politique fondé sur
le sentiment de justice générale dans le monde; cela
est si vrai que, lorsque les Français ont déclaré leurs
droits, ils l'ont fait en faveur de tous les hommes et
de tous les citoyens. (*Approbation générale. — Bravos.*)

C'est cette grande et noble tradition qu'il faut reprendre. Il est temps de dire que la France républicaine a, elle aussi, sa tradition que trop de gens oublient. Voyons! qui a mis en circulation dans le monde
cette grande idée de la justice? Qui a promulgué la
déclaration des droits? Qui a fondé l'indestructible
unité de la nationalité française? Étaient-ce des dé-
magogues, des gens inconnus échappés de l'atelier ou
sortis de derrière la glèbe? Ceux qui traçaient la nouvelle charte de la France étaient des esprits distin-
gués, oui, mais se réclamant, avant tout, de nombreuses générations et de ces générations épargneu-
ses, travailleuses et intelligentes, qui, s'emparant du
mot de Louis XIV, dirent : « L'État c'est nous », et
installèrent la nation chez elle. C'est à la bourgeoisie
que revient l'honneur de cette émancipation du peuple
tout entier; c'est elle qui s'est honorée en reléguant la
royauté à sa vraie place, en la subordonnant à la France
et à la Loi, expression de la volonté générale, ce qui
était admirablement indiqué par la belle formule: « La
nation, la loi, le roi; » c'est elle qui, substituant le droit
national à la royauté, a supprimé le roi pour faire
régner la nation; c'est elle qui, avec une puissance
et un éclat incomparables, a refait la France entière
dans son unité législative, administrative, financière
et militaire, et qui, ayant groupé toutes les forces nationales en un magnifique faisceau, l'a lancée à travers
le monde, battant la coalition et faisant la propagande
de la liberté. (*Bravos et applaudissements répétés.*)

Messieurs, que voyons-nous aujourd'hui? On voudrait nous ramener à l'ancien régime. Et qui médite cette entreprise? Les hommes qui sont les indignes descendants de la grande bourgeoisie libérale et nationale de 1789! Faut-il croire que le règne politique de la bourgeoisie est terminé? On pourrait presque le dire, à considérer le spectacle des intrigues monarchiques à l'heure actuelle; mais, heureusement, il y a des hommes qui n'abandonnent pas leurs traditions, et, pour ma part, j'en connais qui ne vont pas à Froshdorf, qui ne renient pas les couleurs de leur drapeau et qui, sincèrement, se sont ralliés à la cause de la démocratie. Ce sont ceux-là qu'il faut adjurer de rester fermes, et qu'il faut appeler à la défense des principes proclamés par leurs pères. Une heure solennelle va sonner pour cette bourgeoisie.

Elle peut reprendre un grand ascendant sur le peuple français. Il dépendra de ses représentants à l'Assemblée de faire un acte politique qui, pour jamais, nous débarrasse de l'anarchie et de la dictature. Oui, si ces bourgeois petits ou grands, selon une formule récente, comprennent la gravité de l'intérêt du moment, ils peuvent, en se ralliant fermement autour du drapeau de la République, en imposant silence aux conspirateurs et aux intrigants, ils peuvent sauver de leurs propres mains la République, c'est-à-dire assurer encore à eux et à leurs descendants de longues et bienfaisantes années d'influence sur la direction des affaires publiques, c'est-à-dire préparer et cimenter l'union des classes; c'est-à-dire fonder sur un pacte d'indissoluble alliance, entre le prolétariat et la bourgeoisie, le relèvement et la grandeur même de la France! (*Adhésion unanime. — Bravos.*)

Voilà le rôle que ces hommes peuvent jouer. Pourquoi, Messieurs, nous serait-il défendu d'espérer? Les nations ont aussi leurs années de bonheur, et la nôtre a été assez éprouvée pour qu'enfin la fortune

puisse lui sourire. Pourquoi nous serait-il défendu
d'espérer que ces hommes comprennent l'étendue et
la noblesse de leur mission?

Revenus à Versailles, après avoir entendu et écouté
les populations qu'ils ont visitées, ils rapporteront,
comme moi-même, une impression unanime, causée
par une même pensée irritée, qui éclate de toutes
parts, qui est semblable sur tous les points du territoire, et qui, partout, se traduit par ces paroles : « Prenez garde! républicains, c'est le monde moderne qui
est en péril; mais prenez garde surtout, vous, conservateurs, car, si la réaction que quelques-uns prémédi-
tent venait à s'accomplir, elle serait le prélude et la
préface de la plus terrible révolution!» Donc les droits
et les intérêts sont ici d'accord pour tracer une ligne
de conduite semblable à ceux qui sont les héritiers
de la Révolution française, aux descendants de cette
bourgeoisie qu'on appelait autrefois le Tiers État, et
à ceux qui appartiennent à ces nouvelles couches sociales nées à la vie publique depuis l'établissement
du suffrage universel, qui ne demandent ni injustices,
ni désordres, mais qui veulent exercer leurs droits.

Il faut que cette union se fasse en présence de cette
Europe qui nous épie, et qui s'apprête à nous faire
cette suprême injure de défendre, à la face de la
France, la liberté de penser que nous aurions laissé
périr. Deviendrions-nous ce dernier boulevard de
l'esprit clérical, et assisterions-nous à ce spectacle
honteux pour nous d'une nouvelle Sainte-Alliance,
défendant cette fois, non pas l'ancien régime, mais
l'esprit moderne et ses droits? Messieurs, je n'en puis,
je n'en veux pas douter; les héritiers de la Révolution
française, les hommes qui aiment leur pays écarte-
ront de la France cet horrible avenir. Est-ce que tout
le monde ne s'est pas battu pour la défendre? Est-ce
que tout le monde, en France, n'a pas donné pour
panser ses blessures? Eh bien! l'égalité unanime des

sacrifices implique aujourd'hui l'égalité définitive et incontestée des droits politiques, et je le dis bien plus au nom du patriotisme qu'au nom du parti républicain : La République est nécessaire ; il faut qu'elle soit forte et respectée ; elle ne peut l'être que par la concorde et l'action de tous les républicains. Poussons donc à l'union de toutes nos forces contre l'ennemi commun. (*Oui! oui! — Bravos!*)

Il faut qu'à la rentrée de l'Assemblée, tous ceux qui se réclament du principe électif, qui reconnaissent que la monarchie est un régime politique épuisé, qu'on ne peut plus faire vivre cette grande, cette ardente, cette besogneuse démocratie sous la tutelle d'un roi ; il faut que tous ces hommes oublient leurs querelles, leurs antagonismes, leurs divisions, et que tous, réunis dans une seule et même pensée, remontant à 89, s'inspirant de cet esprit qui réveilla, exalta et sauva la France, disent ensemble : Nous ne nous séparerons pas sans avoir assuré la République dans ce pays pour nous et nos descendants.

A l'union de tous les républicains, des républicains de la veille, de l'avant-veille et du lendemain ; car, à l'heure du péril, il n'est plus de ces distinctions à faire ; à l'union de tous les républicains pour sauver la patrie ! (*Sensation. — Bravos et acclamations.*)

Le parti républicain tout entier entendit l'appel qui lui était adressé par M. Gambetta. Pendant tout le mois d'octobre, alors que la crise provoquée par le complot royaliste mettra le pays à deux pas d'une nouvelle révolution, il ne se produira pas un dissentiment, pas un acte d'indiscipline, pas une défection, dans tout le camp républicain. Les députés du centre gauche, sous l'énergique impulsion de M. Thiers, ne se montreront pas moins résolus que les députés de la gauche et de l'Union. Tous comprendront que ce n'est pas seulement la République qui est menacée, mais bien, ainsi que M. Thiers l'avait écrit au maire de Nancy dans une lettre mémorable, « tous les droits de la France, ses libertés civiles, politiques et religieuses, son drapeau, son état social, les principes de 1789 devenus ceux du monde entier, » et tous mettront alors, à défendre les conquêtes de la Révolution, la même fermeté et le même courage.

On connaît les derniers incidents de l'intrigue monarchique, la constitution à Versailles, sous la présidence du général Changarnier, d'un comité directeur de neuf membres chargés par leurs collègues de préparer le retour du roi ; — la mission infructueuse de MM. de Sugny et Merveilleux-Duvigneaux à Versailles ; — l'entretien du maréchal de Mac-Mahon avec le duc d'Audiffret-Pasquier et ces graves paroles : « Si le drapeau blanc était levé contre le drapeau tricolore, et qu'il fût arboré à une fenêtre, tandis que l'autre flotterait vis-à-vis, les chassepots partiraient d'eux-mêmes. » — L'ambassade de M. Chesnelong à Salzbourg ; — l'énergique refus opposé par le centre gauche aux ouvertures du centre droit ; — la réunion plénière des droites qui vota un projet de résolution portant rétablissement de la monarchie héréditaire et constitutionnelle ; — puis, tout à coup, presque au lendemain de cette assemblée triomphale, la lettre célèbre où le comte de Chambord refusa de renoncer au drapeau blanc et qui fut l'acte de décès de la fusion.

Au cours de l'agitation intense provoquée au mois d'octobre par la conjuration royaliste, la lettre suivante avait été adressée aux conseillers municipaux de Paris par dix-huit représentants de la Seine :

« Paris, 17 octobre 1873.

« Messieurs,

« Il appartenait aux citoyens qui, à leur qualité d'électeurs joignant celle de membres du Conseil général de la Seine et du Conseil municipal de Paris, sont ainsi les gardiens des intérêts de la capitale, d'élever la voix au nom de plus de deux millions de Français contre les projets de restauration monarchique. Les députés de la Seine soussignés, élus comme vous du suffrage universel, ne peuvent que s'associer à votre pensée pour protester contre une tentative dont le succès aurait pour suite prochaine le désordre ou la guerre civile.

« Depuis le jour où la République a été ouvertement menacée par les menées des royalistes, l'inquiétude s'est emparée des esprits, les affaires ont été en souffrance ; les pertes que ce trouble a causées dans le commerce et l'industrie se sont chiffrées par millions. L'indignation est à son comble dans toute la France, et se traduit par tous les moyens de manifester ses sentiments dont le pays dispose. Les élections qui viennent d'avoir lieu en sont le témoignage décisif. Les pouvoirs publics ne pourraient méconnaître un tel avertissement sans se mettre en lutte avec la volonté nationale.

« Il est inutile de vous dire que les députés de la Seine soussignés, d'accord avec les conseillers généraux et municipaux, et fidèles au mandat qu'ils ont reçu de défendre la République, sans laquelle il n'y a pas d'ordre possible en France, s'opposeront énergiquement à tout projet de restauration monarchique, à toute atteinte qu'on voudrait porter au suffrage universel dont ils procèdent ainsi que vous, à toutes mesures tendant à établir par un coup de surprise un règne que la France repousse, soit, enfin, à en préparer le retour par une voie détournée.

« Il ne s'agit plus, en effet, ainsi que l'a dit M. Thiers, comme nous député de la Seine, interprète ce jour-là des sentiments de la France entière ; il ne s'agit plus seulement de défendre une forme de gouvernement, mais de conserver les libertés civiles, politiques et religieuses conquises par nos pères, et qui sont inséparables du maintien de la République. L'union et la fermeté de tous les républicains déjoueront les projets monarchiques et réduiront les fauteurs de restauration au respect de l'ordre et du droit national.

« Edmond Adam, Barodet, Martin Bernard, Louis Blanc, Émile Brelay, Henri Brisson, Corbon, Eugène Farcy, Léon Gambetta, Greppo, Langlois, Laurent-Pichat, Peyrat, Edgar Quinet, Scheurer-Kestner, Tirard, Tolaïn, représentants de la Seine ; Schœlcher, représentant de la Seine ayant opté pour la Martinique. »

# DÉPOSITION

## DEVANT LE PREMIER CONSEIL DE GUERRE

### SÉANT AU GRAND TRIANON

*Le 21 novembre 1873*

———

Par décision en date du 7 mai 1872, et en conséquence de l'avis émis par le conseil d'enquête chargé d'examiner l'affaire de la capitulation de l'armée du Rhin et de la place de Metz, le général de Cissey, ministre de la guerre, avait rendu un ordre d'informer contre le maréchal Bazaine. Le général de Rivières, chargé de l'information, déposa son rapport le 6 mars de l'année suivante. Le rapport concluait à la mise en jugement du maréchal Bazaine « pour avoir signé une capitulation ayant eu pour résultat de faire poser les armes à son armée, et de rendre à l'ennemi la place de Metz, sans qu'avant de traiter, il eût fait tout ce que lui prescrivaient le devoir et l'honneur, crimes prévus et punis par les articles 209 et 210 du code de justice militaire ».

Les débats du procès s'ouvrirent au Grand Trianon, le 6 octobre. Le premier conseil de guerre était composé des généraux Henri d'Orléans, duc d'Aumale, président, Reysserre, Chabaud-Latour, Princeteau, Tripier, Martineau-Deschenez, de la Motte-Rouge, juges, Guiod, Lallemand et de Susleau de Malroy, juges suppléants.

M. Gambetta déposa devant le Conseil dans l'audience du 21 novembre. Nous reproduisons sa déposition d'après le compte rendu sténographique *in extenso* du *Moniteur universel*.

M. LE PRÉSIDENT. — Appelez M. le député Gambetta.

M. Gambetta se présente à la barre, prête serment et répond ainsi qu'il suit aux questions d'usage qui lui sont adressées par M. le président :

Gambetta (Léon-Michel), trente-sept ans, avocat, député, domicilié à Paris, déclare qu'il ne connaissait pas le maréchal avant les faits qui lui sont reprochés, qu'il n'est ni son parent, ni son allié, et qu'ils n'ont jamais été au service l'un de l'autre.

M. LE PRÉSIDENT. — M. le député, veuillez faire votre déposition et indiquer au Conseil quelles mesures vous avez pu prendre, en votre qualité de membre du gouvernement de la Défense nationale, pour établir des communications avec le quartier général de l'armée du Rhin, pour secourir ou ravitailler la place de Metz. Veuillez faire connaître également quelles communications et quelles nouvelles vous avez pu recevoir ; enfin, donner tous les renseignements que vous jugeriez de nature à éclairer le Conseil.

M. GAMBETTA. — Ce que je peux dire au Conseil, relativement aux communications que nous avons cherché à établir avez Metz, se divise en deux parts.

Dès les premiers jours du gouvernement de la Défense nationale à Paris, nous avons chargé M. le préfet de police de rechercher, soit des agents dans la police dont il avait la direction, soit des hommes de bonne volonté qui se présentaient dans la population, pour arriver à communiquer avec l'armée de Metz, sur le sort de laquelle l'angoisse était grande dans Paris, car on la mettait au nombre des plus grandes ressources de la France en péril.

Le gouvernement partageait, à ce moment, la confiance la plus entière, non seulement dans les talents, mais encore dans le patriotisme du commandant en

chef de l'armée du Rhin. On connaissait, par les
bruits que les Prussiens n'avaient pas complètement
interceptés, les grandes luttes livrées sous Metz; on
savait ce que valait cette armée. La France en avait
eu rarement d'aussi puissante, d'aussi solide, d'aussi
résistante; aussi la première pensée qui s'était fait
jour dans le gouvernement avait été de s'adresser à
cette armée pour lui faire connaître les évènements
nécessaires, inévitables, qui venaient de s'accomplir;
car, avec une armée prisonnière, un gouvernement
qui avait capitulé et était passé à l'étranger, la France
s'était trouvée absolument sans défense et sans représentation officielle; le 4 septembre s'imposait et,
à ce moment, il n'y eut qu'un cri dans tout le pays :
Résister !

Cette résistance, elle pouvait se faire avec deux
appuis : l'appui de l'armée de Metz, restée à peu près
intacte, et celui des forces nouvelles que pouvait créer
le pays.

Il ne présidait, à ce moment-là, au conseil du gouvernement de l'Hôtel de Ville, d'autre pensée que
celle de défendre la France, et c'est cette pensée que
nous écrivîmes dans une dépêche, dont plusieurs
exemplaires furent confiés à des hommes sûrs, choisis
par M. de Kératry. J'ai eu l'honneur d'en remettre à
M. le général rapporteur un des exemplaires qui
m'étaient restés, et le Conseil pourra faire représenter.
s'il le juge à propos, le texte de cette dépêche.

Nous eûmes l'occasion d'apprendre que, de son
côté, et en raison de la mission particulière qui lui
était dévolue, le général Le Flô, ministre de la guerre,
s'était chargé de faire parvenir des renseignements
militaires à Metz. Pour ma part, j'avais à faire savoir,
comme ministre de l'intérieur, au maréchal Bazaine,
le caractère du mouvement qui s'était produit, les
résolutions formelles du pays à se défendre, et aussi,
je le dis parce que c'était l'impression unanime de

mes collègues et la mienne également, la foi, la confiance que nous avions dans sa vaillance et dans son patriotisme.

Jusqu'au 10 octobre, époque à laquelle je sortis de Paris, je dus me borner à renouveler ces tentatives; mais évidemment je ne pouvais en assurer le succès. J'ignore si les communications que j'ai adressées par cette voie sont parvenues; ce que je sais, c'est que les tentatives ont été faites et qu'on n'a pu retrouver les noms de ces émissaires, ni même certains émissaires eux-mêmes, ainsi que les dépêches dont ils étaient porteurs.

Après le 10 octobre, quand je fus en province, la première de mes préoccupations fut précisément d'entrer en relations avec Metz, dont nous ne connaissions pas le sort; mais tous les renseignements qui émanaient de l'étranger, soit des Prussiens, soit des communications très rares que l'on avait par la voie diplomatique, annonçaient que Metz se défendait, qu'autour de cette place il y avait une série d'engagements presque quotidiens, — ce qui prouvait à la fois la vitalité de l'armée et l'ardeur de la résistance. Jusqu'au dernier moment nous avons recueilli ces échos qui nous soutenaient dans la lutte, et nous les avons publiés jusqu'à la veille même de la capitulation.

Je dis ces choses pour répondre à une apparence de contradiction qu'on a voulu faire naître entre les bruits favorables que nous avons pieusement recueillis sur l'armée de Metz jusqu'au dernier moment et le jugement que nous a arraché l'angoisse qui nous a assiégés lorsque nous avons su toute la vérité.

Le gouvernement de la Délégation de Tours, — car c'était à Tours, jusqu'au milieu du mois de décembre, que fut le siège de la représentation, de la délégation du gouvernement de la Défense nationale, — le gouvernement de Tours, dis-je, chargea tous les préfets qui se trouvaient, pour ainsi dire, limitrophes, et, par conséquent, plus rapprochés du théâtre du siège de Metz, de faire passer des nouvelles, d'envoyer des émissaires, de renseigner le commandant en chef de l'armée du Rhin sur la situation de l'intérieur de la France.

A ce sujet, M. Tachard, qui était notre ministre à Bruxelles, et qui, par la frontière du Luxembourg, pouvait plus facilement jeter des émissaires jusque sous Metz, a déployé une activité, un zèle admirables; il a eu le bonheur de mettre la main sur des agents tout à fait sûrs qui sont énumérés dans les dépêches qui ont paru dans l'instruction : Bussy, d'Ormesson et d'autres dont j'oublie les noms, lesquels étaient chargés d'apprendre au commandant de Metz, non seulement l'état politique de la France, mais encore la parfaite union de tous les citoyens pour la défense, l'absence de schisme et de scission dans l'intérieur, la nécessité de l'union de toutes les forces vives du pays pour faire face à l'étranger, et qui, en même temps, avaient pour mission de lui annoncer qu'on avait échelonné à Longwy, à Thionville, à Montmédy, de nombreux approvisionnements, qu'il y avait sur toute cette ligne des vivres en quantité considérable, qu'à Montmédy seulement se trouvaient deux millions de rations, qu'enfin tout le long de la route il en était de même, afin que, si l'armée tentait une sortie, elle sût qu'elle trouverait partout sur le chemin qui la ramenait vers la France de quoi se ravitailler et lui permettre de poursuivre sa marche.

Nous avons, jusqu'à la dernière heure, multiplié ces tentatives. Pourquoi n'ont-elles pas abouti? Il ne m'appartient pas de le décider.

J'ai retrouvé encore ces jours-ci la dépêche que j'adressais au général Bourbaki à la veille même de ce tragique évènement. Déjà l'on faisait circuler, dans le monde diplomatique, des bruits très alarmants,

mais qui n'avaient pas encore le caractère de gravité
qu'ils ont pris depuis. Aussitôt, comme on parlait
d'une reddition imminente amenée par la force des
choses, et non à la suite de négociations avec l'ennemi, j'écrivis à la date du 26 octobre, c'est-à-dire la
veille même de la capitulation, la dépêche suivante :

(Le témoin sort de sa poche un papier et se dispose
à en donner lecture.)

M. LE PRÉSIDENT. — Voulez-vous remettre cette dépêche au greffier? Elle peut être lue par le greffier.

M. GAMBETTA. — Si vous le permettez, monsieur le
président, je vais en donner lecture moi-même; elle
est fort courte.

M. LE PRÉSIDENT. — Soit. Il n'y a pas d'opposition?...
Avec l'assentiment du ministère public et de la défense, j'autorise le témoin à donner lecture de cette
pièce.

M. GAMBETTA. — Je désire qu'elle soit jointe à celle
dont j'ai déjà retrouvé un exemplaire, parce que cela
fera un lien entre le commencement et la fin des communications.

M. LE PRÉSIDENT. — Cette pièce sera jointe au
dossier.

M. GAMBETTA. — Voici cette dépêche :

Tours, le 26 octobre 1870.

« *Ministre de la guerre à Bourbaki.*

« Général,

« L'intérêt suprême de la France exige que le maréchal Bazaine soit averti qu'en tenant encore il peut
tout sauver.

« Vous aimez trop la patrie pour ne pas tenter le
possible et l'impossible pour lui faire parvenir ce conseil, dicté tout ensemble par le sentiment de sa gloire
et du salut de son pays. Envoyez donc des hommes

à vous, avec un avis pressant de vous, pour lui pein-
dre la situation, l'avertir de l'intervention de l'Europe
et réclamer de lui une prolongation de résistance sur
laquelle nous avons tous le droit de compter. N'épar-
gnez ni l'argent ni les récompenses.

　　　　　　« *Signé :* Léon Gambetta. »

M. le président. — Veuillez remettre cette pièce au
greffier.

M. Gambetta. — A peine cette dépêche était-elle
partie, que, quelques instants après, nous reçûmes
les indications les plus alarmantes sur la situation de
Metz. Nous interrogeâmes à cet égard l'agent le mieux
placé pour pouvoir nous tirer d'anxiété, M. Tissot,
alors ministre de France à Londres, et qui, par conséquent, était mieux placé que tout autre agent pour
s'informer avec précision de l'état réel des choses.
Nous reçûmes de lui, à la date du 27 ou du 28 octobre,
une communication véritablement navrante. La dépêche de M. Tissot ne nous laissait aucun doute dans
l'esprit; elle indiquait nettement les négociations
avec l'ennemi, non seulement par des considérations
militaires, mais par des considérations politiques;
elle racontait de la façon la plus détaillée les propositions qu'on était allé porter à Versailles dès le mois
de septembre, au grand quartier général prussien.

Nous eûmes devant nous le tableau d'une entreprise
exclusivement politique, menée, traitée, conclue avec
les ennemis de la France! Nous laissâmes échapper
alors un cri qui, pour avoir été vif, n'en reste pas
moins pour nous l'expression même de la vérité; et,
cette proclamation qu'on a attaquée, je crois que je
ne serai démenti par aucun de mes collègues en disant
qu'elle est un des actes qui honorent le plus le gouvernement de la Délégation de Tours.

En même temps, — car on ne l'a pas toujours dit,

— en même temps que cette proclamation, paraissait une autre proclamation adressée à cette même armée, afin de bien séparer la cause de ceux qu'on avait induits en mauvaise voie, de ceux dont on avait sacrifié les convictions, les intérêts et le rôle, de celle de leur commandant.

La véritable mission de cette proclamation était de bien établir cette distintion ; je tiens à le dire, parce qu'on nous a représentés, à plusieurs reprises, comme ayant, par cette proclamation qui était un devoir d'État, un devoir de gouvernement, un devoir de protestation nécessaire, porté ou voulu porter atteinte, soit à l'union de l'armée, soit au respect de la discipline.

Ceci dit, monsieur le président, je crois que je pourrais compléter ma déposition en rappelant ce que j'ai eu occasion de dire devant M. le général rapporteur : c'est que les communications que nous avions tentées avec Metz étaient restées infructueuses, mais qu'il n'en avait pas été ainsi avec les autres places investies ; en effet, nous en avions eu avec Bitche, avec Phalsbourg, avec Neuf-Brisach et Belfort ; jusqu'au dernier moment, nous avons communiqué avec ces places ; nous avons pu non seulement échanger des correspondances, mais aussi de véritables rapports de service, et on a pu nous faire passer, comme à Bitche, des officiers pour venir compléter nos cadres.

Je crois n'avoir rien omis des observations que je m'étais proposé de présenter au Conseil. Je suis d'ailleurs à ses ordres pour répondre à ses questions.

M. LE PRÉSIDENT. — Monsieur le député, vous venez de faire allusion à une proclamation dont je n'ai ni à répéter ni à apprécier les termes et sur laquelle je n'ai aucune observation à faire. Ce que je veux vous demander seulement, c'est si vous avez à faire connaître au Conseil quelques renseignements sur lesquels vous vous soyez appuyé, lorsque vous avez ré-

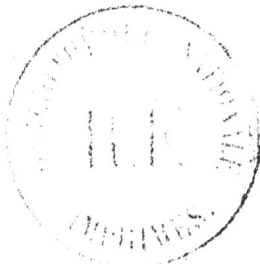

digé cette proclamation. Vous en avez indiqué une,
vous avez parlé d'une communication qui venait d'Angleterre.

N'aviez-vous pas quelques autres renseignements
lorsque vous avez jugé, dans les termes que vous avez
employés, la conduite du commandant en chef?

M. Gambetta. — Les renseignements que j'indique
sont de la dernière précision. M. le président du
Conseil de guerre peut se faire remettre la dépêche de
M. Tissot, qui est aux archives du ministère des affaires étrangères. A la date du 27 et du 28 octobre, on
trouvera exposée la série des négociations de M. le
général Boyer et de M. le maréchal Bazaine avec l'ennemi, et j'ajoute que, pour moi, c'est d'après l'ensemble de ces documents que ma conviction s'est
formée.

Je ne veux pas entretenir le Conseil d'une série de
rapports qui avaient leur gravité, mais auxquels je
n'aurais jamais ajouté la même foi; ces rapports émanaient d'agents à nous, qui étaient placés dans le
Luxembourg et qui nous renseignaient sur les allées
et venues de ceux qui entraient et sortaient de Metz,
en même temps qu'ils établissaient des communications avec le quartier général prussien.

Mais, puisque la question m'est posée, je dois dire
que les envoyés qui nous sont parvenus de la part du
maréchal Bazaine et qui sont arrivés tous les trois,
— MM. Waskiewitch, de Valcourt, et un troisième,
dont le nom m'échappe parce qu'il n'est venu que
très tard avec des renseignements tout à fait identiques et que, par conséquent, c'était une répétition
à laquelle je n'ai pas ajouté autant d'attention qu'au
récit des premiers, — je dois dire que ces messieurs
qui étaient attachés au grand quartier général, l'un
comme interprète, l'autre comme officier d'ordonnance, se trouvaient porteurs d'une dépêche qui nous
apprenait que la place allait capituler ainsi que l'ar-

mée; et que nous n'avons eu connaissance de cette dépêche que longtemps après, parce que nous n'en possédions pas alors la clef. Ces envoyés, l'un surtout, nous apportaient une série de renseignements sur lesquels nous les avons interrogés.

On leur a même demandé de déposer sous la foi du serment, tant on trouvait la chose grave; et ces renseignements, dont il a été dressé un procès-verbal, n'ont pas été démentis. Au contraire, les autres officiers qui se sont évadés de Metz, qui sont venus rejoindre la France et se sont mis au service de la Défense nationale, ont eu sous les yeux ce procès-verbal ; on leur a demandé de l'annoter, de le contredire, de le critiquer, et j'ai déposé dans l'instruction que cette pièce n'avait jamais subi une seule contradiction, quant au fond des choses.

Je le répète donc, en présence de cette déposition, déjà très grave, très significative d'un envoyé personnel de M. le maréchal Bazaine arrivant à Tours, lequel, après avoir remis sa dépêche, nous a décrit la série des actes sur lesquels vous avez à statuer aujourd'hui, nous avons pris la résolution de porter à la connaissance du pays, de la France, l'acte qui venait de s'accomplir à Metz; mais ce qui a donné une couleur positive, presque officielle, une quasi-certitude à notre opinion du moment, — je parle du 29 octobre au 1er novembre, — ce sont les détails qui nous sont parvenus de Londres et de Bruxelles. Si je n'insiste pas sur le caractère tout à fait convaincant des renseignements qui nous sont parvenus de Bruxelles, c'est que vous aurez à entendre M. Tachard, et que je ne ferais que répéter ce qu'il dira lui-même.

Pour me résumer, en dehors de la question sur les communications, les renseignements que nous avons recueillis, avant même de faire la proclamation sur laquelle vous attirez ma réponse, étaient des rensei-

gnements officiels, positifs, émanés de deux légations
françaises, et ne laissant aucun doute, à mon point
de vue et au point de vue du gouvernement que je .
servais, sur la culpabilité d'un commandant d'armée
qui, au lieu de combattre, négociait avec l'ennemi.

M. LE PRÉSIDENT. — Monsieur le commissaire du gouvernement a-t-il quelque question à poser au témoin?

M. LE COMMISSAIRE DU GOUVERNEMENT. — Je voudrais
demander à monsieur le député s'il se souvient d'une
lettre qui a été reproduite dans un journal de Paris,
au mois d'avril 1871, et qui émanait d'un des com-
mandants de corps d'armée de l'armée du Rhin. Je
crois que l'existence de cette lettre a été connue de
M. Gambetta, c'est pourquoi je le prie de faire connaître s'il s'en souvient.

M. GAMBETTA. — En avril 1871?... Je ne me rappelle pas.

M. LE COMMISSAIRE DU GOUVERNEMENT. — Il s'agit d'une
lettre qui a été, je crois, publiée d'abord en Allemagne,
au moins de décembre 1870, puis qui a été reproduite dans un journal de Paris, *la République française*, au mois d'avril 1871 (1).

M. GAMBETTA. — Vous devez vous tromper, monsieur
le commissaire du gouvernement; en avril 1871?.....
Je ne crois pas du tout... Si vous aviez la bonté de
me préciser un peu la question, de manière que je
puisse savoir à quoi vous faites allusion?

M. LE COMMISSAIRE DU GOUVERNEMENT. — Ma question
avait pour but de vous amener à vous rappeler certain passage de cette lettre qui a été citée par le journal *la République française* et dans lequel il était dit :

« Oui, vous avez raison, on nous a cruellement
trompés à Metz, par le tableau lamentable qu'on nous
a fait de l'état de la France au retour du général
Boyer à Versailles.

(1) Le premier numéro de la *République française* a paru le
5 novembre 1871.

« Nous avons été trompés aussi d'une manière indigne au sujet de l'affaire des drapeaux.

« Je n'ai pas besoin de vous affirmer que le commandant de votre corps d'armée a été dupe comme les autres, en tout et pour tout. »

M. GAMBETTA. — Je me rappelle parfaitement cette lettre ; elle est du général Frossard.

C'est pour cela que j'avais l'honneur de vous demander de préciser votre question. En effet, je peux même mettre cette lettre à la disposition du Conseil, quoique je ne l'aie pas eue directement. Ce n'est pas à moi qu'elle a été adressée.

M. LE COMMISSAIRE DU GOUVERNEMENT. — Vous ne l'avez pas eue entre les mains ?

M. GAMBETTA. — Je ne l'ai pas eue, mais je l'aie vue ; et la personne qui en a pris copie et qui nous en a communiqué les extraits dont vous donniez tout à l'heure une lecture nécessairement tronquée, puisque le journal n'a publié que des fragments, cette personne, dis-je, en était le destinataire.

Cette lettre a été écrite par M. le général Frossard, pendant la captivité, à des officiers qui, au nombre de vingt, je crois, s'étaient adressés à lui pour lui demander de s'associer à une protestation dirigée contre les manœuvres qui se pratiquaient alors à l'occasion d'un journal appelé, je crois, *le Drapeau*, et, à l'occasion de cette démarche, le général Frossard avait jugé opportun de s'en expliquer vis-à-vis de ces officiers.

Le général Frossard avait été blessé du ton qu'avaient pris ces officiers : il avait jugé opportun de s'en expliquer avec eux, et il l'avait fait dans une lettre dont les termes n'ont pas besoin d'être rappelés ; seulement, il avait terminé sa correspondance par cette allégation que vous relevez et qui est parfaitement exacte.

Mᵉ LACHAUD. — Je n'ai qu'une question que je prie

M. le président de vouloir bien adresser à M. Gambetta; car le moment n'est pas encore venu de nous
expliquer à notre tour et d'apprécier certains faits
que le témoin a indiqués tout à l'heure au Conseil.
Actuellement, je me bornerai à demander à M. Gambetta, lorsqu'il a vu au mois d'octobre le général
Bourbaki à Tours, à la date qu'il indiquera, quels ont
été les renseignements qui lui ont été donnés par le
général sur la situation de l'armée de Metz et sur la
possibilité de tenir encore.

M. LE PRÉSIDENT, *au témoin.* — Veuillez répondre au
Conseil, si vous avez entendu la question de M. le défenseur.

M. GAMBETTA. — Je suis très heureux de la question, puisqu'elle me permet en effet de dire dans
quelles dispositions d'esprit est arrivé à Tours le général Bourbaki, et de répondre en passant à une appréciation que j'ai recueillie dans sa propre déposition devant le Conseil.

Je crois avoir vu le général Bourbaki à Tours le
14 ou le 15 octobre, — il m'est impossible de préciser
plus exactement la date. — Le général Bourbaki était
sorti de Metz dans les conditions que vous avez ap-
prises, et il paraissait fort désolé, fort inquiet de la
déconvenue vers laquelle on l'avait fait marcher.

J'appris sa présence à Bruxelles par M. Tachard.
J'ai toujours cru qu'en dehors des attaches antérieures et des liens de reconnaissance qui pouvaient rattacher le général Bourbaki à l'empire, il était, avant
tout, Français et vaillant soldat. Je priai le général
de vouloir bien se rendre à Tours; il y vint. Les explications entre nous ne furent pas longues. Je lui
dis : « Vous êtes sorti de Metz; je ne veux pas savoir,
je ne demande pas pourquoi vous en êtes sorti : il est
très probable que vous l'avez fait sous des influences
politiques; mais enfin, comme la France a besoin de
votre épée, comme je ne suis pas ici pour faire de la

politique, je ne vous interroge pas sur vos secrets, si vous en avez... » C'est ainsi que débuta l'entretien.

Le général me parla de l'état d'abattement et de non-confiance dans lequel il se trouvait. Il me dit : « Voyez-vous, quand les armées régulières, quand les vraies troupes ont échoué, il faut jeter le manche après la cognée. » Je lui répondis : « Général, vous reviendrez de cette opinion. Non, vous ne pouvez pas désespérer de la France, vous ne pouvez pas admettre que, tant que dans ce pays il y aura des hommes de cœur comme vous, tant que sur ce sol on aura, — et on a, — des ressources, on ne les fasse pas valoir, on ne les emploie pas, et qu'on ne lutte pas contre l'invasion ! » Il m'exprima que ce qui était la grande cause de ses inquiétudes, ce qui le faisait désespérer du succès, c'était l'absence de cadres, et, à ce propos, il entra dans quelques détails sur Metz.

Remarquez qu'il était sorti de Metz le 25 septembre et que, par conséquent, il ne pouvait guère savoir où l'on en était le 14 ou le 15 octobre. Il me parla de l'effort héroïque et tout à fait suprême de l'armée pour faire une trouée, dans la journée du 16, ainsi que dans celles des 17 et 18.

Pour être complet, je dois ajouter qu'il exprima sa stupéfaction absolue de ce qu'on n'eût pas continué l'action du 14 au soir à Gravelotte et qu'on ne l'eût pas recommencée immédiatement le lendemain matin. J'ai ces indications très présentes à la mémoire. Il m'entretint ensuite de l'état de fatigue de l'armée de Metz ; il me dit qu'on avait perdu beaucoup d'hommes, qu'on avait entamé fortement les ressources de l'artillerie, que la cavalerie était en mauvais état, mais qu'on tiendrait là encore dix ou quinze jours. Je répète que nous étions alors au 15 octobre. Je lui répondis qu'on tiendrait probablement jusqu'au bout, qu'on ferait son devoir.

Je n'avais, à ce moment, aucune inquiétude sur le

dévouement du commandant en chef; je n'avais, par
conséquent, absolument rien à objecter à cette manière de voir; mais le général ne se prononça pas
d'une façon précise, il ne me dit absolument rien, ni
sur l'état des ressources en subsistances, ni sur l'état
des armements; il n'insista en aucune manière sur
aucun de ces points, et, comme je lui faisais remarquer la situation dans laquelle nous nous trouvions,
comme je lui faisais part des espérances que l'on
pouvait encore nourrir et des efforts qu'il était de
notre devoir de tenter, le général revint un peu sur
lui-même; la confiance ne lui revint pas tout d'un
coup, mais l'abattement cessa; il se leva et me dit:
« Eh bien, nous continuerons! »

Il ajouta même ces mots, lorsque je lui offris le
commandement immédiat des troupes de la Loire,
qui étaient à ce moment derrière la Saône : « Non,
j'ai une meilleure affaire. » Et, dans son langage si
vif et si patriotique, il ajouta : « Je connais un coup
merveilleux à tenter du côté de Sedan et de Carignan.
Envoyez-moi dans le Nord, je ferai cette bonne opération; et puis, cela me rapprochera de l'armée de
Metz. »

Je le pris au mot, et, en voyant qu'au bout d'une
heure de conversation il reprenait le dessus sur lui-
même et qu'il se promettait de tenter de nouveau la
fortune des armes, je lui dis : « Partez, allez à Lille;
vous y serez le maître, tout le monde vous obéira,
faites ce que vous jugerez à propos de faire, taillez
en plein drap et reprenez confiance! »

C'est ce qu'il fit.

Depuis lors, je l'ai revu une seconde fois; le découragement l'avait de nouveau repris, je dois le dire; il
était fort peu porté à tenter la fortune. Je crois, —
permettez-moi de vous dire ce mot, — je crois qu'il y
avait en lui une défiance d'une nature un peu politique; il était arrivé malheureusement qu'à cause de

son nom, il s'était élevé contre lui d'indignes accusations, d'indignes soupçons; j'avais même été obligé
d'intervenir — et je l'avais fait très vivement — contre
des gens qui s'étaient permis de l'outrager.

Eh bien! je suis convaincu que le regret amer qu'il
exprimait d'avoir quitté sa garde qu'il connaissait si
bien, qu'il aimait tant, d'être sorti d'une place investie par un subterfuge qui ne lui permettait plus d'y
rentrer, les défiances qu'il rencontrait dans la population civile, le désir qu'il avait de ne pas compromettre son renom militaire, je suis, dis-je, convaincu
que toutes ces choses l'ont fortement impressionné,
qu'elles ont agi sur son âme et qu'elles ont pu, non
pas amollir son intrépidité et son courage, — qui ont
été admirables à Villersexel et à Montbard, — mais
lui faire perdre cette confiance, ce diable-au-corps qui
en avaient fait le plus brillant officier divisionnaire
de l'armée française.

Voilà ce que je sais du général Bourbaki; je suis
convaincu qu'il a fait son devoir, qu'il l'a fait tout entier. Il n'a pas été heureux, mais on peut dire de lui :
« Honneur au courage malheureux! »

Me LACHAUD. — Monsieur le président, je désirerais
fort qu'une réponse fût faite à la question que j'ai
posée. Aussi, je demande la permission de la préciser
davantage.

Il m'intéresse, non seulement au point de vue de
ma cause, mais encore au point de vue de l'histoire
de mon pays, d'entendre le récit des conversations qui
se sont échangées entre le ministre de l'intérieur
d'alors et le général Bourbaki.

Je crois qu'il n'y a rien à relever en ce qui touche
au courage dn général Bourbaki; ce n'est pas là la
question. Les magnifiques services et le dévouement
admirables du général sont hors de doute et je suis
très heureux d'entendre le témoin en parler dans les
termes qu'il vient d'employer; mais quant à présent,

n'ayant pas le droit de faire un discours, voilà la question première que je lui pose :

Le général Bourbaki a-t-il dit au gouvernement de Tours qu'il fallait se hâter de conclure un armistice, que les jours, et peut-être les heures, étaient comptés, et qu'il était impossible que l'armée de Metz pût résister plus longtemps dans la situation où elle était? Je veux à cette question une réponse par un oui ou un non.

M. Gambetta. — Eh bien, non !

M. le président. — Permettez, avant de répondre à cette question, attendez que je vous la transmette.

M. le défenseur vous a demandé si le général Bourbaki vous avait indiqué avec précision que les jours étaient comptés et qu'il était nécessaire de conclure un armistice pour sauver l'armée de Metz. C'est là ce que M. le défenseur a demandé?

Me Lachaud. — Oui, monsieur le président.

M. le président, à M. Gambetta. — Vous avez entendu la question?... Veuillez répondre au Conseil.

M. Gambetta. — Monsieur le président, j'avais répondu, et je m'étonne que ce soit Me Lachaud qui n'ait pas saisi ma réponse. J'avais répété, — et je croyais que c'était une réponse catégorique à la question, — tout ce qu'a dit le général Bourbaki dans l'entretien que j'ai eu avec lui. Je déclare qu'il n'a été question d'armistice ni ce jour-là ni les autres jours, que le général Bourbaki n'a même pas parlé de mettre fin à la résistance ou de ne pas la poursuivre. Il n'a été question, entre le général Bourbaki et nous, que de ceci : que l'armée de Metz, tenant jusqu'au bout de ses ressources, ne pourrait guère tenir plus de quinze jours. Voilà tout ce qu'a dit le général sur cette question.

M. le président. — Vous avez répondu à la question.

M. Gambetta. — Permettez, monsieur le président, si je n'abuse pas de votre patience...

M. LE PRÉSIDENT. — Parlez, mais renfermez-vous dans la cause.

M. GAMBETTA. — Je ne sais si j'ai le droit de répondre à une accusation, ou plutôt à une insinuation qui a été portée dans la question qui m'a été posée.

M. LE PRÉSIDENT. — Vous devez vous borner à répondre à la question. Je ne puis laisser s'engager le débat que sur des faits relatifs à la cause.

M. GAMBETTA. — C'est précisément, monsieur le président, ce qui fait mon scrupule...

M. LE PRÉSIDENT. — Je vous ai transmis la question posée par la défense. C'est cette question, telle que je vous l'ai transmise, dont vous devez tenir compte. La forme sous laquelle M. le défenseur vous l'a adressée lui appartient : cette question, je l'ai faite mienne, ainsi que je le devais. Vous venez d'y répondre ; il n'y pas lieu de prolonger le débat. D'ailleurs, monsieur le député, vous n'êtes nullement en cause devant le Conseil. Vous avez fait votre réponse, je ne crois pas qu'il y ait rien à y ajouter, à moins que vous n'ayez encore à fournir quelque éclaircissement de nature à intéresser le Conseil.

M. GAMBETTA. — Précisément, c'est un éclaircissement que je veux donner. J'ai retrouvé dans la déposition du général Bourbaki, et ensuite dans les paroles du défenseur, cette insinuation que le général se serait prononcé pour la paix ou pour un armistice. Je dois dire que jamais, jamais, il n'a été question de cela.

Mᵉ LACHAUD. — Permettez-moi de dire, monsieur le président, qu'il n'y avait dans mes paroles aucune insinuation et que je ne peux accepter cette expression.

M. GAMBETTA. — Telle a été mon appréciation.

Mᵉ LACHAUD. — J'ai devant moi un témoin dont je discuterai plus tard la déposition, et nous aurons ensemble à examiner de grandes choses. Je le ferai simplement, avec la convenance qu'un avocat doit toujours observer; mais, que M. Gambetta le sache bien, ce que j'aurai à lui dire sera clair, et il n'aura pas à se plaindre de rencontrer des insinuations sous mes paroles.

M. LE PRÉSIDENT. — Me Lachaud, veuillez vous adresser au Conseil et non au témoin. C'est une question de forme; mais je tiens à ce qu'elle soit observée.

Me LACHAUD. — Mes paroles seront précises; je dirai ce que je veux dire, tout ce que je veux dire, et je parlerai devant le Conseil assez clairement pour qu'on ne puisse pas m'accuser de recourir à des insinuations.

M. GAMBETTA. — Je les ai rencontrées, j'y ai répondu.

M. LE PRÉSIDENT. — Y a-t-il d'autres questions à poser au témoin? Monsieur le commissaire du gouvernement?...

M. LE COMMISSAIRE DU GOUVERNEMENT. — Non, monsieur le président...

M. LE PRÉSIDENT. — Monsieur le défenseur?...

Me LACHAUD. — Je n'ai pas d'autres questions à adresser au témoin.

M. LE PRÉSIDENT. — J'autorise le témoin à se retirer.

(M. Gambetta se retire.)

Le 10 décembre, le président du Conseil de guerre déclara les débats clos. Après quatre heures de délibération, le Conseil rentra en séance. Le président prononça le jugement suivant :

« Au nom du peuple français,

« Cejourd'hui, 10 décembre 1873, le 1er Conseil de guerre de la 1re division militaire délibérant à huis-clos, le président du Conseil a posé les questions suivantes :

« 1e Le maréchal Bazaine est-il coupable d'avoir signé, le 28 octobre 1870, à la tête d'une armée en rase campagne, une capitulation?

« 2e Cette capitulation a-t-elle eu pour résultat de faire poser les armes à cette armée?

« 3e Le maréchal Bazaine a-t-il traité verbalement ou par

écrit avec l'ennemi, sans avoir fait préalablement tout ce que lui prescrivaient le devoir et l'honneur?

« 4° Le maréchal Bazaine, mis en jugement après avis du Conseil d'enquête, est-il coupable d'avoir, le même jour 28 octobre 1870, capitulé avec l'ennemi et rendu la place de Metz dont il avait le commandement supérieur, sans avoir épuisé tous les moyens de défense dont il disposait et sans avoir fait tout ce que lui prescrivaient le devoir et l'honneur?

« Les voix recueillies séparément, en commençant par le grade inférieur, le président ayant émis son opinion le dernier, le Conseil déclare :

« Sur la 1re question, à l'unanimité. — *Oui.*

« Sur la 2e question, à l'unanimité. — *Oui.*

« Sur la 3e question, à l'unanimité. — *Oui.*

« Sur la 4e question, à l'unanimité. — *Oui.*

« Sur quoi, et attendu les conclusions prises par le commissaire spécial du gouvernement dans ses réquisitions, le président a lu le texte de la loi et a recueilli de nouveau les voix dans la forme indiquée ci-dessus pour l'application de la peine.

« En conséquence, vu les dispositions des articles 209 et 210 du Code de justice militaire,

« Le Conseil condamne à l'unanimité des voix François-Achille Bazaine à la peine de mort avec dégradation militaire, et, vu l'article 138 du Code de justice militaire, déclare que Bazaine cesse de faire partie de l'ordre de la Légion d'honneur, et qu'il lui est interdit de porter la médaille militaire.

« Le Conseil le condamne en outre aux frais envers l'État en vertu de l'art. 139 du Code de justice militaire.

« Enjoint au commissaire spécial du gouvernement de faire donner immédiatement, en sa présence, lecture du présent jugement au condamné devant la garde rassemblée sous les armes, et de l'avertir que la loi lui donne vingt-quatre heures pour se pourvoir en révision. »

Immédiatement après le prononcé du jugement, le président et les membres du Conseil adressèrent au ministre de la guerre un recours en grâce. Le président de la République commua la peine de mort prononcée contre le maréchal Bazaine en vingt années de détention, avec dispense des formalités de la dégradation militaire, mais sous réserve de tous ses effets.

# DISCOURS

SUR L'AJOURNEMENT

## DU VOTE DU BUDGET DES AFFAIRES ÉTRANGÉRES

ET

## SUR UN AMENDEMENT DE M. RAUDOT

(Discussion du budget pour 1874)]

*Prononcés les 8 et 29 décembre 1873*

A L'ASSEMBLÉE NATIONALE

---

L'Assemblée nationale avait repris ses séances le 5 novembre. Quatre jours avant la publication de la lettre du comte de Chambord à M. Chesnelong, les membres du comité de direction des droites avaient soutenu publiquement que la prorogation des pouvoirs du maréchal de Mac-Mahon ne serait qu'un « misérable expédient », auquel le président de la République ne consentirait jamais. Croyant la monarchie faite, ils affirmaient que mieux valait même la République que le provisoire. La déclaration du comte de Chambord ayant été l'avortement du complot royaliste, les conjurés du 24 mai se retournèrent non sans adresse et se rejetèrent sur la solution tant dédaignée de la prorogation. Le comité des Neuf et le duc de Broglie adoptèrent un système qui peut se résumer ainsi : maintenir le provisoire à l'aide d'une dictature indéfinie et garder le pouvoir en attendant les occasions, c'est-à-dire la mort du comte de Chambord.

La session s'ouvrit par la lecture d'un message présidentiel où le duc de Broglie recommandait à l'Assemblée la nouvelle politique de la droite. « Pour donner au repos public une garantie sûre, faisait-on dire au maréchal de

Mac-Mahon, il manque au pouvoir actuel deux conditions essentielles dont vous ne pouvez, sans danger, le laisser privé plus longtemps : il n'a ni la stabilité ni l'autorité suffisantes. » Le centre gauche ayant voté dans sa deuxième réunion une résolution portant que « le moment était venu de sortir du provisoire et d'organiser la République conservatrice, » le message répondait sèchement que « dans l'état des faits et des esprits, l'établissement d'une forme définitive, quelle qu'elle fût, présenterait de graves difficultés ». Immédiatement après la lecture du message, M. Buffet donna lecture d'une proposition portant prorogation pour dix ans des pouvoirs du maréchal de Mac-Mahon. La proposition était signée par le général Changarnier et par environ trois cents membres de la droite. Le gouvernement demanda l'urgence. M. Dufaure demanda que la proposition Changarnier et le projet de lois constitutionnelles présenté le 19 mai par M. Thiers fussent renvoyés à la même commission.

Après un long débat, où M. Baragnon, M. Rouher, M. Depeyre, M. Prax-Paris, M. Germain, M. Grévy, M. de Goulard et M. Dufaure se succédèrent à la tribune, la proposition de M. Dufaure fut rejetée par 362 voix contre 348. La proposition de M. Changarnier, déclarée urgente, fut renvoyée à l'examen des bureaux.

Par une de ces bizarreries qui résultent souvent du tirage au sort des bureaux, la gauche se trouva en majorité dans la commission. Le 15 novembre, M. Laboulaye, nommé rapporteur, présenta un projet de loi portant : 1° Que les pouvoirs du président de la République lui seraient continués pour une période de cinq ans au-delà du jour de la prochaine législature ; 2° que ces pouvoirs s'exerceraient dans les conditions actuelles, jusqu'au vote des lois constitutionnelles ; 3° que la prorogation n'aurait le caractère constitutionnel qu'après le vote des lois organiques. Le duc de Broglie fit répondre, dès le lendemain 17, par un nouveau message présidentiel qui limitait à sept années la durée de la prorogation demandée et qui posait brutalement la question de gouvernement, en déclarant que « la France, dont les vœux demandent pour le pouvoir de la stabilité et de la force, ne comprendrait pas une résolution qui assurerait au président de la République un pouvoir dont la durée et le caractère seraient soumis, dès le début, à des réserves et à des conditions suspensives. » Ces *réserves* et ces *conditions suspensives* étaient naturellement le vote des lois constitutionnelles.

La discussion s'ouvrit le 18 et se prolongea pendant deux séances. Le projet de la commission fut soutenu par MM. Bertauld, Jules Simon, Laboulaye et Grévy. Il fut combattu par MM. Prax-Paris, de Castellane, Ernoul et le duc de Broglie. M. Rouher prononça un discours en faveur de la doctrine plébiscitaire réservée formellement par le groupe de l'appel au peuple. Finalement, le projet Changarnier, repris par M. Depeyre, fut voté par 383 voix contre 317. C'était un échec pour le parti républicain, mais ce n'était pas un échec pour la République. En maintenant au maréchal de Mac-Mahon le titre de président de la République, la droite s'était engagée elle-même sur la pente qui devait la mener logiquement à la constitution républicaine. « Si vous votez la prorogation, avait dit M. Rouher, la République se fera. »

La loi votée par l'Assemblée était ainsi conçue :

« ARTICLE PREMIER. — Le pouvoir exécutif est confié pour sept ans au maréchal de Mac-Mahon, duc de Magenta, à partir de la promulgation de la présente loi. Ce pouvoir continuera à être exercé sous le titre de président de la République et dans les conditions actuelles jusqu'aux modifications qui pourraient y être apportées par les lois constitutionnelles.

« ARTICLE 2. — Dans les trois jours qui suivront la promulgation de la présente loi, une commission de 30 membres sera nommée en séance publique et au scrutin de liste pour l'examen des lois constitutionnelles. »

Le vote du projet Depeyre fut suivi d'un remaniement ministériel. M. de Broglie prit le portefeuille de l'intérieur en remplacement de M. Beulé ; le duc Decazes succéda au duc de Broglie au ministère des affaires étrangères ; M. Deseilligny passa du ministère des travaux publics au ministère de l'agriculture et du commerce ; MM. Ernoul et Batbie furent remplacés aux ministères de la justice et de l'instruction publique par MM. Depeyre et de Fourtou ; M. de Larcy fut nommé aux travaux publics ; M. Magne, le général du Barail et le vice-amiral de Dompierre d'Hornoy, gardèrent leurs portefeuilles. M. Baragnon fut nommé sous-secrétaire d'État au ministère de l'intérieur.

Le vote en séance publique pour la nomination de la commission des 30 chargés de préparer les lois constitutionnelles nécessita six scrutins consécutifs. Le 5 décembre, la commission se trouva ainsi composée : MM. Dufaure, Waddington, Cézanne, Laboulaye et Vacherot, membres du centre gauche, MM. de Talhouët, de Kerdrel, de Lacombe, Lambert Sainte-Croix, Pradié, de Larcy, de Meaux, Grivart, de Cumont, Tailhand, Daru, Paris, Chesnelong, d'Andelarre, de Sugny, Antonin Lefèvre-Pontalis, Keller, de Tarteron, Vingtain, Merveilleux-Duvignaux, Tallon, Combier, Lucien Brun, Bathie et Delsol, membres de la droite.

L'Assemblée commença ensuite la discussion du projet de loi portant fixation du budget des dépenses de l'exercice 1874. M. Gambetta intervint deux fois dans cette discussion, le 8 et le 29 décemere.

Dans la séance du 8, M. Eugène Pelletan avait demandé l'ajournement de la discussion du budget des affaires étrangères jusqu'à la distribution du *Livre jaune*; et le duc Decazes avait répondu que la distribution de ce recueil ne pouvait avoir lieu avant une quinzaine de jours; que d'ailleurs elle n'était pas indispensable pour la discussion de son budget, et qu'en conséquence il devait repousser l'ajournement proposé comme un manque de confiance.

M. Gambetta répondit au ministre :

M. Gambetta. — Messieurs, je partage pleinement la manière de voir de l'honorable ministre des affaires étrangères sur la nature du budget qui vous est soumis, sur la nécessité des dépenses qui y figurent, et certainement, s'il ne s'agissait que de la matérialité même du vote, il n'y aurait pas de discussion à poursuivre devant vous.

Je veux simplement, en réponse aux observations que vous a présentées M. le ministre, vous en soumettre une à mon tour.

Je crois que les pièces qui peuvent figurer dans le *Livre jaune*, et qui nous avaient été annoncées et promises par son honorable prédécesseur, sont sous presse, que le nombre, à l'heure où nous parlons, ne

peut pas en être augmenté ; tout au plus pourrait-il
avoir à faire des suppressions qui lui paraîtraient nécessaires.

Donc, les pièces existent, elles sont sous presse et
rien n'est plus simple que de les compléter par la
circulaire même dont le nouveau ministre a dû faire
l'expédition à ses agents au dehors.

L'ajournement que nous sollicitons n'est pas un
ajournement qui puisse, en quoi que ce soit, nuire
aux crédits nécessaires au budget du ministère des
affaires étrangères, et alors la publication que nous
demandons peut être faite, non pas comme M. le ministre a semblé le croire, à la fin de la réponse qu'il
vient de faire, en vue d'une discussion sur la politique
extérieure. Je reconnais parfaitement que si on voulait entamer un débat sur les questions de politique
extérieure, la voie de l'interpellation reste ouverte.

Mais ce n'est pas à ce point de vue que je crois
qu'il faut se placer, pour légitimer la demande qui
est venue de ce côté-ci de l'Assemblée. (*L'orateur désigne la gauche.*) Je crois qu'il était bon depuis le
22 septembre, date définitive de la libération partielle
de la France ; je crois qu'il était nécessaire précisément de marquer la différence des temps et la différence de la politique, — si tant est qu'il y en ait une,
— par la publication préalable des documents de la
politique extérieure, avant le vote du budget et des crédits matériels qui sont nécessaires à ce grand service.

Je crois qu'il eût été conforme à ces traditions parlementaires qu'on invoquait légitimement tout à
l'heure, à la dignité de la commission du budget, au
rôle même de cette Assemblée, de bien marquer la
différence entre le moment actuel et le temps qui
s'est écoulé pendant l'occupation étrangère, et qu'on
ne votât les crédits du ministère des affaires étrangères qu'après avoir repris, renoué cette tradition de la
publication des pièces diplomatiques.

Il y avait à cela un intérêt parlementaire et quelque chose qui s'élève au-dessus des intérêts de partis, un intérêt de nationalité et de dignité pour la France. (*Très bien! très bien! à gauche.*)

Je crois, par conséquent, que sans apporter la moindre entrave ni à l'indépendance du ministre, ni à la votation du budget que l'échéance prochaine de la fin de l'année rend nécessairement un peu hâtive, je crois, dis-je, qu'on peut parfaitement, avec les moyens matériels qu'on possède pour l'impression du *Livre jaune*, rentrer dans la régularité et dans la justice en différant de quelques jours la discussion du budget des affaires étrangères jusqu'à ce que le ministre nous ait distribué un *Livre jaune* qu'il composera avec la prudence et la réserve que commande la situation de la France. (*Très bien! très bien! à gauche.*)

La suite de la discussion ramène M. Decazes et M. Eugène Pelletan à la tribune. M. Gambetta demande au ministre des affaires étrangères de fixer un délai de quatre jours pour la publication du *Livre jaune*. M. Decazes propose un délai de quinze jours qui est accepté par M. Gambetta. M. Pelletan retire sa proposition d'ajournement et l'Assemblée commence la discussion du budget des affaires étrangères.

M. Gambetta intervint une seconde fois, le 29 décembre, dans la discussion du budget. (Projet de loi sur les nouveaux impôts et les augmentations d'impôts proposées pour le budget de 1874.) M. Raudot avait développé un amendement portant établissement d'un droit de transmission sur les ventes des titres de rentes, soit 50 centimes par 5 francs de vente en titre nominatif, et 20 centimes payables annuellement par 5 francs de rentes en titre au porteur. M. Magne, ministre des finances, M. Benoist d'Azy, rapporteur du budget, et M. Gambetta combattirent cet amendement.

M. GAMBETTA. — L'Assemblée me permettra de lui soumettre une simple et très brève observation. (*Parlez!*)

Il me semble que l'amendement de M. Raudot repose ou sur une illusion, ou sur une équivoque, et je désirerais m'en expliquer très sommairement.

Je dis que c'est une illusion si, par l'introduction de cet amendement, M. Raudot, comme il vient encore d'en renouveler la déclaration à la tribune, s'imagine qu'il ne frappe pas la rente d'un impôt. (*Assentiment sur quelques bancs.*)

En effet, la rente par ce procédé ne serait pas frappée seulement, comme il l'entend, d'une taxe de mutation, mais serait atteinte dans son capital même, dont l'État retiendrait une partie intégrante, au mépris d'un contrat solennel, et qu'il n'appartient à aucune juridiction de rompre. (*Mouvements divers. — Parlez! parlez!*) Messieurs, il est d'autant plus nécessaire de maintenir énergiquement ces principes que vous avez fait plus victorieusement appel, dans ces derniers temps, au crédit du monde entier... (*Très bien! très bien!*) et qu'il serait souverainement injuste et téméraire d'entrer dans la pratique de certains États voisins... (*Très bien! très bien!*) qui aujourd'hui, sur toutes les places du monde, se trouvent menacés dans leur crédit pour avoir précisément prêté la main à des tentatives analogues à celle à laquelle vous provoque l'honorable M. Raudot. (*Très! bien! très bien! sur plusieurs bancs.*)

Le crédit de la France est placé dans l'estime du monde à une trop grande hauteur, il jouit d'une solidité trop précieuse pour que nous puissions même incidemment y laisser porter l'ombre d'une atteinte. (*Très bien! très bien!*)

Mais je dis que, même en laissant de côté la question de droit qui est indiscutable et en arrivant à la manière pratique dont M. Raudot prétend asseoir la taxe nouvelle qu'il vous propose d'établir, son argumentation ne tient pas.

En effet, que vous a-t-il dit? Il a cherché à vous séduire par ce que j'appellerai encore une équivoque; il vous a dit : « Mais vous frappez bien les titres nominatifs, que vous rencontrez dans une succession, d'un droit de mutation ; vous pouvez bien, par conséquent, étendre cette pratique et l'appliquer aux titres au porteur ! »

C'est ici, Messieurs, que l'analogie disparaît complètement. Si vous frappez d'un droit annuel, qui est pour ainsi dire un abonnement imposé, le rentier sur les titres au porteur qu'il a dans son coffre fort ou dans son portefeuille, — il s'agit bien plutôt là d'un droit de garde que d'un droit de mutation, et il y a là une pure équivoque ; — si, dis-je, vous frappez d'un droit fixe et annuel, entre les mains du rentier, qui les conserve en portefeuille, les titres dont la valeur économique est précisément de n'être astreints à aucun droit de transmission, vous allez immédiatement les déprécier d'autant. Vous avez beau dire que ce n'est qu'au moment où ils passeront de la main de leur possesseur dans la main du tiers, de l'acheteur qui est en face de lui, que le droit sera perçu, il n'échappe à personne que le droit sera défalqué du prix de vente, et que, par conséquent, la valeur que vous lui avez concédée sera entamée du montant du droit fixe dont vous l'aurez préalablement frappé. (*Marques d'assentiment.*)

Il est impossible que vous vous prêtiez à une pareille diminution de la fortune publique.

Les rentiers, lorsqu'ils ont entre les mains un titre non nominatif, ont un titre plein, intégral ; il n'appartient à personne d'y toucher.

Je pense donc, Messieurs, qu'au point de vue du fait aussi bien qu'au point de vue du droit, l'amendement de M. Raudot sera à une immense majorité repoussé par l'Assemblée, qui donnera par là une grande confiance dans notre crédit, une grande solidité à nos finances. (*Très bien ! très bien ! Aux voix ! aux voix !*)

L'amendement de M. Raudot fut rejeté par 502 voix contre 83.

# DISCOURS

SUR

## LA PRISE EN CONSIDÉRATION DE LA PROPOSITION
## DU GÉNÉRAL LOYSEL

TENDANT A FAIRE EXAMINER

LE BUDGET DU MINISTÈRE DE LA GUERRE POUR L'EXERCICE 1875

PAR LES COMMISSIONS DE LA RÉORGANISATION DE L'ARMÉE

ET DU BUDGET RÉUNIES

*Prononcé le 29 janvier 1874*

A L'ASSEMBLÉE NATIONALE

---

Le 19 décembre 1873, le général Loysel avait déposé une proposition de loi tendant à faire examiner le budget du ministère de la guerre pour l'exercice 1875 par les commissions de la réorganisation de l'armée et du budget réunies. L'Assemblée ayant refusé de déclarer l'urgence, la proposition du général Loysel fut renvoyée à la 24ᵉ commission d'initiative parlementaire, qui conclut à la prise en considération de ce projet. (Rapport présenté le 17 janvier 1874 par M. du Breuil de Saint-Germain.) M. Gambetta, dans la séance du 29 janvier 1874, prononça le discours suivant en faveur de la proposition du général Loysel et des conclusions de la commission.

M. GAMBETTA. — Messieurs, je viens demander à l'Assemblée la permission d'appuyer la proposition qui est faite par l'honorable général Loysel, et je vous prie de vouloir bien écouter les quelques observations qui me semblent devoir déterminer le renvoi aux bureaux et l'examen par une commission spéciale de cette proposition. (*Parlez! parlez!*)

Il est très certain que les Assemblées se sont toujours défiées de cette méthode consistant à centraliser outre mesure toutes les affaires dans des comités spéciaux qui tendaient à se perpétuer, et par cela même à rendre très difficile l'administration générale de l'État et même l'indépendance de contrôle des autres membres de l'Assemblée. Je suis convaincu que les résistances qui se sont produites, que les objections qui sont dirigées contre la proposition de l'honorable général Loysel s'inspirent surtout de ces souvenirs et de cette tradition parlementaire, mais qu'il suffira, pour bien établir que l'adoption de la proposition Loysel ne nous ramènerait en rien aux abus des comités spéciaux et des commissions permanentes dans les Assemblées, qu'il suffira, dis-je, d'examiner le but de la mesure et surtout son fonctionnement pratique.

La mesure, Messieurs, elle est justifiable en quelques mots.

Voici trois ans que vous êtes réunis, que vous avez nommé une grande commission chargée de reprendre en sous-œuvre la réorganisation de la puissance militaire de la France dans toutes ses diverses parties. Cette tâche, la commission de l'armée l'a dessinée plus qu'elle ne l'a accomplie, à travers les résistances, à travers les préjugés qui s'élevaient, sans distinction de partis, sur différents bancs de cette Assemblée.

Mais on peut dire que la meilleure portion de cette réforme a trouvé un obstacle invincible dans la résistance de la commission du budget et des ministres eux-mêmes, qui ne sont, pour ainsi dire, que les dépositaires des voies et moyens et des ressources que la commission du budget leur a assignés.

Et je n'en veux pas d'autre preuve que l'exemple, qu'on ne saurait trop rappeler à cette tribune, du

19 décembre dernier : cette nécessité d'appeler la seconde partie du contingent, et le ministre empêché par une misérable somme de cinq millions de faire exécuter une loi que vous aviez votée, obligé d'ajourner jusqu'au mois de mars l'application d'une mesure qui avait été présentée au pays, et à juste raison, comme décisive pour son avenir.

Cet exemple n'est malheureusement pas isolé ; on pourrait en citer d'autres. En effet, lorsque la grande commission militaire que vous avez instituée propose des réformes tant au point de vue de l'armement, de la réparation de vos forteresses, de l'entretien et de la reconstruction de vos lignes de frontière, qu'au point de vue de la refonte d'un matériel d'artillerie ou de fusils, lorsque, dis-je, cette commission élabore des propositions, elle travaille sur le papier, elle construit, pour ainsi dire, hypothétiquement ; et, au jour de la réalisation, elle se trouve aux prises avec les répugnances des financiers et en présence de gênes et de charges accablantes pour le budget. La résistance des hommes spéciaux en matière de finances se fait sentir, et le ministre des finances, qui a la charge d'atteindre des équilibres qui fuient devant lui, s'oppose aux exigences de la commission de l'armée, transmises par le ministre de la guerre.

Ainsi se perpétue cette poursuite stérile de la réorganisation de la puissance militaire de la France, assurée en théorie et déniée en pratique. (*Assentiment sur plusieurs bancs.*)

Il serait souverainement imprudent et téméraire d'invoquer ici des raisons de politique extérieure pour vous montrer à quel point la situation du pays commande et l'état du monde exige qu'on mette un terme à cet état de contradiction, de lutte, d'intermittence entre ceux qui veulent créer et ceux qui ne veulent pas assurer les ressources.

Je dis que, sans créer aucun conflit, sans infliger

d'amoindrissement à la commission du budget, on peut, en modifiant très légèrement la proposition de M. le général Loysel, donner une légitime satisfaction à ceux qui défendent avec une opiniâtreté plus louable que prévoyante les intérêts des contribuables, et à ceux qui poursuivent la prompte, l'efficace réorganisation de la puissance militaire du pays. (*Très bien ! sur plusieurs bancs.*)

Quel est le point de transaction ? C'est, puisqu'il s'agit d'une œuvre nationale qu'on veut faire durable, qu'on a assez étudiée, assez méditée, pour laquelle on a assez réuni de compétences et associé d'illustrations pour qu'elle ne soit pas une œuvre passagère, une œuvre fortuite, une œuvre d'un jour ; c'est que les plans qui ont été arrêtés par votre commission de l'armée trouvent, dès leur origine, les ressources, les voies et moyens nécessaires pour que, sur un espace de dix ou quinze ans, ils deviennent d'une application régulière, normale, invariable des réformes militaires que vous avez entreprises. Pour cela, que suffit il de faire ? Il suffit, Messieurs, que vous décidiez que cette commission militaire, qui doit se dissoudre le jour où elle aura achevé sa tâche, nomme une délégation de quinze ou vingt membres, non de quarante-cinq, chiffre excessif et qui irait directement contre le but que nous voulons atteindre, — lequel est l'entente facile, — mais une délégation dont vous déterminerez le nombre dans vos bureaux et qui sera admise à siéger avec voix délibérative dans le sein de la commission du budget. (*Réclamations sur divers bancs.*)

M. LANGLOIS. — Ce n'est pas pratique.

M. GAMBETTA. — On me dit : Ce n'est pas pratique ! C'est là un mot terrible, redoutable ; il suffit de le lancer contre les idées les plus rationnelles, les plus saines, pour en retarder injustement l'application et la réalisation.

Ce n'est pas pratique! Voulez-vous bien m'expliquer en quoi cette collaboration de ceux qui arrêteront le budget normal de la guerre au point de vue des dépenses nécessaires et de ceux qui seront appelés à le doter par voie de recettes est impraticable, et pourquoi ils ne pourront mieux décider les mêmes questions réunis que séparés? Est-il plus pratique qu'une grande Assemblée constitue une commission militaire, en lui donnant le mandat impérieux d'établir de larges et sérieuses forces militaires, en lui défendant de s'entendre et de travailler avec la commission du budget, qui, par tempérament, par tradition, par difficulté, par embarras et même, permettez-moi de le dire, par une direction tout à fait opposée d'esprit, par la privation où elle se trouve souvent d'individualités compétentes et spéciales qui siègent ailleurs, se rencontre toujours dans la presque impossibilité de subvenir d'une façon suffisante aux exigences du budget militaire? car, Messieurs, quand on ne fait pas le superflu en matière de guerre, on ne fait pas le nécessaire.

Par conséquent, jusqu'à ce qu'on ait établi que. dans le sein de la commission du budget, on ne peut pas faire asseoir, avec voix délibérative... (*Oh! oh! — Non! non!*) les sept, huit, dix commissaires nécessaires pour discuter d'une façon complète, étudier les réformes et les dotations du service militaire; jusqu'à ce qu'on ait établi que cela n'est pas praticable, et que, pour changer de local, ces membres ne s'entendront pas et ne parviendront pas à se mettre d'accord pour arrêter le budget nécessaire de la guerre, — — budget auquel tous les autres doivent être subordonnés, et qui doit être le point culminant de toutes vos prévisions financières et de tous vos sacrifices, — jusque-là on ne pourra passer sans péril à l'examen des réductions sur les autres services publics, ce qui est le contraire de la méthode actuellement suivie.

Nous voyons, en effet, que jusqu'à ce jour les réductions ont toujours porté de préférence sur les ministères de la guerre et de la marine.

J'estime, au surplus, qu'il y aurait de la sorte profit pour la bonne marche de vos délibérations. En effet, vous éviteriez, par l'adoption d'une telle méthode, les discussions publiques toujours délicates en ces matières et à cette tribune, lors de la délibération de la loi des finances ; vous éviteriez de voir les représentants de la commission militaire venir attaquer l'édifice du ministre des finances, l'œuvre de la commission du budget, et l'Assemblée se décider à la hâte et au grand dommage souvent des intérêts en jeu.

Il serait infiniment préférable que ces représentants d'intérêts rivaux eussent collaboré préalablement dans le recueillement de leurs commissions à une œuvre d'ensemble, et que, grâce à un débat intérieur, ils eussent examiné à fond toutes les questions, se fussent concertés, entendus, de sorte qu'on nous apportât ici un budget normal, définitif de la guerre, que vous voteriez sans autre discussion fâcheuse, précisément parce que vous auriez été absolument assurés, par la précaution que vous propose de prendre M. le général Loysel, que tous les motifs ont été savamment, complètement débattus et adoptés.

Dans tous les cas, il est impossible que cette proposion si grave, si importante, dont le rejet peut avoir, selon moi, des conséquences si désastreuses pour le pays... (*Exclamations sur plusieurs bancs*), ne devienne pas l'objet de l'examen des bureaux de l'Assemblée nationale.

C'est dans ce sens que j'appuie énergiquement la proposition de M. le général Loysel et que je demande qu'elle soit renvoyée à l'examen des bureaux. (*Mouvements divers.*)

La proposition du général Loysel fut combattue par

M. Tirard et par M. Deseilligny, ministre de l'agriculture et
du commerce, qui soutinrent que le fait d'établir des rapports directs entre la grande commission et la commission
du budget produirait des confusions fâcheuses.

Les conclusions de la commission sont mises aux voix et
ne sont pas adoptées.

# DISCOURS

*Prononcé le 24 mai 1874*

AU CIMETIÈRE MONTPARNASSE

(OBSÈQUES DE D'ALTON-SHÉE) [1]

———————

Chers concitoyens,

Ami et coreligionnaire politique de l'homme que nous venons d'accompagner à sa dernière demeure, je cède à la sollicitation de sa famille et de ses nombreux amis, en prononçant la parole de suprême adieu sur la tombe d'un bon citoyen dont la vie tout entière a été consacrée à la défense du droit, de la patrie et de la République. Les cérémonies comme celle-ci doivent conserver essentiellement un caractère de recueillement et de tristesse. Il ne faut pas que la politique y tienne une place trop grande. Cependant, lorsque celui qui n'est plus a consacré toute sa vie à la politique, il n'est pas possible de n'en point parler ; ce serait dénaturer la pensée qui l'escorte jusqu'à son tombeau. C'est ce qu'ont compris tous ceux qui sont venus jusqu'ici. S'ils se séparent parfois sur quelque question de tactique, ces défenseurs de la même cause, ces coreligionnaires

---

1. D'Alton-Shée, né le 1er juin 1810, mort le 22 mai 1874, pair de France en 1836, l'un des organisateurs du banquet réformiste du douzième arrondissement au mois de février 1848, colonel de la 2e légion de la banlieue, candidat démocratique dans le département de la Seine en mai 1849 et dans la 2e circonscription du même département le 24 mai 1869 contre M. Thiers et M. Devinck, directeur des journaux le *Peuple souverain* et le *Suffrage universel*.

politiques se réunissent et marchent ensemble dans toutes les circonstances importantes. Tous ont pensé qu'ils devaient à d'Alton un témoignage de regret et de reconnaissance, un acte de justice. Oui, c'est un acte de justice qui lui est dû ; car jamais, il faut avoir le courage de le reconnaître, durant toute sa vie, si laborieuse, si dévouée, si bien remplie, il n'a connu le jour de la justice.

Par sa naissance, par son origine, par ses liens de famille et ses relations personnelles, d'Alton-Shée appartenait à ce monde spécial qui se dit l'élite de la nation, qui se donne à lui-même le nom de classe dirigeante. Tout jeune, il conçut le dédain de cette aristocratie élégante dont il semblait appelé à devoir faire partie. Il pouvait jouer un rôle brillant dans cette société brillante. Tout semblait l'y appeler. Cependant et tout à coup rompant avec les siens, rompant avec de chères affections, rompant avec toutes ses relations, au risque de déchirer son existence entière, il vint à la cause du pauvre, à la cause du peuple, il se rangea du côté de la démocratie. Jamais il ne revint sur ce mouvement qui décida de tous les actes et de toutes les pensées de sa vie publique. Jamais il ne jeta sur le monde qu'il avait quitté un regard de regret ni de repentir. Son cœur lui disait qu'il avait embrassé la bonne cause ; son intelligence fine et pénétrante lui montrait de notre côté, dans nos rangs, l'avenir de la France, sa grandeur et sa liberté. Mais, Messieurs, il faut le dire, — et nul moment, nul lieu, ne sont plus propices à une réflexion si nécessaire, quoique si douloureuse, — la démocratie n'a pas fait à d'Alton-Shée l'accueil confiant et fraternel auquel il avait droit. La démocratie, dont il embrassait la cause avec la plus entière sincérité, pour laquelle il se dévouait, et qui pouvait lui donner les témoignages d'estime qui eussent été la seule récompense digne de son courage à dominer les pré-

jugés, la démocratie demeura hésitante ; elle ne sut
pas reconnaître qu'elle avait affaire à un homme plein
de cœur et de droiture, à qui elle avait le devoir d'ouvrir ses rangs.

Je sais, Messieurs, et je puis révéler aujourd'hui
que c'était là la douleur intime, la plaie secrète de
d'Alton-Shée. Il avait constamment lutté, donnant
sans compter sa vie, ses forces, à notre cause qu'il
avait faite sienne. Sous la monarchie, en pleine
Chambre des pairs, il avait prononcé une parole mémorable : « Je ne suis ni catholique, ni chrétien, »
indiquant par là qu'il avait le sentiment exact et profond de l'ennemi le plus redoutable de l'esprit démocratique, de cet ennemi que nous devons toujours
combattre, je veux parler de cet ancien esprit théo-
cratique qui persiste dans les institutions et qui, malgré toutes nos révolutions, dispose encore des forces
les plus vives de l'État.

Il a tenu à mourir comme il avait vécu, sans osten-
tation, mais aussi sans faiblesse; accablé par des infirmités nombreuses, qui nous l'ont pour ainsi dire
enlevé par morceaux, il disait : « Je m'en vais, mais il
me semble que je vois se lever l'aurore de la République. Et je suis certain que cette République
atteindra à son apogée. Dites-le à mes amis ; dites-
leur bien que je meurs dans la religion qui a été celle
de toute ma vie : la religion de la France. »

C'est du pair de France converti à la République,
c'est du patriote avisé qui, sous la monarchie même,
comprenait quelle place devait être faite à la démocratie, que nous devons garder le souvenir. Il faut,
Messieurs, ne point oublier ceux qui sont venus à
nous, comme l'a fait d'Alton-Shée. Il s'est rallié à la
cause des humbles, des déshérités, lui, l'homme des
traditions aristocratiques, élevé parmi les privilégiés
de la fortune, à une époque où le parti républicain
ne se composait guère que d'une poignée de héros

qui luttaient, les armes à la main, pour le triomphe du droit et de la justice. A cette époque, le droit n'était pas encore reconnu. D'Alton-Shée fut de ceux qui se jetèrent dans la mêlée pour assurer la victoire, pour mettre entre les mains de tous cette arme nouvelle, incomparablement plus puissante que les anciennes et qu'il n'est au pouvoir de personne de nous arracher : le suffrage universel. D'Alton a lutté pour les grandes idées d'égalité et de justice qui dominent la conscience française. Il avait foi dans l'intelligence logique du peuple autant que dans ses sentiments généreux. Par là, Messieurs, il a donné un grand exemple qui sera certainement imité, maintenant que la France a conquis la pleine possession d'elle-même, et qu'elle peut envisager l'avenir avec quelque sécurité.

Chers concitoyens, les rangs de la démocratie républicaine s'élargissent tous les jours. Notre parti en est arrivé à se confondre avec la nation elle-même. Ces progrès étonnants ont consolé les derniers jours de la vie si agitée de d'Alton, adouci ses dernières douleurs. Mais, en le quittant pour jamais, il faut emporter d'ici l'enseignement qui ressort de cette carrière marquée d'un trait si profond et si original. Il faut, Messieurs, que le souvenir de d'Alton-Shée nous aide à nous débarrasser de l'esprit d'exclusion. Oui, mes amis, prouvons à ceux qui nous calomnient et qui nous diffament que nous ne sommes pas des républicains intolérants ; démontrons que cette République, que nous finirons bien par fonder, sait accueillir ceux qui viennent loyalement à elle, et surtout ces fils éclairés de l'aristocratie qui embrassent sincèrement notre cause. Pourvu que les conversions soient sincères, désintéressées, pourvu qu'elles aient pour origine le sentiment de la justice, pour but le service de tous, il convient, Messieurs, de les accueillir. Dans une grande société comme la nôtre, qui a tout un

passé glorieux à continuer, il y a place pour tout le
monde, surtout pour ceux qui semblent plus que
d'autres représenter le passé, ses traditions d'élégance, d'esprit et de dignité. L'ancienne aristocratie,
d'où était sorti d'Alton-Shée, appartient à la France ;
elle peut encore la servir. Si elle a, comme d'Alton-
Shée, l'intelligence de se rallier à la France nouvelle,
à la France du travail et de la science, elle contribuera, par son patriotisme fier et sa noble délicatesse,
à lui donner cette fleur d'élégance et de distinction
qui fera de la République française dans le monde
moderne ce qu'était la République athénienne dans
l'antiquité. La République athénienne, c'est celle-
là que voulait d'Alton-Shée. Un homme de beaucoup d'esprit, qui a beaucoup connu et fréquenté
d'Alton au temps de sa brillante jeunesse, Henri Heine,
l'avait nommé le dernier Athénien. Sans doute il
était plus courageux que prudent, plus ardent que
calculateur, mais ses qualités l'emportaient sur ses
défauts. Il haïssait l'iniquité, il a voulu servir la justice. Gardons toujours le souvenir d'un tel homme.
Nous, Messieurs, nous pouvons, nous devons faire
mieux que lui. Notre idéal est plus haut encore que
le sien. Il est fait tout entier de justice et d'égalité.
Notre démocratie éclairée, forte et puissante, il ne
l'aura pas vue dans son triomphe, mais il aura du
moins travaillé à son avènement. Il était bien à nous,
puisqu'il s'était donné sans retour. Et, après tout, sa
vie entière a été faite d'incessants sacrifices à cette
cause, la plus noble, la plus haute de toutes : la République.

Un cri unanime de : Vive la République ! a répondu à
cette allocution, et l'assistance s'est écoulée dans le silence
et le recueillement.

# DISCOURS

*Prononcé le 1ᵉʳ juin 1874*

A AUXERRE

---

Nous avons raconté (page 112) la formation du cabinet du 26 novembre à la suite du vote du Septennat. Ce vote avait été pour le duc de Broglie une victoire personnelle. Mais cette victoire l'avait brouillé avec l'extrême droite, et la coalition du 24 mai en avait été rompue. Dès lors, il n'y eut plus dans l'Assemblée de Versailles que des majorités de rencontre, et les cabinets de six mois qui allaient se succéder aux affaires ne furent pas moins remarquables par leur faiblesse que par leur esprit de réaction. Quant au ministère du 26 novembre, il fut condamné dès l'origine à ne dépendre que du bon plaisir des *légitimistes intransigeants*.

Le jour même de la rentrée de l'Assemblée (8 janvier 1874), l'extrême droite avait tenu, non sans habileté, à faire sentir sa force au duc de Broglie. Le premier acte du cabinet du 16 novembre avait été le dépôt d'un projet de loi sur la nomination des maires, projet qui donnait au gouvernement, jusqu'au vote des lois organiques municipales, la nomination de tous les maires et adjoints. M. de Franclieu proposa d'ajourner ce projet jusqu'à la discussion de la loi municipale définitive, et l'ajournement, combattu par le cabinet, fut voté par 268 voix contre 226. Le duc de Broglie et ses collègues durent remettre leur démission au président de la République. A la vérité, ces démissions furent refusées, et le cabinet, s'étant fait interpeller le 12 par M. de Kerdrel, obtint, à 58 voix de majorité, un vote de confiance et le rétablissement de la loi sur les maires à l'ordre du jour de l'Assemblée. Mais l'extrême droite n'en avait pas moins atteint son but : elle avait dénoncé officiellement la fameuse « ligue des gens de bien », et elle

avait prouvé à M. de Broglie que son existence ministérielle
ne tenait qu'à un fil et qu'elle avait ce fil entre les mains.

La loi sur les maires une fois votée, la guerre recom-
mença. Le duc de Broglie ne pouvait se maintenir aux
affaires sans constituer le Septennat d'une manière quelconque, et, comme cette constitution était inséparable
d'une nouvelle reconnaissance de la République, il ne pouvait faire un pas sans soulever contre lui les légitimistes et
les bonapartistes. Les royalistes, en votant la prorogation,
avaient prétendu que pendant ces sept années la porte restât toujours ouverte, suivant l'expression de M. Grévy, à la
royauté toujours prête à entrer. Or, quelques précautions
byzantines qu'eussent prises les rédacteurs de la loi du
20 novembre, cette loi était devenue, par la logique des
circonstances, un acheminement vers la République, et non,
comme on l'avait rêvé, une préface de la monarchie. « La
prorogation sera monarchique, avait dit la *Gazette de France*,
ou elle ne sera pas. » Or la prorogation était forcément
républicaine.

On n'attend pas de nous le récit complexe des marches
et des contre-marches qui furent, pendant six mois, toute
la politique du duc de Broglie et dont le triste spectacle
poussa jusqu'à ses dernières limites la lassitude du pays.
Le 4 février, on faisait dire au président de la République
que « pendant sept ans, il saurait faire respecter de tous
l'ordre de choses légalement établi » (Allocution au Tribunal de Commerce). Mais, le 18 mars, on refusait de déclarer
que toute tentative de restauration monarchique était interdite. (Interpellation de MM. Gambetta, Challemel-Lacour,
Lepère, Pascal Duprat et Brisson sur la circulaire ministérielle du 22 janvier.) Le 19 mars, confus de sa propre faiblesse, mais n'ayant pas le courage de se découvrir, le duc
de Broglie se faisait écrire par le président de la République ce que, la veille, il n'avait pas osé dire lui-même à la
tribune de l'Assemblée. Mais le lendemain, comme la con-
firmation des sages paroles du 4 février avait vivement
irrité l'extrême droite, on se hâtait de déclarer qu'on n'avait
jamais voulu « trancher par une simple circulaire, comme
celle du 22 janvier, les questions constitutionnelles que
l'Assemblée avait laissées en suspens ». Rien de moins digne
qu'une pareille politique, mais aussi rien de moins utile. A

la veille des vacances de Pâques, le cabinet du 16 novembre
ne pouvait plus se flatter de tromper qui que ce soit. « Le
double jeu du duc de Broglie ne fera pas indéfiniment des
dupes, » avait écrit M. d'Aboville dans une lettre retentis-
sante. A l'avant-dernière séance de l'Assemblée (27 mars),
M. de Broglie n'avait dû son salut qu'au manque d'esprit
politique de cinquante-neuf députés du centre gauche et de
l'extrême gauche qui refusèrent, *pour l'honneur des principes*, de voter cette motion présentée par M. Dahirel : « Au
premier juin, l'Assemblée se prononcera sur la forme du
gouvernement définitif de la France. Le vote aura lieu à la
tribune par bulletins écrits et signés. »

Ce ne fut d'ailleurs que partie remise. L'Assemblée étant
revenue à Versailles le 12 mai, la lutte s'engagea dès le
19 sur une question d'ordre du jour. Ce fut, purement et
simplement, la réédition de l'affaire du 8 janvier. M. Batbie,
rapporteur de la commission des Trente, ayant demandé
la priorité pour la loi libérale, M. Théry, député de l'extrême
droite, la réclama pour la loi municipale, et M. Lucien Brun
manœuvra si bien, que le duc de Broglie dut poser la question de cabinet sur cette question d'un intérêt évidemment
secondaire. Dans tous les partis, les convictions étaient
faites et les résolutions prises. L'Assemblée, par 381 voix
contre 327, se prononça pour la démission du ministère. La
majorité se composait des trois gauches, de 52 légitimistes
et de 18 membres de l'appel au peuple.

A l'issue de la séance, les ministres remirent leur démission au Président de la République. Le duc de Broglie était
resté aux affaires un peu moins d'un an. (25 mai 1873 —
16 mai 1874.) Son ministère n'avait profité qu'aux bonapartistes. Pendant que les royalistes avaient échoué dans
leurs tentatives, la faction impériale s'était reconstituée : le
fils de Louis-Napoléon ne dissimulait plus ses espérances,
le Pas-de-Calais venait de nommer M. Sens et la Nièvre
allait nommer M. de Bourgoing, M. Rouher reprenait toute
son assurance de vice-empereur. Le 24 mai portait ses
fruits. M. de Broglie pouvait se féliciter de son œuvre.

La crise ministérielle, ouverte par la démission du cabinet du 16 novembre, dura six jours. M. Buffet, ayant pru-
demment refusé de quitter la présidence de l'Assemblée
pour la vice-présidence du conseil, et M. d'Audiffret-Pas-

quier ayant échoué à la dernière heure dans la formation d'un ministère où le centre gauche était représenté par trois membres et d'où les bonapartistes étaient exclus, le maréchal de Mac-Mahon se décida à agir d'autorité. Il appela MM. de Fourtou et Magne à l'hôtel de la présidence, et, séance tenante, on constitua un cabinet d'affaires. Le général de Cissey reçut la vice-présidence du conseil avec le ministère de la guerre. M. de Fourtou remplaça M. de Broglie au ministère de l'intérieur. M. Magne et M. Decazes gardèrent leurs portefeuilles. MM. Caillaux, de Montaignac, Grivart, de Cumont et Tailhand furent nommés aux travaux publics, à la marine, à l'agriculture, à l'instruction publique et à la justice (25 mai). C'était le cléricalisme qui s'installait aux affaires pour travailler au profit du bonapartisme.

Le parti républicain jugea que la composition du nouveau cabinet démontrait une fois de plus la nécessité impérieuse de la dissolution. M. Thiers se fit, avec M. Gambetta, l'interprète de ce sentiment général. Le 24 mai, l'ancien Président de la République adressa à une députation d'habitants de Bordeaux un discours dont le retentissement fut considérable et où l'on remarquait ces paroles : « Si la Chambre persistait à conserver son mandat, elle sortirait des conditions que la raison impose à toute Assemblée délibérante. Dès qu'elle ne peut plus donner une majorité, elle n'a plus le moyen de gouverner, et, quand elle ne le peut plus, elle n'a plus le droit de le vouloir. »

Huit jours après, M. Gambetta s'expliqua à son tour sur la situation qui était faite au pays par l'impuissance de l'Assemblée et la renaissance de la faction bonapartiste. Nous empruntons à la *République française* le compte-rendu du banquet où fut prononcé ce discours.

« Lundi, 1er juin, à l'occasion des fêtes du concours régional d'Auxerre, un banquet a été offert par M. Lepère, député et président du Conseil général de l'Yonne, à ses collègues de la députation et du Conseil général. A ce banquet assistaient, outre MM. Guichard, Rathier et Paul Bert, députés de l'Yonne, MM. Gambetta, Laurent-Pichat, Edmond Adam, Scheurer-Kestner, députés de la Seine ; Challemel-Lacour, député des Bouches-du-Rhône ; M. Ribière, ancien préfet de la République dans l'Yonne ; MM. Flandin, vice-président du Conseil général, président de la Commission départementale, Massot, vice-président du Conseil général, maire révoqué d'Auxerre; Milliaux et Dalbanne, adjoints révoqués d'Auxerre; Mérat, président du tribunal de commerce d'Auxerre; Mathé, conseiller général, maire révoqué d'Avallon; Bonnerot, conseiller général, ancien maire de Joigny; Dupéchez, maire révoqué de Sens; Lancôme, conseiller général, maire révoqué de Saint-Florentin; Duguyot, conseiller général, maire révoqué de Champignelles; Lamy, Coste, Gaspard, Huriot, Dethou, conseillers généraux; Richard, membre du Conseil d'arrondissement d'Auxerre; Bonsant, membre du Conseil d'arrondissement de Sens, maire révoqué de Chéroy; etc.

A la fin du repas, M. Lepère s'est levé et s'est adressé à l'assemblée en ces termes :

« Messieurs,

« Je vous demande la permission d'être votre interprète et de porter un toast à Gambetta. (*Oui! oui! — Bravos*).

« Mon... notre cher Gambetta, les fêtes données à l'occasion du concours régional d'Auxerre nous ont permis d'improviser autour de vous une sorte de représentation du département de l'Yonne. Vous retrouvez ici des administrateurs que vous aviez placés à la tête de ce département, des hommes qui ont tenu ferme aux jours du péril et qui n'ont été enlevés à leurs fonctions qu'au moment où a passé sur la France le souffle de l'ordre moral.(*Très bien!—Bravos*).

« Vous retrouvez encore ici, autour de vous, tous ceux qui, à divers titres, ont reçu un mandat de leurs concitoyens : des représentants du peuple, — ceux, du moins, que des devoirs impérieux n'ont pas éloignés d'Auxerre; à côté d'eux, beaucoup de membres du Conseil général et des Conseils d'arrondissement, et les maires et adjoints aujourd'hui révoqués des plus importantes communes du département. Tous se sont trouvés groupés, en quelque sorte en un clin d'œil. Ils sont venus de tous les points de notre département, ils représentent notre opinion dans toutes ses nuances, de telle manière que vous avez ici une sorte de réduction de l'Yonne républicaine. (*Très bien! très bien!*)

« Puisque j'ai l'honneur de parler en leur nom, ils me permettront de dire que nous sommes très heureux de vous voir au milieu de nous...

« *Une voix.* — Oui, tous heureux ! (*Marques d'assentiment*).

« M. Lepère. — Ce département de l'Yonne, vous le savez, est un département essentiellement patriotique, où vit le culte de l'honneur national, où l'on garde l'esprit de la Révolution française. (*Marques d'adhésion.* — *Bravos.*)

« Déjà, hier, par cette foule de visiteurs qui se pressaient autour de vous, vous avez pu apprécier quels étaient l'esprit et les sentiments qui animent nos populations. Vous avez pu constater combien tous nos concitoyens étaient heureux de vous voir et de vous entendre. Ils saluent en vous le grand citoyen qui a sauvé l'honneur national... (*Oui, oui !* — *Très-bien !* — *Applaudissements unanimes.*)... celui qui n'a pas désespéré de la patrie, au milieu des désastres des jours terribles de 1870 et 1871, celui qui ne désespère pas de la République, pas plus qu'aucun de nous n'en désespère, malgré les écœurements de l'heure présente. (*Assentiment unanime.* — *Bravos.*)

« Tous ici, nous attendons votre parole, et, quand nous l'aurons entendue, elle s'en ira, reportée par les voix amies de tous ceux qui vous entourent, sur tous les points de notre département.

« Quant à moi, je n'ai plus qu'un mot à dire. En portant votre santé, je bois à la régénération de la France, et, en même temps, à l'union de toutes les nuances de ce grand parti républicain pour lequel vous avez tant fait, et dans l'Assemblée, — vos collègues ici en sont témoins, — et dans le pays. Messieurs, je bois à Gambetta, c'est-à-dire : Je bois à la France, à la République ! (*Applaudissements prolongés.* — *Cris répétés : Vive la République !*) »

« M. Gambetta, se levant pour répondre, a prononcé le discours suivant :

Mes chers concitoyens, mes amis,
    mes compagnons,

Ce n'est pas sans une profonde et intime émotion que l'on entend une voix aussi chère, un cœur aussi

généreux, une intelligence aussi libre et aussi sympathique que celle de notre hôte, exprimer, avec la
grâce charmante qui fait passer sur l'exagération
même des bonnes paroles, les remercîments et les
félicitations que j'ai reçus tout à l'heure. S'il y avait,
dans la lutte entreprise pour la défense de la démocratie républicaine, aussi bien contre les entreprises
violentes de l'étranger que contre les sournoises intrigues de l'intérieur, s'il y avait une récompense à
chercher; si l'on ne sentait pas que, quand on s'est
dévoué tout entier à ce grand parti du droit et de la
vérité, la récompense, le prix de la lutte, c'est la satisfaction intime de la conscience qui reconnaît qu'elle
a suivi le droit chemin et qu'à travers toutes les défaillances, sous le coup de toutes les injures et de
toutes les diffamations, elle est demeurée impassible,
connaissant le devoir et s'efforçant de l'atteindre...
(*Très bien!* — *Bravos*); si l'on n'avait pas appris, par
l'exemple de ses aînés autant que par ses propres
réflexions, que le devoir consiste à tâcher de faire le
bien pour sa beauté morale (*Marques d'adhésion*) et qu'il
convient de donner sa vie en sacrifice, sans autre espoir
que la joie toute pure et toute ravissante qui remplit
l'âme quand le devoir est accompli... (*Bravos répétés.*)
il y aurait une récompense plus complète, plus haute,
plus noble que ces honneurs, que ces dignités qu'on
décerne aux ambitieux d'un jour. Cette récompense,
c'est l'estime des siens, c'est leur cordiale sympathie,
c'est, permettez-moi de le dire, cette fraternité qui nous
associe tous dans un même sentiment et dans une
même étreinte de confiance et d'espoir. Non, Messieurs, il n'est, pour un homme public, de bien supérieur à celui qui lui est accordé par la confiance et
par la gratitude de ses concitoyens. (*Très bien!* —
*Applaudissements.*) Je l'ai dit souvent : je n'ai pas encore assez fait pour mériter tous ces témoignages, si
doux et si fortifiants. Mais j'en sens tout le prix, et je

comprends aussi tout ce qu'ils m'imposent. Messieurs,
vous m'avez comblé. Aussi bien, conservant au fond
du cœur avec reconnaissance ces paroles trop élo-
gieuses, mais qu'il appartient au temps et au jugement
des hommes de confirmer et de ratifier, je vais,
comme vous m'y avez convié, — car c'est pour cela
que nous sommes réunis, — vous faire part des réflexions que provoque en mon esprit la situation
actuelle. Vous parliez, tout à l'heure, des écœurements de l'heure présente. Le mot n'est pas trop violent. On sent, en effet, qu'il y a comme un souffle de
dégoût et de tristesse qui passe sur la France. Hélas !
après les deuils, après les chutes les plus profondes
de son histoire, était-il donc réservé à cet infortuné
pays une amertume plus horrible que toutes les autres, une douleur plus poignante que toutes les douleurs qu'il a subies pendant cette affreuse tragédie de
l'empire, terminée par l'invasion et le démembrement?
La France devait-elle connaître cette suprême et in-
consolable douleur de ne pouvoir pas faire l'union de
tous ses enfants, pour la reconstitution de la patrie
sous le symbole républicain ? (*Profonde émotion.*) Oui,
Messieurs, nous avons connu cette inexprimable tristesse, nous traversons cette épreuve douloureuse :
au lendemain de nos défaillances, provoquées et amenées par les corrupteurs et les scélérats qui ont surpris la France et qui l'ont exploitée pendant vingt ans;
qui, pendant vingt ans, l'ont abusée pour la conduire,
sous le voile trompeur d'une prospérité matérielle
dont ils ont joui sans y avoir travaillé, jusqu'au bord
de l'abîme où elle a failli disparaître pour jamais,
nous en sommes encore à nous demander, nous tous
Français, si nous pourrons nous réunir au nom des
mêmes besoins d'unité, de concorde, d'apaisement et
de sacrifice, pour la reconstitution, pour le relèvement
de notre patrie mutilée et gémissante, qui nous crie
depuis trois ans : Fils imprudents et égarés, dans vos

vaines disputes, dans vos querelles misérables, vous
dites que vous pensez à moi, que vous voulez me voir
renaître et prospérer. Comment ne voyez-vous pas
que, pour me refaire, il suffit de reconnaître ma souveraineté? Ne suis-je pas la mère et la maîtresse de
tous les Français? Ne suis-je pas le seul souverain, le
seul roi, et que me veulent tous ces prétendants? »
(*Bravos prolongés.*)

Messieurs, depuis trois ans, dans notre pays, on a
pensé à tout, excepté à la France. Vous le disiez avec
raison, mon cher Lepère, au milieu de ces populations
dont vous caractérisiez à merveille les sentiments, en
disant qu'elles sont à la fois patriotes et démocrates,
(*Marques d'assentiment. — Bravo!*) dévouées à la patrie,
mais aussi jalouses de défendre le patrimoine de la
Révolution; éprises des idées d'égalité et de justice
autant que du principe de la souveraineté nationale.
Chers concitoyens, vous êtes tout ensemble patriotes
et démocrates. Gardez, ah! gardez ces deux sentiments
au fond de votre cœur. Ils vous ont empêchés de dé-
faillir, ils vous ont soutenus dans l'adversité; leur
vertu, croyez-le, n'est pas épuisée. Dégagés de tous
les nuages, exempts et purs de toute équivoque, sous
leur inspiration, avant peu, ils vous aideront à toucher au but. (*Assentiment prolongé.*)

Messieurs, c'est dans l'Yonne qu'il est bon, à notre
tour, de venir écouter la voix de la France, de juger
sur place l'état des esprits, de rechercher les craintes
qui les agitent, les espérances qui les animent, d'entendre enfin cette grande voix des populations rurales
qui doit être, pour les gouvernements d'une société
aussi profondément démocratique que la nôtre, l'a-
vertissement suprême, celui qui doit toujours être
recueilli et respecté. C'est dans l'Yonne surtout qu'une
enquête semblable est utile à ouvrir, car c'est ici
qu'est vraiment le centre de la France, c'est ici le
grand passage de notre histoire; toutes les races,

depuis le début des conquêtes qui ont formé notre
nationalité, se sont succédé ici, et cependant, sous
toutes ces alluvions d'hommes et de conquérants,
l'esprit du cru, du terroir a survécu ; il a percé à travers ces transformations historiques et sociales, il est
resté toujours le même : fier, railleur, amoureux de
la liberté, amoureux de la patrie. (*Oui! — Très bien!
— Applaudissements prolongés.*) Aussi, Messieurs, ne
s'y trompait-il pas, l'homme fatal et tout-puissant
qui, il y a quelque huit ans, — pardonnez-moi ce
retour de mémoire, — accourait dans votre pays, au
moment où il combinait les derniers calculs de sa
politique d'aventures dynastiques. Il ne se trompait
pas sur le caractère de vos populations, en 1866, cet
énigmatique et ténébreux empereur, ce chimérique
chef d'État, qui poursuivait à travers l'Europe, à travers le jeu de tous les partis, je ne sais quels arran-
gements fantastiques de prédominance et de réparation, pour faire diversion à l'esprit public ; qui, se
sentant pris, sur ses derrières, par une démocratie
réveillée, avisée, ne trouvait d'autre issue pour se
débarrasser de ses étreintes, déjà trop gênantes, que
de passer la frontière et de se jeter dans les aventures.
(*Oui! — C'est cela! — Très bien!*) Il était venu ici, en
1866, quelques semaines avant Sadowa, et il disait,
dans ce langage, qui était un véritable sophisme perpétuel et comme un rapt fait à la pensée démocratique : « Je ne respire à l'aise qu'au milieu de ces populations patriotiques ; ce n'est qu'au milieu d'elles que
je retrouve le génie de la France! » — Trompeur exé-
crable et trois fois maudit! (*Explosion d'applaudissements.*) Il exploitait, ce jour-là, le sentiment toujours
haletant de la nation d'en finir avec les prétentions
des régimes passés ; il savait déjà qu'il était en présence
d'une démocratie ordonnée, forte, puissante, calme
et sûre dans sa souveraineté. Que voulait-il? Exploiter
son sentiment de fierté nationale, si légitime. (*Oui!*

*oui!* — *Bravos répétés.*) Et dire qu'il ne faisait ces
choses que poussé par la peur qu'il avait de l'opinion,
de l'opinion qui grondait déjà contre lui dans les
villes, et contre laquelle il croyait, pauvre égaré,
pauvre somnambule, chercher un refuge dans les
campagnes! Comme si les campagnes avaient un intérêt différent de celui des villes; comme si les campagnes n'avaient pas été créées, façonnées, émanci-
pées par la Révolution française, et comme si, dans
chaque sillon où travaille un paysan, il n'y avait pas
un propriétaire, un Français qui doit à la fois sa
dignité, son indépendance matérielle et son titre de
citoyen à cette Révolution, qu'on lui présente injustement comme l'origine de nos troubles et comme la
source de tous ses maux. (*Très bien! très bien!* — *Triple salve d'applaudissements.*) Cet homme, Messieurs,
qui, hélas! a régné sur la France, poussait à un tel
point la ruse et l'hypocrisie que ce discours d'Auxerre,
qui irrita les rois et leurs ministres, qui troubla toute
l'Europe et nous valut deux guerres au-dehors, ne
fut pas même prononcé. Ce qui n'empêcha pas que
les gens qui ne l'avaient pas entendu furent récom-
pensés pour l'avoir subi. (*Hilarité prolongée.* — *Très
bien! très bien!*)

Messieurs, si je rappelle ce souvenir, à la fois odieux
et cruel, — odieux, parce qu'il ramène au milieu de
nous la figure sinistre qui a présidé, dans l'espace de
dix-huit ans, à l'égorgement de nos libertés et à la
ruine matérielle de la France; cruel, parce que, sous
la fatale domination de cet homme, la France a perdu,
avec une partie de son territoire, son vieux renom
extérieur, les milliards d'épargnes qu'à la sueur de
leur front, les travailleurs des villes et des campagnes
avaient cachés au fond de leurs armoires pour la
dot de leurs filles ou l'éducation de leurs enfants.
(*Très bien!* — *C'est cela!* — *Bravos.*) Si, dis-je, je
rappelle ce souvenir, c'est parce qu'on parle d'une

résurrection du parti bonapartiste, c'est parce qu'on
en cause, c'est parce que la clientèle de ce régime
formée par vingt ans de corruption et de favoritisme,
remise de sa peur, comptant sur la générosité native
de la France, sur cette promptitude à tout oublier qui
la fait à la fois si légère et si charmante, revient
rôder autour de la patrie; c'est parce que, profitant
de la négligence des uns et de la complicité des autres, on revoit la bande rentrer jusque dans les car-
refours de nos villes et donner déjà de la voix. (*Vifs
applaudissements.*)

Il faut couper court, et promptement, à de pareilles
audaces, et, pour cela, il n'est pas besoin d'autre
chose que de dire qui sont ces gens, d'où ils viennent
et où ils nous mèneraient.

Qui ils sont? Ils sont la contre-façon, — et c'est
par là qu'ils présentent, pour les populations rurales,
un certain péril, — ils sont la contre-façon de la démocratie. (*C'est vrai! — Très bien!*) Ils parlent notre
langue, ils parodient nos idées; ils défigurent nos
principes. Pour une certaine démocratie, qui heureusement ne peut être confondue avec la vraie, avec la
grande démocratie, ils sont les premiers des démocrates, (*Rires.*) prêts à faire table rase de tout ce qui
rime à institutions, à parlement, à constitution, à
légalité. Ils savent dire à merveille ce qu'il faut au
laboureur, au petit propriétaire : ils lui donneront la
sécurité, le crédit, la paix, une certaine action, une
véritable influence, disent-ils, dans la commune et
dans le canton. Il n'en est rien, Messieurs, et vous le
savez bien. Ce ne sont là que des paroles, parce qu'aussitôt qu'ils ont quitté ce premier interlocuteur, ce
travailleur des campagnes, ils rencontrent l'homme
d'Église, l'homme de congrégation. Que lui disent-ils?
Qu'ils lui sont tout dévoués, qu'ils sont prêts à lui
tout sacrifier. N'est-ce pas eux, ajoutent-ils, qui ont
fait l'expédition de Rome, et l'expédition de Chine, et

Mentana? N'est-ce pas eux qui ont maintenu, pendant vingt ans, le pouvoir temporel du pape, accumulant sur la France tous les périls extérieurs, montant la garde autour du Vatican, non pas pour la protection du pape, mais en vertu d'un marché et pour se faire du prêtre, en France, un instrument de règne au moyen de la candidature officielle? (*Oui! oui! — Bravos prolongés.*) Puis, ils poussent plus loin, et ils rencontrent un homme appartenant à une classe plus élevée, plus cultivée, ayant déjà le loisir que donne la fortune; ils sentent, instinctivement, qu'ils sont en présence d'un adversaire, d'un homme qui a pour eux plus que de la haine, si c'est possible, c'est-à-dire un insurmontable dégoût. Cela ne fait rien. Avec celui-ci, ils changent de langage. Ils traitent avec lui sur un autre ton; ils lui offrent leur protection; ne pouvant le flatter ni le corrompre, ils s'attachent à l'intimider, parce qu'ils excellent à exploiter la peur. (*Sensation. — Bravos.*) La peur! voilà leur grand moyen politique; ils l'engendrent, ils l'inoculent, et, lorsqu'ils ont apeuré une certaine classe de citoyens, ils se présentent pour les sauver, (*Bravos prolongés*) ce qui veut dire pour les dépouiller de leurs libertés, de leur dignité civique, de leurs droits publics, et, peu à peu, pour leur arracher aussi ce qui reste au fond de leur caisse, sans parler de la patrie dont ils n'ont nul souci et qu'ils laissent surprendre un beau jour, sans défense et sans protection. (*Très bien! — Bravos. — Salve d'applaudissements.*) C'est ainsi qu'ils s'en vont, quémandant les suffrages de l'un et de l'autre, changeant de masque, de langage, de discours, suivant les interlocuteurs. Mais enfin, est-ce que ce jeu n'a pas déjà été expérimenté? Est-ce qu'on n'a pas jugé sur place et à l'essai ce que valait cette démocratie césarienne, cet ordre obtenu par la force, cette puissance brutale, cette complicité cléricale, cette protection, cette faveur, ce népotisme accordés aux re-

présentants des anciennes familles aristocratiques ?
Est-ce que tous les hommes, tous les partis qui ont
accordé du crédit à ce charlatanisme ne se sont pas
trouvés, tour à tour, trahis, vexés, déshonorés et
dupés ? Est-ce que le concert de leurs plaintes n'a pas
éclaté sous l'effondrement même de la patrie, à la lueur
de l'orage amoncelé par cette horde effroyable ? Est-ce
qu'on n'a pas entendu, et dans tous les rangs, les
cris, les malédictions, les imprécations, les anathè-
mes jetés sur cette bande d'aventuriers qui ont exploité
la France pendant vingt ans ? (*Salve d'applaudissements.*)
Et l'on aurait oublié toutes ces choses ? Ah ! Messieurs,
il faut se recueillir ; il faut chercher les raisons, les
causes, les motifs d'une pareille aberration, si elle
est en train de se produire. Ces causes sont bonnes à
étudier pour tout le monde, et surtout pour le parti
républicain, parce qu'il a toujours besoin d'être mis
face à face avec les difficultés, avec les obstacles, avec
les idées rivales des siennes ; parce que, plus que
jamais, l'étude, l'observation, la vigilance s'imposent
à nous, à nous qui voulons obtenir enfin le gouvernement de nous-mêmes. Notre démocratie a beaucoup fait, a beaucoup gagné ; mais, tant qu'elle n'aura
pas mis la France à l'abri des surprises de la force ou
de la ruse, il n'y aura pas pour la France d'heure
propice au travail, à la sécurité qui préparent le
relèvement. (*Très bien ! très bien ! — Bravos prolongés.*)
Notre parti est d'ailleurs fort bien disposé à cette
étude ; et il n'en faut pas d'autre preuve que la réunion où nous sommes et qui, comme le disait si cor-
dialement notre hôte et notre ami, est une réduction
de la démocratie française. On y trouve toutes les
nuances d'opinions, toutes les variétés de physiono-
mies et de visages ; chacun, dans ce parti de la libre
discussion, ayant parfaitement le droit de garder ses
préférences et ses théories favorites, mais chacun
aussi, devant l'action, dans la conduite, et d'après les

simples et sûres indications de la méthode de direction, faisant tout céder, et ne connaissant plus qu'un
but à atteindre : rallier le drapeau, sûr qu'il est, par
la constance ou la discipline, de triompher de toutes
les misères, de toutes les petites hostilités personnelles, parce que la grandeur de la cause et la noblesse du
but font passer sur toutes les misérables difficultés de
la vie de chaque jour. (*Très bien! très bien! — Bravo!*)

Dans quelle situation se trouve donc aujourd'hui la
démocratie républicaine, depuis le 4 septembre ? —
ce 4 septembre dont il n'est plus même besoin de
prendre la défense, car les populations s'en sont suffisamment chargées. (*Oui! oui!*) Messieurs, vous m'avez
tous compris : on nous reproche le 4 septembre. Mais,
en vérité, est-ce bien au pouvoir qui a capitulé à
Sedan, au pouvoir fuyard des Tuileries, aux fonctionnaires et officieux en quête de passeports à cette époque, non pas pour échapper à des menaces, mais
pour fuir le sentiment d'opprobre qui les obligeait à
se courber sous le regard méprisant de leurs concitoyens... (*Sensation. — Bravos prolongés.*) Est-ce bien
à ces hommes, à parler de ce 4 septembre, qui a été
la révolution du dégoût public? (*Applaudissements prolongés.*) Depuis le 4 septembre, quelles sont les idées
dominantes de notre démocratie? En quoi diffère-t-
elle de ses aînées? En quoi leur ressemble-t-elle? —
glorieuse et traditionnelle ressemblance! — en quoi,
enfin, excelle-t-elle dès à présent? Peut-être dans
cette analyse des éléments, des conditions de cette
démocratie, trouverons-nous tous ensemble des motifs
de dédaigner, en les surveillant, nos adversaires;
et, en même temps, des raisons d'accentuer, de préciser, de coordonner encore mieux la méthode politique qui nous a si bien réussi jusqu'à ce jour.

Après les désastres essuyés par la France, après ces
élections du 8 février 1871, dont je ne veux pas parler...
(*Sensation*) car, Messieurs, on m'a présenté trop sou-

vent comme l'ennemi systématique de l'Assemblée; je n'ai plus rien à en dire et j'aime beaucoup mieux me taire sur ce sujet, parce que nous avons des choses bien plus importantes à traiter ensemble... (*Rires. — Approbation générale.*) Après les désastres militaires, après les élections, je dirai que, dans le pays, on avait envisagé la possibilité de constituer et d'organiser, dès les premiers jours, le gouvernement républicain. Vous savez, — et je ne le dis seulement que pour mémoire et très promptement, — quelles résistances s'y sont opposées, et avec quel acharnement les divers représentants des prétendants monarchiques ont fait obstacle à la légalisation, à l'organisation, à la constitution de ce pouvoir. Les partis, — je ne parle pas de l'Assemblée, — ont épuisé tous les moyens d'action et de réaction contre la République. Eh bien ! il est arrivé un phénomène tout à fait nouveau, tout à fait merveilleux dans ce pays : c'est que, contre les actes, les intrigues de ces partis monarchiques, le pays seul, livré à ses propres forces, abandonné à lui-même, s'est trouvé suffisamment préparé pour les mettre à néant. Pour la première fois on a vu tout un grand peuple, sur les points les plus opposés de son territoire, ayant la claire vision de ses intérêts et de sa force, et se chargeant lui-même de refouler ses adversaires. Des candidats de toutes couleurs et de toutes nuances se sont trouvés opposés les uns aux autres, car dans un pays de suffrage universel tout finit par se résoudre devant l'urne électorale. On a donc arboré des drapeaux électoraux bien divers, des champions aussi différents se sont présentés pour défendre ces drapeaux : les uns ont réclamé le rétablissement, la restauration de la royauté traditionnelle; les autres, de la royauté — comment dirai-je? — (*Rires.*) de la royauté contractuelle. La vraie, la seule question qui les divisait, était celle de savoir qui occuperait la place. (*Hilarité.*) Pen-

dant ce temps-là le pays, seul, abandonné à lui-même,
dans chaque département, s'est constitué à l'état de
démocratie militante, et on a vu, depuis deux ans,
dans les pays de l'Ouest et jusqu'en Bretagne, contre
le drapeau blanc, les bourgeois, les ouvriers, les
paysans, les petits commerçants, les fermiers, se grouper, se réunir, marcher au scrutin en vertu de leur
propre initiative, traçant eux-mêmes leur programme
d'action, indiquant des noms, les déposant dans
l'urne, repoussant la royauté légitime et balayant tout
devant eux par 20 et 25,000 voix de majorité. Voilà
ce qu'ont fait l'Ouest et la Bretagne. (*C'est vrai!* —
*Très bien!* — *Bravos prolongés.*) Sur d'autres points,
dans l'Aude, dans le Gard, la Haute-Garonne, au Midi
de la France, nous avons été témoins du même ensemble, de la même promptitude dans l'action ; nous
avons vu les mêmes éléments associer leurs efforts :
les petites fortunes, les petits capitaux, les travailleurs,
les gens en train de monter, les détenteurs à la fois
du travail, de l'intelligence, de l'esprit d'épargne,
d'économie, de l'aptitude aux affaires courantes, tous
animés du sentiment du devoir, mais aussi éclairés
par la connaissance de leurs droits, tout ce petit
monde qui est la démocratie, Messieurs, qui est le
pays, qui est la France, tout cela s'épaule, s'unit et
signifie, dans ce Midi, la même volonté qu'avait expri-
mée la Bretagne : Pas de monarchie, pas d'influence
cléricale. (*Bravos.*) Même spectacle dans les départements de l'Est et dans la Loire ; les mêmes résultats
se produisent, la même action se fait sentir, et cela
sans bruit, sans colère, avec la fermeté, la décision
d'esprit, les libres choix, qui conviennent à une nation qui se sent majeure et qui veut le prouver. (*Assentiment général.* — *Très bien! très bien!*) Cependant.
disons-le, il n'y a eu qu'un moment où cette fermeté,
ce calme, ce sang-froid ont failli abandonner la France:
c'est lorsque, ne tenant aucun compte de ces scru-

tins, de ces verdicts écrasants des masses électorales,
on a pu croire que, passant, tentant de passer par-
dessus la volonté nationale à l'aide d'un simple coup
de main parlementaire, le roi de l'ancien régime allait
être ramené avec tout le passé détesté qu'il représente, et qu'il allait être imposé par la force. Oh !
alors il y a eu un moment de colère, d'irritation et
de menace, et la France s'est dressée tout entière,
debout, devant le spectre de l'ancien régime : aussitôt
ce spectre s'est évanoui. (*Applaudissements redoublés.*)
Il a suffi de ce mouvement intime de la France pour
faire justice de cette tentative, et, depuis lors, cette
royauté a disparu, enveloppée dans les plis de son drapeau, parce qu'elle n'a pas cru qu'une transaction
honteuse pourrait jamais fonder un pouvoir d'un jour.
Elle a cédé la place à une autre tentative qui a duré,
il faut bien le dire, un an, juste le temps qu'a vécu
l'ordre moral ; les fameux et habiles politiques qui
menaient cette opération ont disparu aussi ; ils n'ont
pas troublé la France, qui savait qu'il n'y avait rien à
redouter de ce genre d'entreprise, parce qu'elle était
mort-née. (*Hilarité générale.* — *Bravos.*)
Nous étions donc dans cette situation : la monarchie traditionnelle évanouie ; la monarchie... l'autre,
(*Rires*) dupée, déçue, conspuée ; il ne restait que la
République, c'était trop, elle était trop forte : on sentait qu'elle était trop en possession de l'adhésion française ; on apercevait déjà ses réformes, ses actes de
réparation, le triomphe qui allait l'accueillir par la
reprise des affaires, l'apaisement des esprits, le retour
de la paix sociale et politique. Oh ! non, nous ne laisserons pas accomplir ces merveilles, s'est-on dit ;
comment ! laisser la République profiter d'une pareille
pacification ? C'est alors qu'on a crié de plus en plus
fort au péril social, à l'avènement du radicalisme
légal, qui est, à ce qu'il paraît l'abomination de la
désolation. (*Rires.*) Et alors on a tout inventé pour

faire obstacle à ce radicalisme épouvantable. Je ne
raconterai pas ce qu'on a inventé, de plus subtils que
moi y perdraient leur latin, et puis cela ne vous inté-
resserait que fort médiocrement. (*Nouveaux rires.*)
Toujours est-il que la République existe, ayant pour
elle cette force croissante qui résulte de l'échec et de
l'avortement éclatant et irrémédiable des entreprises
dynastiques qui avaient l'intention de la renverser
pour se substituer à elle. Et tout cela, de quoi était-ce
le prix? De la conduite du parti républicain, de la formation, dans le pays, d'une grande et large démocratie capable de se gouverner elle-même et démontrant par là, au reste du monde, son aptitude à
gouverner les autres. (*Bravo! bravo! — Salve d'applaudissements.*)

Cette démocratie savait depuis longtemps, au moins
par l'observation de quelques-uns de ses enfants, combien la France attendait instinctivement, intérieure-
ment, son avènement, sans se l'avouer très clairement
à elle-même; mais on avait pu, même sous l'empire,
apercevoir la naissance, la formation, la construction
de ce monde démocratique français, et c'est ici, si
vous le voulez, que nous allons trouver ensemble les
raisons qui font que nous sommes aujourd'hui face à
face avec l'empire, qu'il ne reste plus que l'empire
dans ce duel suprême contre la République, nous allons
rechercher les motifs pour lesquels nous devons le
vaincre et pour lesquels aussi il a pu, il peut encore,
dans certains esprits, jeter l'équivoque et l'ambiguïté.
(*Marques d'assentiment.*) Examinons la situation.

Vous savez que l'attentat, que le crime du 2 décembre eut la prétention d'être couvert, justifié par la
restitution, au peuple français, du droit de suffrage
universel. C'est là le commencement de l'équivoque;
c'est de cette proclamation criminelle et de cette déclaration mensongère du 2 décembre que date cette
politique, — poursuivie avec plus de patience qu'on

n'est habitué à en rencontrer dans les pratiques ordinaires du césarisme, — et qui consiste à corrompre la démocratie, à l'avilir et à la dégrader en une
démagogie basse et d'autant plus redoutable que,
s'abandonnant aux mains d'un maître, elle croit y
trouver la prospérité et la paix, tandis qu'il n'y a que
la honte et les catastrophes. (*C'est cela! — Très bien!
très bien!*)

Le 2 décembre 1851, on eut l'idée de faire un coup
de force contre les libéraux, contre la bourgeoisie
française, contre les parlementaires, contre les discu-
teurs, contre ces gens de pensée et de réflexion, soucieux de la liberté et de l'honneur du pays, que Napoléon Ier appelait des idéologues et que Napoléon III
appelait les anciens partis. (*Rires.*) Et alors, se présentant au peuple comme un protecteur contre cette
classe bourgeoise, on lui promit le bien-être matériel,
une participation constante dans les affaires de l'État
par le suffrage universel, une grande gloire au dehors
par la constitution d'un pouvoir militaire incontesté,
et qui, par sa vigilance, saurait se placer au-dessus de
toute espèce de surprise, et enfin une certaine indépendance dans le domaine des idées, à l'égard de ce
qu'on peut appeler l'oppression de la théocratie. On
se piqua même de socialisme. On pensa, en enrégi-
mentant les ouvriers, en les casernant, en leur distri-
buant des portions congrues, administrativement, par
escouades, qu'on pourrait arriver à résoudre le problème de l'extinction du paupérisme. (*Rires. — Marques unanimes d'approbation.*) C'est qu'au fond l'on avait
une secrète pensée : on prétendait se servir du paupérisme et du socialisme pour effrayer le bourgeois,
pour lui causer des nuits d'insomnie ; pour museler
cette bête fauve du prolétariat, on songeait à l'embri-
gader. Aujourd'hui l'on dit encore : Gare aux masses
ouvrières! Gare à Belleville, gare aux barbares ! Gare
à ceci! Gare à cela ! La peur, toujours la peur! Voilà de

quoi se nourrit la littérature officielle impériale depuis
vingt ans ! (*Hilarité*. — *Bravos*.)

Messieurs, on n'agite pas des mots, longtemps et
impunément, devant un peuple intelligent comme le
nôtre : lorsqu'on prononce, devant une grande nation,
les mots de liberté, de démocratie, de suffrage universel, de contrôle et d'émancipation, pour la tromper, la séduire et l'enchaîner, les sophistes, les éga-
reurs de foules qui tiennent ce langage ne le font pas
impunément, je le répète. En effet, après avoir entendu
le mot, on réclame la chose ; ceux qui ont fait des
promesses résistent, mais le jour vient où ils sont à
bout de raisons : on insiste, ils résistent de nouveau,
puis l'imposteur est dévoilé en se prenant à son propre piège. Alors on devient la risée du monde ; mais,
malheureusement, on cause en même temps la honte
et la ruine du pays qui a eu le malheur d'écouter ces
mensonges et de s'y laisser prendre. (*Applaudissements
unanimes prolongés. — Interruption.*)

C'est là, Messieurs, ce qui est arrivé. Grâce à ce suffrage universel dont on se faisait un frein, une menace contre les classes dites parlementaires ou dirigeantes, comme vous voudrez, — dont on se faisait
un appel, et comme une sorte de pourboire qu'on
donne à une nation réduite en domesticité, — il est
arrivé que, peu à peu, la démocratie des villes, comme
celle des campagnes, a pratiqué ce droit, et, à force
de s'en servir, la matérialité de l'exercice du droit de
suffrage a fait impression sur les têtes les plus dures
et les plus indifférentes. On s'est attaché à ce droit de
suffrage qu'on avait pris, au début, pour une sorte de
besogne et de peine ; mais l'électeur des campagnes a
vu, précisément parce que les agents du pouvoir venaient flatter le paysan, solliciter son vote, égarer sa
conscience, l'électeur a vu qu'il y avait là, pour lui,
une force, une grande force. Alors, il s'est pris à réfléchir, il s'est redressé, il a compris l'importance de

ce carré de papier, et tout un monde d'idées nouvelles
s'est éveillé dans sa cervelle. Il a reconnu qu'avec son
bulletin de vote il pouvait peser sur le préfet, sur le
maire, sur le juge, sur l'impôt. Il a eu, dès ce moment,
la conception de l'État ; il a compris la nation, et il a vu,
dans ce petit papier, comme la déclaration, comme le
signe même de sa souveraineté. On avait voulu le
tromper : on était arrivé à l'émanciper, la démocratie
était née du même coup. (*Salve d'applaudissements. —
Sensation profonde.*)

Voilà ce que le maintien du suffrage universel a
engendré ; voilà ce qu'il a suscité de pensées, créé
d'individualités politiques. Et alors, de proche en
proche, dans la commune d'abord, cette famille
agrandie où le paysan tient à tout, où son bois, le bois
de la commune, la fontaine de la commune, l'église,
l'école de la commune, sont sa chose, son patrimoine
indiscuté, authentique, dont il veut à la fois la surveillance et la gestion, — dans les affaires de cette commune, il a senti le prix de son intervention et de son
vote. L'empire pouvait bien lui accorder le vote, mais
ce n'était que l'apparence. Au fond, la volonté de
l'électeur demeurait sans action, sans efficacité. L'exécution de ses volontés restait subordonnée au bon
plaisir de l'administration et de son agent, le maire,
que l'électeur des campagnes n'était pas admis à nommer, quoiqu'il se sentît parfaitement capable de le
choisir. Pendant vingt ans d'empire le paysan a vu
persécuter son indépendance par l'administration,
quand il trouvait le moment d'être indépendant. Et
l'on blâme beaucoup chez le paysan une certaine défiance invincible ! Cette défiance toute naturelle s'appelle prudence et circonspection. En effet, depuis
tantôt cinq siècles, depuis qu'on a des données claires
sur la situation du paysan, que voit-on ? On le voit
toujours foulé, vexé, contrit, tourmenté, exploité par
les agents de l'autorité, et alors on comprend que

Jacques Bonhomme soit devenu réservé et prudent.
(*Rires et applaudissements prolongés.*)

Notre électeur des campagnes est donc prudent;
mais il est avisé aussi, et il a parfaitement compris,
au temps de cette émancipation presque servile de
l'empire, qu'on lui reconnaissait une souveraineté
dans la commune. Mais il s'apercevait également
qu'on lui confisquait cette souveraineté aussitôt après
l'avoir proclamée. Il en a été profondément blessé.
Aussi, avec quelle joie s'est-il remis, après le 4 septembre, en possession de son droit communal; comme
il s'est rondement installé dans l'exercice de ce droit!
Il l'a fait comme quelqu'un qui rentre chez lui et qui
a conscience de sa propriété. (*Bravo! — Très bien!
très bien!*)

Et c'est, Messieurs, une fois qu'il a été installé dans
la libre et pleine possession de son droit, c'est alors
que les pires des dupes, que ceux qui se croient des
politiques et qui ne sont que des simples, mais des
simples qui parlent grec au lieu de parler français,
des simples d'Académie,... c'est alors que ceux-là, ces
malins, ces habiles de la politique sont venus dépouiller l'électeur des campagnes de son droit de vote
communal, et au bénéfice de qui? Au bénéfice de la
clientèle bonapartiste. Je vous disais bien qu'ils étaient
des simples. (*Hilarité. — Approbation générale.*) Et
c'est bien comme cela que vous les avez jugés! (*Oui!
oui! — Hilarité nouvelle.*)

Mais, que l'on ne s'y trompe pas, le peuple a pu
comprendre et juger une fois de plus, en conscience,
quelle était la valeur des déclarations d'amour des
bonapartistes pour le suffrage universel et l'indépendance de la commune! Voilà ce qu'on a fait pour le
vote communal. Que fera-t-on pour le Conseil d'arrondissement, pour le Conseil général? Quant à la Chambre des députés, n'en parlons pas : on sait assez que
messieurs les bonapartistes ont horreur des parle-

mentaires et que leur premier soin est de démolir la
tribune, qui les gêne. Sous l'empire, il s'était formé
partout une opposition contre l'abus des mots et des
formules employés par ce gouvernement corrupteur.
Les uns, comme libéraux, et ce n'étaient pas ceux
qui criaient le moins haut ni le moins fort, expli-
quaient, avec une très grande clarté, que ce n'était
pas là de la démocratie, mais du césarisme. A entendre parler ces adversaires déclarés du despotisme impérial, on se plaisait à croire qu'aussitôt que nous
serions débarrassés de l'empire, ces orateurs, ces publicistes éminents deviendraient des démocrates libéraux. Vous savez comment nous avons été déçus,
mais, faut-il le dire? l'espérance m'est restée, et je
crois que beaucoup de mes concitoyens la partagent.
Rien n'est jamais perdu avec la bourgeoisie française.
Il est d'ailleurs impossible de dire où commence et
où finit cette bourgeoisie, à qui la nation doit tant.
Après toutes ses fautes, toutes ses erreurs, en dépit
de ses duretés et de son égoïsme, il est impossible de
dénier ses services inscrits dans notre histoire, de contester ses qualités, dont elle pourrait faire un si noble
emploi, pour le plus grand bien du pays. Je sais bien
qu'il y a des gens qui se disent bourgeois et auxquels
on pourrait adresser ces paroles :

> Retournez-vous, de grâce, et l'on vous répondra.

Mais il y a des conversions que l'on doit tenir pour
sincères. Ceux qui se convertissent y ont tant d'intérêt
et peuvent y trouver tant de profit et tant d'honneur!
Il y a tout un parti qu'on appelle le Centre gauche
et qui, à l'heure qu'il est, est presque tête de colonne,
presque une avant-garde, tant il est net, précis, résolu et décidé. La France, ni le parti républicain, ni
les populations, ne peuvent avoir oublié la conduite
décisive, énergique, patriotique que ce parti a tenue

lorsque l'on conspirait pour le rétablissement de la légitimité. Cette conduite, il la tiendra encore devant le bonapartisme, si jamais il nous menace sérieusement ; car aujourd'hui il ne fait guère que nous impatienter et nous détourner de notre droit chemin. (*Marques d'adhésion. — Bravos.*)

Je vous montrais tout à l'heure la démocratie nouvelle dans la commune : je pourrais vous la montrer dans le monde social, le monde de l'industrie, du commerce, de la science et de l'art ; je pourrais vous faire voir, si vous ne le saviez pas aussi bien que moi, si vous aviez d'autre peine que d'évoquer les souvenirs qui vous sont les plus familiers,— que c'est pendant les vingt ans de ce régime détesté et corrupteur, grâce au développement des moyens de transport, à la liberté des échanges, à la facilité, à la fréquence des relations ; grâce aux progrès malheureusement trop lents encore de l'instruction publique, à la diffusion des lumières, grâce enfin au temps qui est la puissance maîtresse en histoire, que s'est formée, en quelque sorte, une nouvelle France. Il n'est pas douteux que le besoin politique qu'avait l'empire d'éblouir, de créer du travail pour les masses ouvrières, au prix de prodigalités sans nombre et de ruines dont nous voyons aujourd'hui les conséquences, a créé en même temps de nouveaux travailleurs. Ce gouvernement, voulant donner une satisfaction apparente à ce qu'on appelle la démocratie, voulant lui faire des concessions au point de vue des ouvriers des villes et des campagnes, a été engagé, lancé dans un système économique qui, au point de vue de la construction des canaux, des chemins de fer, des travaux d'utilité publique, a donné une certaine impulsion, un certain mouvement à l'esprit d'entreprise qui existe dans toute démocratie, qui en est l'âme et le nerf, et qui fait la force des grands peuples libres.

Et alors nous avons vu un certain nombre de per-

sonnes s'élever par le travail ; nous avons vu se former des associations et la propriété circuler assez rapidement, puis le nombre des cotes personnelles
s'augmenter, et augmenter dans une proportion considérable, qui étonne les amateurs de statistique. Or,
à chaque cote personnelle nouvelle, à chaque propriété qui se crée, c'est un citoyen qui se forme ; car
la propriété, dont on nous présente comme les ennemis, sans jamais justifier en quoi que ce soit cette
calomnie, la propriété est, à nos yeux, le signe supérieur et préparateur de l'émancipation morale et matérielle de l'individu. Ce n'est pas de la propriété que
nous sommes les ennemis, à coup sûr, mais plutôt de
sa raréfaction qui diminue heureusement de jour en
jour, la propriété passant à des mains nouvelles. Ce
que nous demandons, ce qui se fait, ce qui est une
loi sociale de démocratie, c'est que la propriété se
divise, c'est qu'elle aille à celui qui l'exploite et qui la
féconde de tous ses efforts pour lui faire produire chaque jour davantage, à son avantage personnel, mais
aussi au plus grand avantage social. (*Salve d'applaudissements. — Très bien! très bien!*)
    Ce monde de petits propriétaires, de petits indus-
triels, de petits boutiquiers a été suscité par le mouvement économique que je viens d'indiquer ; car il ne
faut pas oublier que le régime impérial a hérité ou
plutôt a confisqué cette accumulation de forces, a bé-
néficié de ce réservoir d'éléments, de ces ressources
morales et matérielles que rassemble le cours normal
des évènements. Tous ces éléments sont entrés successivement en œuvre, et c'est ainsi que se sont créées,
formées ces nouvelles couches sociales dont j'ai salué
un jour l'avènement. Messieurs, j'ai dit les nouvelles
couches, non pas les classes : c'est un mauvais mot
que je n'emploie jamais. Oui, une nouvelle couche
sociale s'est formée. On la trouve partout ; elle se manifeste à tous les regards clairvoyants ; elle se rencon-

tre dans tous les milieux, à tous les étages de la société. C'est elle qui, en arrivant à la fortune, à la notoriété, à la capacité, à la compétence, augmente la richesse, les ressources, l'intelligence et le nerf de la patrie. Ce sont ces couches nouvelles qui forment la démocratie ; elles ont le droit de se choisir, de se donner le meilleur gouvernement, c'est-à-dire la forme de gouvernement la mieux appropriée à leur nature, à leurs tendances et à leurs intérêts. Dans la démocratie, c'est-à-dire dans un état politique où le travail doit tout dominer, — car dans les temps modernes le travail est le grand agent de richesse, de paix et de bonheur, — dans un état social où le plus grand nombre des travailleurs est déjà propriétaire ; où, sur dix millions d'électeurs, huit millions sont astreints au paiement des cotes foncières, il était sûr que, dès que ces hommes seraient investis du droit de se donner un gouvernement, ils choisiraient la République, parce que démocratie et République sont associées comme la cause et l'effet. (*Très bien! —Bravo! bravo!—Applaudissements prolongés*).

Cette démocratie, étant constituée et fonctionnant dans le pays, avait besoin de passer par l'épreuve des affaires ; elle s'est donné à elle-même cette éducation, et, grâce à la permanence du droit de suffrage et d'élection, elle a pu peupler ses Conseils municipaux, cantonaux et généraux, l'Assemblée nationale elle-même, — malgré les résistances, les entraves, les coalitions de tous les préjugés, — de gens sortis de ses rangs, dévoués à ses intérêts, défenseurs de ses tendances et de ses aspirations, c'est-à-dire que, non contente d'avoir adopté en théorie la forme de son gouvernement, elle a commencé par créer le personnel chargé de pratiquer ce gouvernement pour le plus grand bien de tous. C'est là, Messieurs, une démocratie parfaitement majeure, en possession de deux forces : l'idée et le procédé. Et alors, tout naturellement, cette démocratie est devenue raisonnable, pacifique, observatrice de la loi ; elle a résisté à toutes les provocations, elle a refusé de descendre dans la rue, elle a subi la légalité la plus rigoureuse et la plus arbitraire ; elle s'est dérobée devant tous les actes qui n'avaient d'autre but que de l'exciter à rompre avec la légalité pour aboutir au désordre ; elle a évité ainsi de donner cet éternel prétexte de rétablir l'ordre et la paix, prétexte qui coûte si cher aux sociétés travailleuses du monde moderne, qui coûte si cher surtout à notre parti, toujours généreux et héroïque, dans les rangs duquel, de tout temps, on a compté des hommes qui, ne marchandant ni leur liberté, ni leur vie, s'imaginent trop souvent que, grâce à ce sacrifice, ils amèneront la solution des problèmes difficiles qui agitent et passionnent nos populations ouvrières. (*Approbation et sensation prolongée.*)Cette démocratie ainsi outillée, ainsi armée, a eu le plus grand de tous les courages, elle a fait une gageure avec elle-même ; elle s'est dit : Partout, sur tous les points, d'un bout à l'autre de la patrie, régneront le même esprit, la même direction, la même confiance, le même respect de la loi ; elle s'est dit : Nous ne voulons rien tenir que de la libre conquête des esprits, que des progrès de la raison publique, et nous comptons, pour confondre nos adversaires, pour les réduire à l'impuissance, sur deux choses : la souveraineté de la nation et la pratique de la loi. (*Très bien ! — Applaudissements.*) Et alors il est arrivé que cette méthode d'action, appliquée sans jactance, sans forfanterie, mais suivie sans faiblesse, a gagné le cœur des populations, intimidé nos adversaires, déjoué leurs plus criminelles combinaisons, et que la France entière, que le monde qui nous écoute, nous surveille et nous juge, et de l'opinion duquel nous ne pouvons nous passer ; il est arrivé que la France, que le monde ont dit : Mais cette démocratie, qu'on nous représente sans cesse

comme animée de passions subversives, comme ingou-
vernable, comme grosse incessamment d'anarchie et
de guerre civile, est, au contraire, la garantie de la
paix ; elle conserve l'ordre parmi les citoyens, elle
déjoue toutes les provocations, elle donne la preuve
qu'elle est la véritable protectrice de la stabilité et de
la sécurité de la nation, car elle est impassible devant
toutes les excitations et, malgré toutes les entraves,
elle n'en continue pas moins son travail de pacification, elle ne se dévoue pas moins à payer l'impôt, à
produire, à économiser ; elle avait demandé à faire
les plus grands sacrifices et on ne les a pas acceptés ;
en effet, dès les premiers jours, elle s'était offerte à
donner son or et ses enfants pourvu que, dans la
répartition des charges, on fît régner l'égalité et la
justice distributive. (*Salve d'applaudissements.*) Voilà
la passion qui anime cette noble démocratie, et si,
aujourd'hui, elle est si désireuse de voir fonder ce
gouvernement républicain, ce n'est pas par une mes-
quine satisfaction de parti, ce n'est pas pour se donner raison devant ses contemporains : c'est parce
qu'elle a la conviction qu'en dehors de ce gouvernement, épuisés par un énervement progressif, tombant
dans la dégénérescence, nous roulerions, de chute en
chute, jusque sous la main de quelque abominable
aventurier, en attendant que le barbare fasse de nous
sa proie. (*Sensation.*) Si la démocratie française demande la République, c'est pour relever la France,
c'est pour refaire la patrie, c'est pour la remettre à sa
place et à son rang dans le monde. Le gouvernement
républicain, le gouvernement du pays, le gouvernement de nous-mêmes par nous-mêmes, c'est là le mot
des démocraties qui veulent vivre et progresser. (*Très
bien! très bien! — Applaudissements prolongés.*)
    Ce n'est pas une République de parti que demande,
que veut notre démocratie républicaine, ce n'est pas
une République fermée, exclusive ; c'est une Républi-

que nationale, c'est la République de tous, c'est la République de dix millions d'électeurs, sans en excepter un seul, dont l'ensemble représente la souveraineté nationale, et dont la présence sur les listes électorales est incompatible avec toutes les prétentions dynastiques ou princières. (*C'est cela! — Oui! — Très bien! — Applaudissements.*)

Eh bien, ces idées, cette opinion sont ancrées dans le cœur des populations, et ce ne sont pas quelques surprises de scrutin qui peuvent ébranler notre foi dans l'avenir de la patrie! (*Non! non! — Bravos.*)

Non! ce duel entre l'empire et la République était attendu, prévu; il était certain qu'un jour la démocratie déloyale, la pseudo-démocratie qui s'appelle et qui se vante d'être la démocratie couronnée, se rencontrerait avec la démocratie républicaine, avec la démocratie française. C'est pourquoi ce duel était inévitable. (*Sensation profonde.*)

Il est impossible, en effet, que ce pays qu'on a tant trompé, que ce pays qui a supporté les Bonaparte, en les croyant par deux fois les héritiers et les continuateurs de la Révolution française; il est impossible que ce pays soit complètement guéri et complètement éclairé. Et pourquoi, Messieurs, en est-il ainsi? N'aurions-nous donc pas subi assez de désastres, assez d'humiliations et de hontes? Non, Messieurs, la raison n'est pas là. Ce pays est encore trop faible, trop peu éclairé; on lui a trop marchandé, on lui a mesuré d'une main trop avare l'éducation et la lumière.

Vous souvenez-vous du premier cri que poussa la France républicaine, quand elle se vit au fond de l'abîme où l'avaient plongée Bonaparte et ses amis? Des écoles, des écoles! c'était le cri célèbre; de la lumière! de la lumière! Qu'a-t-on fait pour éclairer la France? On voudrait, hélas! qu'elle n'apprît rien. Un peuple ignorant est un peuple docile; mais il y a, pour déjouer ces plans néfastes, mieux qu'un système complet d'instruction publique, que cette éducation qu'on reçoit sur les bancs de l'école : c'est l'éducation que nos mobiles et nos mobilisés ont reçu dans les rangs de l'armée, c'est l'éducation devant le canon prussien ou la lance du uhlan, alors que notre armée combattait pour la défense de la patrie envahie !... (*Sensation. — Salve d'applaudissements.*) Il suffit de ramener le souvenir de la France à ce passé horrible, il suffit de montrer cette portion mutilée et saignante de la France, en disant : C'est là qu'est la trace de l'envahisseur. Il nous a quittés, mais il nous surveille. Il médite de revenir pour nous arracher quelque autre province. Qui donc l'amène infailliblement ? N'est-ce pas l'empire ? Est-il jamais entré victorieux dans ce pays autrement qu'à la suite des Bonaparte ? (*Sensation prolongée.*)

Je ne veux pas vous quitter sur ces paroles. Ce qu'il faut emporter de cette réunion, ce n'est pas seulement la foi dans le triomphe de nos idées par la conduite méthodique, sage et raisonnée du parti républicain : c'est aussi cette conviction générale et certaine qui doit s'emparer de tous les esprits, que, lorsque la France entière a appris, depuis quelques jours, qu'on voulait s'armer, se faire un moyen de parvenir de quelque misérable résultat électoral, elle s'est levée avec ensemble pour manifester d'abord son horreur et son dégoût et déclarer ensuite qu'elle passerait à l'action, si l'on persistait à la menacer plus longtemps. (*Oui! oui! — Très bien! — Applaudissements répétés.*) Non, cela n'est pas à craindre, parce que je dis que, contre un pareil régime, on devra réunir toutes les forces vives, libres et intelligentes de la nation, sans aucune exception, de quelque côté qu'on soit : quand il s'agit de la France, il appartient à chacun de ses enfants de la chérir comme une mère, et il est de leur devoir de sauver ce qui reste de sa fortune et de son patrimoine. Aussi, Messieurs, suis-

je convaincu qu'en un jour de danger, si le hideux
césarisme pouvait nous menacer, les hommes de cœur
se rassembleraient pour défendre la patrie contre la
ruine et la honte. Non, Messieurs, pour le vieux renom
de l'honneur français, je ne crois pas, je ne veux pas
croire qu'il y ait des Français, dignes de ce nom, capables de préférer le régime abhorré d'un Bonaparte,
les traditions de ce bandit couronné, à la libre con-
solidation de la France choisissant ses mandataires
chargés d'organiser un gouvernement définitif. (*Très
bien! très bien! — Bravos.*)

En ce moment, on parle beaucoup d'appel au peuple. C'est encore là un sophisme, un abus de langage;
c'est encore une tromperie, un mensonge. On ne
rencontre d'ailleurs que de pareilles duperies sur de
semblables lèvres.

L'appel au peuple, quel est-il pour ces gens-là ?
Ces défenseurs de la souveraineté du peuple, ce sont
ceux qui se sont installés au pouvoir sur les cadavres
de 40,000 Français égorgés dans nos rues ou qu'on
envoyait mourir sous le soleil implacable de nos colonies! Ils parlent de l'appel au peuple, ceux qui
n'ont pu régner que par le silence et par la compression des intelligences honnêtes et libres! L'appel au
peuple! mais je parle dans un département qui l'a
vu de près, dans un département qui a été, quatre
ans après le discours d'Auxerre, envahi et occupé
militairement par l'Allemand. Tout cela était sorti de
l'appel au peuple, tel que le pratiquait l'empire, et
je m'étonne qu'on puisse supporter aujourd'hui un
pareil mot. En 1870 aussi, il y eut un appel au peuple;
aujourd'hui on ne prononce plus le mot plébiscite;
on cache ce mot, on le voile, on le déguise sous le
nom d'appel au peuple, (*Très bien! très bien!*) mais
l'appel au peuple n'est pas autre chose que le plébiscite, et de ce plébiscite de 1870 vous avez gardé le
souvenir! Un trop grand nombre parmi vous, mal-

heureusement, comme dans toute la France, ont cru loyalement que cet appel au peuple, que ce plébiscite de 1870 pouvait être le point de départ d'une transformation libérale, la garantie de la paix et d'une politique véritablement progressive, et, dans cette confiance, ils ont jeté dans l'urne leurs bulletins d'assentiment, leur *oui* fatal. Aussi est-ce à ceux qui ont été trompés, égarés et victimes qu'il faut demander ce qu'ils pensent de l'appel au peuple par le plébiscite. (*C'est cela! — Très bien! — Applaudissements.*)

L'appel au peuple véritable, c'est nous qui le voulons et qui le représentons, mais l'appel au peuple comme il convient qu'il soit pratiqué par des hommes éclairés et libres, par des concitoyens s'assemblant, s'interrogeant, discutant, posant des questions, définissant le mandat qu'ils veulent donner, et s'en rapportant à l'honneur du mandataire qui accepte, à la face de ses compatriotes, sous la responsabilité de sanctions ultérieures; les uns et les autres, le mandant et les mandataires, contractant dans la plénitude non seulement de leur conscience, mais de leur intelligence, concluent un véritable pacte politique. Voilà l'appel au peuple vrai : le mandant reste le souverain et le mandataire est le fidèle exécuteur des volontés collectives de la nation souveraine. (*Applaudissements.*)

En dehors de ces conditions, l'appel au peuple n'est que mensonge ; c'est le plébiscite dans lequel on dit *oui* ou *non*. Et vous vous rappelez quelles injures abominables ont été déversées en 1870, au moment du fatal plébiscite qui nous a amené l'étranger, sur ceux qui votèrent *non!* Quelles inventions ne répandit-on pas? Les opposants étaient des bandits, des assassins; on inventait des complots; on répandait la peur par tous les moyens. Et l'empire, exploitant une fois de plus par ces ignobles procédés la terreur des électeurs, leur extorquait six millions de signatures. On a donné un blanc-seing à l'empire, et il a précipité la France aux pieds de l'Al emand. (*Sensation.*)

Voilà les résultats du plébiscite, de l'appel au peuple comme l'entendait l'empire. Et nous, nous disons solennellement devant la France qu'il n'y a qu'un moyen de respecter la souveraineté nationale : c'est de faire que cette souveraineté soit toujours présente, toujours permanente et dominante ; c'est de tracer la ligne du mandat, c'est de le définir et de le confier à des hommes d'honneur. De la collection de ces mandats, ressortira la volonté de la majorité des Français. (*Très bien! — Bravos prolongés.*)

Et alors, quiconque ne s'inclinerait pas devant une manifestation semblable de la volonté de la France serait un factieux. Mais les sycophantes qui vous parlent de l'appel au peuple n'ont qu'un but : vous demander vos pouvoirs, s'en emparer pour les remettre à un maître ; l'appel au peuple, pour eux, consiste à rabaisser la majesté nationale, à la confisquer ; l'appel au peuple, c'est l'acte d'abdication du peuple, Messieurs, je le dis bien haut, devant l'Europe qui nous écoute : la conscience française proteste contre cette fraude immonde du plébiscite qu'on cache aujourd'hui sous le nom d'appel au peuple. (*Oui! oui! c'est cela! — Applaudissements.*)

Quant à vous, républicains de l'Yonne, vous avez subi trop d'épreuves dans ce département, vous êtes trop bien éclairés par l'horrible catastrophe que l'appel au peuple a déchaînée sur vous, pour que votre conviction ne soit pas faite.

Aussi, avant de vous quitter, j'éprouve le besoin de porter un toast à la République française, à son avenir, à ses destinées paisibles, fécondes et glorieuses. C'est, Messieurs, la seule réponse qu'il convient de faire à l'empire et à la monarchie quelle qu'elle soit ; c'est, en même temps, répondre à l'attente de l'Europe qui sent bien que, tant que la France ne se sera pas donné ce gouvernement républicain qu'elle réclame, il n'y aura pas de sécurité internationale. Oui, Messieurs, quand la France est absente, tout est dans le trouble, tout est dans le désordre, tout est dans l'inquiétude. Oh! ce n'est point par vanité nationale qu'il faut parler ainsi, — nous avons été trop cruellement châtiés, — c'est par sentiment de la solidarité qui relie les peuples les uns aux autres, et qui fait que je ne pense pas que personne, dans le monde, puisse s'applaudir du malheur et du désespoir de la France. (*Vive émotion. — Double salve d'applaudissements. — Cris répétés : Vive la République! Vive Gambetta!*)

# DISCOURS

SUR

## LE PROJET DE LOI ÉLECTORALE

*Prononcé le 4 juin 1874*

A L'ASSEMBLÉE NATIONALE

---

On a vu (page 132) que l'Assemblée, dans la séance du 16 mai, avait inscrit à son ordre du jour, en premier lieu, les propositions de loi concernant l'électorat municipal, en second lieu, le projet de loi électorale présenté par M. Batbie au nom de la commission des Trente.

La première délibération sur le projet de loi d'organisation municipale n'occupa qu'une courte séance (1er juin). La discussion sur le projet de loi électorale amena à la tribune M. Ledru-Rollin, M. Louis Blanc et M. Gambetta. C'était l'existence même du suffrage universel qui était mise en question. OEuvre d'une commission [1] qui n'avait été dominée, pendant tout le cours de ses travaux, que par un seul sentiment : la crainte, c'est-à-dire la haine de la démocratie, le projet de loi qui était soumis à l'Assemblée par M. Batbie était la réédition de la loi du 31 mai. Partant de cette théorie que le suffrage universel est une fonction et non un droit, il était une provocation directe à une répétition du Deux Décembre.

Nous devons entrer dans quelques détails sur ce projet, qui ne portait pas moins de cinq atteintes au principe du

---

1. Nous avons raconté plus haut (page 113) quel avait été le laborieux enfantement de la deuxième commission des Trente et quelle était sa composition. Les droites réunies y comptaient vingt-cinq représentants contre cinq membres du centre gauche.

suffrage universel et qui supprimait plus de trois millions
d'électeurs :

*Article premier.* — *Les membres de la Chambre des députés
sont nommés au scrutin individuel.* —M. Batbie disait sommairement dans son rapport : « Le scrutin de liste oblige les
électeurs à voter pour des inconnus, à ce point que tout
nom, fût-il celui d'un personnage décédé ou imaginaire,
pourrait être élu. » Ce merveilleux argument cachait cette
très sérieuse raison que si le système impérial des candidatures officielles est illusoire, lorsqu'il faut agir sur cent ou
cent cinquante mille citoyens, il peut être aisément mis en
œuvre contre les dix ou quinze mille électeurs d'une étroite
circonscription.

*Article 2.* — *Sont électeurs tous les Français âgés de vingt-
cinq ans accomplis et jouissant de leurs droits civils et politiques.* — M. Batbie justifiait ainsi cette élévation de l'âge des
électeurs à vingt-cinq ans : « La loi sur le recrutement, en
interdisant le vote sous les drapeaux, a, en ce qui concerne
les militaires, éloigné, au moins de fait, l'âge politique jusqu'à vingt-un ans. Il y aurait eu, si on avait maintenu
l'âge de vingt-et-un ans, inégalité entre les militaires et les
non-militaires, et cette inégalité aurait été défavorable aux
serviteurs les plus dévoués de l'État. » L'article 2 supprimait
plus d'un demi-million d'électeurs. Il était dicté par la méfiance profonde que la jeunesse, de plus en plus imbue des
idées républicaines et démocratiques, inspirait aux partis
réactionnaires.

*Article 5.* — *Sont portés sur le registre électoral de la commune
où ils ont fixé leur résidence habituelle : 1° les électeurs nés
dans la commune, s'ils y résident depuis six mois ; 2° les électeurs qui ne sont pas nés dans la commune, s'ils y résident depuis trois ans.* — M. Batbie disait de cet article, qui supprimait
près de trois millions d'électeurs : « Notre projet exige de
ceux qui veulent acquérir le domicile politique dans une
commune autre que celle de leur naissance, une résidence
continuée pendant trois ans. Cette condition épurera le suffrage, en rejetant la population nomade qui n'a de domicile
nulle part et ne mérite aucune confiance, parce qu'elle ne
tient à rien ; population que, dans les villes, la police surveille
avec inquiétude, car c'est elle qui fournit presque tous les
rebelles qui vivent en guerre avec la société ; population qui,

n'ayant pour tout bien qu'une vie incertaine et au jour le
jour, n'ayant rien à perdre et croyant avoir tout à gagner
dans les bouleversements, se met toujours et sans hésiter
au service des mauvais desseins. »

*Article* 32. — *Tous les électeurs sont éligibles, sans conditions de cens, à l'âge de trente ans accomplis. Ils ne peuvent
être élus que dans les circonscriptions électorales des départements où ils ont actuellement, soit leur domicile électoral, soit
leur domicile civil; des départements où leurs parents étaient
domiciliés au moment de leur naissance; des départements
où ils ont antérieurement, pendant cinq années consécutives,
été portés au rôle de la contribution personnelle et mobilière; des
départements qu'ils ont représentés dans les Assemblées et de
ceux où ils ont antérieurement exercé des fonctions locales; des
départements où ils sont inscrits à l'une des quatre contributions
directes.* —M. Batbie justifiait ainsi cet article, qui excluait des
Assemblées la plupart des journalistes, des professeurs et
des savants : « Au moment de l'élection, il faut qu'entre
l'électeur et le candidat il existe des relations sans lesquelles
le vote serait fait au hasard. S'il n'y a pas de lien entre l'é-
ligible et le département où il se présente, comment sera-
t-il connu des électeurs? S'il n'y a jamais résidé ou rien
possédé, ses opinions pourront être connues par le bruit
qu'auront fait ses discours, mais sa personne ne le sera pas.
On votera pour sa doctrine, mais, en le choisissant, on
n'élira pas l'homme pour son caractère... Ce que nous avons
voulu écarter, c'est le candidat factice. Les mêmes raisons
nous ont décidés à exclure l'électeur nomade, qui toujours
est prêt à favoriser de son suffrage la politique révolutionnaire, et le candidat errant, dont la présence dans un pays
avec lequel il n'a aucune attache, n'a, la plupart des fois,
d'autre objet que de faire une manifestation bruyante. »

*Article* 35. — *Les députés ne peuvent recevoir de mandat impératif. La Chambre annulera les opérations électorales, toutes
les fois qu'il résultera des faits que l'élu avait pris un engagement de cette nature.* — La *République française* disait justement
de cet article qu'il réservait à une majorité réactionnaire
éventuelle le moyen d'invalider toutes les élections, vraiment politiques, des candidats qui auraient parlé au corps
électoral des intérêts généraux du pays, et qui se seraient
efforcés d'obtenir des voix autrement que par la basse flat-

terie et l'exploitation des convoitises individuelles ou locales.

Ce fut M. Henri Brisson qui ouvrit la première délibération sur le projet de loi électorale dans la séance du 2 juin. Il demanda à l'Assemblée, au nom de ses collègues de l'Union républicaine, d'opposer la question préalable à la nouvelle loi du 30 mai. « Je vous adjure, dit M. Brisson, nous vous adjurons, mes amis et moi, de déclarer qu'il n'y a pas lieu de délibérer pour vous, mandataires du suffrage universel, sur ce projet de mutilation du suffrage universel. Nous vous adjurons de ne rien faire de ce qui pourrait risquer de jeter le peuple dans la voie révolutionnaire ou dans la voie plébiscitaire... Nous vous adjurons de ne pas donner une arme à ce parti néfaste qui a conduit la France du 2 décembre à Sedan. » Après un long tumulte où les députés de l'appel au peuple montrèrent à quel degré de confiance et d'audace ils en étaient venus à la suite du 24 mai, la question préalable fut rejetée par 487 voix contre 189. Une proposition d'ajournement, déposée par M. La Caze, fut également repoussée par 184 voix contre 307.

La séance du 3 juin fut marquée par le dernier discours de Ledru-Rollin, une apologie puissante de la doctrine à laquelle le grand orateur avait consacré toute sa vie. Dans la séance du lendemain (4 juin), le projet de loi, défendu par M. de Meaux et par M. Batbie, fut combattu par M. Louis Blanc, par M. Dufaure, qui pria l'Assemblée de passer à une seconde lecture pour qu'il pût opposer au projet de la commission le projet déposé, à la veille du 24 mai, au nom de M. Thiers, et par M. Gambetta qui répondit à M. Batbie.

M. LE PRÉSIDENT. — La parole est à M. Gambetta.

M. GAMBETTA. — Messieurs, je n'ai que de très courtes observations à présenter à l'Assemblée pour essayer une réponse, non pas aux dernières paroles que vous venez d'entendre, mais aux diverses raisons présentées sommairement par M. le rapporteur de la Commission à l'appui des trois principales dispositions de la loi qui vous est soumise.

Je pense que la brièveté de cette réfutation vous dispensera de prononcer la clôture, si vous croyez que je vous tiendrai parole. (*Parlez! parlez!*)

Eh bien, Messieurs, en laissant de côté toutes les grandes questions, toutes les considérations de principes engagées au fond de ce débat, et en ne s'attachant qu'à l'examen, à l'analyse des arguments présentés par l'honorable rapporteur, M. Batbie, il me semble que chacun de vous, interrogeant ses souvenirs, sera de cette opinion, qu'on ne vous a pas donné à l'appui de ces restrictions si nouvelles, si exorbitantes, des raisons véritablement suffisantes. Quand on entreprend une œuvre pareille, on peut bien dire, sans vouloir porter atteinte ni au crédit, ni à l'autorité des personnes que vous aviez choisies dans cette Assemblée pour élaborer la loi électorale, qu'elles ont dû, dans le sein de la Commission, examiner les arguments pour et contre ces restrictions apportées à l'âge, au domicile, à l'éligibilité, au mode de votation ; on peut bien penser que ces raisons ont dû avoir une certaine valeur ; que, par exemple, l'honorable M. Dufaure, avant d'abandonner la théorie du vote à 21 ans et de se rallier à cette unanimité extraordinaire et subite qui a porté l'âge à 25 ans, a dû défendre sa première opinion, pour l'honneur même de ce cabinet qu'il invoquait tout à l'heure ; il a dû, évidemment, dire à la majorité quelles raisons graves avaient pu apparaître aux yeux du gouvernement de M. Thiers pour maintenir le droit commun en matière de suffrage universel depuis vingt-six ans dans ce pays.

On n'a pas pu se contenter de cet argument fort ingénieux, fort spirituel du spirituel rapporteur, que c'était purement et simplement pour assurer le repos des familles qu'on portait le vote à 25 ans au lieu de 21 ans. (*Rires approbatifs à gauche.*)

Je comprends toutes les défiances que peuvent inspirer dans cette Assemblée l'ardeur de la jeunesse, le tumulte des passions juvéniles, et M. le rapporteur peut avoir quelques vues particulières sur les péchés de jeunesse. (*Applaudissements et rires à gauche.*)

M. Batbie, *rapporteur*. — Monsieur Gambetta, il n'est pas défendu de se servir de sa propre expérience ; et j'espère que, dans l'avenir, vous vous servirez de celle que vous avez pu acquérir.

*Plusieurs membres.* — On n'entend pas !

M. Gambetta. — L'honorable M. Batbie, car je ne veux pas, Messieurs, vous priver d'une de ses interruptions... (*Murmures à droite.*) Permettez, Messieurs... (*Parlez !*) Je vous assure que nous sommes en meilleurs termes que vous ne pensez, et vous n'avez pas besoin de protéger M. le rapporteur. (*Rires à gauche.*)

L'honorable M. Batbie me fait observer qu'il faut savoir mettre à profit l'expérience acquise ; j'en suis d'accord, mon cher collègue ; mais il ne faut pas que la contrition de vos propres péchés...(*Exclamations à droite. — Applaudissements à gauche.*)

M. le rapporteur. —Glissez, mortels, n'appuyez pas.

M. Gambetta. — Oh ! c'est pour vous un péché véniel. Il ne faut pas, dis-je, que la contrition de vos propres péchés vous pousse jusqu'à faire faire pénitence à ceux qui estiment qu'ils n'ont pas péché en persévérant dans leurs opinions. (*Applaudissements à gauche.*)

Je crois qu'on peut discuter les divers arguments de M. Batbie sans provoquer aucune espèce de passion dans cette Assemblée ; ce que je demande à faire, c'est une réplique aussi littérale que possible ; mais, pour cela, on vous parlait tout à l'heure du besoin de courtoisie, moi je vous parle du besoin d'intelligence.

L'honorable M. Batbie, à propos de cet argument tiré des divisions domestiques, de l'anarchie que les rivalités politiques introduisaient jusqu'au foyer de la famille, disait qu'il trouvait là un intérêt de haute moralité à retarder de quatre ans la capacité électorale des jeunes Français. Je dis qu'il faut être juste pour tout le monde, et que l'effet de cette déclaration sera certainement fort imprévu en France. On apprendra à ce pays que, depuis vingt-cinq ans, l'anarchie domestique est installée grâce au suffrage universel. (*Rires et applaudissements à gauche. — Exclamations à droite.*)

Quoi, Messieurs, vous protestez ! Mais, enfin, si l'argument de M. Batbie est vrai pour le présent, j'imagine qu'il a été vrai aussi pour le passé. (*Nouveaux applaudissements à gauche. — Nouvelles protestations à droite.*)

Mais savez-vous ce que prouvent vos interruptions? C'est que cet argument ne vaut rien. Et M. Batbie s'est bien douté que l'argument n'était pas bon, car il en a invoqué un autre ; et quand on produit des raisons si multiples à l'appui d'une thèse, c'est que la bonne raison, la raison unique et décisive fait quelque peu défaut.

M. Batbie vous a dit : On n'a pas pu faire autrement; nous étions liés par une décision de cette Assemblée. Les décisions de cette Assemblée, elles sont tantôt impératives, quand elles servent, et tantôt tellement fugitives, quand elles ne servent pas, qu'on n'en tient aucun compte.

Je ne veux pas me placer sur le terrain constitutionnel, vous savez avec quelle réserve je m'aventure sur ce sol difficile. (*Sourires.*) Mais enfin, voyons ce que vaut ce nouvel argument.

La loi militaire avait, en effet, fort sagement,— j'ai voté avec vous, Messieurs, cette suspension du droit civique sous les drapeaux... (*Très bien! sur plusieurs bancs à droite.*)

*Une voix à droite.* — A la bonne heure !

M. GAMBETTA. —...la loi militaire avait fort sagement dit qu'il fallait empêcher, au foyer de la famille militaire, les dissentiments politiques. C'est là que l'argument porte ; c'est là qu'il fallait que les opinions toujours véhémentes, surtout lorsque les électeurs sont armés, fussent écartées par la loi avec une sévé-

rité jalouse. J'ai voté avec vous cette disposition tutélaire de la paix sociale. (*Très bien! très bien! à droite.*)

Mais qu'avons-nous dit ce jour-là? Qu'ont dit vos
orateurs les plus autorisés ? Qu'a dit, entre autres, le
regrettable M. de Chasseloup-Laubat ? Il a dit : Nous
ne portons pas la main sur le droit de ce Français,
permettez-moi de dire de ce double Français, à la fois
Français et soldat ; non, ce n'est pas son droit que
nous menaçons ; ce n'est pas ce titre qui le distingue
au milieu de la société qui l'empêche, lui aussi, quoique sujet avant tout à l'obéissance passive, d'exercer
ce droit. On attend qu'il soit dans sa commune, au
milieu des siens, loin des faisceaux, pour qu'il puisse
exercer avec sécurité ce droit.

Mais, au moment où, au nom d'un intérêt supérieur, on restreignait l'exercice de ce droit, on le
saluait, on lui donnait sa véritable consécration. Et
croyez que l'armée l'acceptait ainsi et qu'elle n'entendait pas être exclue de la société des citoyens français, parce que vous lui avez imposé cette tutelle
légitime et nécessaire.

Mais l'argument de M. Batbie, que devient-il devant
cet engagement solennel ? Il disparaît. Vous aviez
pris un engagement sacré ce jour-là, l'engagement de
maintenir le droit à ces soldats auxquels vous avez
refusé l'exercice du droit électoral ; l'engagement que,
rentrés dans leur commune, mutilés peut-être par la
guerre avant cet âge de vingt-cinq ans, ils retrouve-
ront cette précieuse communauté, cette solidarité de
sentiments politiques qui fait que, même sous les
drapeaux, ils n'en sont pas moins participants à la
vie de la France. (*Vifs applaudissements à gauche.*)

Cette loi que vous invoquez, je l'invoque à mon
tour et je vous dis : Respectez la loi dans la personne
de ces soldats ; respectez-la aussi dans celle des compagnons de leur âge, retenus dans leurs foyers par les
nécessités de la vie, des infirmités quelquefois, les

nécessités professionnelles, qui maintiennent à l'état productif, à l'état actif les hommes indispensables à toutes les conditions sociales, aux professions libérales, aux nobles études, au commerce, à l'industrie.

M. LE GÉNÉRAL BARON DE CHABAUD-LATOUR. — A l'agriculture !

M. GAMBETTA. — Oui, à l'agriculture ; vous avez bien fait de m'interrompre, monsieur de Chabaud-Latour ; car, dans l'agriculture, un jeune homme de vingt et un an vaut plus qu'un jeune homme de vingt-cinq ans dans la ville, parce qu'il ne vit pas, comme on dit, aux crochets de sa famille, parce que le pain qu'il mange n'est pas gagné par son père, mais gagné par lui-même ; il est un producteur, il n'est pas dans l'état de mendicité domestique. Eh bien! à celui-là on refuse le droit électoral. Il vous dira, lui, qu'il est l'espoir et la force de la famille. (*Vive approbation et applaudissements à gauche.*)

Par conséquent, de quelque côté qu'on prenne cet argument, qu'on le considère au point de vue du repos de la famille, au point de vue de la légalité militaire, au point de vue de la collaboration dans les efforts de production et d'épargne du foyer domestique, cet argument vous condamne à un acte de haute immoralité ; car, si vous ne mainteniez pas le droit et l'exercice de ce droit dans les mains du jeune Français dont je parlais tout à l'heure, savez-vous ce que vous auriez fait ? Vous feriez un acte de spoliation, c'est-à-dire d'immoralité. (*Applaudissements et bravos à gauche.*)

Et songez que c'est là tout l'argument qu'on a apporté pour changer des habitudes qui ont déjà plus d'un quart de siècle de pratique, des habitudes dont personne ici n'a pu trouver le danger ni le péril.

Mais il y a un argument que vous, monsieur le rapporteur, professeur éminent, mon maître autrefois, vous n'auriez pas dû oublier : c'est l'argument des droits acquis, c'est de venir dire à des Français qui vous ont nommé... (*Rumeurs et interruptions à droite.*)

Messieurs, je ne rentre pas dans la discussion théorique : je tiens les faits et j'en suivrai l'ordre, comme disait tout à l'heure l'honorable M. Batbie.

*A gauche.* — Parlez ! parlez !

M. GAMBETTA. — Il y a en France, à l'heure où nous parlons, — et votre loi, si vous la votez, peut être appliquée plus vite que vous ne le pensez, — il y a en France quatre générations de Français que vous allez retirer du cercle de la vie publique, que vous allez dépouiller ; c'est-à-dire que vous allez commettre, dans une loi politique, un acte que, comme jurisconsulte, comme juge, comme législateur, vous traiteriez de criminel ; (*Applaudissements sur divers bancs à gauche. — Réclamations à droite*) vous allez faire un attentat contre le droit ; vous allez donner un effet rétroactif à la loi ; et, alors que toutes les législations se sont arrêtées devant l'effet rétroactif d'une mesure politique ou d'une mesure même civile, vous allez, en matière de statut personnel, de statut constitutionnel, commettre, sans phrases, sans preuves, sans raisons, sans profit, une spoliation. (*Murmures à droite.*)

Vous murmurez, Messieurs ? A quel profit pensez-vous donc, en commettant l'usurpation ? (*Mouvement.*)

Eh bien, je dis que l'argument est jugé, qu'il n'a aucune valeur, et je m'étonne... ou plutôt, non, je ne m'étonne pas, je comprends, au contraire, parfaitement l'embarras, la difficulté dans laquelle un esprit aussi éclairé, aussi peu porté à l'illusion, s'est trouvé pour légitimer, pour démontrer la nécessité d'une pareille entreprise.

L'honorable M. Batbie a si bien compris ce qu'il y avait de peu probant, de fragile dans son argumentation, et combien elle avait besoin d'être appuyée, corroborée par l'exhortation politique, qu'il vous a dit : Et cependant, malgré cette indigence de raisons, il faudra voter, parce que, si vous ne votiez pas, vous accréditeriez ce bruit que de méchants et chagrins esprits font courir, que vous êtes impuissants. (*Rires et mouvements divers.*)

M. Batbie vous dit donc : Votez la loi, si défectueuse qu'elle soit. M. Dufaure vous dit : Nous avons fait de notre mieux, n'incriminez pas nos intentions ; nous nous sommes peut-être trompés, mais votez la loi.

M. Dufaure.—Non, faites des amendements. Je ne dis pas de la voter telle qu'elle est. Faisons comme pour toutes les lois.

M. Gambetta. —En me servant de ces mots : Votez la loi ! j'ai forcé l'expression. J'aurais dû dire : Votez la seconde lecture... Je vous demande pardon. Mais votez cette seconde lecture parce qu'autrement vous nous mettrez en présence d'un vote négatif, dont les conséquences seraient incalculables.

Eh bien, je ne le pense pas. Permettez-moi, Messieurs, d'aborder ce côté de la question (*Parlez ! parlez !*)

Je ne pense pas d'abord que vous soyez très touchés de cet argument. Votre impuissance est beaucoup plus volontaire qu'originelle. (*Sourires.*)

M. le comte de Douhet. — Certainement !

M. Rivaille. — C'est juste.

M. Gambetta. — Vous devriez bien rester insensibles à cette menace, qui est plutôt un moyen oratoire qu'un moyen logique employé par mon éminent contradicteur.

L'honorable M. Batbie vous a dit : Votez ou vous paraîtrez impuissants, et l'impuissance c'est la dissolution.

Vous n'avez pas besoin, Messieurs, d'être éclairés là-dessus. Vous savez très bien, — l'honorable rapporteur a dit à cet égard une parole malheureusement trop juste, —vous savez très bien que la dissolution de l'Assemblée, demandée, poursuivie, réclamée par nous avec instance... (*Rumeurs à droite.*)

M. DE GAVARDIE, *vivement*. — Donnez votre démission ! (*Exclamations à gauche. — Laissez parler ! laissez parler !*)

M. GAMBETTA. — On me dit : Donnez votre démission ?

M. WALLON. — Ne vous arrêtez pas à l'interruption !

M. GAMBETTA. — Pardon, je m'y arrête, monsieur Wallon, parce que je veux faire en passant une déclaration qui, je l'espère, ne vous déplaira pas.

Je pourrais peut-être, avec moins de succès et beaucoup plus de témérité que M. de Gavardie, donner ma démission.

M. DE GAVARDIE. — Eh bien ! donnez-la ! (*Nouvelles exclamations à gauche*)... Je donnerai la mienne aussi. (*Rires prolongés*).

A *gauche*. — N'interrompez pas ! N'interrompez pas !

M. LE PRÉSIDENT. — Laissez l'orateur continuer le développement de sa pensée.

M. GAMBETTA. — Malgré ce que peut avoir d'engageant pour moi la proposition de M. de Gavardie, surtout si nous devions nous retirer ensemble et paraître de concert devant les mêmes électeurs, je résiste à cette avance...(*Rires.*) et voici pourquoi. C'est que ce serait un très mauvais exemple. Oh ! non pas qu'il fût beaucoup suivi... (*Nouveaux rires.*) mais ce serait un mauvais exemple en ce sens que, sous cette forme plaisante, il s'agit d'une véritable méthode politique. Il n'est jamais bon de donner sa démission dans une Assemblée, à quelque parti qu'on appartienne. Ce qui le prouve, c'est que, dans cette Assemblée devant laquelle j'ai l'honneur de parler, si les démissionnaires étaient présents, nous aurions fait la République, et vous en seriez peut-être aujourd'hui les serviteurs. (*Vives marques d'approbation à gauche.*)

Après avoir examiné, résumé, je crois avec une

fidélité que M. le rapporteur voudra bien reconnaître, les arguments qu'il a présentés sur la théorie de l'âge, je vais examiner ceux qu'il a fait valoir à propos du domicile.

L'honorable M. Batbie a dit : « La théorie qui vous est soumise par le nouveau projet de loi est, après tout, plus libérale que celle qui a été présentée par l'ancien cabinet. En effet, a-t-il ajouté, nous avons fait une distinction et, au lieu d'exiger uniformément deux ans de domicile pour tous les électeurs, nous avons divisé ceux-ci en deux catégories. La première comprend les électeurs nés et résidant dans la commune, et la loi leur confère l'inscription sur la liste électorale et, par conséquent, l'exercice du vote, au bout de six mois de résidence. »

Cette concession n'a pas une très grande valeur, puisque les gens nés dans la commune et qui ne l'ont jamais quittée se trouveraient singulièrement outragés si vous les dépouilliez de leur droit.

Mais enfin, comme la Commission ne nous a pas gâtés, mettons que c'est une concession libérale et retenons-la pour mémoire.

Il y a une seconde catégorie. Aussitôt qu'on a fait la première concession, on s'empresse de nous la faire payer à un taux très usuraire.

En effet, on prend tous les électeurs qui sont hors de leur commune, — il eût été bien intéressant que la Commission nous donnât quelques renseignements statistiques sur le nombre des électeurs français compris dans cette catégorie, — et on exige d'eux un domicile de trois ans.

Je comprends parfaitement que vous exigiez l'identité, la moralité, l'honorabilité même des électeurs : seulement, en me plaçant à un point de vue exclusivement pratique, je vous demande, Messieurs, si l'argument présenté par M. Batbie au sujet de l'extension du délai, comme titre à l'inscription électorale, vous satisfait beaucoup ; si, parce qu'un homme ne sera inscrit qu'au bout de trois ans au lieu de deux ans, de quatre ans ou de cinq ans, il vous présentera plus de garantie qu'au bout de six mois ?

Remarquez bien que, dans la série des preuves dont on vous entretient, il n'y en a que de purement matérielles, la résidence n'emportant aucune de ces qualités morales énumérées si doctement par M. Batbie. Il ne s'agit là que de preuves émanant d'un bail, d'un titre de propriété enregistré, ou d'une déclaration résultant d'une place occupée, de fonctions remplies dans la commune. Il ne ressort de là aucune espèce de présomption de moralité. Donc ce n'est pas là le but spécial qu'on se propose.

Ce qu'on se propose évidemment, c'est, par la gêne de la preuve, en comptant sur l'indifférence politique, de retrancher un certain nombre d'électeurs. C'est là la vraie raison.

Ces électeurs, on les redoute ! Peut-être a-t-on tort ; et, quand on fait une pareille amputation politique, il serait bon de se rendre compte si cela doit profiter ou si cela doit nuire.

J'ai lu avec attention le rapport de M. Batbie ; il n'est rien moins que rassuré et rassurant à cet égard. De telle sorte qu'on vous propose de changer le droit existant, et l'on n'a ni la certitude ni même une espérance valable qu'on vous fait faire une bonne opération !

Depuis le commencement de cette entreprise dirigée contre le suffrage universel, je me demande si la plupart de ceux qui sont disposés à voter ces mesures restrictives se sont rendu un compte bien exact des conséquences pratiques qu'auraient ces diverses dispositions législatives, et, en interrogeant soit le travail de M. le rapporteur, soit les discours que j'ai écoutés dans cette enceinte, je n'ai pas pu arriver à trouver une foi sincère. Ce qu'on craint, c'est le suffrage universel en bloc ; mais on n'est pas bien sûr que l'entreprise à laquelle on se livre produira aucune espèce de résultat.

Eh bien, Messieurs, avant de se lancer dans une pareille politique, il serait peut-être bon d'avoir sous les yeux des documents statistiques qui feraient comprendre sur qui on frappe, qui on touche, et si on ne fera pas le saut dans les ténèbres, comme on l'a dit autrefois au Parlement anglais. Quand vous faites une œuvre politique sérieuse, il faut aller au fond des choses. Qu'est-ce que vous cherchez dans cette loi électorale? On dit que vous menacez le principe du suffrage universel. M. Dufaure protestait à bon escient, puisqu'il n'envisageait que sa conscience, mais il est certain qu'au bas mot, puisque vous supprimez trois millions d'électeurs...

M. DAHIREL. — Vous en avez supprimé dix millions! (*Exclamations diverses.*)

M. GAMBETTA. — Je dirai à M. Dahirel que les gens que j'ai supprimés se portent encore assez bien, et qu'il en est la preuve. (*Rires à gauche.*)

Eh bien, je dis, Messieurs, que vous manquez absolument de sens politique si vous entreprenez une œuvre aussi énorme que de frapper 2,500,000 à 3,000,000 d'électeurs, sans vous être rendu un compte exact soit de l'opération, soit des conséquences qu'elle pourrait entraîner. Mais ce sont vos affaires : je ne veux examiner que la valeur logique des arguments.

Eh bien, M. Batbie n'a apporté que cet argument : trois ans de domicile sont nécessaires pour avoir la preuve des droits de l'électeur, confondant ainsi la nécessité de connaître l'élu avec celle de connaître l'électeur.

Je dis que trois ans de domicile ne sont pas plus la mesure de la connaissance qu'on peut avoir de l'électeur, que deux ans, six mois ou un an, et que, par conséquent, l'argument n'a aucune espèce de valeur. (*Dénégations à droite et au centre droit.*)

C'est absolument certain. (*Non! non!*)

Mais cette argumentation est encore vicieuse par un autre côté.

Je comprends fort bien qu'en matière municipale, lorsqu'on forme une espèce de société de gestion de bien commun, lorsqu'on vit à l'ombre du même clocher, lorsqu'il faut savoir ce qui se passe dans l'école, dans les communes, dans l'église, quand on a des intérêts communs à régler tous les jours, oh ! je comprends très bien que vous exigiez, — c'est là un intérêt à la fois de moralité, de liberté, de garantie, de sagesse, dans la composition des Conseils municipaux, — je comprends très bien que vous exigiez un an, deux ans à la rigueur, de domicile, nul ne pourra s'en plaindre, parce qu'il viendra comme collaborateur, comme coparticipant, comme coresponsable dans les affaires de la commune. (*Très bien! sur divers bancs.*) Mais, en matière de politique, la qualité de Français et la qualité de citoyen s'acquérant par la majorité légale, ce qu'il vous faut, c'est la preuve de l'identité ; ce qu'il vous faut, c'est d'empêcher le subterfuge des doubles votes ; ce qu'il vous faut, c'est de pouvoir surveiller la confection des listes électorales, leur pureté, leur honorabilité au point de vue des omissions ou des inscriptions vicieuses.

M. Paul Bethmont. — Voilà la vérité!

M. Gambetta. — Eh bien, je vous demande si partout où un citoyen français est rencontré légitimement dans un domicile de six mois, qui est toujours ou presque toujours, en raison des délais, un domicile d'une année, je vous demande si, à moins d'être animés par une passion aveugle contre les électeurs, je dis aveugle, puisque vous frappez indistinctement sur les bons et sur les mauvais, puisque vous faites ces catégories, — je demande si vous n'êtes pas ani-

més par une passion aveugle en demandant comme
preuve d'identité une telle durée de domicile, alors
que six mois suffisent, et que vous n'avez pas le droit
d'exiger davantage sans commettre un abus de pouvoir. (*Très bien! très bien! à gauche.*)

Voilà pour le domicile.

Il reste un troisième point.

L'honorable M. Batbie vous a entretenus de ceux
qui avaient encouru des condamnations judiciaires.
Là-dessus, je ne lui chercherai aucune espèce de
querelle. Je trouve que, autant il faut être large et
respectueux des droits de chacun, quand il n'y a contre un citoyen français aucune cause ni d'indignité ni
d'exclusion, autant, quand il a été frappé par la main
de la justice, il importe à tous, il importe surtout au
suffrage universel lui-même, pour son autorité, sa
moralité et ses droits, que les flétris de la justice
soient écartés de ses listes. (*Très bien! très bien! à
gauche.*)

Mais il y a deux autres conditions sur lesquelles
M. Batbie a gardé un profond silence, et je crois bien
qu'il a été conduit à garder ce silence par l'esprit
avisé qu'il met d'habitude dans ses omissions aussi
bien que dans ses actions; il n'a pas parlé, en effet,
de l'éligibilité. Il vous a encore moins entretenus du
mode employé pour faire fonctionner le suffrage
universel par arrondissement, par circonscription ou
par scrutin de liste.

Je pense que M. le rapporteur redoutait quelque
peu, en abordant ces deux questions, d'augmenter,
je ne dis pas la majorité, parce que l'intervention de
M. Dufaure, au dernier moment, n'a pas été sans
étoffer singulièrement l'argumentation du rapporteur,
(*On sourit*) mais il craignait d'augmenter le nombre
des personnes disposées à rejeter la seconde lecture;
car il n'est douteux pour personne que le mode de
fonctionnement du suffrage universel vous divise pro-

fondément, et que, sans acception de partis, ceux
qui veulent que les élections conservent un caractère
politique, qu'elles soient soustraites aux influences
trop exiguës, trop restreintes, à ce qu'on appelait
autrefois l'esprit de clocher; ceux qui sont partisans
de voir engager dans la lutte électorale beaucoup plus
les idées que les personnes, les doctrines de gouvernement que les misérables passions personnelles; ceux
qui, sur tous les bancs de cette Assemblée, croient
que le scrutin de liste est un moyen élevé, supérieur,
politique, d'interroger la nation sur des idées politiques et d'avoir des réponses sur des solutions politiques; ceux là siègent à droite aussi bien qu'à gauche,
et cela n'était pas sans embarrasser le rapporteur.

*Sur divers bancs.* — C'est vrai! c'est vrai!

M. Gambetta. — Alors, il a passé la question sous
silence; mais elle est présente à vos esprits, et si
vous vous engagez dans la seconde délibération, il y
aura un petit préjugé formé contre vous, et sur lequel,
il est vrai, vous serez toujours maîtres de revenir,
car vous avez une puissance que nul ne peut contester, c'est de revenir sur vos décisions. (*Rires à
gauche.*)

M. le comte Octave de Bastard. — Heureusement!

M. Gambetta. — Eh bien! sur l'éligibilité, je crois
que M. le rapporteur ne s'est pas expliqué, parce
que, quelle que soit la fertilité de son imagination,
il n'y a pas d'explication à donner, pas même de raisons spéculatives sur l'exclusion et sur la raréfaction
des candidats au point de vue des collèges électoraux.

Maintenant, je crois avoir fini avec les motifs que
votre savant rapporteur s'est épuisé à apporter à cette
tribune. (*Rires à gauche. — Réclamations à droite.*)

*Voix à droite.* — Il n'est pas épuisé.

M. Gambetta. — Et je ne pense pas, Messieurs, que
vous puissiez en être satisfaits; je ne pense pas que
vous puissiez être touchés ni des arguments de détail

qu'il vous a donnés, ni de l'argument fondamental,
constitutionnel par lequel il avait ouvert l'allocution
qu'il vous a adressée. Il me semble, en effet, que
M. Batbie, reprochant aux orateurs qui l'avaient précédé à cette tribune leur thèse sur la compétence de
l'Assemblée, réfutant, non sans habileté, vous allez
le voir, réfutant l'argument qui consiste à dire :
« Sortis du suffrage universel, vous ne pouvez pas y
toucher; mandataires, vous ne pouvez pas réagir
contre vos mandants », M. Batbie vous disait : « Cette
théorie, vous l'avez jugée, la Constituante l'avait
jugée : on irait loin avec un pareil régime. Il y a
plus. Il y a le fait, vous avez déjà touché à cette prétendue arche sainte du suffrage universel. »

Voilà, je crois, exactement résumées, les paroles
de M. Batbie. Je crois qu'il est tombé ici dans une
confusion de langage ; il a confondu votre compétence sur le mode de suffrage universel avec l'intégrité du suffrage universel lui-même. (*Très bien! très
bien! à gauche.*)

En effet, que vous a-t-il dit? Que cette loi de 1849,
vous l'avez modifiée à plusieurs reprises : vous l'avez
modifiée à Bordeaux, vous l'avez modifiée à Versailles ; la loi rendue sur la proposition de l'honorable
M. Savary lui a porté une nouvelle atteinte ; en conséquence, vous avez réglé cette question par la pratique même, et démontré le mouvement à la manière
du philosophe antique : en marchant. Poursuivez
votre chemin !

Voilà l'argument.

Eh bien, je dis que l'argument ne porte pas. En
effet, tout ce que vous avez fait depuis Bordeaux jusqu'à ce jour dans vos relations avec le suffrage universel portait sur le mode de votation, sur le chiffre
nécessaire pour supputer les majorités relatives et
les majorités absolues, sur les délais à courir pour la
convocation des collèges. De quoi s'agissait-il ? Ce

n'est pas à un professeur de droit que je peux dire qu'il s'agissait : « *de modo et non de substantiâ.* » (*Rires et applaudissements à gauche.*)

Non, Messieurs, vous êtes bien moins hardis, bien moins responsables que M. Batbie n'a cherché à vous le faire croire. Jusqu'à ce jour, vous n'avez pas encore touché au suffrage universel, et, laissez-moi vous le dire, j'ai la conviction qu'après bien des discours, après bien des discussions, après bien des controverses, quand vous aurez examiné vous-mêmes, mesuré le péril de la tentative et l'inanité des résultats, vous n'y toucherez pas ! (*Vifs applaudissements à gauche.*)

Reste un dernier argument, et c'est par là que je termine.

M. Batbie vous a dit : Mais nous avons connu un pouvoir dictatorial et révolutionnaire qui ne se gênait pas, lui, pour toucher au suffrage universel.

M. LE RAPPORTEUR. — Je l'ai peut-être pensé, mais je ne l'ai pas dit.

M. GAMBETTA. — Permettez, Monsieur le rapporteur, je l'ai écrit, voici votre phrase : « Il y a un pouvoir dictatorial et révolutionnaire qui, d'un trait de plume, a rétabli la loi de 1849. » Je recueille non seulement par la mémoire, mais par la plume, tout ce qui tombe de votre bouche, Monsieur le rapporteur. (*Rires à gauche. — Bruit.*)

Eh bien, cet argument n'est pas supérieur aux autres, il est même beaucoup plus fragile.

Oui, il y a eu un gouvernement révolutionnaire qui n'avait pas appelé la révolution, mais qui a recueilli la révolution et l'invasion amenées par le gouvernement qu'il remplaçait ; oui, il y a eu un gouvernement dictatorial qui, d'un trait de plume, a repris la loi du 15 mars 1849 ; mais ce gouvernement ne faisait que revenir à la législation qui s'était abîmée dans la nuit sinistre du 2 Décembre. (*Très bien ! très bien ! et applaudissements à gauche.*)

Ce gouvernement, il a commis une faute ce jour-là, la voici : c'est en refaisant, en retournant, comme disaient les Romains, en vertu du *jus postliminii*, vers les autels de la patrie, vers le Forum délivré de la présence des sicaires, de n'avoir pas relevé la Constitution de 1848 abattue, en en supprimant le titre de la présidence. (*Bravos et applaudissements prolongés à gauche. — L'orateur, en retournant à son banc, reçoit les félicitations de ses collègues*).

*Plusieurs membres.* — La clôture! la clôture!

M. LE PRÉSIDENT. — La clôture est demandée? (*Oui! oui!*) Je la mets aux voix.

L'Assemblée par 378 voix contre 301, décida de passer à une seconde lecture. L'intervention de M. Dufaure avait décidé la majorité du centre gauche, soit à s'abstenir, soit à voter avec les droites..

# DISCOURS

SUR

## UNE NOTE ÉMANÉE DU COMITÉ CENTRAL DE L'APPEL AU PEUPLE

(Question adressée à M. le garde des sceaux et à M. le ministre
de l'intérieur par M. Cyprien Girerd)

*Prononcé le 9 juin 1874*

A L'ASSEMBLÉE NATIONALE.

---

Le 24 mars 1871, l'Assemblée nationale avait voté, à
l'unanimité moins cinq voix, la résolution suivante : « L'Assemblée, dans les circonstances douloureuses que traverse
la patrie, confirme la déchéance de Napoléon III et de sa
dynastie, déjà prononcée par le suffrage universel, et le déclare responsable de la ruine, de l'invasion et du démembrement de la France. » ·

Moins de quatre années après ce vote mémorable, prélude
de celui qui ratifiait la cession de l'Alsace-Lorraine à la
Prusse ; moins de six mois après la chute de M. Thiers,
une constatation douloureuse s'imposait à tous les esprits
patriotes : la faction bonapartiste s'était reconstituée et
levait la tête.

Cette reconstitution, qui était une honte pour le pays, ne
tarda pas à devenir un danger pour la République et pour
l'Assemblée elle-même.

On n'attend pas de nous que nous entrions dans le détail
des mille intrigues qui, dès les premiers mois de 1874,
avaient réussi à rendre au bonapartisme des populations
fatiguées du provisoire, inquiètes de l'avenir et livrées sans

défense par le duc de Broglie aux anciens agents de l'Empire. On en trouvera l'historique très exact dans la déposition de M. Léon Renault devant la commission d'enquête parlementaire sur l'élection de la Nièvre, et dans le rapport fait par M. Charles Savary, au nom de cette commission. Le comité central de l'appel au peuple, présidé par M. Rouher, était, dès 1874, un véritable État dans l'État. Son fonctionnement était de notoriété publique. Il avait créé à Paris et dans les départements une presse nombreuse. Il avait organisé dans toute la France un service nombreux de correspondants aidés, suivant les localités et les circonstances, par des comités habilement reliés au comité central. Que ce fût faiblesse ou calcul, les portes de l'administration avaient été ouvertes toutes grandes, depuis le 24 mai, aux bonapartistes les plus avérés. C'était dans le parti de l'appel au peuple que M. de Fourtou, M. Magne et M. Tailhand recrutaient leurs principaux agents. Le 16 mars, à l'occasion de sa majorité politique, le fils de Louis-Napoléon n'avait dissimulé aucune de ses espérances. Les adulations les plus basses étaient prodiguées sans vergogne à l'armée, aux paysans et aux ouvriers. L'impunité la plus absolue étant assurée aux plus criminels agissements de la faction, le comité central travaillait à ciel ouvert. On popularisait dans les campagnes la personne du prétendant impérial par l'envoi gratuit de milliers de photographies et de brochures séditieuses. On procédait isolément, par l'intimidation ou par les promesses, sur les fonctionnaires et les officiers ambitieux ou mécontents. C'était l'appel au peuple qui gagnait presque tout le terrain que perdaient les partis royalistes. Le 24 mai, le département de la Nièvre envoya à l'Assemblée un ancien écuyer de Louis-Napoléon, M. de Bourgoing, et ce succès éclatant, joint aux criminelles complaisances du cabinet du 25 mai, avait enhardi au-delà de toute expression les hommes de l'Empire. Dans la séance du 3 juin, M. Levert avait osé proférer cette cynique menace contre les républicains de l'Assemblée : « Nous vous imposerons silence un jour ! » Le crime du Deux-Décembre était glorifié publiquement, et les indisciplinés de la bande ne se gênaient pas pour en appeler de leurs vœux la réédition sanglante. Les légitimistes et les orléanistes fermaient les yeux. Les amis de la maison de Bourbon ne parlaient plus de Sedan et de Metz : ils semblaient avoir oublié l'Alsace et la Lorraine perdues, le tiers de la France envahi, foulé, pillé, notre renom militaire terni, les cinq milliards de la rançon extorquée et, malgré 700 millions d'impôts nouveaux, le déficit toujours béant. Le Septennat marchait tranquillement vers un second Bas-Empire, quand, tout à coup, dans la séance du 9 juin, les manœuvres factieuses de l'appel au peuple furent dénoncées à l'opinion publique avec une si pratriotique colère, que l'Assemblée tout entière comprit ce qu'elle pouvait attendre encore de la bande qu'elle avait flétrie naguère par le vote de déchéance, et que la droite effrayée se rappela enfin les souvenirs, volontairement oubliés depuis trois années, du Deux-Décembre et de l'Invasion.

Nous croyons indispensable de reproduire *in extenso* le compte rendu de l'incident du 9 juin.

M. Cyprien Girerd. — Messieurs, j'ai demandé la parole, au risque d'interrompre le cours de vos délibérations, pour adresser à MM. les ministres de la justice et de l'intérieur une double question.

Les deux membres du gouvernement auxquels je me suis adressé ont bien voulu accepter la question que je me propose de leur poser à cette tribune.

Voici, Messieurs, à quelle occasion :

Tout récemment, il y a quelques jours, dans un compartiment de chemin de fer,... (*Exclamations prolongées à droite*) dans un wagon de 1ᵣₑ classe,... (*Rires à droite*) on trouvait un document qui apparaissait comme ayant une importance sérieuse; ce document fut remis à M. Levaillant, rédacteur en chef d'un journal qui se publie à Nevers. M. Levaillant crut devoir m'apporter lui-même ce document, il l'a remis entre mes mains; je l'ai communiqué à plusieurs personnes, j'ose dire des plus considérables; l'importance de ce document les a toutes frappées, et c'est sur lui que je crois nécessaire d'appeler l'attention et de M. le ministre de l'intérieur et de M. le ministre de la justice. Mais avant tout, Messieurs, comme il importe que l'Assemblée elle-même en ait connaissance, je lui demande la permission de le lui lire. (*Mouvement d'attention.*)

Voici comment cette pièce est conçue :

« Recommandez bien à tous nos amis, surtout à ceux qui sont investis de fonctions municipales ou administratives, d'appliquer tous leurs soins à nous gagner le concours des officiers, retraités ou autres, fixés dans la Nièvre. Vous pouvez leur assurer que nous sommes en mesure de les pourvoir avantageusement quand on créera les cadres de l'armée territoriale, ou de leur obtenir tous autres emplois ou faveurs, s'ils veulent aider de leur influence la candidature Bourgoing... » (*Mouvement.*)

*Un membre à droite* — La signature?

M. Cyprien Girerd. — « ... qu'on s'inquiète de leurs vœux, de leurs désirs, de leurs réclamations; beaucoup d'entre eux n'ayant pas reçu la récompense qu'ils pouvaient espérer sous l'empire pour leurs services, promettez tout redressement à cet égard; notez soigneusement aussi tous ceux qui nous sont hostiles ou seulement indifférents.

« Ci-joint liste des noms et adresses des officiers payés par recette de la Nièvre, fournie par finances.

« 2 mai 1874. »

*Plusieurs membres* — La signature?

M. Cyprien Girerd. — Attendez!

Ce document, messieurs, a un certain encadrement.

En tête tout d'abord, on est frappé de l'inscription que voici, écrite à gauche de la page en caractères d'imprimerie et encre bleue :

« COMITÉ CENTRAL DE L'APPEL AU PEUPLE

« *Paris.* »

Puis un peu au-dessus et au milieu de la page :

« NOTE POUR L. B., 17. »

Un peu de côté, à gauche :

« N° 142. — Rég. D. »

Au bas une signature que je ne chercherai pas à déchiffrer...

*Plusieurs membres du coté droit.* — Si! si! cherchez!

M. Hamille. — Au contraire! il faut chercher à la déchiffrer!

M. Cyprien Girerd — ... et enfin, Messieurs, à côté de la signature, un cachet portant les armes de l'Empire, avec l'exergue : « *Comité central de l'appel au peuple. — Paris.* »

J'ajoute que ce document, par son texte, par sa configuration, par les divers caractères qui frappent tous les hommes habitués à ces sortes de pièces, atteste de sa sincérité et de son exactitude.

L'importance de ce document ne saurait, Messieurs, être méconnue par personne; il révèle en effet l'existence d'une association politique fonctionnant à Paris, se répandant sur toute la France, et s'il semble avoir été écrit à l'occasion des élections de mon département, je m'empresse de dire que ce n'est point à cette occasion que je crois devoir appeler l'attention et du gouvernement et de l'Assemblée sur ce point, car un bureau de l'Assemblée est saisi de la vérification des pouvoirs de l'honorable M. de Bourgoing; il lui appartiendra d'examiner les différents documents qui se rattachent à cette élection.

Quant à moi, je n'aurais pas cru devoir intervenir à cette occasion, mais comme moi, Messieurs, vous sentez que l'élection de la Nièvre est peu de chose à côté de l'importance de ce document et des agissements qu'il constate. Aussi n'ai-je point hésité, je le répète, à en saisir et le gouvernement et l'Assemblée.

Maintenant que ce document vous est connu, il me semble absolument inutile d'entrer dans aucun développement, dans aucun commentaire qui en affaibliraient la portée. Je me contente donc de poser aux deux honorables membres du gouvernement que j'ai prévenus, une double question très simple, très nette, très précise, sur laquelle je les conjure de me répondre.

A M. le ministre de l'intérieur, je dirai : Il existe à Paris une association politique qui fonctionne sous le titre de *Comité central de l'appel au peuple.* L'avez-vous autorisée?

A M. le ministre de la justice, je dirai :

L'association politique connue sous le nom de *Comité central de l'appel au peuple* se livre à des agissements qui sont, à coup sûr, constitutifs sinon de crimes, tout au moins de délits. Il est impossible que les nombreux agents qui sont placés sous vos ordres n'en soient point informés; s'ils le sont, vous croirez sans doute devoir dire à l'Assemblée, qui est maintenant saisie, que des poursuites sont commencées, qu'une instruction est ouverte.

Si, par impossible, les agents du gouvernement ignoraient, avant la communication qui vient de lui être faite, des agissements aussi graves, vous les connaîtrez, Monsieur le ministre, à l'avenir, et je viens vous prier de nous dire quelles mesures vous entendez prendre, quelles instructions vous entendez donner.

En un mot, il me semble impossible qu'un fait de cette nature ne donne pas lieu à une instruction comme celles que la justice sait faire. (*Mouvement prolongé en sens divers.*)

*Plusieurs membres à droite.* — Et M. le ministre des finances?

M. Lepère. — Posez donc aussi une question à M. le ministre des finances !

M. Tailhand, *garde des sceaux, ministre de la justice.* — Messieurs, c'est seulement aujourd'hui, dans la matinée, qu'il m'a été donné communication du document sur lequel l'honorable préopinant vient d'appeler l'attention de l'Assemblée et du gouvernement.

A l'heure qu'il est, n'ayant reçu aucun renseignement officiel ou officieux, même sur l'authenticité de cette circulaire, il m'est absolument impossible de fournir à l'honorable orateur qui m'a précédé à cette tribune des explications complètes. Mais je tiens à faire savoir à l'Assemblée que je me suis empressé de transmettre à divers procureurs généraux des instructions, les invitant à ouvrir immédiatement une information à l'effet de s'éclairer sur le point de savoir si les manœuvres coupables qui nous sont dénoncées ont été réellement pratiquées, et s'il existe, en effet, à Paris, un comité permanent dont l'action rayonnerait sur tous les départements.

M. Rouher. — Je demande la parole.

M. le garde des sceaux. — Pour donner pleine satisfaction à l'honorable M. Girerd, je demande à l'Assemblée la permission de lui donner connaissance de la dépêche à laquelle je viens de faire allusion :

« *Justice à procureur général Bourges.* — Le numéro du 9 juin de la *République de Nevers* renferme le fac-simile d'une note émanée d'un comité central de l'appel au peuple à Paris, ayant pour but de favoriser la candidature de M. de Bourgoing. Je vous signale les manœuvres coupables contenues dans cet écrit, et vous prie de me transmettre sans retard, même par télégramme, tous renseignements utiles sur l'organisation et les agissements de ce comité dans votre ressort. Requérez immédiatement une instruction, si vous avez en mains les éléments nécessaires. » (*Vif assentiment.*)

Je tiens à ajouter que si le gouvernement est résolu à respecter et à faire respecter loyalement les immunités qui sont accordées par la loi, pendant la période électorale, il ne saurait tolérer, et ne tolérera pas, la formation, le fonctionnement de comités occultes, permanents, ayant des agents chargés d'imprimer une direction, promettant des récompenses à ceux qui seront les plus zélés, menaçant ceux qui se montreraient peu empressés.

Certainement, Messieurs, nous ne le souffrirons pas. (*Très bien!*) Quel que soit le drapeau dont on cherche à se couvrir... (*Bravo! bravo!*) quel que soit le but poursuivi, nous sommes parfaitement résolus à provoquer la dissolution de ces comités et à déférer au besoin, aux tribunaux, les auteurs ou les complices de semblables délits. (*Applaudissements.*)

Je prie l'Assemblée de s'en reposer entièrement sur notre vigilance et sur notre fermeté. (*Vives et très nombreuses marques d'approbation.*)

(M. Rouher se dirige vers la tribune.)

M. LE PRÉSIDENT. — Il ne peut pas y avoir de discussion.

M. ROUHER. — C'est une simple observation...

M. LE PRÉSIDENT. — Une question n'est pas une interpellation !

*Quelques membres.* — M. le ministre de l'intérieur peut parler !

*D'autres membres.* — Laissez parler M. Rouher !

M. LE PRÉSIDENT. — Permettez, Messieurs. Pendant que M. le ministre de la justice était à la tribune, l'honorable M. Rouher a demandé la parole. Je lui faisais observer, au moment où il se dirigeait vers la tribune, que je m'étais toujours opposé, au nom du règlement, à ce qu'une simple question devînt une interpellation.

La seule distinction qu'on puisse établir entre elles, c'est que, pour la simple question, il n'y a d'autre

formalité à remplir que d'en prévenir le gouvernement et d'obtenir son assentiment. Après que la
question a été posée et que le ministre y a répondu,
aucune discussion ne peut s'engager, alors même que
la réponse ne paraîtrait pas satisfaisante. Au contraire, l'Assemblée, après avoir été saisie d'une demande d'interpellation régulière... (*Interruption à
gauche.*)

M. Gambetta, — La nécessité de donner une explication démontre le vice de cette jurisprudence. (*N'interrompez pas!*) M. Rouher a demandé la parole,
laissez-le parler. Il faut changer la jurisprudence,
Monsieur le président! (*Bruit.*)

M. le président. — Il serait convenable, avant de réclamer contre la direction que le président veut donner à ce débat, de connaître exactement cette direction. (*Assentiment.*)

Je dis que les dispositions du règlement qui ont
pour objet d'empêcher que l'ordre du jour de l'Assemblée ne soit changé arbitrairement deviendraient
lettre morte, si l'on admettait qu'une simple question
pût donner lieu à une discussion comme une interpellation.

M. Gambetta fait remarquer que la nécessité de
donner une explication montre le vice de cette jurisprudence.

Je lui réponds qu'il n'en est rien et que, si l'Assemblée le veut, la discussion peut être régulièrement
engagée, en transformant la question en interpellation,
en l'autorisant et en fixant la discussion à la séance
actuelle. (*Oui! oui! sur divers bancs.*)

*Quelques membres.* — A quoi bon?

M. le président. — Mais je ferai remarquer que
cette discussion ne peut avoir lieu qu'à la suite d'un
vote de l'Assemblée autorisant à l'heure même l'interpellation.

Si on le demande, je vais consulter l'Assemblée et

si l'Assemblée le décide..... (*Oui! oui!*) M. Rouher aura la parole.

M. ROUHER. — Je demande la parole sur la position de la question.

M. LE PRÉSIDENT. — M. Rouher a la parole sur la position de la question que j'allais soumettre à l'Assemblée.

M. ROUHER. — Messieurs, il n'entre pas dans ma pensée de vouloir pousser à la méconnaissance de votre règlement. Quand j'ai demandé la parole, je n'avais nullement l'intention de provoquer un débat qui me paraîtrait d'autant plus inopportun, que les éléments n'en sont pas encore recueillis ; je voulais seulement demander à l'Assemblée l'autorisation de faire une déclaration et d'adresser une prière au gouvernement. C'est dans ces termes très restreints que je demande à être entendu, si l'Assemblée le permet.

*Sur divers bancs.* — Parlez ! parlez !

M. LE PRÉSIDENT. — Il me paraît nécessaire, pour éviter de créer un précédent qui pourrait avoir des conséquences fâcheuses, de consulter d'abord l'Assemblée sur la question de savoir si elle veut autoriser une interpellation immédiate.

Ce vote ne créera ni pour M. Rouher, ni pour aucun autre membre, l'obligation de donner de longs développements à l'expression de la pensée, mais l'exécution du règlement sera ainsi assurée. (*Très bien ! très bien ! — Marques générales d'assentiment.*) Je consulte l'Assemblée.

(L'Assemblée, consultée, décide que l'interpellation aura lieu immédiatement.)

M. LE PRÉSIDENT. — La parole est à M. Rouher.

M. ROUHER. — Messieurs, c'est dans le trajet de Paris à Versailles que j'ai eu connaissance du document qui vient d'être lu à cette tribune. Si je n'avais été prévenu que l'honorable M. Girerd se proposait d'adresser une question au gouvernement, j'en aurais pris moi-même l'initiative.

Je ne sais si ce document est apocryphe ou authentique... (*Interruptions à gauche.*) Je ne sais ce que valent les indications plus ou moins cabalistiques qui l'entourent. (*Bruit à gauche.*) Je déclare qu'il n'existe, à ma connaissance, aucun comité central d'appel au peuple à Paris. Je déclare que M. de Bourgoing n'a pas eu plus que nous connaissance de l'existence de cette pièce.

J'ajoute que je la considère comme souverainement blâmable, tant par les fallacieuses promesses qu'elle contient à l'adresse des hommes qui seraient appelés à l'armée territoriale, que par je ne sais quelles intimidations dirigées contre les hostiles et contre les faibles. Tout cela est fâcheux, et je remercie l'honorable M. Girerd d'avoir blâmé une pareille manœuvre ; je remercie le gouvernement d'avoir annoncé l'intention de poursuivre un pareil délit. (*Exclamations et rires à gauche*).

M. LE PRÉSIDENT. — Je réclame le silence.

M. ROUHER. — Ceci dit, j'ajoute qu'il est convenable pour tous d'attendre que les vérifications nécessaires aient été faites.

Il ne m'est nullement démontré que la pièce dont il s'agit, trouvée dans je ne sais quel wagon de première classe, n'est pas le fait d'une manœuvre contraire à son but apparent. (*Bruyantes exclamations à gauche.*)

Donc la poursuite est nécessaire, je la réclame de toutes mes forces, afin que l'authenticité ou la fausseté de la pièce soit bien constatée ; et je déclare, au nom de mes amis et au mien, que si son authenticité était démontrée, nous serions les premiers à lui infliger le blâme le plus énergique et le plus absolu. (*Nouvelles exclamations ironiques à gauche.*)

*Voix diverses.* — A blâmer ceux qui l'ont perdue, — ceux qui l'ont oubliée dans un wagon !

M. ROUHER. — MM. les membres de la gauche me paraissent en vérité apprécier singulièrement la dé-

claration que j'ai l'honneur de faire à l'Assemblée.
Est-il donc dans leur pensée que je puisse venir ici
dire d'une pièce que je ne connais pas qu'elle est authentique ou qu'elle est apocryphe? Est-ce que je le
sais? Est-ce que je puis savoir d'où et de qui elle
émane? (*Nouvelles interruptions à gauche.*)

M. LE PRÉSIDENT. — Je réclame de nouveau le silence.

M. ROUHER. — Je vous dis ce que tout honnête homme
doit dire en pareil cas : Ou la pièce est apocryphe, et il
est bon que cela soit constaté par l'autorité judiciaire;
ou elle émane d'hommes qui l'auront fabriquée dans
un mauvais dessein... (*Oh! oh! à gauche.*)

Comment! Messieurs, trouveriez-vous que le dessein
fût bon?

J'exerce mon droit et j'accomplis mon devoir en la
réprouvant de la manière la plus énergique dès aujourd'hui. (*Nouvelles interruptions à gauche.*)

En vérité, il y a dans ces interruptions qui se ré-
pètent incessamment quelque chose que je ne puis
comprendre. Voilà une pièce qui est produite tout à
coup à cette tribune par l'honorable M. Cyprien Girerd; elle n'est connue de personne. J'en entends la
lecture comme vous tous, je m'associe aux critiques,
aux blâmes de M. Cyprien Girerd; je prie avec lui
l'autorité judiciaire d'ordonner des poursuites. Que
voulez-vous de plus? (*Bruit à gauche.*) Quelle attitude
voulez-vous donc que nous prenions?

Il y a un instant, M. de Bourgoing, qui siège sur le
même banc que moi, me disait : Je n'ai pas connu
cette pièce, elle n'émane d'aucun de mes amis; elle
n'a pas pénétré dans la Nièvre, elle n'a pas pu être
utilisée au profit de mon élection, elle y aurait plutôt
nui.

*Un membre à gauche.* — C'est ce qu'il faut savoir!

*D'autres membres.* — Attendons l'enquête!

M. ROUHER. — Un honorable interrupteur me dit :
C'est ce qu'il faut savoir!

Eh bien, oui, des éclaircissements sont ici nécessaires, et c'est précisément ce que je demande; je réclame la lumière. J'adresse à M. le ministre de la justice et à M. le ministre de l'intérieur la prière de se
livrer à une enquête, de vérifier si, oui ou non, il
existe à Paris un comité central de l'appel au peuple,
si, oui ou non, ce comité occulte politique, supposé
qu'il existe, a des ramifications dans les départements.

Quant à moi, je déclare, sur l'honneur, qu'à ma
connaissance, ce comité n'existe pas! (*Exclamations à
gauche.*)

*Plusieurs membres.* — L'enquête! l'enquête!

M. ROUHER. — Et maintenant attendons, les uns et
les autres, respectueusement, les investigations de la
justice; je vous promets que le jour où le résultat de
ces investigations sera connu, je viendrai à cette tribune en tirer les conséquences. (*Exclamations et bruit à
gauche.*)

(M. Gambetta se dirige vers la tribune.)

M. LE PRÉSIDENT. — M. le ministre de l'intérieur à la
parole.

M. DE FOURTOU, *ministre de l'intérieur.* — Messieurs,
l'honorable M. Cyprien Girerd a adressé une question
au ministre de l'intérieur en même temps qu'il en
adressait une à M. le garde des sceaux. Il m'a posé la
question suivante : Le comité dont cette pièce fait
supposer l'existence, ce comité existe-t-il réellement?
S'il existe, est-il autorisé?

Il est bien évident que la réponse est faite à cette
dernière question; il est bien évident que le gouvernement n'a autorisé à aucun moment un comité de
cette nature.

Existe-t-il? Nous aurons à le rechercher, et sur ce
point, la déclaration qui a été faite tout à l'heure par
M. le garde des sceaux me dispense évidemment d'en
faire une à mon tour; car s'il existe, il sera rigoureu-
sement poursuivi et dissous. E  ainsi sera poursuivi

tout ce qui sera contraire à la légalité dont nous resterons les fidèles et fermes gardiens. (*Vives et nombreuses marques d'approbation.*)

M. LE PRÉSIDENT. — La parole est à M. Gambetta.

M. GAMBETTA. — Messieurs, dans l'état où la question qui a été posée et qui n'est pas résolue, met l'Assemblée, il est évidemment impossible de statuer. Toutefois il me semble qu'on a négligé un des éléments les plus saillants et les plus graves de cet important document, sur l'authenticité duquel M. Rouher n'est pas encore fixé, mais que M. le garde des sceaux se chargera d'établir.

Je dis qu'après avoir recueilli la déclaration si ferme et si nette de l'honorable ministre de la justice, après les dénégations du ministre de l'intérieur, il y a un troisième ministre qui est plus directement mis en cause dans la circulaire dont vous avez entendu la lecture. (*Très bien! très bien! à gauche. — Longue interruption.*)

Ce qu'il y a, en effet, de remarquable, Messieurs, dans la rédaction de ce document, c'est la précision avec laquelle il y est question des deux plus grands services de l'État : le ministère de la guerre et le ministère des finances; c'est la coïncidence, qui vous aura tous frappés, des promesses dont on faisait une amorce dans cette pièce, et des faits dont vous êtes les témoins chaque jour; c'est la singulière analogie existant entre le langage tenu par le rédacteur du comité central de l'Appel au peuple, et les tendances du ministre des finances à garnir l'administration de créatures bonapartistes ! (*Bravos et applaudissements répétés à gauche. — Rumeurs et réclamations sur divers bancs du côté droit.*)

Ce qui fait la gravité de cette circulaire, ce n'est pas, à mes yeux tout au moins, les menées d'un comité bonapartiste, c'est la complicité coupable qui semble se révéler de la part de certains agents de

l'État pour une certaine faction... (*Nouveaux applaudissements à gauche.*)

Et cette coïncidence, cette connivence dont le public s'entretient, dont la presse donne tous les jours,
à la suite de l'*Officiel,* les exemples éclatants, dont
chacun d'entre vous, dans vos départements, pourrait apporter ici les preuves irrécusables.....

*A gauche.* — Oui! oui! c'est vrai!

M. GAMBETTA. — Cette complicité, voilà ce sur quoi
il faut que le cabinet tout entier, pour dégager sa
responsabilité dans cette collusion avec la faction détestée dont je parlais tout à l'heure, se charge de
faire la lumière. (*Applaudissements à gauche.*) Cette lumière, vous la ferez pour votre propre honneur, pour
la garantie des services publics ; et puisque M. Rouher
nous a donné rendez-vous au jour où l'enquête serait
apportée à cette tribune, je ne demande qu'une
chose, c'est que le rapport que nous fera M. le ministre soit assez complet pour pouvoir être discuté, et à
ce moment je doute que le ministre dont je parle soit
encore sur ces bancs. (*Bravos et applaudissements à
gauche.*)

M. LE PRÉSIDENT. — La parole est à M. le vice-président du conseil.

(M. le général de Cissey, vice-président du conseil,
ministre de la guerre, se dirige vers la tribune.)

M. ROUHER, *de sa place.* — Je dois déclarer à M. Gambetta... (*Vives interruptions sur divers bancs à gauche.*)

*Plusieurs membres.* — Vous n'avez pas la parole!

*D'autres membres.* — A la tribune! à la tribune!

M. ROUHER, *à la tribune.* — Je n'ai pas, Messieurs, à
défendre le gouvernement des attaques... (*Bruyantes
exclamations à gauche.*)

M. LE PRÉSIDENT. — Je réclame le silence. M. Rouher
a la parole et je demande qu'il soit écouté comme
doivent l'être tous les membres qui montent à cette
tribune.

M. Rouher. — Je n'ai pas à m'occuper des premières
paroles qu'a prononcées M. Gambetta, elles concernent
le gouvernement. Il m'a rappelé que j'avais annoncé
que je porterais la question à la tribune quand l'enquête serait faite. Je lui tiendrai parole et je serai en
cela plus exact qu'il ne l'a été lui-même en ce qui
concerne les nombreuses attaques que les rapports de
diverses commissions d'enquête de l'Assemblée ont
dirigées contre lui. (*Applaudissements et rires ironiques sur plusieurs bancs à droite.* — *Exclamations et
murmures à gauche.*)

M. le président. — Monsieur le vice-président du
conseil a la parole.

M. Gambetta. — Monsieur le président, je deman-
derai la parole après M. le ministre.

M. le général de Cissey, *vice-président du conseil,
ministre de la guerre.* — Messieurs, je ne viens pas
parler au nom de mon collègue des finances, qui est
absent. Tout à l'heure, un de mes collègues répondra
en son nom. Je dirai seulement, en ce qui concerne
l'administration de la guerre, que M. Gambetta, dans
son improvisation aussi violente qu'éloquente, m'a
mis directement en cause. Le document plus ou moins
vrai, — la justice en décidera plus tard, — dont il vous
a été donné lecture, vise surtout les officiers en retraite. Les officiers en retraite échappent complètement au ministre de la guerre. — Quant aux autres
officiers, ce n'est pas aux finances qu'on peut avoir
leurs noms ou retrouver leurs traces; ils sont payés
à leurs corps, et les états de paiement ne sont point
aux mains des receveurs des finances.

Par conséquent, je dégage complètement les officiers des corps de troupes de toute connexité avec les
officiers en retraite.

Les officiers en retraite, qui avaient de grands privilèges sous l'Empire, ont été mécontents de les avoir
perdus; c'est la conséquence des révolutions, et nous

avons vu, à la suite des décisions de la commission
des grades, beaucoup d'officiers patronnés par M. Gambetta n'être pas plus satisfaits que les officiers de
l'ancienne garde impériale. (*Rires et applaudissements
à droite.*)

J'ajouterai un mot.

Les journaux ont retenti d'un fait très grave, d'un
acte d'indiscipline et d'irrévérence vis-à-vis d'une décision de l'Assemblée qui avait proclamé la déchéance
de l'Empire ; un officier général a compromis son uniforme ! Il a été vivement réprimandé et prévenu que,
dans une nouvelle occasion..... (*Ah! ah! à gauche*), la
loi et les règlements lui seraient sévèrement appli-
qués.

Cet officier général était en disponibilité ; il n'y avait
pas, pour la première fois, d'autre mesure à prendre
qu'un blâme sévère et un avertissement sérieux. (*Très
bien! très bien!*)

M. Gambetta. — Messieurs, je n'ai qu'un mot à dire :
ce n'est pas pour rentrer dans le débat qu'a soulevé
la communication de la circulaire soumise à votre
jugement, c'est simplement pour déclarer à M. Rouher
que l'accusation qu'il est venu porter à cette tribune
et le ton qu'il a pris.... (*Exclamations sur plusieurs
bancs à droite.*)

*Un membre.* — Il n'aurait fait, dans tous les cas, que
vous imiter !

M. Gambetta. — Oui, le ton qu'il a pris pour me
provoquer à venir m'expliquer sur les différents rapports déposés par vos commissions d'enquête... (*Nouvelles interruptions à droite.*)

Vous ne me permettez pas d'achever ma phrase !

Je dis, Messieurs, que dans cette Assemblée, je n'ai
jamais décliné la controverse ni la contradiction avec
les honorables membres que vous avez chargés d'installer des commissions d'enquête, et que toutes les
fois qu'on a apporté un rapport à cette tribune j'y ai

répondu ; mais j'ajoute qu'il y a quelqu'un ici à qui je ne reconnais ni titre ni qualité pour demander des comptes à la révolution du 4 septembre, ce sont les misérables qui ont perdu la France! (*Applaudissements à gauche. — Vives réclamations et murmures sur un grand nombre de bancs.*)

*Plusieurs membres.* — C'est intolérable!

*D'autres membres.* — A l'ordre! à l'ordre!

M. LE PRÉSIDENT. — Je ne puis tolérer... (*Réclamations sur plusieurs bancs à gauche. — Très bien! très bien! à droite et au centre.*)

Non, je n'admettrai jamais qu'on puisse employer de pareils termes envers un membre ou une fraction de cette Assemblée; car nos discussions seraient sans dignité, il n'y aurait plus de délibération véritable, si de pareilles expressions, si des expressions aussi outrageantes étaient tolérées. (*Nouvelle interruption à gauche. — Vive approbation sur un grand nombre de bancs.*)

Et si M. Gambetta ne retire pas l'expression dont il vient de se servir, je le rappelle à l'ordre. (*Réclamations sur plusieurs bancs du côté gauche. — Très bien! très bien! à droite.*)

*Plusieurs membres à gauche, se levant.* — Tous! tous! Rappelez-nous tous à l'ordre! (*Agitation.*)

M. LE PRÉSIDENT. — je ne souffrirai jamais que l'on adresse de semblables outrages à un membre de l'Assemblée, sur quelque banc qu'il siège... (*Très bien!*) Je ne le souffrirai pas, et je rappellerai à l'ordre quiconque se permettrait de le faire. (*Très bien! très bien!*)

M. GAMBETTA. — Messieurs, il est certain que l'expression que j'ai employée contient plus qu'un outrage : c'est une flétrissure, et je la maintiens! (*Vives réclamations et murmures à droite et au centre. — Applaudissements sur divers bancs à gauche.*)

*Pluiseurs membres à droite.* — A l'ordre! à l'ordre! C'est un scandale!

*D'autres membres.* — La censure! la censure!

M. LE PRÉSIDENT. — Je rappelle une seconde fois à l'ordre M. Gambetta et avec inscription au procès verbal. (*Très bien! très bien! à droite.* — *Nouveaux applaudissements à gauche.*)

(M. Rouher monte à la tribune; mais le bruit qui règne dans l'assemblée l'empêche pendant quelques moments de prendre la parole. — Plusieurs interpellations, qui ne parviennent pas jusqu'à la sténographie, lui sont adressées par des membres de la gauche.)

M. CAZOT. — Rendez-nous l'Alsace et la Lorraine! (*Applaudissements à gauche.*)

M. LE PRÉSIDENT. — N'interrompez pas! Je rappellerai à l'ordre tous les interrupteurs.

M. CAZOT. — Rendez-nous nos provinces perdues!

M. LE PRÉSIDENT. — Je rappelle M. Cazot à l'ordre. (*Agitation.* — *De nouvelles interpellations, qui se perdent dans le bruit, sont adressées à M. Rouher à la tribune.*)

Je déclare que si j'entends proférer par qui que ce soit une parole outrageante ou injurieuse contre un membre de l'Assemblée, je proposerai immédiatement la censure. (*Très bien! très bien!* — *Le silence se rétablit.*)

M. Rouher a la parole.

M. ROUHER. — Messieurs, les paroles de M. Gambetta son vaines pour atteindre mon honorabilité et mon caractère. (*Exclamations ironiques à gauche.* — *Bruit.*) Je ne lui reconnais le droit de flétrir personne. (*Nouvelles et vives exclamations à gauche.* — *Bruit croissant.*)

M. BAMBERGER. — Vous oubliez le vote du 1er mars 1871; vous n'étiez pas alors à Bordeaux! (*Agitation générale.*)

M. LE PRÉSIDENT. — Ce tumulte est intolérable; c'est une scène de désordre déplorable pour l'Assemblée, et, si elle se continue, je suspendrai la séance. (*Très bien! très bien!*)

M. ROUHER. — Les paroles violentes de M. Gambetta ne sont qu'un témoignage de plus de son impuissance

en face du pays, et je ne puis avoir pour elles que le
dédain le plus absolu! (*Applaudissements sur quelques
bancs du côté droit. — Rires ironiques et bruyantes exclamations à gauche.*)

*Voix nombreuses à droite.* — La clôture! la clôture
de l'incident!

M. PERIN. — C'est au nom de tous nos amis que
M. Gambetta a parlé!

M. LE PRÉSIDENT. — Monsieur Perin, je vous rappelle
à l'ordre!

*Sur quelques bancs à gauche.* — Eh bien, rappelez-
nous tous à l'ordre, monsieur le président!

M. LE PRÉSIDENT. — Je vous rappellerai certainement
à l'ordre individuellement, si vous persistez, par
vos exclamations, à troubler la séance. (*Très bien!
très bien!*)

L'incident est clos.

(Une assez vive agitation continue pendant quelques
instants à régner dans l'Assemblée.)

Avant de raconter quelles furent, pour le salut du pays
et pour la constitution définitive de la République, les conséquences directes de la séance du 9 juin, nous devons
rappeler brièvement les divers incidents qui furent provo-
qués, en dehors de l'enceinte législative, par le retentissement extraordinaire de l'apostrophe de M. Gambetta aux
bonapartistes. Les scènes de violence qui se passèrent le 10
et le 11 juin à la gare Saint-Lazare, furent du reste une
preuve nouvelle des progrès redoutables que la faction
impériale avait faits, depuis le 24 mai, dans l'espérance
de l'impunité. On a même affirmé, sans que cette assertion
ait été jamais démentie sérieusement, que les attaques
odieuses dont M. Gambetta et ses amis furent alors l'objet,
se rattachaient à un plan depuis longtemps mûri et préparé.
Le comité central de l'appel au peuple redoutait par-dessus
tout une dissolution légale, suivie d'élections régulières. Il
aurait résolu de provoquer, par des émeutes partielles,
une dissolution violente qui eût pu devenir la préface d'un

coup d'État militaire. Quoi qu'il en soit, que les scènes honteuses de la gare Saint-Lazare aient été préméditées ou
qu'elles aient été simplement l'expression naturelle de la
rage des bonapartistes démasqués par M. Girerd et flétris
par M. Gambetta, ce fut cette explosion prématurée du
césarisme qui détermina la fraction patriote du centre
droit à faire vers la République le pas décisif.

Les manifestations bonapartistes de la gare Saint-Lazare
commencèrent par des injures et finirent par des voies de
fait et des tentatives de guet-apens. Le 10 juin, au lendemain de la séance que nous venons de reproduire, une
bande de coquins assaillit M. Gambetta et ses amis, à leur
arrivée à la gare Saint-Lazare, et les accabla d'invectives
outrageantes. La police laissa faire. Il fut même constaté
par M. Paul Bert, qui en avertit la questure de l'Assemblée,
que le sieur Mouton, ancien chef du cabinet du préfet de
police Piétri, s'était établi dans la salle d'attente et entrait en
relations, par émissaires, avec des officiers de police en uniforme. « Il semblait, disait *la République française,* que les
sergents de ville de service fussent encore sous le commandement de Lagrange et de Nusse. Si l'on hurlait : « A bas Gambetta! » on passait librement; si on criait : « Vive la République! » on était traîné au poste. » L'indignation qui s'empara
de l'Assemblée, à la nouvelle de ce scandale, augmenta la
fureur des émissaires du comité central de l'appel au
peuple. Le 12, au départ du train parlementaire pour Versailles, la bande bonapartiste renouvela les scènes de désordre de la veille et menaça plusieurs députés républicains.
La police n'intervint que pour arrêter pendant quelques
minutes M. de Mahy et M. Henri Lefèvre. Une telle inertie
enhardit encore ceux que M. de Lasteyrie avait baptisés
naguère avec tant d'à-propos, « les coquins du 10 décembre ». M. Paul Granier de Cassagnac publia dans le *Pays*
un long article où il excitait les sergents de ville à courir
sus aux députés républicains, « ces élus de la radicaille,
ces hommes sinistres, fils des émeutiers de juin et des brû-
leurs de gardes municipaux, petits-fils des bourreaux de
93; ces lâches hurleurs, ces poltrons de la défense nationale qui avaient fait mourir de faim Paris assiégé et n'avaient
pas répudié la méfiance des gendarmes ». Cet ignoble article
porta ses fruits. A six heures et demie, comme M. Gambetta

revenait de Versailles avec MM. Challemel-Lacour, Ordinaire et Edouard Lockroy, un bonapartiste notoire, M. Henri Renouard de Sainte-Croix, s'approcha de lui et le frappa violemment au visage d'un coup de poing. M. de Sainte-Croix était le fils d'un ancien préfet de l'Empire. Sous-officier de zouaves, il avait été cassé de son grade pour mauvaise conduite et envoyé au Sénégal, dans un régiment d'infanterie de marine où il avait tué, d'un coup de baïonnette dans le ventre le sous-officier commandant le peloton de punition. Condamné à mort par le conseil de guerre, il vit commuer sa peine en quatre années de prison, ne resta qu'une année au pénitencier de Doncra, et entra au bureau arabe de Mostaganem, d'où il fut renvoyé pour ivrognerie. Rentré dans la vie civile, il avait été pourvu d'un conseil judiciaire et se livrait assidûment à la propagande bonapartiste [1]. — Le 13, de nouvelles manifestations se produisirent à la gare Saint-Lazare que le général de Cissey se décida finalement à faire occuper par un détachement de ligne et un peloton de cavalerie.

Nous avons déjà dit que les révélations apportées à la tribune de l'Assemblée par M. Girerd et que les discours de M. Gambetta n'avaient produit qu'une même émotion sur les bancs de la droite royaliste et de la gauche. Quand M. Rouher, dans la séance du 9, était descendu de la tribune, la droite était restée silencieuse : pas un applaudissement n'avait répondu à des protestations qu'on pressentait déjà mensongères. On peut dire que la crainte du bonapartisme fut, pour la fraction patriote de la droite, le commencement de la sagesse. Dès qu'il devint évident que tous les obstacles apportés à la constitution de la République ne profitaient qu'aux bonapartistes, et que toutes les intrigues royalistes pouvaient finir par rejeter le pays effaré entre les mains des hommes de décembre, les membres de l'ancien groupe Casimir Perier et plusieurs membres du centre droit décidèrent de venir à la République. Leur patriotisme se révolta devant la possibilité d'une restauration impéria-

---

1. M. de Sainte-Croix fut traduit le 13 juin suivant devant la huitième chambre du tribunal correctionnel de la Seine, présidé par M. Millet, et condamné à six mois de prison. Nous reproduisons à l'*Appendice* le compte-rendu de cette audience.

liste, et l'audace des émeutiers de la gare Saint-Lazare leur
prouva qu'il n'était que temps d'agir avec résolution. « Les
conservateurs honnêtes, écrivait la *République française*,
peuvent reconnaître aujourd'hui ce qu'il en coûte de tendre
une main même dédaigneuse à des gens qui ne sont pas
dignes d'entrer en relations avec des partis qui se respectent. On croyait le parti de la ruine, du démembrement
et de la honte de la France à jamais effacé, anéanti. Tout à
coup, il relève effrontément la tête. D'où vient cette apparition subite? De l'appui que lui ont donné les autres partis
conservateurs. On voit à cette heure tous les dangers de cette
faute... Qu'y a-t-il donc à faire? Que tous les bons citoyens
viennent à la République, toute prête à leur ouvrir ses bras. »
Cet appel fut entendu. Dès le 10 juin, le centre gauche reçut
une dizaine d'adhésions formelles, et, le même jour, il devint évident qu'il ne se trouverait pas de majorité dans
l'Assemblée pour fournir, par une nouvelle loi du 31 mai,
un prétexte commode à un nouveau crime du 2 décembre.
La commission de décentralisation avait proposé de rayer
la jeunesse des listes électorales en portant l'âge de l'é-
lectorat de vingt-et-un ans à vingt-cinq ans. L'Assemblée, sur la proposition de M. Oscar de Lafayette, adopta à
une majorité de onze voix un amendement qui maintenait
à vingt-et-un ans l'âge de l'électorat. — En même temps,
le groupe de la *gauche républicaine* et la majorité de l'*union*
prenaient une résolution importante. Les députés qui com-
posaient ces deux groupes avaient refusé jusqu'alors de participer à aucun acte de reconnaissance même indirecte du
pouvoir constituant de l'Assemblée. En présence de la faction bonapartiste menaçante et dans l'intérêt majeur de la
patrie compromise, ils se décidèrent à se départir de leur
première théorie et à accepter de l'Assemblée la constitution définitive de la République qui allait être proposée par
le centre gauche. Il s'agissait, en effet, de former contre la
bande de décembre une véritable ligue de tous les vrais
Français.

Ce fut M. Casimir Perier qui mena, avec son courage et
sa loyauté habituels, la campagne du centre gauche. Il n'y
avait pas à compter sur le cabinet. Dans la séance du
12 juin, quand les trois présidents des groupes de gauche,
MM. Léon de Mallevile, Duclerc et Cazot, avaient interpellé

le ministre de l'intérieur sur l'attitude qu'il comptait prendre « à l'égard d'un parti qui méconnaît et brave une décision souveraine de l'Assemblée », M. de Fourtou avait répondu par les déclarations les plus vagues, et M. Tailhand, garde des sceaux, en compensant la suppression du *Pays* par celle du *Rappel* et du *XIXᵉ Siécle*, dont le seul délit avait été de protester avec indignation contre les odieux agissements de la faction bonapartiste. Une pareille situation n'était pas supportable plus longtemps. Puisque le septennat, par l'impuissance des uns et par la complicité des autres, était hors d'état de barrer le chemin au parti de Décembre, c'était aux conservateurs libéraux à entrer hardiment en scène. Le moment opportun était évidemment venu. D'une part, la gauche et l'union républicaine renonçaient à contester absolument le pouvoir constituant que l'Assemblée nationale s'était attribué, et de l'autre le centre droit demandait au cabinet (note publiée dans le *Français*), « de manifester clairement sa volonté de ne rien céder aux exigences de plus en plus impérieuses et de jour en jour plus intolérables des bonapartistes ». Le centre gauche n'hésita pas. Réuni le 13 juin, sous la présidence de M. Léon de Maleville, il formula à l'unanimité des voix la proposition suivante, qui avait reçu d'avance, avec celle de M. Thiers, l'adhésion des deux autres groupes de gauche et que M. Casimir Perier fut chargé de déposer, dans la séance du 15, sur le bureau de l'Assemblée :

« L'Assemblée nationale, voulant mettre un terme aux inquiétudes du pays, adopte la résolution suivante :

« La Commission des lois constitutionnelles prendra pour
« base de ses travaux sur l'organisation et la transmission
« des pouvoirs publics :

« 1° L'article 1ᵉʳ du projet de loi, déposé le 19 mai 1873,
« ainsi conçu : Le gouvernement de la République française
« se compose de deux Chambres et d'un président, chef du
« pouvoir exécutif;

« 2° La loi du 20 novembre 1873, par laquelle la prési-
« dence de la République a été confiée à M. le maréchal de
« Mac-Mahon jusqu'au 20 novembre 1880;

« 3° La consécration du droit de révision partielle ou
« totale de la Constitution, dans des formes et à des époques
« que déterminera la loi constitutionnelle. »

La proposition du centre gauche était accompagnée de l'exposé des motifs suivant :

« Messieurs, l'audace des partisans d'une cause que vous avez par deux fois solennellement condamnée ne connaît plus de bornes.

« Il y a six mois, ils ajournaient la réalisation de leurs espérances, ils se déclaraient prêts à respecter le provisoire et la trêve des partis, quelque terme que vous pussiez leur assigner.

« Aujourd'hui, c'est le présent qu'il leur faut. Ils ne peuvent plus, ils ne veulent plus attendre.

« Ces bravades ne doivent point troubler notre sang-froid ; mais, sans rien exagérer, nous aurions tort de nous dissimuler ce que peuvent de vaines promesses sur des populations qui souffrent et qui attribuent, plus qu'il n'est peut-être juste de le faire, leurs maux à nos indécisions.

« Un cri s'élève dans toute la France : « Mettez un terme au provisoire qui nous tue. »

« Le bon sens public ne s'y trompe pas, Messieurs. Un régime provisoire, quelque durée qu'on lui assigne, de quelques apparences qu'on le couvre, n'est pas pris par la nation pour un gouvernement dans le vrai sens, avec la pleine signification du mot, avec les pleins effets que l'idée doit entraîner.

« C'est quelque chose, sans doute, que d'avoir confié pour sept ans le pouvoir exécutif à un illustre soldat.....

« Ce serait faire un pas de plus que de placer une République de sept ans sous la sauvegarde de son honneur. Mais ce n'est point assez.

« Quoique sept années soient une longue étape dans la vie d'un peuple que son malheur, ses fautes ou celles de ses chefs ont plongé dans tant de révolutions successives, son imagination ne se contenterait pas de cette perspective.

« Ce peuple, si mobile, veut pouvoir compter sur la stabilité et la durée de ses gouvernements. Et s'il lui suffit presque qu'elles soient décrétées pour qu'il y croie et pour que le présent éprouve les effets salutaires de cette confiance, notre devoir est tout tracé : assurons le présent en préparant l'avenir. Le reste dépendra de la sagesse de nos successeurs.

« La France, oubliant trop aisément que les hommes, si

grands qu'ils soient, n'échappent pas aux lois communes à l'humanité, la France a cru trop souvent que les hommes peuvent remplacer les institutions; mais le sentiment contraire, qui fait les peuples libres, s'est développé depuis que d'immenses désastres ont montré jusqu'à quel point la confiance d'une nation peut être déçue.

« Voilà six mois que la France attend les lois promises le 19 novembre. Ces lois, seule condition mise alors à la participation de tous, ou de presque tous, ces lois restées l'espoir de l'acquiescement des uns, de la soumission des autres aux décrets de l'Assemblée nationale, voilà six mois qu'une grande commission, où siègent plusieurs de nos plus éminents collègues, travaille à les préparer.

« Malgré les efforts énergiques tentés dans son sein, à quoi est-elle arrivée?

« Elle a rédigé un projet de loi électorale déjà compromis par un vote récent; elle a entendu exposer des théories, elle a discuté des plans très divers; elle n'a pas, que nous sachions, fait faire de grands pas à l'organisation des pouvoirs publics.

« Est-ce uniquement sa faute? Non, car il manque à ses travaux une base fixe que vous seuls pouvez lui donner.

« République ou monarchie, il faut choisir, et quand on ne peut pas ou qu'on ne veut pas se décider pour l'une ou pour l'autre, entreprendre d'y substituer quelque combinaison inintelligible pour la grande masse de la nation, c'est frapper d'avance l'œuvre de stérilité.

« Aussi venons-nous vous demander de tirer votre commission d'embarras inextricables et de lui tracer sa voie.

« L'organisation et les attributions des pouvoirs publics ne sauraient être les mêmes pour toutes les formes de gouvernement; et puisque, comme l'a déclaré M. le duc de Broglie à cette tribune, le 19 novembre, la forme définitive du gouvernement reste expressément réservée jusqu'au vote des lois constitutionnelles, encore faut-il que cette forme soit connue de ceux qui sont appelés à les rédiger.

« Le droit de ceux qui ont cherché une solution dans la voie où les engageaient leurs convictions monarchiques, a été respecté.

« Ils n'ont point réussi; mais il s'en trouvera beaucoup parmi eux qui, après avoir proclamé bien haut les dangers du provisoire, ne se laisseront pas détourner d'en sortir par la perte de leurs espérances.

« L'Assemblée nationale a rendu de grands services à la France; il lui reste une grande tâche à accomplir, et elle le fera. Elle ne voudra pas se séparer en laissant l'avenir livré à l'inconnu. Rien ne favoriserait plus les propagandes malsaines que de justifier ce reproche qu'on nous adresse de nous être, par nos divisions, rendus incapables de faire un gouvernement.

« Il suffit, pour écarter ces périls, que l'amour du pays réunisse dans une action commune tous ceux, libéraux de diverses écoles, monarchistes, républicains conservateurs ou démocrates, que réunissent dans un sentiment commun l'égale aversion et l'égal dédain pour le césarisme et pour la démagogie.

« Aux yeux de ceux qu'effraye la République, ne serait-ce pas une garantie que d'avoir mis pour sept ans à sa tête un président choisi par eux, accepté de tous? Pourquoi douter de l'efficacité d'une République faite dans de telles conditions, reconnue, affirmée, lorsque, précaire et contestée, mais dirigée par un chef illustre, elle a permis à la France de faire des prodiges pour se libérer de l'étreinte étrangère et pour sortir victorieuse d'une guerre civile terrible, où plus d'un trône aurait péri? (*Applaudissements à gauche et au centre gauche.*)

« En proposant d'inscrire dans la constitution future la clause de révision, en conservant à cette clause le caractère et la portée que lui ont donnés et l'Assemblée constituante de 1848 et l'Assemblée législative de 1851, en demandant que le droit de révision ne soit soumis à d'autres restrictions que celles des formes et des délais qui, sans en diminuer l'étendue, empêchent qu'il ne se transforme en un moyen d'agitation perpétuelle, nous croyons avoir concilié tout ce que veulent la sincérité et le respect d'autrui avec tout ce qu'exige la souveraineté nationale.

« Nous avons rempli le devoir de vous dire brièvement notre pensée sur le fond même de nos propositions; nous vous demandons en ce moment de déclarer que l'examen n'en peut être différé. Vous ne le refuserez pas; vous ne voudrez pas paraître dire que rien ne presse et que la France peut attendre encore.

« Veuillez me permettre, Messieurs, avant de quitter cette tribune, d'invoquer le secours d'une voix éloquente, et veuillez écouter les conseils patriotiques que M. de Tocqueville donnait à l'Assemblée législative de 1851 en présentant, dans des circonstances pleines de frappantes analogies avec celles où nous trouvons, son rapport sur la révision de la constitution :

« Vous êtes, Messieurs, à une de ces époques solennelles
« et heureusement bien rares dans la vie des nations, où
« une Assemblée qui approche du terme de son pouvoir,
« mais qui est encore maîtresse d'elle-même et de l'avenir,
« tient dans ses mains les destinées de tout un peuple, et
« peut d'un mot les faire pencher peut-être irrévocable-
« ment, d'un côté ou de l'autre.

« Quelle que soit notre résolution, nous pouvons être
« assurés d'avance qu'une grande partie des maux qui
« adviendront pendant bien longtemps dans ce pays, nous
« seront justement attribués.

« Nous serons approuvés, Messieurs, ou blâmés, non seu-
« lement par ceux qui attendent aujourd'hui avec anxiété
« ce que nous allons faire, mais par la génération qui sui-
« vra ceux-là.

« En présence d'une responsabilité si terrible et si longue,
« chacun oubliera sans doute ses intérêts particuliers, ses
« passions du moment, ses rivalités, ses haines, ses amitiés
« mêmes, pour ne songer qu'au pays et à l'histoire. »

« Vous savez ce que l'Assemblée législative a coûté à la France en ne suivant pas ces conseils. »

La *République française* (numéro du 15 juin) apprécia dans les termes suivants la proposition du centre gauche :

« Le grand mal dont souffre la France, c'est l'incertitude.

« Toute proposition, tout acte parlementaire qui ont pour objet ou qui peuvent avoir pour effet de mettre un terme à cette incertitude ne peuvent nous trouver hostiles ni même indifférents. Dans plusieurs occasions déjà, l'on a pu voir que nous faisions passer avant tout l'intérêt de premier ordre qu'il y a pour le pays à savoir enfin à quoi s'en tenir sur les destinées qui l'attendent.

« La motion qui doit être déposée par le centre gauche nous fournit une occasion nouvelle de prouver au pays que notre premier souci est de lui procurer la certitude à laquelle il aspire. Nous pensons que nos amis ne la laisseront pas échapper. Cette motion se résout en un dilemme ainsi conçu : République ou dissolution. Encore une fois, c'est là, suivant nous, l'opinion de la France brièvement et clairement résumée; et, quand on y regarde de près, c'est bien à ces deux termes que peut se ramener la situation présente.

« On connaît la politique de ce journal. Elle n'a jamais varié et nous n'avons pas à l'exposer de nouveau. La dissolution de l'Assemblée élue le 8 février nous semble plus que jamais la seule solution possible et complète des difficultés de tous genres où nous sommes présentement engagés. Nous nous garderons de préjuger des résultats du vote qui doit avoir lieu aujourd'hui même sur la proposition si considérable du centre gauche. Il se peut que cette proposition soit adoptée : le fond des questions demeurera réservé, mais la vraie situation n'en sera pas moins dessinée ; et c'est, pour le redire une fois de plus, l'alternative déjà indiquée : République ou dissolution. »

La séance du 15 juin fut décisive. L'urgence sur la proposition de M. Casimir Perier fut votée par 345 voix contre 341. C'était un évènement considérable. Certes, le vote d'urgence n'impliquait pas fatalement la proclamation législative de la République. Mais il condamnait la monarchie et frappait les bonapartistes d'une nouvelle déchéance. Il était le premier pas vers la constitution définitive de la République par ceux-là mêmes qui l'avaient tant de fois déclarée impossible et funeste.

M. de la Rochefoucauld-Bisaccia, ambassadeur de la République à Londres, avait tenu, d'accord avec les légitimistes intransigeants, à rendre plus significatif encore le vote de l'Assemblée sur la proposition du centre gauche. L'Assemblée ayant compris dans la déclaration d'urgence un contre-projet de M. Lambert Sainte-Croix qui reproduisait à peu près les fameuses combinaisons avortées du duc de Broglie, M. de la Rochefoucauld déposa la proposition suivante :

« L'Assemblée nationale décrète :

« Art. 1er. — Le gouvernement de la France est la monarchie. — Le trône appartient au chef de la maison de France.

« Art. 2. — Le maréchal de Mac-Mahon prend le titre de lieutenant général du royaume.

« Art. 3. — Les institutions politiques du royaume seront réglées d'accord par le Roi et la nation. »

L'Assemblée, par assis et levé, refusa de renvoyer à la commission constitutionnelle la proposition de l'extrême droite. On était à neuf mois à peine des fameuses intrigues fusionnistes.

La majorité du 15 juin était constituée par les trois groupes de gauche et par trente-deux membres du centre droit. Le cabinet tout entier avait voté avec la minorité. Trois membres de l'union républicaine (MM. Louis Blanc, Peyrat et Edgar Quinet) et onze membres du centre droit s'étaient abstenus.

# DISCOURS

*Prononcé le 24 juin 1874*

## AU BANQUET COMMÉMORATIF DE LA NAISSANCE
## DU GÉNÉRAL HOCHE

A VERSAILLES.

---

Nous avons raconté (t. III, p. 13) que la célébration de l'anniversaire de Hoche dans un banquet public avait été interdite, en 1873, par M. Beulé, ministre de l'intérieur dans le cabinet du 25 mai. L'interdiction prononcée par M. Beulé ayant été renouvelée en 1874 par M. de Fourtou, les commissaires de la fête commémorative de Hoche et leurs invités furent contraints de se réunir une seconde fois chez M. Jeandel.

Après plusieurs toasts portés par M. Jeandel à la mémoire du général républicain, par M. Feray (d'Essonne) au président de la République, par M. Albert Joly à la députation de Seine-et-Oise, par M. Jules Favre à l'union des forces républicaines, et par M. Farjasse à M. Thiers, M. Gambetta prononça l'allocution suivante :

Messieurs et chers concitoyens, la santé qui vient d'être portée par mon honorable ami M. Farjasse est la santé du premier en date des présidents de la République française. Ce toast complète heureusement celui qui avait été porté tout à l'heure par mon honorable collègue et ami M. Feray; il signale, — et c'est là ce qui m'a surtout frappé, — le commencement d'une tradition républicaine. En effet, Messieurs,

nous pouvons le dire, sous les yeux mêmes des ennemis de la République, à travers leurs rivalités, leurs
intrigues, leurs conspirations, dont tous les jours les
journaux étrangers nous apportent les récits les plus
embrouillés, mais les plus certains, récits très souvent
démentis, à la vérité, mais qui n'en restent pas moins
parfaitement établis, (*Rires d'approbation*) en dépit de
toutes les résistances, la République marche et se développe. Ses institutions ont beau être refoulées,
ajournées, marchandées par les éternels ennemis de
la démocratie française, elles n'en ont pas moins une
sorte d'influence secrète. N'a-t-il pas suffi que les
institutions républicaines fussent attendues, désirées,
proposées, réclamées par les hommes les plus éclairés
et les plus patriotes de la nation, pour qu'elles devins-
sent, sans être écrites nulle part, la Charte nouvelle
de la France? (*Très bien! — C'est vrai! — Bravos.*)
Aussi, Messieurs, dans ce pays, qui n'est pas un pays
fort amoureux des constitutions, — car il en a trop
changé depuis quatre-vingts ans, — peut-être que si
l'on avait une certaine succession, une certaine série
de présidents de la République, on arriverait ainsi à
avoir la République. La Constitution se ferait peu à
peu, avec le temps et par les efforts successifs de plusieurs générations, ce qui serait peut-être l'idéal des
Constitutions républicaines et durables. (*Très bien!
très bien!*)

C'est donc avec un véritable sentiment de sympathie
et de reconnaissance patriotique que je m'associe,
avec vous tous, Messieurs, au toast qui a été porté à
la santé de M. Thiers, de cet homme d'État illustre
qui a su donner à cette phalange composée de parlementaires éprouvés, de grands propriétaires, d'indus-
triels importants, de grands négociants, de citoyens
considérables de tout rang et de tout ordre, l'exemple
du sacrifice qui coûte le plus aux hommes publics, le
sacrifice de leurs opinions les plus anciennes, des idées

qu'ils avaient puisées dans leurs milieux, des relations
où ils étaient engagés dès le début de la vie, des amitiés mêmes les plus vieilles et les plus chères qu'il
fallait, sinon rompre, au moins transformer, — de cet
homme d'État clairvoyant, qui a su prononcer le premier ces mots : Tout doit céder, s'effacer devant l'intérêt supérieur de la France ; il ne reste aujourd'hui,
pour la remettre à son rang et lui donner une prolongation d'existence, que la République, et je m'y dévoue. (*Très bien! très bien! — Applaudissements prolongés.*)

Messieurs, la politique suivie par M. Thiers, qui a
été si justement remarquée en France, n'a pas moins
vivement frappé l'Europe. Il faut nous y arrêter un
moment, et me permettrez-vous de vous en dire, à
mon point de vue, les avantages? Il y a eu d'abord ce
premier profit que le parti républicain, croyant à la
sincérité d'une pareille déclaration, dans la bouche
d'un homme parvenu à cet âge et d'une expérience
si consommée, croyant à la clairvoyance d'un homme
qui ne s'était jamais trompé, — je ne dis pas dans les
questions de gouvernement, mais dans les prévisions
politiques, — n'a pas craint d'aller à lui et de reconnaître la sûreté de ses indications et de ses conseils.
Il est né de ce rapprochement, entre l'homme qui représente le plus exactement possible ce que l'on est
convenu d'appeler, dans un langage assez peu correct,
mais que tout le monde comprend, la bourgeoisie
française, et le parti de la démocratie républicaine ; il
est né ce grand parti national qui veut la République
pour gouvernement et qui est devenu le bouclier de
l'ordre et de la liberté, le support même de la légalité
dans ce pays. (*Très bien! très bien!*) Ce n'est pas tout,
Messieurs : à la suite de ce rapprochement opéré à la
face de tous, on a compris, comme par enchantement,
dans ce parti républicain, toujours si généreux, si ouvert aux plus nobles sentiments, la nécessité d'abjurer

le vieil esprit d'exclusion, de suspicion, d'hostilité envers tous ceux qui, loyalement et sans arrière-pensée, voudraient entrer dans cette alliance. Peu à peu, ce progrès est descendu jusqu'au fond de la démocratie française et l'a pénétrée. Il en est résulté un immense mouvement d'apaisement, de concorde, d'union, de cette union féconde et bienfaisante dont vous parliez tout à l'heure, mon cher et ancien maître (M. Jules Favre), de cette union qui, poursuivie et maintenue dans les circonstances les plus critiques, ne pourra que s'affermir et se développer, produire tous ses fruits, contribuer au relèvement de la patrie commune. Car, Messieurs, laissez-moi vous exprimer ma conviction tout entière, je ne dis pas que l'ancienne fortune, mais je dis que le vieil esprit libéral, le génie même de la France recommence à nous sourire. (*Très bien! très bien! — Applaudissements.*)

Associons-nous donc tous au toast porté en l'honneur de cette santé qui a l'air de ne recevoir aucune atteinte ni des fatigues, ni des ans, ni des calomnies, ni des injustices, ni des ingratitudes ; de cette santé que l'on présente cependant, dans certains journaux, comme une espèce de péril pour le pays, (*Rires*) car on en est venu, dans cette presse immonde, dernier legs de l'immonde régime qui a failli nous perdre, à compter les jours qui restent à vivre à l'homme que l'Europe regarde comme le premier citoyen de la France. (*Très bien! — Marques unanimes d'assentiment. — Applaudissements répétés.*)

Messieurs, l'union, la concorde, j'ose le dire au nom de tout le parti républicain, sont assurées de persister sur tous les points du territoire, si la démocratie républicaine acquiert, comme c'est mon espoir, la connaissance tous les jours plus claire, plus précise, de la sincérité, de la droiture et de la loyauté des intentions de ceux qui viennent au drapeau de la République. Les républicains sont ainsi faits qu'ayant voulu, d'un amour obstiné et persévérant, deux choses dans ce pays : le salut de la patrie et la fondation de la République, ils n'auront pas de satisfaction supérieure, de joie civique plus grande, entendez-le bien, que de voir la République aidée dans sa fondation et dans ses commencements par ceux mêmes qui, jusque-là, en avaient été les inconscients obstacles. (*Bravos.*) Nous verrons cela, Messieurs, et la France le verra avec nous! (*Bravos enthousiastes.*) Alors, Messieurs, ayant réuni autour d'elle tous ses enfants, ayant écarté et déposé toutes les rivalités et toutes les suspicions, la France présentera à l'univers entier le faisceau de toutes ses forces libérales et démocratiques; elle pourra faire front à l'ennemi du dedans, qui est le césarisme; elle pourra montrer à l'étranger qu'elle ne vient pas troubler la paix du monde; elle pourra dire aux peuples éblouis par cette résurrection : Rendez votre estime à cette nation qui a été châtiée outre mesure, car, maintenant, ses enfants lui ont enfin donné le gouvernement qu'il lui faut, le gouvernement que depuis quatre-vingts ans elle poursuit à travers toutes les émeutes, toutes les révolutions et toutes les dictatures, le gouvernement qui seul pouvait clore pour toujours sa longue, sanglante et glorieuse Révolution. (*Très bien! très bien! — Applaudissements prolongés.*)

Messieurs, je crois qu'il est bon de dire ces choses dans ce Versailles dont on évoquait tout à l'heure les souvenirs révolutionnaires, dans Versailles qui a vu naître Hoche, ce héros républicain qui, s'il eût vécu, eût refoulé de son épée les entreprises des prétoriens. Oui, depuis quatre-vingts ans, la France, inquiète et voulant rester une grande démocratie, la France a compris enfin qu'elle ne peut trouver de gouvernement, d'ordre, de paix intérieure, qu'elle ne peut rencontrer la fixité dans son existence que sous l'égide de la République. (*Oui! — Très bien! — Bravos.*) C'est

ce que les conservateurs ont longtemps refusé de voir,
c'est ce que voient aujourd'hui clairement les hommes
qui appartiennent à cette bourgeoisie qui a rédigé et
proclamé la Déclaration des droits, qui a prêté le
serment du Jeu-de-Paume, les hommes de cette
bourgeoisie dévoyée par le Consulat, corrompue par
le premier Empire, affolée par le second, de cette
bourgeoisie qui, illuminée par la lueur terrible de nos
catastrophes nationales, veut aujourd'hui la République. Il lui appartient de rallier tout le peuple et de
donner à ce pays le gouvernement qui lui convient,
à la démocratie française les institutions qu'elle
attend, c'est-à-dire la République. (*Oui! — Très bien!
— Applaudissements.*)

Messieurs, j'en ai l'assurance, nous fonderons cette
République sur l'union de tous les bons Français, de
tous les patriotes, car, aujourd'hui, c'est surtout à la
France qu'il faut penser, et il est juste de dire que, si
l'on n'était pas républicain par principe, il faudrait le
devenir par patriotisme. (*Vive approbation. — Applaudissements prolongés.*)

# DISCOURS

*Prononcé le 29 juin 1874*

## AUX OBSÈQUES DE VIOX [1]

---

La *République française* du 1er juillet 1874 publiait les lignes suivantes :

« Les obsèques de M. Viox ont eu lieu le 29 juin à Versailles, à une heure et demie. Une voiture des pompes funèbres est venue prendre le corps du défunt, avenue Saint-Cloud, n° 5, pour le transporter à la gare de l'Est, à Paris, d'où il doit être dirigé sur Lunéville, sa ville natale, où aura lieu la cérémonie funèbre. Comme aucune cérémonie religieuse n'a présidé à la levée du corps, le bureau de l'Assemblée n'avait donné aucun ordre pour que les honneurs officiels fussent rendus.

« Le deuil était conduit par M. Camille Viox, fils du défunt, assisté des députés de Meurthe-et-Moselle, MM. Varroy, Brice, Laflize, Ancelon, Claude, Berlet, Bamberger et Deschange. Plus de cent députés républicains suivaient le cortège.

« Arrivé hors de Versailles, à la grille de l'avenue de Paris, le char funèbre s'est arrêté. Les assistants s'étant formés en cercle, M. Gambetta a prononcé l'allocution suivante :

Messieurs et chers concitoyens,

Nos honorables collègues républicains du département de Meurthe-et-Moselle m'ont demandé de prononcer, devant les restes mortels de notre cher et

1. Viox (Antoine-Joseph), né à Lunéville en 1813, commissaire de la république après le 24 février 1848, représentant de la Meurthe

regretté ami Antoine-Joseph Viox, une dernière parole
d'adieu. Quelque cruelle que soit cette mission, je
n'ai pas cru devoir la décliner, me souvenant que,
collègue de Viox, j'ai eu l'honneur d'être élu par ses
concitoyens dans les mêmes circonstances, à jamais
douloureuses, et sur la même liste. C'est à ces titres
que j'ai cédé aux sollicitations de nos amis.

Que vous dirai-je de cet homme fidèle à ses convictions, dévoué aux principes républicains qu'il a servis
jusqu'à l'immolation de sa fortune et de sa santé?
Que vous dirai-je, que vous ne sachiez mieux que moi,
de cet homme de cœur, de ce bon Français? Vos souvenirs sur cette existence sont trop présents, au
milieu du deuil que sa perte nous cause, pour que je
m'abandonne à de longues paroles.

Mais, comme la vie de chacun des membres du parti
républicain doit servir, à la fois, d'exemple et d'enseignement, il est bon de ne pas laisser partir pour un de
ces départements morcelés et mutilés, pour un de ces
départements de notre chère Lorraine, un homme
comme celui que nous venons de perdre, sans dire
hautement ce qu'il a été, ce qu'il a fait pour sa patrie,
ce qu'on avait encore le droit d'attendre de lui, ce que
nous attendons des siens.

Messieurs, l'homme qui siégeait encore, il y a quelques jours, sur nos bancs, n'était pas entré, pour la
première fois, dans les Assemblées du pays, le 8
février 1871. Il avait figuré à la Constituante en 1848 ;
il cherchait déjà, de concert avec nos devanciers, à
fonder la République en France. Après le 2 décembre
1851, il dut expier, en exil, pendant près de dix ans,
le crime d'avoir voté contre les usurpateurs qui se
dénonçaient dès lors par leurs manœuvres contre

à l'Assemblée constituante, proscrit de décembre, représentant
de la Meurthe à l'Asssemblée nationale, mort à Versailles le
27 juin 1874.

l'Assemblée nationale. Pendant ces dix années d'exil, il ne cessa de réconforter ses amis autour de lui et de donner l'exemple de la fermeté dans la protestation, mais aussi dans la modération.

Aussi, lorsqu'après l'amnistie il put rentrer en France, ses compatriotes, ses concitoyens songèrent immédiatement à lui pour l'envoyer revendiquer le droit contre l'homme qui l'avait confisqué ; et, malgré la candidature officielle, malgré la pression administrative, ce fut à quelques voix seulement qu'il échoua dans la lutte électorale qu'il avait entreprise contre le candidat de l'empire.

L'empire ! il l'avait jugé, il l'avait apprécié à sa juste valeur, et, s'il faut tout dire, Viox meurt des fautes et des désastres accumulés par l'empire sur son pays. Oui ! cet homme, dès 1869, jeta le cri d'alarme au milieu des populations qui bordaient la frontière de l'Est. Républicain, mais Français avant tout, ce qui le préoccupait, ce qui augmentait le mal qu'il avait rapporté d'exil, c'étaient les malheurs qu'il voyait poindre sur la frontière française ; on peut dire que sa clairvoyance était excitée par le voisinage de l'ennemi, et, dès 1870, dans un écrit qu'il publiait à Lunéville et qui est resté célèbre, il annonçait ce qui sortirait de ce détestable plébiscite, la guerre, alors que, mensongèrement, on disait partout et à tous qu'il était la paix. Il avait vu les fruits de cette politique haïssable qui, tour à tour, avait troublé, menacé, désaffectionné les peuples de l'Europe et qui devait, par un retour immérité contre la France, attirer sur elle les plus extrêmes, les plus terribles catastrophes.

Viox est mort à la peine, à la tâche, ne cherchant dans le triomphe de ses convictions que l'agrandissement, que le relèvement de sa patrie.

Voilà l'homme que nous avons connu jusqu'au dernier jour ; il est mort en emportant un suprême espoir, une suprême consolation, c'est que cette

République, à laquelle il avait voué tout ce qu'il avait d'intelligence, de cœur; d'esprit de sacrifice, pourrait, grâce à l'union de tous les Français, au moins luire sur sa tombe et consoler les dernières années de sa vie.

Je n'ajouterai rien à ce que je viens de dire. Ailleurs, dans sa Lorraine, parmi les siens, lorsqu'il sera rentré auprès de ceux qui l'ont précédé dans la vie et aussi dans la tombe, on saura lui rendre un plus complet, mais non pas un plus sincère et plus cordial hommage. (*Profonde émotion.*)

# DISCOURS

SUR

UNE PROPOSITION DE M. HENRI BRISSON

(Nomination d'une commission de quinze membres chargés d'examiner
s'il n'y a pas lieu de citer M. de Saint-Genest à la barre de l'Assemblée)

SUR UNE RÉPLIQUE DE M. CHARREYRON

ET

## SUR LE PROJET DE LOI DE PROROGATION

*Prononcés les 11, 13 et 31 juillet 1874*

A L'ASSEMBLÉE NATIONALE

---

Nous avons raconté (page 214) que l'Assemblée nationale,
dans la séance du 15 juin, avait voté l'urgence sur la proposition de M. Casimir Perier tendant à l'organisation de la
République, et sur le contre-projet de M. Lambert de Sainte-
Croix tendant à la prolongation du provisoire. Dès le
17 juin, la commission des Trente se saisit de ces deux propositions, et le 28, après six séances de discussions longues
et complexes, elle rejeta par dix-huit voix contre six la
proposition de M. Casimir Perier. Le plan du duc de Broglie
et de M. de Fourtou était ingénieux. Une fois repoussée par
la commission, la proposition Perier ne pouvait plus être
discutée par l'Assemblée que comme amendement, et, à ce
titre, elle ouvrait le débat, elle serait rejetée, et le projet
Lambert de Sainte-Croix resterait seul pour rallier les voix
des indécis de tous les groupes et pour consacrer, sous
une nouvelle étiquette, la continuation du *statu quo.* « Ce
sera l'anarchie obligatoire », disait spirituellement M. Cézanne. M. Dufaure pénétra le plan du duc de Broglie et, pour

le déjouer, demanda l'élection immédiate d'un rapporteur
chargé d'exposer les raisons du rejet de la proposition
Perier. Naturellent MM. Batbie, Chesnelong et de Larcy s'opposèrent à cette demande, et M. Lambert de Sainte-Croix
proposa de formuler en quelques articles les points essentiels des lois organiques à élaborer. La majorité de la commission se rangea à cette idée. « Les Trente nommèrent
alors une sous-commission de trois membres [1] chargée de
leur faire un rapport sur la manière dont il serait possible
de chercher un moyen qui permit de trouver une façon
d'imaginer une formule à l'aide de laquelle on pût essayer
de proposer à l'Assemblée des résolutions rédigées en un
projet propre à garantir les plus heureux effets, sans cependant que l'on ait rien fait du tout. » Cette boutade attribuée
à M. Laboulaye caractérise à merveille l'œuvre bizarre qui
fut préparée par ladite sous-commission et qui porte, dans
l'histoire de l'Assemblée nationale, le nom patronymique
de Ventavonat.

M. Dufaure ayant été battu dans la commission, le duc de
Broglie se croyait assuré du succès, quand les légitimistes
rentrèrent bruyamment en scène. Le 4 juillet, l'Union publia
un nouveau manifeste du comte de Chambord, et tout
l'échafaudage, laborieusement élevé par les partisans du
septennat personnel, s'écroula du coup. Le comte de
Chambord déclarait en effet, dans ce document, « qu'il
était prêt aujourd'hui comme il l'était hier, » « que la
royauté légitime pouvait seule sauver le pays, qui avait
assez souffert, » « que la monarchie chrétienne et française
était dans son essence même une monarchie tempé-
rée, » et que, « la maison de France étant sincèrement et
loyalement réconciliée, il était temps que chacun, dans sa
conscience, pesât les responsabilités du présent et songeât
aux sévérités de l'histoire ». Le centre droit fut consterné.
« La lettre du 27 octobre a fait le septennat, s'écria un
des amis du duc de Broglie, le manifeste du 2 juillet
fera la République. » La prévision était exacte. Du moment que la terrible franchise du comte de Chambord
rendait impossible la prolongation de la politique d'é-
quivoque, il fallait renoncer au septennat personnel, qui

1. MM. de Ventavon, Napoléon Daru et de Lacombe.

était le septennat proprement dit, il fallait constituer la République. Le cabinet, qui s'aperçut de cette fatalité, en perdit tout sang-froid. L'*Union*, qui avait publié le manifeste, fut frappée d'une suspension de quinze jours « pour sa persistance à dénier dans leurs caractères essentiels les pouvoirs confiés au maréchal ».

Cette suspension était une déclaration de guerre au parti légitimiste. « Nous sommes certains, avait dit M. de Castellane, que le maréchal de Mac-Mahon ne laissera jamais attendre le roi de France à la porte du septennat. » Or le roi de France venait de frapper tout doucement à cette porte du septennat, et c'était par la suspension de son journal officiel qu'il lui était répondu! M. Lucien Brun déposa aussitôt une demande d'interpellation dont la discussion fut fixée au 8 juillet. La gauche décida de saisir cette occasion de renverser M. de Fourtou. Le centre gauche, après quelque hésitation, adopta la même ligne de conduite. Il y avait, en effet, pour le parti républicain, un double intérêt à mettre le cabinet du 22 mai en minorité, fût-ce au prix d'un vote de coalition avec l'extrême droite : M. de Fourtou était, au pouvoir, le représentant des bonapartistes, et le cabinet renversé, c'était la condamnation irrévocable du septennat personnel.

La séance du 8 juillet fut instructive. M. Lucien Brun commença par poser la question avec beaucoup de netteté : « L'acte du 20 novembre, dit l'orateur légitimiste, a réservé la question de la forme du gouvernement. Cette question, le ministère a voulu la résoudre de son chef, en présentant le septennat comme constituant par lui-même un système gouvernemental établi et temporairement inattaquable. Il a ainsi prétendu interpréter administrativement ce qui ne devait être tranché que parlementairement. J'adjure l'Assemblée de faire respecter sa souveraineté violée par cette tentative. » M. de Fourtou répondit que l'Assemblée avait enchaîné son autorité à l'égard de la durée des pouvoirs irrévocablement confiés au maréchal de Mac-Mahon, et que le devoir du cabinet était, en conséquence, de réprimer toute propagande incompatible avec l'exercice paisible et normal de la magistrature septennale. C'était mettre directement en cause le septennat personnel. L'Assemblée répondit en rejetant, à 38 voix de majorité, l'ordre du jour présenté par M. Pâris et dont le général de Cissey, vice-président du conseil, avait réclamé l'adoption. Cet ordre du jour, dont le rejet était la véritable signification de la séance, était ainsi conçu : « L'Assemblée, résolue à soutenir énergiquement les pouvoirs concédés pour sept ans au maréchal de Mac-Mahon, président de la République, et réservant l'examen des questions soumises à la commission des lois constitutionnelles, passe à l'ordre du jour. »

Au sortir de la séance, qui s'était tristement terminée par le vote, sur la proposition du général Changarnier, de l'ordre du jour pur et simple, tous les ministres donnèrent leur démission. Ils considéraient avec raison que le septennat proprement dit venait d'être condamné sans appel. Mais le maréchal de Mac-Mahon s'obstina. Il refusa la démission des ministres, et le 9 juillet, à l'ouverture de la séance, le général de Cissey donna lecture du message suivant :

« Messieurs,

« Lorsque, par la loi du 20 novembre, vous avez remis, entre mes mains, le pouvoir exécutif pour sept ans, vous avez voulu, en plaçant au-dessus de toute contestation le mandat que je tenais de vos suffrages, donner aux intérêts la sécurité qui leur est nécessaire et que des institutions précaires sont impuissantes à leur procurer.

« Le vote de l'Assemblée m'a imposé de grands devoirs dont je suis comptable envers la France, et auxquels, dans aucun cas, il ne m'est permis de me soustraire. Il m'a conféré des droits dont je ne me servirai jamais que pour le bien du pays.

« Les pouvoirs dont vous m'avez investi ont une durée fixe. Votre confiance les a rendus irrévocables, et, devançant le vote des lois constitutionnelles, vous avez voulu, en me les attribuant, enchaîner votre souveraineté.

« Ces pouvoirs, dont le terme ne peut pas être abrégé, j'userai pour les défendre des moyens dont je suis armé par les lois. En le faisant, du reste, je répondrai, j'en suis convaincu, à l'attente et à la volonté de l'Assemblée, qui, lorsqu'elle m'a placé pour sept ans à la tête du gouvernement de la France, a entendu créer un pouvoir stable, fort et respecté.

« Mais la loi du 20 novembre doit être complétée. L'Assemblée, qui a promis de donner au pouvoir fondé par elle les organes sans lesquels il ne saurait utilement fonctionner, ne peut songer à décliner son engagement : qu'elle me permette aujourd'hui de le lui rappeler d'une manière pressante et d'en réclamer d'elle la prompte exécution.

« Le pays appelle de ses vœux l'organisation des pouvoirs publics, qui sera pour lui un gage de stabilité. Il faut que les questions réservées soient résolues; de nouveaux délais, en prolongeant l'incertitude, pèseraient sur les affaires, nuiraient à leur développement et à leur prospérité.

« Le patriotisme de l'Assemblée ne faillira pas aux obligations qui lui restent à accomplir; elle donnera au pays ce qu'elle lui doit et ce qu'il attend.

« Au nom des plus grands intérêts, je l'adjure de compléter son œuvre, de délibérer sans retard sur les questions qui ne doivent pas rester plus longtemps en suspens; le repos des esprits l'exige.

« Unis dans la même responsabilité, l'Assemblée et le gouvernement voudront accomplir ensemble tous les devoirs qui leur sont imposés. Il n'en est pas de plus impérieux que celui qui consiste à assurer au pays, par des institutions régulières, le calme, la sécurité, l'apaisement dont il a besoin.

« Je charge mes ministres de faire connaître sans retard à la commission des lois constitutionnelles les points sur lesquels je crois essentiel d'insister.

« *Le président de la République,*

« Le maréchal DE MAC-MAHON, duc DE MAGENTA. »

A peine le vice-président du conseil eût-il achevé la lecture du message, que M. Casimir Perier monta à la tribune pour demander à l'Assemblée de vouloir bien inviter la commission des Trente à présenter, à bref délai, son rapport sur la proposition du centre gauche qui lui avait été renvoyée le 15 juin avec déclaration d'urgence. « Je suis heureux, disait M. Casimir Perier, de me rencontrer dans l'expression de ce vœu avec le maréchal de Mac-Mahon. » M. Batbie, président de la commission des Trente, répondit que la commission venait d'adopter un projet d'ensemble et de nommer pour son rapporteur M. de Ventavon. — M. Raoul Duval déposa sur le bureau une proposition de dissolution suivie d'élections générales pour le mois d'octobre 1874.

Comme les conseillers du maréchal auraient dû s'y attendre, le ton impératif du message du 9 juillet donna lieu aux commentaires les plus vifs. Le lendemain 10, M. Bertauld, député du centre gauche, interrogea le général de Cissey « sur la question de savoir s'il avait entendu revendiquer pour le président de la République et dénier à l'Assemblée le droit de déterminer le caractère et la portée constitutionnelle ou simplement législative de la loi du 20 novembre ». La discussion sur l'interpellation de M. Bertauld ayant été remise au débat sur les lois organiques, M. Durand de Bûcheron, dit *Saint-Genest*, publia dans le *Figaro* un article qui, présenté par son auteur comme un commentaire officieux du message, conseillait au maréchal de s'inspirer à l'occasion de l'exemple du général espagnol Pavia et de disperser l'Assemblée. Cet article fut l'origine d'un incident parlementaire que nous devons rappeler.

Dès le début de la séance du 11 juillet, M. Martel, qui présidait, avait annoncé qu'il avait reçu une demande d'interpellation signée de M. René Brice, au sujet « des attaques persistantes dirigées par une certaine presse contre les droits et l'indépendance de l'Assemblée ». Le ministre de la justice Tailhand ayant répondu que le conseil des ministres avait décidé de suspendre le *Figaro* pour quelques jours, M. René Brice avait retiré son interpellation à la surprise générale des centres, et la majorité avait remis à un mois la discussion de cette même interpellation reprise par M. Lepère. M. Henri Brisson demanda aussitôt la parole et déposa une résolution ainsi conçue : « Nous proposons à l'Assemblée nationale de nommer, en vertu de l'article 15 de la loi de 1822, une commission chargée d'examiner s'il n'y a pas lieu de citer à sa barre M. Saint-Genest à raison de l'article signé de lui et paru dans le numéro du *Figaro* portant la date du 12 juillet 1874. » M. Brisson demande l'urgence pour cette proposition et donne lecture à l'Assemblée de l'article révolutionnaire de M. Saint-Genest.

M. LE PRÉSIDENT. — M. Charreyron a la parole contre l'urgence.

M. CHARREYRON. — Messieurs, je demande la parole et je viens protester contre la demande d'urgence. Je n'ai pas besoin de vous dire, Messieurs, que je désapprouve de toute mon âme toute attaque contre les droits de cette Assemblée. (*Ah! ah! à gauche.*) Mais les premiers desquels l'Assemblée doit attendre le respect, ce sont ses membres eux-mêmes, et cependant les premiers qui ont donné à des journalistes l'exemple des attaques contre lesquelles on veut s'armer aujourd'hui, ce sont ceux qui, dans des réunions publiques, ont dit que cette Assemblée était un cadavre qui n'attendait plus que le fossoyeur. (*Applaudissements répétés sur plusieurs bancs au centre et à droite.*)

M. GEORGES PERIN. — Ceux-là ne poussaient pas l'armée à faire passer l'Assemblée par les fenêtres.

*Voix à gauche.* — Ils ne provoquaient pas un coup d'État.

M. CHARREYRON. — Je suis étonné qu'à ce moment-là aucun de ceux qui, aujourd'hui, réclament une répression, ne soit venu à cette tribune pour demander justice contre celui qui avait prononcé cette parole factieuse. (*Très bien! très bien! et applaudissements sur les mêmes bancs.*)

M. ÉDOUARD LOCKROY. — Il ne prêchait pas le coup d'État!

M. ANTONIN LEFÈVRE-PONTALIS. — C'était le coup de la rue!

M. ÉDOUARD LOCKROY. — Celui qui a dit cela n'était pas un agent du pouvoir exécutif. (*Rumeurs à droite.*)

M. GAMBETTA. — Je demande la parole.

M. CHARREYRON. — Je n'entends pas les interruptions dont je suis l'objet. J'entends seulement qu'on me dit que ceux-là ne proposaient pas de jeter l'Assemblée par les fenêtres. (*Oui! oui!*)

Je comprends parfaitement. Mais j'ajoute que celui qui, devant le pays tout entier, a dit qu'une Assemblée élue par le suffrage universel n'était plus qu'un cadavre sur lequel le fossoyeur devait jeter une pelletée de terre, celui-là appelait l'insulte et la rébellion (*Très bien! très bien! à droite.*)

Eh bien, je déclare quant à moi que l'Assemblée doit repousser toutes les violences d'où qu'elles viennent, que l'Assemblée a un mandat solennel, souverain, qu'elle accomplira comme il lui plaira. (*Exclamations ironiques à gauche.*) Mais dans la situation actuelle, en présence de la loyauté reconnue par tous, de l'honnêteté sans tache du grand citoyen auquel vous avez, par la loi du 20 novembre dernier, confié le pouvoir exécutif, votre demande d'urgence est complètement inutile, et je prie l'Assemblée de la repousser. (*Très bien! très bien! — Applaudissements sur divers bancs à droite et au centre. — Aux voix! aux voix!*)

M. GAMBETTA. — Messieurs, je ne veux dire qu'un mot en réponse à l'honorable M. Charreyron.

Il a cité avec beaucoup d'animation et de passion... (*Réclamations à droite.*)

Il a cité avec un extrême sang-froid, si cela vous plaît mieux... (*Rires à gauche. — Rumeurs à droite.*)

*Un membre à droite.* — Avec indignation !

M. GAMBETTA. — Avec indignation.

Il a cité un mot que M. le général Changarnier a trouvé le premier et que je n'ai jamais prononcé... (*Exclamations sur quelques bancs à droite.*)

Vous faites de l'éloquence depuis trois ans sur ce mot-là, et vous n'avez jamais vérifié s'il était ou n'était pas dans le discours.

Eh bien, vous lirez le texte, et vous verrez que ce mot n'y est pas. (*Rires et applaudissements à gauche.*)

Mais si vous refusez l'urgence de la proposition en face de journalistes qui ne sont pas de simples publi-

cistes et qui se targuent, entendez-le bien, d'avoir les
faveurs des pouvoirs publics, le mot et la chose se
trouveront dans l'Assemblée avant peu. (*Nouveaux
applaudissements à gauche. — Exclamations à droite. —
Aux voix ! aux voix !*)

L'Assemblée consultée rejette, par 330 voix contre 240, la
demande d'urgence sur la proposition de M. Henri Brisson.

Le surlendemain 13 juillet, l'incident soulevé par M. Charreyron ramena M. Gambetta à la tribune.

M. LE PRÉSIDENT. — La parole est à M. Charreyron
pour un fait personnel.

M. CHARREYRON. — Messieurs, dans la séance d'avant-
d'hier, l'honorable M. Gambetta s'exprimait ainsi :

« M. GAMBETTA. — Messieurs, je ne veux dire qu'un
« mot en réponse à l'honorable M. Charreyron.

« Il a cité avec beaucoup d'animation et de pas-
« sion... (*Réclamations à droite.*)... Il a cité avec un
« extrême sang-froid, si cela vous plaît mieux... (*Ri-
« res à gauche. — Rumeurs à droite.*)

« *Un membre à droite.* — Avec indignation !

« M. GAMBETTA. — Avec indignation.

« ..... Il a cité un mot que M. le général Changarnier
« a trouvé le premier et que je n'ai jamais prononcé.
« (*Exclamations sur quelques bancs à droite.*)

« Vous faites de l'éloquence depuis trois ans sur ce
« mot-là, et vous n'avez jamais vérifié s'il était ou
« n'était pas dans le discours.

« Eh bien, vous lirez le texte, et vous verrez que ce
« mot n'y est pas. »

Messieurs, vous comprenez que je ne pouvais pas
rester sous le coup d'une pareille accusation d'inexac-
titude et de légèreté. (*Exclamations à gauche.*)

Je demande tout simplement à l'Assemblée la permission de lire la pièce.

M. LE PRÉSIDENT. — Permettez ! Il ne s'agit pas en

ce moment d'une rectification au procès-verbal. Le procès-verbal a constaté ce qui s'est passé dans la séance ; le procès-verbal est exact : il a été adopté. M. Charreyron m'a demandé la parole pour un fait personnel ; mais je crois qu'il serait regrettable de ranimer, sous forme de réclamation pour un fait personnel, les débats d'une séance antérieure. (*Assentiment.*)

M. CHARREYRON. — Je demande tout simplement à lire sans commentaire le discours de M. Gambetta... (*Rires ironiques à gauche*), c'est-à-dire le passage du discours de M. Gambetta, tel qu'il a été reproduit par le *Réveil du Dauphiné* du 23 septembre 1872.

M. LASERVE. — Il faudrait le prendre tel qu'il a été publié par M. Gambetta lui-même !

M. CHARREYRON. — Voici, Messieurs, le passage tel qu'il est reproduit par le *Réveil du Dauphiné*.

*Plusieurs membres à gauche.* — Lisez tout ! (*Murmures à droite.*)

M. CHARREYRON. — Ce discours était prononcé au mois de septembre 1872 :

« Il est hors de doute que lorsque le Parlement se réunira à Versailles, il dira : Il n'y a pas un moment à perdre ! il faut constituer la République. En d'autres termes, l'on sent malgré soi, non pas que la dissolution est à demander, mais qu'elle est faite ; car si l'on ne comprenait pas que la dissolution est là, qui attend cette Assemblée de Versailles, comme le fossoyeur attend le cadavre pour jeter sur lui la dernière pelletée de terre, on ne parlerait pas de se marier *in extremis* avec la République. » (*Mouvements divers.*)

*Plusieurs membres au centre.* — Assez ! Aux affaires !

M. CHARREYRON. — Je devais croire ce compte rendu très sincère, car il n'a pas été fait par des adversaires de M. Gambetta ; il a été publié par le *Réveil du Dauphiné*, le lendemain même du jour où M. Gambetta prononçait son discours.

Ce discours a été reproduit également par le journal *le Siècle* du 1er octobre 1872, qui contient, dans des termes identiques, le passage dont je viens de donner lecture.

J'ai donc suffisamment démontré que j'avais vérifié les textes et que je n'avais rien allégué sans preuve à l'appui. (*Très bien! à droite et au centre droit.*)

M. GAMBETTA. — Je ne veux pas prolonger cette querelle qui rappelle trop les controverses engagées autrefois sur la proposition de Jansénius que tout le monde attaquait et que personne n'établissait... (*Rires et mouvements divers*). Je veux simplement dire ceci :

Vous avez déjà remarqué que la phrase citée par l'honorable M. Charreyron n'est pas tout à fait semblable à la phrase telle que l'a reproduite le *Réveil du Dauphiné*.

Je vous prie, Messieurs, de ne pas vous acharner plus longtemps sur ce cadavre. (*Sourires à gauche.*)

Je ne fais d'ailleurs nulle difficulté pour reconnaître que la phrase reproduite par le journal de Grenoble présente une image qui n'a rien de gai, et que vous avez raison de vous en plaindre : je la trouve moi-même excessive ; mais je maintiens, quoique le compte rendu ait été fait, comme l'a dit notre honorable collègue, par mes amis politiques, qu'il ne reproduit point textuellement la phrase que j'ai prononcée.

*Voix diverses à droite.* — La retirez-vous? — Vous rétractez-vous?

M. GAMBETTA. — Oh! calmez-vous, Messieurs! La phrase textuelle, celle que j'ai véritablement prononcée, dit, en d'autres termes, exactement la même chose; ce que je viens vous présenter, ce n'est donc pas, le moins du monde, une atténuation de mes paroles, c'est leur exactitude littérale.

J'ai dit que, derrière l'Assemblée, on voyait déjà marcher le fossoyeur.

Je reconnais, je le répète, que j'ai été excessif en cette occasion; mais, après tout, vous ne vous en êtes portés, depuis, ni mieux ni plus mal. Seulement, modifiant le texte de la phrase, on a dit que si vous vouliez éviter le fossoyeur, vous feriez bien de vous marier avec la République. (*Ah! ah! sur plusieurs bancs à droite. — Très bien! à gauche.*)

C'est là un simple mariage de raison, que vous conclurez tôt ou tard. (*Rires et applaudissements sur divers bancs à gauche.*)

M. DE KERDREL. — Ce ne sera, en aucun cas, un mariage d'inclination.

M. LE PRÉSIDENT. — L'incident est clos.

Nous avons dit plus haut (page 231) que M. de Ventavon avait été chargé par la Commission des Trente de rédiger le rapport sur la proposition de M. Casimir Perier. Grâce aux lenteurs proverbiales de la Commission constitutionnelle, le rapport de M. de Ventavon fut déposé huit jours après celui de M. Daguenet sur le projet de restauration monarchique du duc de la Rochefoucauld-Bisaccia. (Séance du 14 juillet.) M. de Ventavon concluait au rejet de la proposition de M. Casimir Perier, par cette raison qu'elle était incompatible avec la loi de prorogation du 20 novembre. « De même, disait le rapporteur, que l'irrévocabilité de la loi du 20 novembre s'oppose au rétablissement immédiat de la monarchie, parce que le pouvoir exécutif est, par essence, une prérogative royale; de même, la continuité des fonctions du maréchal pendant une longue suite d'années, la nécessité d'attribuer à son pouvoir, pour en assurer la durée, l'irresponsabilité et le droit de dissolution, paraissent peu compatibles avec le régime républicain tel qu'il est défini par l'histoire et par la constitution de divers États. La prorogation du 20 novembre est plus qu'une trêve : c'est la paix conclue pour sept ans. Pourquoi serait-elle inutilement troublée par une déclaration théorique qui n'apporterait au pays ni un soulagement, ni une liberté, qui ne changerait même pas la forme extérieure du gouvernement?

« Mais, dit-on, le système actuel est provisoire, et le provisoire tue le pays. On tenait déjà ce langage en 1871 ; la France, qui se meurt ainsi depuis trois ans, prend cependant chaque année des forces nouvelles. La proclamation demandée par M. Casimir Perier ne serait pas un remède : il vaut mieux garantir pour sept ans à la France la paix intérieure et le fonctionnement d'un gouvernement régulier. Si nous lui donnons encore la possibilité, à l'expiration du terme, de garder ou de changer le régime actuel sans révolution et sans secousse, nous aurons fait tout ce que la prudence permet, tout ce que le patriotisme commande. » En conséquence, la Commission proposait à l'Assemblée, en premier lieu, de rejeter la proposition de M. Casimir Perier, en second lieu de voter, dans la forme du règlement, les articles suivants de la loi constitutionnelle :

« ART. 1er. — Le maréchal de Mac-Mahon, président de la République, continue à exercer avec ce titre le pouvoir exécutif dont il est investi par la loi du 20 novembre 1873.

« ART. 2. — Il n'est responsable que dans le cas de haute trahison.

« Les ministres sont solidairement responsables devant les Chambres de la politique générale du gouvernement, et individuellement de leurs actes personnels.

« ART. 3. — Le pouvoir législatif s'exerce par deux Assemblées : la Chambre des députés et le Sénat.

« ART. 4. — La Chambre des députés est nommée par le suffrage universel, dans les conditions déterminées par la loi électorale.

« Le Sénat se compose de membres élus ou nommés dans les proportions et aux conditions qui seront réglées par une loi spéciale.

« ART. 5. — Le maréchal président de la République est investi du droit de dissoudre la Chambre des députés. Il sera procédé en ce cas à l'élection d'une nouvelle Chambre dans le délai de six mois.

« ART. 6. — A l'expiration dn terme fixé par la loi du 20 novembre 1873, comme en cas de vacance du pouvoir présidentiel, le conseil des ministres convoque immédiatement les deux Assemblées qui, réunies en congrès, statuent sur les résolutions à prendre.

« Pendant la durée des pouvoirs confiés au maréchal de

Mac-Mahon, la révision des lois constitutionnelles ne peut
être faite que sur sa proposition. »

Le ventavonat était le dernier avatar du septennat personnel, mais il était mort-né. Le jour même où M. de
Ventavon déposait son rapport, l'Assemblée repoussait, par
156 voix de majorité, l'impôt du demi-décime proposé par
le ministre des finances (14 juillet) et la retraite de
M. Magne entraînait quatre jours après la démission de
M. de Fourtou (18 juillet). Le ministre de l'intérieur avait
demandé au président de la République la nomination d'un
bonapartiste au ministère des finances en remplacement
de M. Magne et la révocation du préfet de police. Mais,
outre que M. Léon Renault avait su mériter depuis longtemps la confiance du maréchal de Mac-Mahon, l'enquête
sur le comité central de l'appel au peuple avait déjà révélé des faits graves qui avaient vivement impressionné le
président de la République, et M. de Fourtou se heurta à
un refus formel. Le *Journal officiel* du 19 juillet enregistra
sa démission. Le duc de Broglie ayant refusé d'entrer dans
le cabinet, le portefeuille de l'intérieur fut donné par
M. Decazes au général de Chabaud-Latour et la succession de M. Magne à M. Mathieu-Bodet, qui avait voté l'urgence sur la proposition Perier. L'élément bonapartiste se
trouvait ainsi éliminé du cabinet.

Le duc Decazes aurait voulu que le ministère gardât la
neutralité dans la discussion qui allait s'ouvrir sur le rapport des Trente. Le duc de Broglie et l'entourage du maréchal s'y opposèrent. Il fut décidé en conseil des ministres,
le 22 juillet, que le vice-président du conseil prendrait la
parole au nom du gouvernement pour combattre la proposition Casimir Perier. Le maréchal croyait de bonne foi
qu'il trouverait une majorité pour l'étrange projet à qui
M. de Ventavon avait donné son nom et dont M. de Broglie
était le véritable père. Il dit à plusieurs députés de l'ancien
groupe Target qui étaient venus le consulter : « J'ai la conviction que, si l'Assemblée vote les lois que je réclame, le
septennat est en ce moment le seul gouvernement qui puisse
inspirer la confiance et être respecté de tous. »

Nous n'entrerons pas dans le détail du débat qui remplit la
séance du 23 juillet. Défendue par M. Casimir Perier et par
M. Dufaure, combattue par M. Lambert de Sainte-Croix et par

le duc de Broglie, la proposition du centre gauche fut rejetée par 374 voix contre 333, grâce à la déclaration ministérielle qui rallia le bataillon des hésitants. Ce vote parut la
preuve décisive de l'impuissance radicale de l'Assemblée à
constituer un gouvernement définitif. Dès qu'il fut proclamé,
M. de Maleville, président du centre gauche, déposa, au nom
de trois cents députés, une proposition de dissolution et
réclama l'urgence. La coalition se reforma aussitôt. L'urgence fut repoussée par 369 voix contre 340.

Ainsi, l'Assemblée refusait d'organiser la République,
elle refusait de se dissoudre, et cependant elle se savait
incapable de constituer quoi que ce soit en dehors de la
République, que ce fût la Royauté, l'Empire ou le Ventavonat! Il y avait là un véritable défi jeté à l'opinion publique. La presse républicaine protesta avec énergie, et
plusieurs organes du centre droit se joignirent aux journaux de gauche. Mais le duc de Broglie et ses amis étaient
décidés à ne rien entendre. Le président de la République
avait dit dans son message du 9 juillet : « Le patriotisme
de l'Assemblée ne faillira pas aux obligations qui lui
restent à accomplir... Au nom des plus grands intérêts, je
l'adjure de compléter son œuvre, de délibérer sans retard
sur les questions qui ne doivent pas rester plus longtemps en
suspens. » La droite ne fut pas moins sourde aux prières
du maréchal qu'aux représentations de M. Casimir Perier
et de M. Dufaure. C'était au nom des intérêts vitaux du
pays que le *Message* l'adjurait d'organiser sans plus tarder
les pouvoirs publics. Ce fut dans un intérêt qui n'avait rien
de national que les meneurs de la coalition répondirent au
*Message* en demandant l'ajournement d'une discussion qu'ils
étaient incapables de supporter, et, pour éviter la dissolution, des vacances de quatre mois, ce que M. Gambetta
appela, dans une vive interruption, « la dissolution avec
traitement » (séance du 24 juillet). MM. Ernest Picard et
Raoul Duval s'élevèrent en vain, avec la plus grande
énergie, contre le scandale de l'ajournement proposé par
M. de Castellane que fatiguait « une température séné-
galienne », et par le général Changarnier, qui éprouvait
le besoin, disait-il, « de se recueillir et de chercher sur des
rives boisées les doux repos de la vie ». L'Assemblée était
décidée à proclamer elle-même son impuissance par un

vote solennel. L'ajournement fut adopté et 395 voix, contre 308, votèrent l'urgence sur cette proposition de M. Malartre : « L'Assemblée nationale se prorogera, à partir du vote réglant le budget, jusqu'au mardi 13 janvier 1875. » Les légitimistes triomphèrent bruyamment. L'*Union* écrivit que le vote d'ajournement était la revanche du message. — Le parti royaliste n'était plus que le *parti des fatigués*.

Quant au gouvernement, il s'était borné à faire porter à la tribune, par le général de Chabaud-Latour, cette triste déclaration : « Le cabinet ne cesse de désirer le vote le plus prochain des lois organiques, mais il considère que le dépôt des rapports sur ces lois est déjà un commencement de satisfaction donné à ce vœu. L'Assemblée paraissant désirer quelques mois de repos, il s'en remet à sa sagesse. Il demande seulement que la Chambre s'engage à reprendre, dès le lendemain de sa rentrée, la discussion de ces lois qu'il réclame toujours avec la même insistance. »

La gauche ne se laissa pas décourager et livra encore deux batailles, la première, dans la séance du 29 juillet, sur la proposition de dissolution déposée le 23 par M. de Maleville; la seconde, dans la séance du 31, sur la proposition de prorogation qui avait été ainsi modifiée : « L'Assemblée se proroge à partir du 6 août jusqu'au 30 novembre. » La demande de dissolution, défendue par M. Raoul Duval et par M. Lacaze, ne fut rejetée qu'à la faible majorité de 32 voix. Le débat sur la proposition de M. Malartre relative à la prorogation amena M. Gambetta à la tribune dès le début de la séance :

M. GAMBETTA. — Il y a, Messieurs, des devoirs parlementaires qui sont particulièrement difficiles à remplir à certaines heures. Il est hors de doute, cependant, que la loi de prorogation emprunte aux circonstances dans lesquelles elle se présente, au délai qu'elle détermine et aux conséquences qu'elle peut avoir, un caractère essentiellement politique. Et alors, quoiqu'il soit, avec la disposition d'esprit de l'Assemblée et en présence du petit nombre de membres assis sur ces bancs, également difficile de parler, également difficile de se taire, vous me pardonnerez de vous présenter quelques observations sur la nature des vacances qu'on vous sollicite de prendre.

Il me paraît impossible, en effet, qu'on puisse raisonnablement justifier devant le pays, surtout au lendemain des quinze derniers jours de discussion, une prorogation aussi prématurée et aussi longue.

Je dis qu'il est bon de rechercher devant le pays si cette prorogation, qui n'est pas autre chose qu'un expédient de politique parlementaire, n'implique pas une déclaration d'impuissance, impuissance contre laquelle vous ne pourrez pas réagir plus tard, et qu'il serait plus sage, plus politique, plus patriotique de reconnaître tout de suite.

Eh bien, dans les divers débats qui se sont engagés devant vous, tant sur la proposition de M. Casimir Perier que sur la dissolution, il y a eu un argument qui revenait constamment sur les lèvres des orateurs, à quelque côté de cette Assemblée qu'ils appartinssent : c'est que les uns alléguaient votre impuissance, tandis que les autres faisaient des efforts désespérés pour la dissimuler. Et c'est peut-être pour vous donner à vous-mêmes un moyen de protester contre cette impuissance, que vous avez voté, à la majorité de 38 voix, contre la prise en considération de la dissolution.

J'estime donc que la véritable conséquence de votre vote contre cette proposition de dissolution, sa véritable sanction serait précisément de vous mettre résolument à l'œuvre et de donner suite à cette œuvre sans désemparer, quels que soient les motifs qu'on fasse valoir. Et vraiment, ce sont des motifs indignes d'une grande Assemblée politique, ayant conscience du mandat qu'elle a accepté, des intérêts pressants de la patrie, et songeant surtout à la gravité, au prix des heures qui s'écoulent. (*Très bien! à gauche.*)

Oui, Messieurs, je dis qu'une Assemblée politique
comme la vôtre, qui, à tant de reprises différentes, a
réclamé la souveraineté, réclamé le droit d'organiser
ce pays-ci, de lui faire un gouvernement, ne doit pas
se séparer, pour aller goûter un repos que le pays ne
goûtera pas comme vous... (*Rumeurs à droite. — Très
bien! à gauche.*)

*Une voix.* — Et pourquoi donc?

M. GAMBETTA. — Eh non! Messieurs... avant d'avoir
essayé une dernière fois de donner à ce pays un gouvernement défini. Il est vrai que vous êtes quelque
peu embarrassés; car, après avoir rejeté successivement toutes les combinaisons, vous êtes arrivés à un
projet pour lequel vous n'avez, quoi que vous en
disiez, aucune espèce de goût.

Nous avons pendant assez longtemps discuté sur le
caractère et le titre de vos pouvoirs; nous avons été
de ceux qui ont nié la souveraineté de cette Assemblée
comme elle l'entendait, les pouvoirs constituants de
cette Assemblée comme elle les entendait; mais enfin
il y avait chose jugée de votre part, et sans remonter
à l'origine de vos pouvoirs, en acceptant vos propres
prétentions, on pouvait au moins se demander quelle
était votre compétence au point de vue constituant.

Au 8 février, si tant est que la France vous ait
donné le mandat de lui faire un gouvernement, il n'a
pu surgir dans la pensée d'aucun Français que vous
vous imagineriez d'aller chercher la solution ailleurs
que dans des gouvernements connus, déjà pratiqués,
déjà éprouvés, ayant des racines historiques dans ce
pays, c'est-à-dire répondant à une des trois formules :
empire, monarchie, république. Voilà ce que nous
pouvions supposer, sans esprit de parti, au fond de
votre prétendu mandat constituant.

Mais a-t-il pu entrer dans l'esprit d'aucun de vous
que vous aviez reçu le mandat d'organiser un gouvernement qui ne serait ni l'une ni l'autre de ces trois

formes de gouvernement, qui aurait des désavantages communs à ces trois formes et ne réaliserait qu'une sorte de combinaison artificielle, sans précédent, sans force, sans autorité et presque sans nom, — car vous avez été obligés d'en créer un en faisant un barbarisme ? (*Très bien! très bien! à gauche.*)

C'est ainsi cependant que vous avez compris vous-mêmes l'exercice de ce mandat constituant. Vous avez commencé par éliminer l'empire, et puis vous avez cherché à faire la monarchie. C'était votre droit. Vous vous êtes trouvés subitement, au jour même de l'invasion, si nombreux sur les bancs de l'Assemblée, à Bordeaux, que l'espérance et, permettez-moi aussi de le dire, le vertige vous a pris, et vous avez pensé que la France s'était donnée à vos opinions, alors qu'elle n'avait choisi que vos personnes. (*Réclamations à droite. — Approbation à gauche.*)

Ce que je dis est tellement vrai, qu'aussitôt que vous avez fait paraître vos doctrines, vos visées politiques, vos tentatives de restauration, aussitôt que vous avez essayé de ramener ce pays-ci à des institutions qui se sont écroulées trois fois sous les coups de la volonté populaire... (*Rumeurs à droite. — Très bien! très bien! à gauche*) à l'instant même...

*Une voix à droite.* — Et la République!

M. GAMBETTA. — La République! si de ce côté on m'interrompt, je répondrai qu'elle n'a sombré que dans le guet-apens de Décembre. Vous le savez bien! (*Applaudissements à gauche.*)

M. GALLONI D'ISTRIA. — Le Deux-Décembre a reculé de vingt ans l'avènement de la Commune! (*Bruit.*)

M. GAMBETTA. — Il a fallu le canon de Saint-Arnaud pour avoir raison de la République, vous le savez bien, monsieur Galloni d'Istria.

M. GALLONI D'ISTRIA. — Elle a succombé sous le coup du mépris et de l'horreur de tous les honnêtes gens. (*Bruit à gauche.—N'interrompez pas! n'interrompez pas!*)

M. Gambetta. — Messieurs, j'ai eu le tort de me laisser aller à répondre à une interruption. Le compte entre les honnêtes gens et les hommes du Deux-Décembre est ouvert; on peut même dire que l'histoire s'est chargée de le régler.

M. Hamille. — Et les enquêtes sont imprimées ! (*Rumeurs diverses.*)

M. Gambetta. — Messieurs, je vous assure que j'ai abordé ce débat, sentant toutes les difficultés que j'aurais à parler devant l'Assemblée au jour et à l'heure qui me sont imposés. Par conséquent, je chercherai à commander à ma parole de façon à ne pas exciter les interruptions; mais je demande en grâce qu'on ne me les prodigue pas sans motif et sans raison.

Je voudrais exposer devant vous des raisons absolument étrangères à l'esprit de parti.

Vous me croyez toujours animé d'une passion violente contre vos opinions et vos personnes. (*Légère interruption à droite.*) Je cherche, au contraire, dans l'état où se trouve la France aux regards du monde, à laisser de côté tout ce qui, dans mon cœur et dans mon esprit, relève de l'homme de parti, — que je suis et que je veux rester, — pour ne tenir que le langage d'un homme politique désireux d'arriver à l'union avec les fils de France. (*Interruptions à droite. — Très bien! à gauche.*)

Oui, vous êtes les fils de France, et vous êtes aujourd'hui souverains; il n'y en a pas d'autres. Mais la souveraineté, quand on l'a assumée, doit s'exercer : la souveraineté ne se repose pas. Vous avez pris cette charge d'être des souverains, de représenter l'ensemble des forces de vigilance, de conduite, de garde, de tutelle, de direction de la nation entière; dès lors, tant qu'il vous reste encore quelque chose à faire, vous ne pouvez pas vous donner de repos. (*Approbation à gauche.*)

Oui, je maintiens que le repos que vous allez vous
attribuer est un pur stratagème politique... (*Réclamations à droite. — Assentiment à gauche*) et ce que je
voudrais démontrer, c'est que vos intérêts de parti,
comme les intérêts de l'Assemblée et comme les intérêts du gouvernement, sont d'accord avec les intérêts de la France pour que vous écartiez ces conseils d'empiriques irrités ou peut-être naïfs, car il y a
de tout dans l'empirisme. (*Exclamations diverses. —
Rires ironiques sur quelques bancs à droite.*)

Mais oui ! il y a autant de naïveté que de duplicité,
et on l'a bien vu, malheureusement, puisque les partis
viennent tour à tour à cette tribune s'accuser de s'être
mutuellement trompés, réciproquement surpris, et
qu'on ne peut démêler si c'est la loyauté qui a été
surprise ou si c'est la duplicité qui l'a emporté. (*Très
bien! très bien! et applaudissements à l'extrême gauche.*)

Je dis que si vous vouliez examiner froidement les
raisons qu'on vous présente pour vous solliciter à
prendre quatre mois de congé, c'est-à-dire le tiers de
l'année, sous prétexte que dans cette retraite vos
esprits s'inclineront vers la conciliation et la concorde,
et que les combinaisons de hasard, inadmissibles,
barbares, qu'on vous propose, seront acceptées par
vous après quatre mois de pénitence et de retraite.
(*Rires à gauche. — Exclamations à droite.*)

Eh bien, je ne le pense pas.

*Un membre à droite.* — C'est ici que nous sommes
en retraite !

*Un autre membre à droite.* — C'est ici que nous faisons pénitence !

M. GAMBETTA. — C'est ici, dites-vous, que vous faites
pénitence ! Eh, mon Dieu ! que ne renoncez-vous à
cette discipline volontaire que vous vous donnez?
Votez la dissolution, et vous serez du coup délivrés de
la pénitence et du martyre... (*Rires et applaudissements
à gauche*) et la France vous en saura un grand gré.

Mais je reprends l'examen des divers motifs qui sont donnés par votre commission de prorogation pour vous engager à aller prendre du repos.

On vous a dit d'abord que c'est une échéance traditionnelle, usuelle; on a ajouté que, même pour les plus laborieux, un peu de réfection corporelle est nécessaire. On vous y a invités par des citations latines et françaises; on vous a chanté les charmes de la campagne, et tout le monde ici a présent à l'esprit le nom du poète qui, dans cette Assemblée, a créé le grand parti des Fatigués. (*Rires sur quelques bancs à gauche.*)

Ce ne sont pas là, Messieurs, des raisons dignes d'une Assemblée. Il s'agit, avant tout, de savoir si, depuis que vous êtes réunis, vous avez fait le nécessaire; si vous avez gagné ces vacances que vous voulez prendre... (*Murmures à droite*) si vous ne les prenez pas trop tôt, et surtout si vous laissez derrière vous la sécurité politique, la sécurité gouvernementale.

*Voix à droite.* — Oui!

M. Gambetta. — Nous allons l'examiner.

Cette sécurité gouvernementale, disais-je, sans laquelle ces vacances, loin d'être pour la France entière, pour les affaires, comme vous l'alléguez, un temps de répit, n'apporteront qu'un redoublement d'incertitudes, d'angoisses, et peut-être de ruines matérielles. (*Approbation à gauche.*)

Eh bien, je dis que vous n'avez rien fait depuis que vous êtes réunis, depuis le mois de mai; vous n'avez fait que repousser toutes les combinaisons, toutes les concessions qui vous étaient venues d'un certain côté de l'Assemblée : vous avez refusé tour à tour la République et la dissolution. (*Interruptions à droite.*)

*Un membre.* — Et nous avons bien fait!

M. Gambetta. — J'entends bien, Messieurs, que vous vous glorifiez de votre vote, que vous trouvez qu'il est l'expression de la sagesse politique.

Eh bien, je voudrais, en quelques mots, vous
démontrer ou essayer de vous démontrer que vous
pouvez avoir contre la République des objections que
vous garderez, mais que la République est l'inévitable,
et que, étant l'inévitable, vous devriez agir non pas
en hommes de sentiment, non pas en hommes de préjugés, mais en véritables hommes politiques; vous
accommoder aux réalités, prendre votre parti de
l'existence dans ce pays-ci d'une démocratie invincible, inéluctable, à qui restera certainement la dernière parole... (*Très bien et applaudissements sur plusieurs bancs à gauche. — Mouvements divers.*) et qu'a-
lors, vous mettant en harmonie avec les faits, avec
les nécessités historiques et sociales, faisant taire vos
affections, vos sentiments, les sacrifiant aux intérêts
de la patrie, en face des périls qui peuvent l'assaillir,
vous devriez vous mettre résolument à l'œuvre, et
comprendre que votre place est marquée dans ce gouvernement de la démocratie libre, que vous devez y
jouer un rôle, un rôle éminent, celui que vous assurent votre autorité sociale, vos précédents, vos loisirs,
et que si vous étiez des hommes politiques, au lieu de
repousser la main qui vous était tendue, au lieu de
traiter d'énergumènes, au lieu de traiter d'une façon
qui ne prouve que votre ignorance et votre aveuglement... (*Exclamations à droite. — Marques d'assentiment
à gauche.*)

M. LE PRÉSIDENT. — J'invite l'orateur à expliquer sa
pensée.

M. GAMBETTA. — Messieurs, quand j'ai parlé d'ignorance, je supplie l'Assemblée de croire que je n'adressais pas une injure, que je ne voulais pas porter
atteinte à l'intelligence individuelle de ses membres.

*Plusieurs membres à gauche. —* C'est évident!

M. GAMBETTA. — Mais j'ai voulu dire que vous êtes
entretenus par vos sophistes et vos écrivains habituels
dans l'ignorance des hommes, des idées et des doctri-

nes de la démocratie française. (*C'est cela! — Très bien et applaudissements à gauche.*)

J'ai voulu dire ensuite que c'est cette ignorance qui est la cause de vos fautes politiques... (*Dénégations à droite.*)

*Un membre.* — Quelles fautes?

M. ALPHONSE GENT. — Ils sont infaillibles comme le pape!

M. GAMBETTA. — Oui, Messieurs, c'est une faute politique et une faute peut-être irréparable que cette conduite des conservateurs, alors qu'ils ont éprouvé l'impossibilité de rétablir la monarchie, aucune monarchie; car j'imagine que, puissants comme vous l'étiez par le nombre, et quelques-uns par la distinction et l'éminence des facultés intellectuelles... (*Interruptions diverses*) ayant rencontré la faveur, sinon la complicité du gouvernement et de l'administration française, presque à tous les degrés, ayant au dehors des relations, des appuis que tout le monde connaît, ayant mis en mouvement dans le pays et sur les bancs de cette Assemblée tous les moyens, toutes les influences pour arriver à réunir, à assembler, à fusionner, comme vous disiez dans votre langue, toutes les résistances et toutes les convoitises, vous avez cependant échoué à faire la monarchie. (*Très bien! à gauche.*)

Il faut bien que quelque chose explique cet avortement, cet échec irrémédiable; car, lorsqu'elle est reparue ici, cette monarchie avec tous ses fidèles, la France n'a pas oublié l'accueil que vous lui avez fait.

Je dis que des conservateurs politiques, visant au titre d'hommes d'État, ayant joué et devant encore jouer un grand rôle dans les destinées de la France, après cet avortement irrémédiable de leurs préférences, ont pour premier devoir de se mettre en correspondance avec les vœux et les aspirations de la France, de rechercher ce que veut la France. (*Très bien! très bien! à gauche.*) Ce que veut la France,

Messieurs, ce qu'elle a dit d'une façon non équivoque, ce qu'elle répétera énergiquement, si vous lui rendez la parole, ce qu'elle poursuit d'une infatigable volonté, depuis Bordeaux, c'est la République... (*Réclamations nombreuses à droite. — Oui! oui! — Très bien! très bien! à gauche. — Interruption prolongée.*)

M. LE PRÉSIDENT. — Nous ne discutons pas, en ce moment, la forme du gouvernement, monsieur Gambetta. Je vous ferai l'observation que j'ai faite, dans une autre séance, à un autre orateur : Vous pouvez parfaitement dire que l'Assembléee ne doit pas se séparer parce qu'il y a quelque chose d'urgent à faire ; mais en ce moment il ne s'agit pas de délibérer sur les diverses formes de gouvernement. Il faut que chaque discussion ait sa place. (*Marques d'assentiment.*)

M. GAMBETTA. — Messieurs, je reconnais que l'observation de notre honorable président a sa valeur ; mais qu'il me permette de lui dire que c'est une question de mesure. (*Rumeurs à droite.*)

Il est bien certain, Messieurs, que si je m'étais plus longuement étendu sur cette partie de mes observations, je serais sorti quelque peu de la question. Mais ce que je voulais indiquer à l'Assemblée, pour combattre le projet de prorogation, c'est que, d'échec en échec, d'avortement en avortement, nous avons abouti au septennat, et que si je démontrais que le septennat ne peut être fait dans cette Assemblée pas plus en novembre, en décembre, en janvier qu'aujourd'hui, vous n'auriez aucune raison de prendre des vacances. (*Interruptions à droite et au centre.*)

Je reprends ma pensée, et je dis que la monarchie ayant été essayée... (*Protestations à droite*) ayant été tentée, — vous auriez été jusqu'à une voix près de majorité, avez-vous dit vous-mêmes, — la monarchie ayant été tentée et ayant échoué définitivement devant cette Assemblée, vous le reconnaissez tous... (*Interruptions à droite et au centre.*)

*Un membre à droite.* — Pas du tout.

M. DE LA ROCHEFOUCAULD, DUC DE BISACCIA. — Il n'y a de battu jusqu'à présent dans l'Assemblée que la République !

M. GAMBETTA. — Enfin, Messieurs, lorsqu'on a proposé l'urgence sur la proposition de la monarchie, elle a été refusée.

*A droite.* — Mais non ! mais non !

M. GAMBETTA. — Non ? Eh bien, vous la reproduirez à loisir, vous la jugerez à loisir, et on l'exécutera comme la première fois. (*Très bien ! à gauche.*)

Mais je dis que si, dans l'Assemblée, la raison politique avait sa véritable influence, les hommes qui ne peuvent faire la monarchie devraient s'accommoder des réalités qu'ils ont sous les yeux, et comprendre ce que c'est qu'une démocratie à laquelle, malgré certains efforts, on n'a pas pu enlever le suffrage universel, — et il faut en rendre hommage à la majorité qui l'a maintenu. — Le suffrage universel est le signe, l'expression même de la permanence et de la souveraineté de cette démocratie, et, tant que le suffrage universel lui-même sera conservé, la République sera la véritable forme de gouvernement... (*Interruptions diverses à droite.*)

*Voix à droite.* — A la question ! à la question !

M. GAMBETTA. — Oui, Messieurs, lorsqu'on vous a proposé de prendre votre parti de ces réalités et de faire avec les républicains de toutes les nuances une alliance féconde, vous l'avez refusée, le fait est acquis. Vous avez refusé également de faire la dissolution, le fait est acquis, — je passe très rapidement, — et la seule raison que vous donnez pour aller en vacances, c'est que, si vous entrepreniez dès à présent d'examiner de près la combinaison personnelle, le gouvernement personnel, à droite, à gauche, sur les limites des centres, on rencontrerait une majorité formidable contre cette création artificielle.

Aussi, Messieurs, pour ne pas périr dans ce défilé du septennat, on vous propose d'aller passer quatre mois en vacances et on vous dit : Vous consulterez vos électeurs sur la valeur de cette combinaison! Et, comme on ne doute pas de la réponse, vous reviendrez convertir un septennat qu'on prononcera plus tard stathoudérat.

Voilà la combinaison qu'on fait. Eh bien, je n'ai aucune inquiétude.

*A droite.* — Eh bien, alors?

M. GAMBETTA. — Je vais vous le dire : Alors, je vous demande de ne pas perdre le temps de la France. (*Très bien! à gauche.*)

Je suis convaincu qu'au retour les légitimistes, les partisans de l'appel au peuple, unis à ceux qui veulent arracher le pays à sa pente naturelle pour le jeter dans l'imitation de je ne sais quelle dictature espagnole, ne pourront former qu'une majorité d'aventure et de hasard. (*Très bien! très bien! à gauche.*)

C'est ce qui me fait dire, Messieurs, que vous êtes ici sous le poids d'une responsabilité écrasante; car vous allez vous en aller en laissant derrière vous l'état de siége, l'unique institution qui vous reste... (*Rires d'approbation à gauche.*), en ne léguant au pays qu'une organisation militaire incomplète et une loi des cadres que vous attendez depuis trois ans, et que vous n'avez pas voulu voter d'urgence en exigeant le rapport avant de vous séparer.

Ah! si vous aviez fait ces deux lois, vous pourriez vous séparer, parce que vous auriez au moins donné deux choses au pays : vous auriez rétabli le droit commun, et vous auriez assuré, ou au moins préparé le commencement d'une force défensive à la France.

M. LE MARQUIS DE CASTELLANE. — Nous le ferons!

M. GAMBETTA. — Je connais l'argument à l'aide duquel vous repoussez systématiquement, depuis tantôt trois ans, les réclamations qui vous sont adressées de

divers côtés de cette Assemblée contre la permanence
de l'état de siège. Je sais que les ministres qui se
sont succédé, et pour lesquels l'état de siège est une
arme commode, une espèce d'épée de chevet contre
les épigrammes et les personnalités à l'adresse de
leurs personnes, aiment à garder l'état de siège ; mais
l'argument dont ils se servent et qui consiste à dire :
« Attendez que nous ayons fait une loi sur la presse »,
cet argument est sans valeur.

Comment! vous avez besoin de créer des lois ré-
pressives, nos codes sont à ce point ignorés que l'ar-
senal de répression qui a suffi à trois monarchies
successives ne vous suffit déjà plus! Comment! cet
état de siège, qui est une création et un legs de la
guerre, qui avait été créé contre l'étranger, qui était
un vestige que vous auriez dû vous empresser de
faire disparaître avec la dernière sentinelle de l'invasion... (*Très bien! très bien! à gauche*), cet état de
siège, vous en êtes encore à le considérer comme le
seul abri, comme le seul bouclier contre la réproba-
tion de l'opinion! (*Rumeurs à droite. — Oui! oui! —
C'est cela! à gauche.*) Vous savez bien d'où vous le tenez,
et alors vous invoquez la persistance de M. Thiers à le
garder, la persistance des administrations subséquen-
tes à l'appliquer.

Messieurs, il y a longtemps que cet argument est
usé. Vous nous reprochez — et quelquefois non
sans raison, — d'avoir créé dans une période révolutionnaire, dans un état révolutionnaire ce que vous
vous refusez à fermer en un temps régulier ; vous nous
reprochez de nous être servis d'une arme exception-
nelle, sans tenir compte des circonstances, exceptionnelles aussi, dans lesquelles, nous exercions le
pouvoir. Eh bien, vous, Messieurs vous êtes dans des
conditions normales : l'ordre n'est troublé nulle part,
et vous savez bien qu'il ne peut l'être ; vous savez
que vous pourriez vous donner le bénéfice, le privi-

lège d'affirmer votre force, — je parle de celui qui
tient le pouvoir, — sans avoir recours à cet arbitraire
qui pèse sur les trois quarts de la France et qui met la
liberté de la plume aux mains de vos généraux de
division! (*Applaudissements à gauche.*)

Permettez-moi de vous dire que cela n'est pas conforme à vos principes parlementaires, à votre amour
du libéralisme, à votre respect de l'ordre moral; car,
si je le comprends bien, l'ordre vrai consiste dans
cette délimitation, parfaitement maintenue dans l'exécution des lois, entre ce qui appartient à la juridiction
militaire et ce qui relève du droit commun. (*Interruptions diverses.*)

Or, que font vos généraux de division, à qui vous
donnez pour couronnement de leur carrière militaire
le rôle de censeurs, et que vous chargez de supprimer
des journaux dont les finesses leur échappent? Ils
suppriment des journaux et gagnent des batailles
rangées contre des journalistes qui n'ont que leur
plume pour se défendre. (*Applaudissements répétés à
gauche.*)

Eh bien! je dis que vous ne pouvez pas vous en aller sans nous rendre le *statu quo ante bellum.*

Revenez à la législation de 1868. Il n'y a pas de loi
à faire; il n'y a qu'à reprendre cette législation même
de 1868; elle suffisait à l'empire, j'imagine qu'elle est
de taille à vous protéger. (*Rires et applaudissements à
gauche.*)

Si cela est, je dis que tous les partis dans cette enceinte... tous, je me trompe, tous, hormis un seul,
ont intérêt à cette restitution du droit commun.

Dernièrement, on protestait contre la suppression
du plus honorable, du plus dévoué, du plus honoré
des journaux légitimistes. D'autres journaux aussi ont
été frappés, journaux qui appartiennent à d'autres
opinions. Quant aux nôtres, il y en a cent vingt-sept
qui sont tombés ou qui sont expirants sous les coups

de l'état de siège. On peut donc dire que tous les partis sont conviés à venir réclamer ici la liberté d'écrire, la liberté de discussion ; car si tous n'étaient pas morts, tous, du moins étaient frappés. (*Rires approbatifs à gauche.*)

Voilà donc la situation que vous laissez derrière vous : la presse livrée à l'arbitraire. Il suffit d'avoir déplu à un fonctionnaire quel qu'il soit, de quelque ordre qu'il soit, pour que, immédiatement, il soit rendu un arrêt d'interdiction de vente sur la voie publique, comme si l'air et la voie publique vous appartenaient exclusivement. (*Vive approbation et rires à gauche.*) Puis, interdiction de paraître, suppression d'existence ; et quand on pense à ce qu'il y a d'articles de répression dans nos codes, quand on pense à ce que vous pouvez extraire d'un article bien commenté par un homme du parquet, et que l'on vous voit vous méfier à ce point de votre jury de conservation sociale, de vos magistrats, de vos parquets, de la loi, en vérité, c'est à croire que vous vivez dans une terreur perpétuelle, que vous ne connaissez pas la France. (*Très bien! et applaudissements à gauche.*)

La vérité, la voici : plus vous allez, plus vous vous mettez en opposition avec l'opinion. Et le secret de votre politique est là : vous rusez avec elle, au lieu d'agir ; vous ne voulez pas surmonter vos anciennes défiances, vos anciennes rancunes.

Cependant vous êtes destinés à vivre. Vous avez des enfants, vous devez préparer l'avenir des générations futures : croyez-vous pouvoir le leur préparer en dehors de la démocratie? (*Applaudissements à gauche.*)

Est-ce qu'il appartiendra à une coalition de trois ou quatre cents députés de faire rebrousser chemin à la Révolution française? Le croyez-vous? (*Nouveaux applaudissements à gauche.*)

Si vous ne le croyez pas, il faut prendre un parti, le prendre avec énergie. Allez en vacances : passez-y

un mois, je souhaite que vous trouviez des électeurs
à qui parler; je souhaite surtout que ces électeurs
vous disent la vérité, toute la vérité; et alors, confiant
dans tout ce qui doit rester de patriotisme au fond
de vos âmes, en dehors de l'esprit de parti, je suis convaincu que ces vacances ne se passeront pas sans que
vous ayez remarqué l'orage qui s'amoncelle sur ce qui
reste de la France; et, quand vous serez revenus, je
suis convaincu que vous ne prêterez pas les mains à
des combinaisons artificielles. Si vous pouvez faire la
monarchie, vous la ferez; si vous voyez que la République seule est possible, vous la ferez, et vous ferez
un gouvernement fort, capable de refaire, comme nous
en avons tous la passion, la gloire et l'honneur de
la France. (*Bravos et applaudissements répétés à gauche.
— L'orateur, en retournant à sa place, est entouré et fé-
licité par un grand nombre de ses collègues.*)

Le résultat du débat ne faisait doute pour personne. Il était
évident que la coalition des droites s'était reformée d'avance
sur la question de la prorogation, et que l'Assemblée allait
s'accorder quatre mois de vacances. Le véritable intérêt du
débat était ailleurs. Comme M. Gambetta l'avait indiqué
dans son discours, il était d'abord dans l'amendement de
M. Lamy tendant à subordonner la prorogation à la levée
de l'état de siège dans tous les départements où il avait
été déclaré pour cause de péril extérieur. Il était encore et
surtout dans la question qui fut posée au vice-président du
Conseil par M. Henri Brisson sur la conduite que le gouvernement comptait tenir au cas où les menées fusionnistes
recommenceraient pendant les vacances. L'amendement de
M. Lamy fut repoussé par 370 voix contre 307, et le général
de Cissey répondit à M. Brisson que « le gouvernement,
dans toutes les occasions, ferait respecter le pouvoir du
maréchal et les lois par tous les moyens dont il disposait,
qu'il les ferait respecter par tous les partis; et que, tant que
les ministres seraient en possession du pouvoir, ils agiraient
toujours avec prudence, fermeté et impartialité. »
Si le vote du cabinet contre l'amendement de M. Lamy

était de sa part un aveu d'insigne faiblesse, sa déclaration,
si vague qu'elle fût, avait du moins le mérite important
de bouleverser de fond en comble les petites combinaisons du
centre droit. Le duc de Broglie avait si bien compris toute
la portée de la question de M. Brisson, qu'il avait vivement
engagé le général de Cissey à laisser cette interrogation
trop indiscrète sans réponse. Le vice-président du conseil
avait consenti sans peine à se prêter à cette équivoque, et il
se préparait déjà à battre en retraite quand M. de Franclieu
était monté à la tribune pour revendiquer, au nom de ses
amis de l'extrême droite, « le droit de faire tout ce qui dé-
pendrait d'eux pour rendre à la France le seul principe qui
pût la relever ». C'était cette incartade qui avait forcé M. de
Cissey à répondre à M. Gambetta et à M. Brisson. La séance
du 31 juillet n'avait pas été tout à fait perdue pour les
gauches.

La loi de prorogation ayant été votée sans autre discussion, l'Assemblée nomma la commission de permanence et
se sépara le 4 août.

# DISCOURS

SUR

## LE PROJET DE LOI

RELATIF A LA CONSTITUTION DES CADRES ET DES EFFECTIFS
DE L'ARMÉE ACTIVE ET DE L'ARMÉE TERRITORIALE

*Prononcé le 12 janvier 1875*

A L'ASSEMBLÉE NATIONALE

---

Au cours de la séance du 31 juillet 1874, que nous avons analysée plus haut (page 241), il avait été convenu, sur la proposition du général Chareton, acceptée par le général Guillemaut, que le projet de loi relatif à la constitution des cadres et des effectifs de l'armée active et de l'armée territoriale serait inscrit à l'ordre du jour de l'Assemblée, dès la rentrée. L'Assemblée se tint parole. Dès la troisième séance qui suivit la rentrée, elle décida, après s une première délibération qui avait été de pure forme, qu'elle passerait à une seconde délibération (2 décembre). Cette seconde délibération commença le 11 janvier 1875, et se continua jusqu'au 20, malgré l'opposition de MM. Keller et d'Harcourt, qui, reprenant une motion préjudicielle présentée par le général Changarnier, demandaient à l'Assemblée de renvoyer la loi des cadres au ministre de la guerre, c'està-dire de s'en tenir aux anciens errements qui attribuaient non au pouvoir législatif, mais au pouvoir exécutif le droit de régler l'organisation intérieure de l'armée (12 janvier).

M. Gambetta combattit en ces termes la proposition de MM. Keller et d'Harcourt :

M. GAMBETTA. — Messieurs, l'honorable orateur qui descend de cette tribune vient de développer devant

l'Assemblée, au milieu d'excellents aperçus, une théorie politique qui ne tendrait à rien moins qu'à la
suppression absolue de votre compétence et de votre
autorité législatives. (*Exclamations et dénégations à
droite.*)

Si vous posez en principe que, toutes les fois qu'une
question qui demande à être résolue par une loi et
qui soulève des problèmes techniques relevant d'études spéciales, ne peut être tranchée par une Assemblée délibérante, je dis qu'il n'y a plus besoin du
régime des Assemblées..... (*Interruptions à droite. —
Mouvements divers*), car, tous les jours, à propos de
tout, on soulève une question technique. Qu'il s'agisse
de droit, qu'il s'agisse de commerce, qu'il s'agisse de
mesures financières, qu'il s'agisse de marine, qu'il
s'agisse de dispositions douanières, qu'il s'agisse enfin
de l'ensemble comme du détail de ces immenses objets
qui constituent l'économie sociale d'un peuple tout entier, ce sont des questions techniques qu'il faut résoudre par une loi. Si vous déclinez votre compétence
sur un point, ce jugement s'étend à toutes les autres
questions, et vous voilà dessaisis! (*Réclamations à
droite. — Assentiment à gauche.*)

De toute nécessité, il faut convenir que, du moment
qu'on n'a pas trouvé d'autre moyen d'exercer la souveraineté nationale qu'une représentation de délégués,
et qu'on a établi qu'il y a une série de questions qui
ne peuvent être résolues que par le concours, à la
majorité, des représentants de la nation, il faut que
vous consentiez, dans des questions qui soulèvent des
problèmes techniques, à agir à la fois comme des législateurs et comme des jurés. (*Mouvements en sens
divers.*) Oui, Messieurs, cela vous semble une chose
paradoxale. Cependant si je résumais la série des
questions purement techniques que vous avez tran-
chées depuis quatre ans, vous seriez obligés de convenir que vous avez pratiqué une tout autre théorie

que celle qu'est venu développer si inopinément devant vous l'honorable M. Keller.

Il n'y a pas de péril à présenter aux Assemblées, à côté de principes, des mesures, car autre chose est de descendre dans le détail de l'exécution. Mais les Assemblées font les lois et en surveillent l'exécution. Or, je vous demande un peu quel rôle vous prendriez si, faisant une loi sur l'organisation des cadres, vous commenciez par dire dans cette loi que le chiffre et l'étendue de ces cadres, que leur composition, que tout cela sera laissé à l'arbitraire des ministres, que chaque ministre qui viendra constituera à sa fantaisie des bataillons à cinq, à six, à trois compagnies. La question était de savoir, comme le disait l'honorable général Changarnier, si vous deviez entrer ou ne pas entrer dans l'examen de la réforme militaire; mais, une fois que vous l'avez prise en mains, je dis que, au cours du débat, alors que vous êtes saisis des principes de la question, que vous les avez en partie arrêtés dans les lois antérieures, on ne peut pas venir vous dire sur la question, — secondaire, je le veux bien, mais décisive, — dont dépend l'avenir de la réorganisation de l'armée : « Là-dessus vous n'êtes pas compétents ; renvoyez au ministre ! » A quel ministre? Est-ce que ce ministre ne peut pas être changé avant la fin même de la discussion? Et vous admettez que le personnel de vos cadres, la constitution intérieure de vos régiments, dépendent je ne dirai pas du caprice, car on ne met pas de caprices dans ces matières, mais de la conviction parfaitement éclairée et sincère de tous ceux qui prendront le département de la guerre après l'habile général qui le détient aujourd'hui. Et lui-même, est-ce que vous voulez lui donner cette charge, quoiqu'il la réclame, de porter à son tour la responsabilité du choix entre la modification à quatre compagnies et la modification à six compagnies ?

Je dis, — il faudrait être aveugle pour le nier, —

que tout le monde sait dans l'armée, dans le pays,
dans la presse et dans l'Assemblée, qu'il y a là-dessous
un immense débat, qu'il y a des raisons pour et des
raisons contre, et que l'on compte dans une certaine
partie de l'armée, — qui se réclame de l'activité, du
besoin d'instruction, des expériences récentes, des
réformes analogues qui s'accomplissent chez tous les
peuples de l'Europe, — que l'on compte, il faut bien le
dire, sur votre indépendance, sur votre jugement, sur
votre haute souveraineté pour départager la commission et le gouvernement, pour faire que, dans les
bureaux du ministère de la guerre et autour du ministre de la guerre, on mette la main à une réforme
dont l'esprit de routine et l'esprit de tradition seuls
empêchent la réalisation. (*Très bien! très bien! à gauche.*)

Oui, c'est une grande responsabilité ! Mais les Assemblées sont faites pour prendre des responsabilités ; les
Assemblées sont faites précisément pour trancher ces
redoutables problèmes.

Qu'arriverait-il, en effet, si vous ne l'osiez pas ?
Vous renverriez au ministre de la guerre la solution
de cette question. Or, on vous l'a dit, le ministre de la
guerre a fait connaître son opinion. Vous tranchez la
question, vous la tranchez sans oser assumer la
responsabilité de la solution, quand vous connaissez
l'avis du ministre de la guerre ; quand vous en avez
entendu le développement dans la commission ; quand
il a été imprimé dans les publications qui émanent de
son département. Mais alors vous donnez raison à
l'opinion qui veut maintenir les six compagnies, et
vous n'osez pas prendre la responsabilité de votre
vote, car vous ne pouvez pas douter qu'en lui ren-
voyant la décision, c'est le principe des six compagnies qui va triompher, et c'est sur cela qu'on vous
demande de prononcer ! Eh bien, je dis que vous n'é-
chapperez même pas, par cette sorte de porte dérobée,

à la responsabilité qui vous incombe et que vous ne
devez pas décliner. Comment! tout le monde est d'accord pour répéter que, quelles que soient nos divisions, nos hostilités réciproques, il y a une réforme
sur laquelle nous nous sommes tous entendus dès
l'origine, et si elle n'a pas été aussi pleine, aussi
entière, aussi efficace jusqu'à ce jour que vous l'avez
tous voulu, cela n'est imputable ni à vos désirs, ni à
vos votes, ni à votre volonté; cette réforme, c'est la
réforme militaire. On a toujours dit et toujours répété
que, sur cette question, depuis le 8 février 1871, on a
obtenu le concours de tous, l'unanimité dans cette enceinte. Et voilà qu'au moment de trancher la dernière
question qui reste debout, après la loi sur le service
militaire obligatoire, après la loi sur le recrutement,
après la loi sur la disposition générale des corps
d'armée, alors qu'il s'agit de s'occuper de la situation
même des officiers, de leur avenir, de leur instruction,
de leur rang, de leur accroissement en dignité et en
considération, car c'est leur conférer un accroissement
de dignité et de considération que d'augmenter l'é-
tendue de leur commandement, de leur responsabilité
et de leur initiative, voilà, dis-je, qu'arrivé à ce point,
on vous dit : Ici s'arrête votre compétence; ici s'arrête
votre capacité; renvoyez cela au ministre de la guerre !

Prenez-y garde, Messieurs, c'est véritablement manquer envers vous de reconnaissance et de gratitude;
c'est oublier ce que vous avez fait jusqu'ici pour l'armée; c'est vouloir vous enlever ce qu'il y a de plus
précieux pour vous..... (*Interruption à droite. — Approbation à gauche.*)

Oui, Messieurs, l'armée vous saura plus de gré d'a-
voir tranché cette question dans un sens ou dans un
autre, d'en avoir pris la responsabilité, que de toutes
les mesures que vous avez prises jusqu'à ce jour pour
refaire la fortune matérielle et militaire de la France.
(*Très bien! très bien! à gauche.*)

Messieurs, sur cette première ligne d'objections à faire à la proposition de l'honorable M. Keller, je ne veux dire qu'un mot, sans entrer aujourd'hui dans le fond du débat, qui reviendra sur l'article 3. Je veux vous mettre en garde sur cette sorte d'avantage qu'a tiré M. Keller de l'opinion du ministre de la guerre et des officiers généraux qu'il a voulu consulter.

Il faut bien le dire, quand on a toute sa vie manié un instrument, qu'on le connaît, qu'on a appris à s'en servir d'une certaine manière, eh bien, arrivé à la maturité et quelque peu au delà, on est fort peu enclin à changer, à revenir sur des habitudes prises, à les modifier. Cela s'appelle l'expérience, c'est vrai, et il faut en tenir un grand compte; mais cela peut s'appeler aussi l'esprit de tradition, esprit quelquefois excessif, peut-être aussi la routine, peut-être encore d'autres considérations fort honorables chez les chefs.

On vous l'a dit, il y a là des officiers nombreux, — 1,200 ou 2,000, suivant qu'on est d'accord avec M. Jean Brunet ou avec le rapport, — à la situation desquels on ne veut pas porter atteinte en courant risque de l'ébranler; les chefs qui les commandent s'intéressent à eux, et ils ont raison. S'il y a un système novateur qui a l'air de les menacer, qui a l'air d'être un embarras pour leur situation, un obstacle pour leur avenir, on s'empresse d'écarter tous les essais de progrès et de réforme. De telle sorte que l'on ne juge pas la question. On ne la juge pas au fond, on la juge pour ainsi dire dans la forme par les ennuis qu'elle va apporter, par les embarras qu'elle va créer, par les situations personnelles qu'elle va déranger ou amoindrir.

Par conséquent il n'y a pas là de préjugé défavorable, au contraire. Il faudra examiner la question au fond, et croyez-le bien, Messieurs, il n'est pas ici un homme pratique, il n'est pas un général, — et il y en a des meilleurs sur ces bancs, — qui puisse contester que, lorsqu'on aura établi devant vous les raisons pour et contre le système de la commission, il y ait rien autre chose d'engagé dans le débat, et que le bon sens, la droite raison, la sagesse vous suffiront parfaitement pour voir de quel côté se trouve véritablement le progrès et de quel côté est au contraire l'obstination injuste.

Les questions, — et c'est pour cela que l'on remet à une Assemblée souveraine le droit de les trancher, — les questions ne se résolvent pas seulement par des points de vue de métier ou de spécialité ; elles présentent aussi un côté général de bon sens, de logique, de raison, qui ne peut échapper au jugement des hommes éclairés. Il n'est pas, dans aucun des domaines de l'activité humaine, de question qui, bien expliquée, bien éclairée, bien analysée, ne puisse être jugée, résolue par des hommes de sens, de droiture, d'attention, de désintéressement. (*Marques d'assentiment sur plusieurs bancs à gauche.*)

Donc, Messieurs, vous retiendrez la question, parce qu'elle est vôtre, parce que vous l'avez faite telle par l'origine des lois militaires que vous avez déjà promulguées, parce que nul, — entendez-le bien ! — nul autre que vous-mêmes ne la tranchera dans un sens de progrès et d'avenir. Vous retiendrez la question, parce qu'il est d'un intérêt capital que l'armée sache de quel côté sont ses véritables défenseurs..... (*Vives réclamations à droite. — Cris : A l'ordre !*)

M. LE PRÉSIDENT. — Les défenseurs de l'armée sont ici partout, sur tous les bancs de cette Assemblée sans distinction et sur les bancs du gouvernement. (*Très bien ! très bien !*)

M. GAMBETTA. — Mais, Messieurs, je parle de l'Assemblée tout entière. (*Ah! ah! à droite.*) Veuillez le croire, je n'introduis aucune espèce de parti dans cette question. Je dis qu'entre l'esprit de routine qui est dans les bureaux de la guerre et l'esprit de progrès qui est à cette tribune, l'Assemblée tout entière montrera de quel côté est le véritable protecteur des intérêts de l'avenir de l'armée nationale. (*Très bien! très bien! et applaudissements à gauche.*)

L'Assemblée donna gain de cause à la théorie soutenue par M. Gambetta. Elle refusa, par 327 voix contre 325, de renvoyer l'amendement de M. Keller à la Commission (13 janvier).

L'amendement par lequel M. Keller demandait à l'Assemblée de ne fixer qu'*in globo* le chiffre de l'effectif était ainsi conçu :

« L'effectif et la composition des cadres du pied de paix sont fixés par la présente loi :

« L'effectif normal du pied de paix est de 300,000 hommes pour l'infanterie et de 180,000 hommes pour les autres armes, y compris la gendarmerie et les troupes d'administration. Ces chiffres représentent la moyenne annuelle au-dessous de laquelle le nombre d'hommes entretenus sous les drapeaux ne peut être abaissé. »

Le 20 janvier, l'Assemblée décida de passer à une troisième délibération du projet de loi présenté par le général Chareton.

# DISCOURS

SUR

## L'URGENCE DE LA PROPOSITION DE DISSOLUTION

DÉPOSÉE PAR M. HENRI BRISSON

*Prononcé le 12 février 1875*

A L'ASSEMBLÉE NATIONALE

———

Dans la séance du 31 juillet, M. Gambetta avait dit à l'Assemblée : « Allez en vacances; je souhaite que vous trouviez des électeurs à qui parler ; je souhaite surtout que ces électeurs vous disent la vérité, toute la vérité ; et alors, confiant dans tout ce qui doit rester de patriotisme au fond de vos âmes, en dehors de l'esprit de parti, je suis convaincu que ces vacances ne se passeront pas sans que vous ayez remarqué l'orage qui s'amoncelle sur ce qui reste de la France ; et, quand vous serez revenus, je suis convaincu que vous ne prêterez pas les mains à des combinaisons artificielles. » La généreuse espérance de M. Gambetta fut réalisée. Le 30 novembre, quand l'Assemblée nationale reprit ses séances, la nécessité de sortir d'un provisoire énervant et dangereux était reconnu par tous les esprits patriotes et éclairés.

Nous croyons superflu d'entrer ici dans le détail des manifestations publiques, des négociations et des discussions parlementaires qui aboutirent, le 30 janvier 1875, à la reconnaissance constitutionnelle de la République. On a raconté souvent et l'on sait assez au prix de quels efforts M. Thiers finit par détacher une dizaine de voix du centre droit, M. Gambetta par déterminer ses amis de l'extrême gauche à sacrifier, dans l'intérêt majeur de la cause commune, leurs sentiments intimes sur la création d'une seconde Chambre et sur la septennalité de la Présidence. Ce fut au bon sens persuasif et à l'activité infatigable de ces deux chefs du parti républicain que la cause de la République dut de triompher finalement à une voix de majorité, cette seule et unique voix qui avait été proclamée suffisante pour restaurer la monarchie. L'Assemblée avait abordé, le 21 janvier, la discussion de la loi relative à l'organisation des pouvoirs publics. Le 30 janvier, elle votait, par 353 voix contre 352, la proposition présentée par M. Wallon : « *Le Président de la République est élu, à la pluralité des suffrages, par le Sénat et la Chambre des députés réunis en Assemblée nationale. Il est nommé pour sept ans. Il est rééligible* [1]. » La République était désormais la loi.

« On éprouve toujours le besoin de venir au secours de la victoire. » Les articles suivants du projet qui allait devenir la loi constitutionnelle de la République furent votés dans les séances du 1er et du 2 février avec des majorités toujours croissantes. Le 3, l'Assemblée décida, par 508 voix contre 174, qu'elle passerait à une troisième délibération.

Le lendemain de ce vote, la *République française* publiait un article qui est une page d'histoire, et que nous reproduisons intégralement, parce qu'il contient, avec la traduction la plus fidèle de l'état de l'opinion à la suite des dernières discussions de l'Assemblée, la prévision politique des difficultés qu'il restait à surmonter et qui n'étaient pas les moins graves, bien que le public ne les soupçonnât pas.

« L'Assemblée nationale a décidé hier, disait la *République française,* qu'elle passerait à la troisième lecture du projet de loi relatif à l'organisation des pouvoirs publics. La majorité qui s'est prononcée dans le sens de cette résolution est imposante. Il en ressort évidemment la preuve que la troisième lecture aura une importance encore plus grande que

---

1. L'amendement de M. Wallon formait l'article 2 de la loi. L'article 1er était ainsi conçu : « Le pouvoir législatif s'exerce par deux Assemblées : la Chambre des députés et le Sénat. La Chambre des députés est nommée par le suffrage universel dans les conditions déterminées par la loi électorale. La composition, le mode de nomination et les attributions du Sénat seront réglés par une loi spéciale. »

les deux premières. Les partis s'y assignent un rendez-vous
décisif : c'est là que la bataille suprême sera livrée. Il ne
nous appartient pas d'en préjuger l'issue. Cependant nous
devons dire que, pour le moment, l'Assemblée paraît incliner vers la République, et que tout porte à croire que la
République sortira de ces débats si longtemps attendus et
qui, nous nous plaisons à le reconnaître, n'ont point trompé
l'attente de la France. Nous avons noté avec soin les progrès qui se sont accomplis dans les esprits au sein même
de l'Assemblée. Nous pouvons aujourd'hui déclarer que
l'opinion publique a suivi ces progrès avec un intérêt, une
sympathie qui ne surprendront aucun de ceux qui savaient
à quelles anxiétés, à quelles angoisses était livrée la France.
La France veut espérer ; elle veut avoir confiance. Tout ce
qui lui rend la force et l'espoir en l'avenir lui semble bon
et d'un heureux augure. Certes, il y a beaucoup à dire sur
l'œuvre constitutionnelle qui marche maintenant vers une
conclusion que personne ne croyait possible il y a trois semaines. Mais cette œuvre, que fait-elle, que consacre-t-elle ?
La République. C'est là ce que voit la France habituée depuis
quatre ans à ne plus séparer sa cause et ses destinées de
celles de la République. La République peut et doit sortir
de ce que nous voyons : il suffit ; la France respire et attend
sans impatience.

« Les votes du 30 janvier et du 2 février ont consolidé la
République, non assurément la République telle que nous
la comprenons et telle que le pays la réclame ; mais enfin
ils ont fondé le régime qui doit nous acheminer paci-
fiquement à l'ordre de choses que nous ambitionnons,
parce qu'il est le vœu de la France.

« Ainsi que nous le disions naguère, il faut savoir se contenter de ces commencements modestes. Nous irons plus
loin : nous y voyons un gage de stabilité et de sécurité pour
l'avenir. L'histoire nous apprend, et particulièrement la
nôtre, que les changements brusques dans les institutions
des peuples sont rarement assurés de la durée. Presque
toujours il se forme contre ces changements trop rapides
des réactions puissantes qui finissent par les dominer et en
emporter les derniers vestiges. Les peuples ont besoin
de s'accoutumer graduellement aux réformes qu'ils dé-
sirent le plus, et c'est surtout pour elles que se vérifie la

maxime : « Le temps ne respecte pas ce qui a été fait sans lui. »

« Si la République était sortie, comme en 1848, de l'enthousiasme d'une Assemblée élue au lendemain de la chute de l'Empire, les ennemis du nouveau régime n'eussent pas manqué, comme ils l'ont fait antérieurement, d'exploiter cette circonstance et de répéter tous les jours au pays que la République avait été installée d'une façon irréfléchie et comme par surprise, qu'au fond la nation n'en voulait pas, et que le résultat eût été tout autre si on lui avait laissé le temps de se recueillir. De plus, on aurait rendu la République responsable de tous les embarras et de toutes les souffrances qu'avait légués l'Empire, on aurait peu à peu établi une confusion entre le nouveau régime et la liquidation de l'ancien, et l'on aurait fini par le rendre suspect à la France.

« Au lieu de cela, qu'avons-nous vu? Pendant quatre ans une Assemblée hostile à la République, et dont la seule présence excluait toute idée de fonctionnement républicain, a occupé le pouvoir, et l'a occupé avec l'intention avouée de restaurer la monarchie. Cette Assemblée s'est chargée, pour le compte d'une sorte de gouvernement anonyme, de l'apurement des effroyables dettes de l'Empire, et a eu bien soin, par sa négation incessante de la République, de mettre celle-ci hors de cause dans cette opération douloureuse. Du même coup elle a supprimé tous prétextes de récrimination contre une prétendue installation par surprise, puisque, après des années, la République se voyait encore contestée dans son existence par le pouvoir souverain et constituant.

« Pendant ce temps, toutefois et par la nature même des choses, le pays s'accoutumait à un régime qui, dans la vacance prolongée de la monarchie, apparaissait forcément comme la République; et il est arrivé qu'à la fin du long stage que l'Assemblée a imposé à la nation pour la ramener à la monarchie, la nation s'est trouvée républicaine, de pratique et tout naturellement, sans qu'il y ait jamais eu chez elle de parti pris de le devenir. Ainsi un grain vigoureux abandonné dans une terre féconde devient, sans le secours des hommes, une plante majestueuse qui étonne le regard et ne peut plus être aisément déracinée.

« Mais, chose plus surprenante encore, l'Assemblée elle-même a subi l'influence qui agissait si fortement sur le pays. Après quatre ans d'aspirations monarchiques, elle a reconnu l'inanité du régime qu'elle avait si longtemps rêvé d'établir. Elle s'est mise en face de sa conscience, et, par un effort dont il lui sera tenu compte dans la postérité, elle a déclaré que la monarchie n'était plus possible et qu'il fallait faire la République. Quel aveu précieux à retenir! Quel hommage rendu au nouveau principe qui va pénétrer nos institutions! Quelle démonstration de sa force! Quoi de plus significatif, en faveur du nouvel ordre de choses, que cette démonstration au grand jour, faite quatre ans durant, de l'impossibilité d'en établir un autre? C'en est fait désormais de ces sottes accusations de surprise et d'irréflexion. C'en est fait des arrière-pensées et des espoirs monarchiques. Les partis opposés eux-mêmes aspirent à briller au premier rang des auxiliaires de la République; eux-mêmes ont prononcé son indispensabilité et ont donné congé à la royauté.

« Voilà, pour le moment, où nous en sommes. Il y a, dans tout le pays, une heureuse impression de satisfaction, de détente et d'espoir. L'Assemblée, de son côté, se sent toute surprise et toute joyeuse d'avoir pu rompre enfin ce charme fatal qui l'a si longtemps condamnée à l'impuissance. Elle peut mourir maintenant; elle ne mourra pas sans avoir rien fait. Mais ce serait une grande erreur de croire que tout est fini. On a obtenu ce que l'on a, si toutefois c'est quelque chose, à force de patience, de sagesse, d'union et de concorde. Il importe que personne, dans aucun des groupes associés pour le bien du pays, ne puisse, sous aucun prétexte, prétendre que les conditions de l'accord ont disparu. Il y a maintenant de graves et délicates négociations à poursuivre, et il est nécessaire qu'elles soient menées à bonne fin, sans que ni de part ni d'autre on n'ait de trop grands sacrifices à se demander ni à se faire. L'accord ne peut reposer que sur les intérêts légitimes des divers partis en présence sincèrement examinés et justement satisfaits. Le mot de Jules César tant de fois cité, qu'en politique rien n'est fait tant qu'il reste quelque chose à faire, trouve dans les circonstances présentes son application complète. Ce qui reste à faire est si considérable, qu'on ne saurait y apporter trop de circonspection, de ménagement, de prudence et d'esprit de justice. Il ne faut pas que personne puisse rien regretter dans sa conduite passée, si l'on veut que la même concorde et la même confiance président au vote définitif d'une loi qui peut avoir de si heureuses conséquences pour la patrie française. »

Ce fut sur la question de l'organisation du Sénat que la droite de l'Assemblée tenta son dernier effort. Une disposition additionnelle à la loi sur l'organisation des pouvoirs publics avait stipulé qu'elle ne serait promulguée qu'après le vote de la loi sur le Sénat. Cette disposition était l'œuvre de M. de Broglie. Elle faillit être, contre la République, la pierre d'achoppement. La droite ne devait reculer devant aucune manœuvre pour semer la division dans les rangs de la nouvelle majorité sur la question du Sénat. La gauche avait commis la faute d'aborder une discussion aussi délicate sans avoir adopté un plan de conduite.

Le débat s'engagea le 11 février. Trois projets principaux se trouvaient en présence : celui de la Commission des Trente qui proposait un Sénat formé de membres de droit, de membres choisis par le chef de l'État dans certaines catégories, de conseillers généraux et d'arrondissement, de dignitaires de la Légion d'honneur et de certains fonctionnaires d'ordre ecclésiastique, universitaire, judiciaire et administratif ; — celui du centre droit qui attribuait la nomination des sénateurs pour un tiers au Président de la République et pour deux tiers aux conseillers généraux ; — celui de M. Pascal Duprat qui était ainsi conçu : « Le Sénat est électif. Il est nommé par les mêmes électeurs que la Chambre des députés. » La gauche commit la faute grave d'engager la bataille sur cet amendement. L'extrême droite légitimiste et le groupe de l'appel au peuple comprirent à merveille qu'un Sénat nommé par le suffrage universel remettait tout en question. Ils s'abstinrent ou votèrent avec les gauches. Le projet de M. Pascal Duprat fut adopté par 322 voix contre 310. Les républicains avaient trop vaincu, et ils s'en aperçurent dès la proclamation du vote. Le centre gauche se réunit aussitôt pour offrir au centre droit toute une série de satisfactions relatives à la formation des

catégories d'éligibles. Ce fut en vain. Le centre droit refusa
toutes les ouvertures qui lui furent faites. Le coup des
légitimistes et des bonapartistes avait réussi, et le duc de
Broglie comptait bien en tirer profit.

La journée du lendemain faillit amener l'écroulement de
tout l'édifice constitutionnel (12 février). Coup sur coup,
dès l'ouverture de la séance, M. Antonin Lefèvre-Pontalis,
M. Charreyron et le général de Cissey parurent à la tribune. M. Antonin Lefèvre-Pontalis, rapporteur de la Commission des Trente, annonça que le vote de la veille obligeait
la Commission à se désintéresser de la discussion. M. Charreyron déclara que le centre droit était décidé à repousser
le passage à une troisième lecture de la loi sur le Sénat. M. de
Cissey donna lecture du document suivant : « Messieurs, le
« Président de la République n'a pas cru devoir nous auto-
« riser à intervenir dans la suite de cette discussion. Il lui a
« paru, en effet, que votre dernier vote dénaturait l'insti-
« tution sur laquelle vous êtes appelés à statuer, et enlè-
« verait ainsi à l'ensemble des lois constitutionnelles le
« caractère qu'elles ne sauraient perdre sans compromettre
« les intérêts conservateurs. Le gouvernement, qui ne peut
« en déserter la défense, ne saurait donc s'associer aux ré-
« solutions prises dans votre dernière séance. Il croit devoir
« vous en prévenir, avant qu'elles puissent devenir défin-
« itives. » « C'en était décidément trop, raconte M. Ranc [1],
pour le tempérament des constitutionnels. Comment leur
demander de résister à la fois aux menaces du duc de
Broglie et aux injonctions du maréchal de Mac-Mahon? La
chute du projet de loi fut aussitôt décidée et amenée par les
moyens les plus étranges. Tous les articles de la loi furent
votés au pas de course et sans résistance de la droite,
pour la forme. Puis, par 368 suffrages émanés des trois
droites et des bonapartistes contre 345 voix de gauche, l'Assemblée décida qu'elle ne passerait pas à la troisième lecture de la loi.

« A la proclamation du scrutin, quoique personne ne fût
surpris du résultat, l'émotion fut extrême. Les royalistes,
les bonapartistes, laissaient éclater leur joie.

« La gueuse est enterrée », disait le général Changar-

1. *De Bordeaux à Versailles*, p. 323.

nier. Les constitutionnels ne pouvaient cacher leur trouble,
leurs inquiétudes. Au moment de toucher au but, tout était
remis en question ; on se voyait rejeté dans le provisoire, à
la merci du hasard ; la conspiration bonapartiste allait
avoir le champ libre A gauche, les colères étaient vives.
Puisque tant de sacrifices avaient été inutiles, puisque la
majorité ne tenait aucun compte des preuves répétées d'esprit de conciliation qui lui avaient été données, il n'y avait
plus qu'à revenir à la dissolution. M. Henri Brisson en fit
immédiatement là proposition et il demanda l'urgence. »
La discussion s'engagea sur-le-champ. MM. Vautrain et
Waddington firent observer que le dernier vote émis par
l'Assemblée n'avait d'autre signification que le rejet de
l'un des nombreux systèmes d'organisation sénatoriale, et
déposèrent deux nouveaux projets qui reposaient, l'un sur
l'élection à deux degrés, le second sur la nomination par
les conseils généraux et autres corps constitués. M. Bethmont soutint, contre M. Victor Lefranc, l'urgence de la proposition de dissolution. Le duc Decazes, ministre des affaires
étrangères, prit la parole pour déclarer que le cabinet
assumait l'entière responsabilité de la communication
faite par le vice-président du conseil au nom du maréchal.
M. Gambetta répondit à M. Decazes :

M. GAMBETTA. — Messieurs, en ne votant pas la
clôture tout à l'heure et en laissant s'engager ce dé
bat, l'Assemblée a gagné d'acquérir sur la situation
politique pendante de véritables lumières. (*Rumeurs
au centre.*)

Oui, Messieurs, car on vient de nous apprendre
comment, à l'aide de certaines habiletés de procédure
parlementaire, on pouvait défaire les majorités vraies
et constituer des majorités factices. (*Très bien! à gauche.* — *Interruptions à droite.*)

*Un membre à droite.* — Qu'est-ce que cela veut
dire ?

M. GAMBETTA. — Vous allez comprendre, Messieurs, et vous avez déjà compris ; mais c'est une habitude invétérée chez vous de ne jamais vouloir con-

fesser ce qui vous nuit et ce qui est à votre désavantage. (*Bruit.*)

M. le ministre des affaires étrangères vous disait tout à l'heure : Nous avons pris un engagement au mois de mars 1873 : c'est de voter un Sénat, c'est de voter l'organisation des pouvoirs publics et leur transmission. (*Interruptions à droite.*)

M. DE BELCASTEL. — Nous nous sommes engagés à statuer, non pas à voter !

M. GAMBETTA. — M. le ministre vous rappelle cet engagement. Qui est-ce qui a exercé une pression dans la journée d'aujourd'hui pour que cet engagement soit ouvertement violé ? (*Applaudissements à gauche.*)

Qui est-ce qui a dit, pendant deux ans, et surtout depuis le 24 mai, qui est-ce qui a répété sur tous les tons, faisant intervenir à chaque instant la personne et la parole du chef de l'État, qui est-ce qui a dit et répété que l'on traînait en longueur, que l'on mettait trop de temps pour préparer et formuler la Constitution à donner à la France? Qui est-ce qui l'a dit? Vous. Qui est-ce qui a réussi à l'empêcher aujourd'hui? Vous ! (*Acclamations et applaudissements répétés à gauche.*) Et si vous étiez, Messieurs, comme vous vous en targuez malheureusement trop souvent sans raison, de véritables conservateurs, savez-vous ce que vous feriez? Vous demanderiez à ce cabinet six fois battu et toujours persistant... (*Exclamations et rires au centre droit.*)

Est-ce que vous niez que vous avez été battus?... (*Applaudissements à gauche.*)

Vous lui demanderiez compte de cette politique qui consiste à arracher des votes à l'aide du maréchal et, quand les votes sont obtenus, à venir en recueillir le bénéfice, après l'avoir compromis et amoindri aux yeux de l'Assemblée et aux yeux du pays. (*Applaudissements à gauche.*)

. Messieurs, nous épaississons depuis trop long-

temps le voile qui empêche le pays de voir clair dans
ses affaires; mais, puisque l'occasion est venue aujourd'hui, sachons en profiter pour dire à la France,
— cela est nécessaire, — qu'il y a dans cette Assemblée un grand parti qui, par attachement à ses convictions, à ses principes traditionnels, refusait de reconnaître à cette Assemblée unique et souveraine le
pouvoir constitutionnel, mais qui, sous la pression de
l'intérêt général de la France, la nécessité... (*Exclamations et rires à droite. — Applaudissements à gauche.*)

M. DE GAVARDIE prononce quelques paroles qui ne
parviennent pas jusqu'à la tribune.

M. GAMBETTA. — Monsieur de Gavardie, vous me répondrez; faites-moi grâce de vos interruptions. (*Très
bien sur quelques bancs à gauche.*)

Je dis, Messieurs, que nous vous avions donné le
spectacle d'un parti que vous aviez souvent qualifié
d'intransigeant, d'excessif, d'exclusif, de rebelle à
tout compromis et à toute transaction politique; nous
vous avions donné ce spectacle, non sans quelque
courage et sans de grands sacrifices de la part de nos
aînés et de nos devanciers dans la vie politique, nous
vous avions donné ce spectacle de nous associer à
vous et de vous dire : Conservateurs, vous voulez bien
reconnaître qu'après l'échec et l'avortement définitif
de vos espérances monarchiques, il est temps enfin
de donner à la France un gouvernement qui pourra
rester dans vos mains, si vous êtes sincères et véritablement épris de ces principes libéraux dont vous
nous parlez sans cesse et dont vous suspendez constamment l'application. (*Bravos et applaudissements à
gauche.*)

Nous vous avons dit : Eh bien, nous faisons taire
nos scrupules, nous prenons sur nous de faire aux
nécessités générales de l'État, troublé au dedans, menacé au dehors, et qui a plus besoin que jamais de
gagner sur les heures qui s'écoulent un temps que lui

convoite la jalousie de ses adversaires dans le monde ;
nous prenons sur nous de capituler entre vos mains,
si vous voulez faire un gouvernement modéré et conservateur. (*Nouveaux bravos et applaudissements à gauche. — Exclamations à droite.*)

Nous avons consenti à diviser le pouvoir, à créer
deux Chambres ; nous avons consenti à vous donner
le pouvoir exécutif le plus fort qu'on ait jamais constitué dans un pays d'élection et de démocratie ; nous
vous avons donné le droit de dissolution, et sur qui?
sur la nation elle-même, au lendemain du jour où
elle aurait rendu son verdict! (*Vive approbation* et
*applaudissements à gauche.*)

Nous vous avons donné le droit de révision ; nous
vous avons tout donné, tout abandonné ! Abandonné...
non, parce que nous avions la confiance que vous
étiez sincères, que vous ne cherchiez pas dans des
remises, dans des stratagèmes de procédure constitutionnelle, je ne sais quel guet-apens qui aurait renouvelé celui de Décembre! (*Bravos à gauche. — Vives
protestations à droite et cris : A l'ordre! à l'ordre!*)

M. LE PRÉSIDENT. — L'orateur ne peut pas...

M. GAMBETTA. — Monsieur le président, si vous
aviez avec votre fermeté et votre clairvoyance ordinaires saisi ma parole, vous auriez vu qu'elle ne pouvait donner lieu ni à une critique ni à une intervention de votre part.

En effet, qu'ai-je dit, Messieurs? Ah ! je vous prends
à témoins, vous qui siégez à l'extrémité de la droite
de cette Assemblée, est-il vrai, oui ou non... (*Exclamations ironiques à droite.*)       •

A gauche. — A l'ordre! à l'ordre! C'est inconve-
nant!

M. GAMBETTA. — Est-il vrai, oui ou non, que vous
échangiez tous les jours... Oh! je dirai toute la vérité ;
j'irai jusqu'au bout; si vous trouvez que ce n'est pas
la vérité, eh bien! vous monterez à cette tribune

pour me confondre. (*Très bien! très bien! à gauche.*)

Est-il vrai, oui ou non, que ceux qui ont gardé inaltérable la foi monarchique vous accusent chaque jour dans leurs journaux, dans leurs écrits, et trahissent dans toutes leurs conversations la crainte que, dans cette entreprise constitutionnelle lentement élaborée dans les souterrains de la Commission des Trente... (*Exclamations au centre*), comme l'a dit M. Raoul Duval, — l'expression n'est pas de moi, Messieurs, j'en cite l'auteur, — il y a des ambitions, d'aucuns disent des trahisons...

*Une voix à droite.* — C'est bien ambigu!

M. GAMBETTA. — C'est de l'Ambigu, dites-vous, Monsieur? Respectez donc la tribune et moi-même! (*Applaudissements sur plusieurs bancs à gauche.*)

M. LE VICOMTE BLIN DE BOURDON. — On a dit : C'est ambigu!

M. GAMBETTA. — Je demande le nom de la personne qui croit que nous sommes ici au spectacle ; il est probable que c'est un homme d'un goût raffiné ; mais il ne serait pas indifférent de le connaître.

*Plusieurs membres à gauche.* — Il ne se nommera pas!

M. DE GAVARDIE, *s'adressant à M. Gambetta.* — Prenez des attitudes respectables! (*Exclamations à gauche.*)

M. LE PRÉSIDENT. — Veuillez ne pas interrompre, monsieur de Gavardie!

M. GAMBETTA. — Je dis, Messieurs, que vous savez fort bien quelles ambitions princières on accuse...

*Un membre à droite.* — Vous ne le croyez pas!

M. GAMBETTA. — Savez-vous pourquoi je ne le crois pas? C'est parce qu'elles sont absolument irréalisables.

Oui, je dirai la vérité, elles sont absolument irréalisables, et c'est ce qui fait que ceux qui ont refusé leur vote et qui appartiennent à ce parti cherchent, dans l'avenir, des succès ou des victoires que le parti orléa-

niste ne peut pas connaître, car, né d'un accident, il
ne peut vivre qu'à l'aide d'une oligarchie la plus restreinte, laquelle se dissipe et disparaît à la grande
lumière de la souveraineté nationale.

Ceux-là étaient accusés, étaient suspects d'ourdir
une nouvelle conspiration des 221 pour surprendre la
République. Nous n'y avons pas cru et nous n'avons
pas hésité; nous avons été loyalement à eux et nous
leur avons dit : Voulez-vous faire la République
modérée, conservatrice? (*Rires à droite.*)

Oui, Messieurs, il vous plaît de rire à ces mots de
« République conservatrice ». Eh bien, soyez convaincus que, lorsque vous aurez épuisé toutes les
combinaisons qui hantent encore l'esprit de certains
de nos collègues, lorsqu'il aura bien fallu finir par
remettre à la France le dépôt de sa souveraineté et
que, conformément à ses habitudes, à son génie, à ses
nécessités, elle aura un gouvernement républicain,
alors vous ne rirez plus de la République conservatrice, vous la demanderez, et vous aurez raison.
(*Bravos à gauche.*)

Je reprends, et je dis que cette alliance nous l'avons,
non pas offerte, mais conclue, alors que nous avons
mis nos votes avec les vôtres, alors que nous avons
concédé tout cet appareil, tout ce régime protecteur,
muré à triple enceinte, dans lequel vous pouviez
abriter le gouvernement des doctrines de votre choix.

Mais cela ne vous a pas suffi, vous avez voulu aller
plus loin, exiger davantage; vous avez voulu préparer
un Sénat qui fût à vous, exclusivement à vous. Peut-être
cependant n'auriez-vous pas insisté dans ces prétentions extrêmes, et c'est ici que se place la responsabilité
du cabinet. Hier, vous aviez fait une majorité; vous avez
fait aujourd'hui deux majorités. Dans la journée, le
cabinet, dont l'existence politique individuelle et col-
lective était mise en question d'une façon véritablement définitive si cette majorité restait constituée, le

cabinet s'est précipité chez le maréchal, et il en est revenu avec une déclaration. Il vous l'a lue; l'a-t-il commentée, expliquée? a-t-il apporté un argument, une raison politique? Non, il s'est caché derrière cette épée, et il vous a fait voter. (*Applaudissements à gauche.*)

Eh bien, je dis qu'il est nécessaire que de pareils procédés de gouvernement finissent; je dis qu'il est nécessaire que nous mettions un terme à cette maladie qui nous travaille depuis tantôt deux ans d'échouer coup sur coup dans toutes les entreprises, dans toutes les lois que nous élaborons; je dis qu'il n'est que temps de reconnaître que notre mandat est épuisé, que nous ne pouvons pas le retenir sous prétexte d'éviter je ne sais quel péril d'aventures. Il me semblait, quant à moi, que les hommes placés à la tête de la France étaient faits pour la rassurer et non pour l'inquiéter... (*Nouveaux applaudissements à gauche.*)

Comment! Messieurs, c'est un pays comme le nôtre, où depuis quatre ans il n'y a pas eu un trouble, où le suffrage universel a été mis en mouvement par masses énormes à propos de tous les corps électifs, où vous n'avez pas pu constater, je ne dis pas des séditions, mais même ces rixes, ces violences dont les pays les plus libres donnent malheureusement le tableau; c'est ce pays plein d'un tel dévouement, de cette ardeur au travail, de cet esprit d'ordre, et qui vous en donne tant de gages, qui s'attache à la légalité comme à la dernière ancre de salut qui lui reste... (*Bravos à gauche*), c'est ce pays qu'un ministre est venu, pour ainsi dire, traîner à la barre aujourd'hui, calomnier! (*Nouveaux bravos à gauche.*) Ah! il n'y a qu'une chose qui vous soit une excuse, c'est qu'évidemment celui qui l'a traité ainsi, c'est le membre du cabinet le plus étranger à la politique intérieure de la France. (*Protestations au banc des ministres.*)

Oh! ne protestez pas; votre politique extérieure ne

vaut pas mieux que votre politique intérieure, je vous le prouverai. (*Rumeurs sur plusieurs bancs.*)

*Un membre à droite.* — Vous avez donc des agents à l'étranger?

M. Gambetta. — Je n'ai pas d'agents, non, mais j'ai du temps, de la patience, et je lis, Monsieur : je vous souhaite d'en faire autant.

Messieurs, je termine ces observations trop longues à votre sens, et au mien aussi, car croyez qu'il m'en coûte de m'imposer à votre patience, je termine ces observations en vous disant que vous avez prononcé, non pas l'ouverture de nouveaux débats constitutionnels, comme semblent le croire l'honorable M. Waddington et l'honorable M. Vautrain, car vous n'êtes pas une académie en perpétuel travail de constitution, mais plutôt une décision définitive. Vous avez décidé, aujourd'hui, que vous ne passeriez pas à une troisième lecture, ce qui veut dire que vous avez rayé volontairement la loi du Sénat de vos projets.

Vous ne le nierez pas, car cela n'est malheureusement que trop vrai.

Et maintenant, voici ce que j'ai à vous dire : Je sais — pardonnez-moi de froisser vos illusions, — je sais qu'il en est encore parmi vous qui poussent cet esprit de sagesse et de transaction politique jusqu'à l'héroïsme, et qui croient pouvoir encore rencontrer, dans des rangs où rien de solide ne s'est présenté, des auxiliaires pour cette œuvre impossible ; oui, je le sais. Eh bien, expérimentez vos illusions, la déception ne tardera pas à venir. Jusqu'à présent nous vous avons donné des gages, — je l'ai dit et je le maintiens, — plus tard on nous jugera, et on nous jugera moins sévèrement, malgré les fautes que nous avons pu commettre, que vous ne serez jugés vous-mêmes. Plus tard on dira que vous avez manqué la seule occasion peut-être de faire une République véritablement ferme, légale et modérée. (*Applaudissements répétés à gauche.*

— *L'orateur, en regagnant sa place, reçoit les félicitations de ses collègues.*)

Le discours de M. Gambetta produisit une profonde émotion. « A gauche, raconte M. Ranc [1], on reprit courage ; à droite, on se sentit jugé et condamné. Plus d'un, parmi les libéraux du centre droit, courba la tête sous le poids de la responsabilité qui allait peser sur lui. Les ministres eux-mêmes ne purent résister au mouvement qui entraînait l'Assemblée, et M. de Chabaud-Latour, dans la réponse qu'il vint, tout ému, apporter à la tribune, se tournant vers la gauche, et raffermissant sa voix, prononça ces mots : « Nous ne pouvons que voir surgir avec sympathie, « de ce côté de l'Assemblée, de nouveaux projets, qui per- « mettront peut-être de résoudre le problème redoutable « posé devant nous. » C'était un appel à la conciliation que « lui avait arraché la parole de M. Gambetta.

« L'urgence sur la proposition de M. Brisson fut repoussée. Mais il importait peu. Il était certain que de nouveaux revirements, et décisifs cette fois, allaient se produire. La République avait cause gagnée. C'est la petite réunion connue sous le nom de groupe Lavergne qui prit l'initiative de négociations nouvelles. Les membres du groupe étaient : MM. Léonce de Lavergne, président, Wallon, Target, Amédée Beau, Drouin, Luro, Denormandie, Gouin, Alfred André, Voisin, Houssard, Clapier et Aclocque. Le 18 février, les délégués du centre droit et du centre gauche furent invités à prendre connaissance d'un projet rédigé par M. Wallon et sur lequel la discussion pouvait utilement s'établir. M. Wallon partageait le Sénat en deux grandes catégories : 75 sénateurs inamovibles, nommés par le président de la République, et 225 élus pour neuf ans. Le collège électoral se composait des députés, des conseillers généraux et d'arrondissement et de délégués nommés par les Conseils municipaux renforcés des plus forts imposés de la commune. Les délégués du centre gauche présentèrent des objections qui portaient sur trois points : 1° La nomination des 75 par le Président de la République ;

---

1. *De Bordeaux à Versailles,* p. 327.

2° l'adjonction des plus fort imposés ; 3° l'inamovibilité. La fraction du centre droit qui marchait avec MM. Bocher et d'Audiffret-Pasquier céda sur les deux premiers points ; le centre gauche sur le troisième.

« Dès que les délégués furent d'accord et qu'on sut que le maréchal de Mac-Mahon acceptait la nomination des sénateurs inamovibles par l'Assemblée, les groupes de la gauche furent convoqués. Le centre gauche adopta à l'unanimité des voix les propositions qui lui étaient apportées. Dans la réunion de la gauche républicaine, des objections se produisirent. La majorité se prononça contre l'inamovibilité et demanda que le nombre des délégués, nommés par les Conseils municipaux, fût proportionnel à la population de la commune ; autrement le vote des villes serait étouffé sous les bulletins ruraux. Le bureau de la réunion soumit ces difficultés aux délégués des centres et du groupe Lavergne, qui, après une longue délibération, décidèrent de passer outre. Si l'on ne maintenait pas le projet tel quel, de nouvelles modifications seraient demandées de divers côtés, la discussion se rouvrirait et deviendrait interminable. Si l'on voulait réussir, il fallait aller vite et ne pas donner aux adversaires le temps de se reconnaître. La proposition Méplain, qui organisait la dictature militaire en donnant au maréchal de Mac-Mahon le droit de veto et le droit de dissolution, était là toute prête. Il fallait choisir ! La gauche républicaine accueillit ces raisons, et, à l'unanimité moins cinq voix, donna son adhésion au projet. M. Grévy figurait parmi ces cinq opposants.

« Restait le groupe de l'extrême gauche, dont le concours était nécessaire. On craignait que de ce côté il n'y eût des résistances invincibles. La séance du 21 février, où l'Union républicaine discuta la question, a laissé dans l'esprit de tous ceux qui y assistaient un profond souvenir. Adversaires et partisans des transactions proposées sentaient que le sort même de la République était en jeu. Il n'y eut point de place pour les personnalités, pour les récriminations. La discussion fut passionnée, mais grave. Les opinions adverses furent exposées avec une égale sincérité, avec un égal patriotisme. Ce fut M. Gambetta qui enleva le vote dans une allocution qui toucha jusqu'à ses contradicteurs. On raconte qu'à ses dernières paroles, l'émotion des auditeurs était extrême, émotion qui gagna jusqu'aux délégués du centre gauche et du groupe Lavergne qui assistaient à la réunion. Nul spectacle plus grand, en effet, que celui de ces républicains ardents, convaincus, qui abandonnaient les traditions de leur parti pour accomplir un devoir, pour sauver la République en péril !

« L'accord était fait. La majorité était certaine. On décida de plus, pour éviter les pièges, pour que la majorité restât compacte et unie, de repousser tous les amendements qui seraient présentés au cours de la discussion, et de voter le projet Wallon tel qu'il avait été adopté par les groupes coalisés.

« La précaution n'était pas inutile. Dès la séance du 22 février, où la discussion commença, M. Raoul Duval déposa un amendement demandant l'élection de tous les sénateurs par le suffrage universel. M. Raoul Duval voulait renouveler la tactique digne des bonapartistes et qui leur avait si bien réussi à propos de l'amendement Pascal Duprat. Mais cette fois le cas était prévu, et chacun était sur ses gardes. Un député de l'extrême gauche monte à la tribune : « M. Raoul Duval, dit M. Lepère, nous a rappelé que « sa proposition avait déjà été l'objet d'un vote auquel « nous nous sommes associés. Seulement nous avons vu « ensuite M. Duval voter avec les bonapartistes contre l'en- « semble de la loi pour perpétuer le néant constitutionnel. « C'est un stratagème sans précédent, dont le pays ne sera « pas dupe. Et je déclare que pas un de nous, qui sommes « partisans du suffrage universel, ne votera la proposition de « M. Duval. » Le débat dura quatre jours. La loi sur le Sénat fut adoptée par 448 voix contre 210 (24 février).

Le lendemain, l'Assemblée passa à la troisième lecture de la loi sur le pouvoir exécutif. Un seul incident marqua cette séance du 25 février, la lecture par M. de la Rochette du manifeste de l'extrême droite « qui rejetait sur l'Assemblée, devant Dieu et devant les hommes, la responsabilité des désastres où la constitution républicaine devait fatalement conduire la France. » Le général de Cissey protesta qu'il n'y avait pas eu de défaillances dans les régions du pouvoir, mais seulement abnégation et dévouement à la France. Puis on vota, et par 425 suffrages contre 254, l'Assemblée adopta l'ensemble de la loi sur l'organisation et la transmission du pouvoir exécutif.

La République était constituée.

Le soir même, à l'issue de la séance, les ministres remirent leur démission, et le président de la République chargea M. Buffet de former un cabinet.

Le ministère ne fut constitué que le 11 mars, après les plus pénibles négociations ; M. Buffet avait l'intérieur avec la vice-présidence du Conseil, M. Dufaure la justice, M. Decazes les affaires étrangères, M. Léon Say les finances, le général de Cissey la guerre, M. de Montaignac la marine, M. Wallon l'instruction publique, M. Caillaux les travaux publics et M. de Meaux l'agriculture et le commerce.

Le 15 mars, le duc d'Audiffret-Pasquier fut élu président de l'Assemblée, en remplacement de M. Buffet, par 240 voix contre 130 bulletins blancs.

# DISCOURS

SUR

## LA PRISE EN CONSIDÉRATION DE LA PROPOSITION RELATIVE AUX ÉLECTIONS PARTIELLES

*Prononcé le 18 mars 1875*

A L'ASSEMBLÉE NATIONALE

———

Le 18 mars, l'ordre du jour de l'Assemblée appelait la discussion sur la prise en considération de la proposition de MM. Courcelle, Antonin Lefèvre-Pontalis et plusieurs de leurs collègues, relative aux élections partielles.

Cette proposition était ainsi conçue :

« A l'avenir et jusqu'à la promulgation de la prochaine loi électorale, aucun collège électoral ne sera convoqué pour élire des députés à l'Assemblée nationale, que si la députation du département se trouve réduite de plus d'un quart. »

Le rapporteur de la commission d'initiative, M. Alfred Giraud, concluait à la prise en considération de cette proposition, qui fut défendue par M. Vautrain et combattue par M. Henri Brisson et par M. Gambetta :

M. GAMBETTA. — Messieurs, la question soulevée par la proposition de loi de l'honorable M. Courcelle me paraît nous mettre dans une alternative assez délicate pour le vote ; après avoir écouté les divers orateurs qui se sont succédé à cette tribune, il ne m'a pas paru qu'on eût donné une raison décisive, ni pour ni contre la prise en considération de cette proposition ; et je

crois que cela provient de ce que les divers orateurs
que nous avons entendus ont reculé devant la précision et la franchise nécessaires dans un pareil débat.

*Sur divers bancs.* — Qui donc a manqué de franchise?

M. Gambetta. — Ce n'est pas d'une franchise personnelle qu'il s'agit ; il s'agit d'une franchise politique qui
met à nu les espérances ou les inquiétudes des partis.
Eh bien, je dis qu'on n'a pas été jusqu'au bout de la
vérité, ce qui n'est pas une manière de l'altérer, mais
vous avouerez bien que ce n'est pas non plus une manière de la manifester pleinement.

La mesure à prendre touchant la suppression ou la
suspension de l'action de la loi de 1849, ne pourrait
entrer dans la compétence de l'Assemblée qui est issue
de cette loi et dont cette loi constitue le titre, que si,
à l'appui d'une pareille mesure, l'Assemblée pouvait
donner au pays une raison politique claire, évidente,
sur laquelle la bonne foi du pays ne pût pas se tromper.

Il faut donc, Messieurs, pour que vous puissiez déclarer avec autorité, avec légitimité, qu'on ne fera plus
d'élections partielles, qu'on ne laissera plus pénétrer
dans cette Assemblée les élus du suffrage universel,
il faut que vous disiez avant tout au pays pourquoi.

Eh bien, donnez au pays la raison qui est au fond
des craintes des uns et des espérances des autres.
Dites-lui que, ayant fait une Constitution, vous entendez l'appliquer ; que la majorité qui s'est trouvée
pour la faire, se trouvera pour la mettre en œuvre,
non pas *hic et nunc*, avec passion ni avec précipitation,
mais dans le temps moral, et aussi dans le temps matériel nécessaire pour que cette institution ait été expliquée, connue, et soit, pour ainsi dire, entrée dans
la conscience générale du suffrage universel.

Ainsi, Messieurs, avant de procéder à la solution de
la question qui nous est posée : convient-il ou ne

convient-il pas de prendre en considération la proposition de M. Courcelle? — il faut qu'une parole autorisée nous ait dit, à cette tribune, dans quel délai on entendrait consulter le pays d'une manière générale. (*Mouvements divers.*)

*Quelques membres à gauche.* — C'est cela ! — Voilà la question !

M. Gambetta. — Il est bien évident que le moment de consulter le pays ne peut pas être indéfiniment retardé, et qu'on ne peut pas s'engager avec des paroles aussi vagues que celles qu'a prononcées tout à l'heure l'honorable M. Vautrain.

En un mot, Messieurs, si la question ne vous paraît pas mûre, si vous ne pouvez, majorité ou gouvernement, prendre de décision à l'heure actuelle, votez contre la prise en considération de la proposition de M. Courcelle, et vous réglerez la question à votre rentrée ; si, au contraire, la question vous paraît présenter, dès aujourd'hui, une solution possible, déclarez avec précision que vous êtes dans la ferme intention de décider que les élections générales auront lieu dans un délai que vous fixerez à votre retour, mais qui ne pourra pas dépasser tel mois ; alors, si ce mois est suffisamment rapproché, vous pourrez dire au pays : Nous ne faisons pas d'élections partielles, tout simplement pour vous laisser en repos pendant le temps nécessaire, mais ne devant pas s'étendre au-delà de quelques mois, qui doit s'écouler avant les élections générales.

Pour me résumer, l'alternative que nous posons à notre vote est très nette : ou bien on indiquera au pays une échéance pour les élections générales, et, dans ce cas, nous consentirons à suspendre, pour un temps, s'il n'est pas trop long, l'action de la loi de 1849...

M. Wolowski. — L'Assemblée est seule maîtresse de déterminer l'époque de sa dissolution.

M. GAMBETTA.— Je croyais que les Assemblées, dans
les régimes parlementaires, avaient des représentants
au pouvoir.

*Un membre au centre gauche.* —Pas pour cela!

M. GAMBETTA. — C'est votre opinion, ce n'est pas la
mienne. Vous me contredirez, si vous le jugez à propos, quand j'aurai fini d'exposer mon opinion; mais
faites-moi le crédit de quelques minutes d'attention
pour que je puisse m'expliquer complètement. (*Parlez!
parlez!*)

Je dis que, de deux choses l'une : ou on indiquera
au pays une échéance suffisamment rapprochée pour
les élections générales, afin qu'il puisse s'expliquer
et légitimement admettre la suspension de la loi de
1849, et, dans ce cas, nous pourrons voter la prise en
considération de la proposition; ou bien on veut ajourner toute déclaration précise, ou parce qu'on n'est pas
prêt, ou parce qu'on aime mieux n'aborder la question qu'après les vacances, et, dans ce cas, pour ne
rien compromettre, pour ne rien hasarder, nous voterons purement et simplement contre la prise en considération. (*Approbation sur divers bancs à gauche.*)

Malgré M. Madier de Montjau, qui parla dans le même
sens que M. Henri Brisson et M. Gambetta, l'Assemblée
prononça la prise en considération de la proposition de
M. Courcelle. Le 12 mai suivant, M. Clapier déposa sur le
bureau de l'Assemblée le rapport de la Commission chargée
d'examiner la proposition. M. Clapier concluait à l'adoption et déposait le projet de loi suivant, qui fut adopté dans
la séance du 13 mai par 315 voix contre 279 : « Article
unique : — A compter de ce jour jusqu'aux prochaines
élections générales, il ne sera procédé à aucune élection
partielle. »

# DISCOURS

*Prononcé le 29 mars 1875*

## AUX OBSÈQUES D'EDGAR QUINET[1]

(CIMETIÈRE MONTPARNASSE)

---

Messieurs et chers concitoyens,

En prenant la parole, je cède au désir exprimé par la vaillante femme qui a poussé le courage, en l'honneur et pour la mémoire de l'homme que nous sommes venus accompagner et pleurer ici, jusqu'à assister à cette noble et douloureuse cérémonie qui nous rassemble; j'y cède avec le sentiment de la difficulté insurmontable de ne pouvoir, après les paroles que vous avez entendues, après ce que vous savez de l'homme qui va reposer sous cette terre, l'honorer, le saluer dignement, comme il le mérite, dans ses facultés si rares, dans ses œuvres si éminentes, dans la gloire qu'il laissera après lui, au nom du parti auquel il appartenait et dont il restera l'un des serviteurs les plus illustres et les plus éclairés.

Mais je sais au milieu de qui je me trouve, et je sais aussi, mes chers concitoyens, — votre présence

---

1. Edgar Quinet, né à Bourg (Ain) le 17 février 1803, mort à Versailles le 27 mars 1875, représentant de la Seine à l'Assemblée nationale. Quatre discours furent prononcés sur sa tombe : par Victor Hugo, au nom des exilés du 2 décembre, par M. Henri Brisson, au nom de l'Union républicaine, par M. Laboulaye, au nom du Collège de France, et par M. Gambetta.

ici, dans une journée semblable, en est une démonstration éclatante, — je sais le culte que vous gardez
à vos grands morts, la piété avec laquelle vous les
accompagnez et vous allez, chaque année, visiter leur
tombe, en souvenir de leurs glorieux services.

Aussi, Messieurs, me confiant en ces sentiments
qui me sont connus, j'espère que vous voudrez bien
être indulgents pour les quelques paroles que je vais
vous adresser.

Quand on se trouve devant une tombe comme celle
qui va se fermer, on n'y est pas pour faire de vaines
oraisons funèbres ; et c'est surtout quand les pompes
extérieures, quand les cérémonies ordinaires ont été
légitimement et civiquement écartées, qu'il convient
de regarder ces rendez-vous de la mort comme les occasions les plus propices pour l'enseignement des
hommes. Or, mes chers concitoyens, il n'y a pas de
vie, j'ose le dire, qui soit d'un plus haut enseignement,
d'un plus sévère et d'un plus efficace exemple que la
vie du grand et noble citoyen que nous escortons
dans ce cimetière. (*Murmures d'assentiment.*)

Il peut, à juste titre, figurer dans cette trinité que
la mort cruelle nous a enlevée depuis moins d'un an,
entre Michelet et Ledru-Rollin. Oui, Quinet est aussi
un des pères de la démocratie contemporaine, un de
ceux qui ont le plus fait, par la parole, par l'action,
par l'écrit, pour assurer à cette démocratie qui m'en-
toure l'instrument de sa souveraineté, pour établir
en France le règne de la justice et du droit. (*Marques
de vive approbation.*) Et si la mort continue à frapper à
coups redoublés dans nos rangs, elle pourra bien
nous enlever jusqu'aux derniers restes de ces incomparables lutteurs de la première heure, mais jamais
elle ne pourra nous ravir ni leurs doctrines, ni leur
exemple, ni ce quelque chose de supérieur encore, —
car il n'y a rien que les résultats qui comptent dans
la vie des peuples, — la trace toujours vivante, agis-

• sante et féconde, qu'ils ont laissée dans les idées, dans
les opinions, dans les institutions, dans les mœurs de
notre pays. (*Marques d'approbation.*)

Oui, Messieurs, Ledru-Rollin, — qu'il y a trois mois
nous n'avons pu accompagner au cimetière, dont nous
n'avons pu honorer la grande mémoire par suite de
l'éloignement et de circonstances imprévues au moment de sa mort soudaine, — Ledru-Rollin, je saisis
cette occasion de le dire parce que nous nous trouvons réunis aujourd'hui dans un lieu funèbre et propice à la piété et à la religion vraie des hommes; Ledru-Rollin a été l'auteur du suffrage universel; mais
Quinet le réclamait déjà dans cet admirable *Avertis-*
*sement au pays*, en 1840, où il prenait si hardiment le
parti de la réforme électorale, le parti de la démocratie, seule puissance qui lui apparût, dès lors, capable
de refaire la France et de la mettre à la hauteur du
rôle que sa Révolution lui a créé parmi les peuples
modernes.

D'un autre côté, pendant que Michelet refait, dans
ce Paris dont il est comme l'incarnation vivante, l'histoire du peuple français, avec ce génie prodigieux de
résurrection qui fait de tous ses lecteurs les témoins,
les contemporains des drames qu'il raconte, à côté de
lui, Quinet poursuit, avec moins de passion peut-être,
mais avec une étonnante sûreté de coup d'œil, le relèvement de la France; partout il lui cherche des alliés, des amis, des disciples. Mais, don plus surprenant
encore, il voyait déjà d'où pouvait venir le péril, d'où
il viendrait, et c'est ce qui faisait tout à l'heure dire à
M. Laboulaye, ce collègue digne de M. Quinet dans
l'enseignement supérieur du Collège de France, cet
ancien compagnon des vieilles luttes, que Quinet avait
eu le don de prophétie quand il avait tourné les yeux
du côté de l'Allemagne. C'est ainsi qu'il lui arriva de
pousser le cri d'alarme longtemps avant le danger. Ce
savant, ce poète apercevait l'invasion derrière les

thèses nuageuses et pédantes des Universités germa-
niques. Son amour profond de la France éclairait
pour ses yeux avides de lumière les obscurités mêmes
de l'avenir.

Aussi, mes chers concitoyens, comment s'étonner
que plus tard, sous les coups de la force, lorsque Edgar Quinet et ses illustres compagnons d'exil furent
forcés de quitter le sol de la patrie, comment s'étonner
que ces hommes, nos maîtres et nos guides, aient
fait ce qu'on n'avait jamais fait, ce que Danton regardait comme impossible, qu'ils aient comme emporté
la patrie à la semelle de leurs souliers? (*Bravos prolongés.*) La patrie ne vivait que de leurs idées, de leurs
enseignements, de leurs livres, de leurs œuvres dans
tous les champs de la pensée.

Et il y parut bien, car, lorsque l'invasion eut été
amenée jusqu'au cœur de Paris, de ce Paris qui est
toujours le cœur de la France... (*Bravos et cris : Vive
la République!*) on vit Ledru-Rollin, Louis Blanc, Victor
Hugo, Quinet, — j'arrête la liste pour ne citer que les
astres de première grandeur dans ce firmament républicain, — (*Bravos répétés*) on les vit accourir à Paris,
pour y rallier le drapeau de la France. N'est-ce pas là
ce qui prouve que c'était pour frapper la patrie que,
vingt ans auparavant, on les en chassait? Il a fallu
qu'elle fût en sérieux danger, en péril de mort, pour
les voir revenir de l'exil. (*Marques de vive approbation.*)

C'est à cette époque, Messieurs, que, disciple
ignoré de Quinet, nourri de ses doctrines historiques,
passionnément épris de son génie de poète amoureux
de la France, je le vis pour la première fois. Lugubres
et douloureuses circonstances où j'apprenais à connaître l'homme après le penseur, le citoyen après le philosophe, et cela quand la patrie allait périr! (*Profonde
émotion.*)

C'est pour cette raison grave et douloureuse que je
n'ai pas cru pouvoir me dérober à ce suprême devoir

de venir, — permettez-moi le mot, il est sans ambition de ma part, — au nom de la génération nouvelle, saluer ce grand mort que nous pleurons. Oui, mes concitoyens, je l'honore et je le glorifie, en votre nom à tous, au nom de cette démocratie que vous formez, qui est non pas différente, non pas changée, mais de cette démocratie que nous composons tous et qui est à celle qui l'a précédé, comme les fils sont aux pères, qui reconnaît et salue, avec respect, dans ses devanciers, ses ancêtres, ceux qui ont fondé l'héritage, commencé la fortune et formé le premier patrimoine des descendants, (*Bravos*) de ces ancêtres qui, plus épris quelquefois de la beauté idéale des principes et et qui, habitués, — ce qui est l'honneur de leurs grandes intelligences, et ce qui a été la suprême volupté de leur exil, — à vivre face à face avec l'intégrité du beau et du vrai, ont payé de leurs travaux et de leurs douleurs le droit de planer au-dessus des détails mesquins et des nécessités vulgaires de la politique quotidienne. Messieurs, il est arrivé, surtout dans ces derniers temps, que l'on a parlé de certaines dissidences; je veux m'en expliquer devant cette tombe, qui va renfermer pour jamais les restes vénérés d'un ami sûr dont les sages conseils survivront à la mort. Ces dissidences, que nos adversaires grossissent pour les exploiter, que des écrivains toujours à l'affût de fausses nouvelles dénaturent sciemment, ces dissidences n'ont jamais pu altérer, n'altéreront jamais l'accord indestructible sur le fond des choses... (*Non! Non! — Bravos.*) Oui, mes concitoyens, nous sommes et nous resterons toujours d'accord pour nous rallier tous autour du même drapeau, d'accord pour poursuivre les mêmes conquêtes, d'accord pour atteindre le même but, c'est-à-dire l'avènement de la démocratie, son installation définitive, complète, pacifique, dans le cadre régulier des institutions politiques et sociales de la France; la victoire, enfin, d'une sage et laborieuse démocratie, tenace et patiente, qui se donne pour tâche d'obliger ceux qui, au mépris de leurs précédents et de leur histoire, se sont crus toute la France et ont pensé qu'ils pourraient la gouverner comme une oligarchie, de les obliger à maintenir, dans l'intérêt supérieur de la patrie française, l'union nécessaire entre toutes les fractions du peuple ; de la grande et généreuse démocratie qui a inscrit sur son drapeau politique cette devise qui nous donnera la victoire : Alliance de la bourgeoisie et du prolétariat. (*Bravos prolongés.*)

Je le répète, nous sommes dans la tradition de nos devanciers. Leurs principes sont les nôtres : seules, les méthodes ont changé pour les protéger et les défendre.

C'est cette politique, Messieurs, que, dans une admirable page, écrite, avec sa prescience de prophète, de ce style inimitable dont il puisait le secret dans l'amour le plus ardent pour les déshérités comme dans l'esprit de justice le plus intègre, — c'est cette politique qui inspirait Quinet, quand il adressait au régime issu de 1830 ce reproche de n'être ni la monarchie, puisqu'il était né sur les barricades, ni une aristocratie, puisqu'il ne représentait qu'une classe arrivée de la veille au pouvoir, et qui lui faisait dire au régime issu de la révolution de Juillet : Soyez avec la nation, avec le peuple, avec ceux qui veulent une part dans le gouvernement, dans les institutions politiques et sociales, dans tous les fruits d'une civilisation bien équilibrée, bien assise ; soyez avec la France, avec toute la France, sinon vous disparaîtrez comme des hommes d'expédients, et votre règne ne sera qu'une aventure qui disparaîtra dans une tempête.

C'est ce qui est arrivé. (*Bravos.*)

Ces vues si nettes, si larges, si démocratiques, font comprendre, Messieurs, comment, en 1848, lorsque Quinet fut envoyé à l'Assemblée constituante et, ensuite, à l'Assemblée législative, il y défendit, sans jamais se décourager, la République et la politique républicaine. Toujours on retrouvait en lui le même don de clairvoyance quand il s'agissait des intérêts supérieurs de la France issue de la Révolution.

A quoi pense-t-il, ce professeur illustre, ce maître écouté de tant de générations d'étudiants, alors que l'attention de tout le monde est un peu divertie des questions de polémique et des passions des partis? Il pense à l'enseignement du peuple. Digne continuateur des hommes de la Convention, il dit que la première tâche de ceux qui gouvernent les peuples consiste à les instruire. Quinet monte à la tribune et supplie ses collègues de la majorité de l'entendre. On ne l'écoute pas. Alors il reprend sa plume, il écrit une brochure. Car son arme vraie, c'était le livre, c'était là son instrument de propagande et de conquête.

Dans ce livre, il pousse le vrai cri, celui qui restera le cri de ralliement de la démocratie. Il dit : Pour sauver ce pays des dangers intérieurs et extérieurs qui le menacent, instruisez le peuple conformément à son génie; donnez-lui l'instruction laïque. (*Bravos prolongés.*)

C'est Quinet, mes chers concitoyens, qui, le premier, a prononcé ce mot; c'est lui qui a créé cette .formule et, à coup sûr, nous manquerions à un devoir de stricte reconnaissance en ne regardant pas cette tombe comme le monument le plus sacré et le plus digne des respects de cette grande population de Paris, toujours si éprise de science et de liberté, si avide d'instruction et de lumières. (*Marques d'approbation.*) N'est-ce pas là, en effet, ce qui vous tient le plus au cœur, vous tous qui m'écoutez? C'est aussi, croyez-le bien, ce qui tient le plus au cœur du reste de la France; mais c'est aussi ce qu'on n'arrachera qu'avec les plus grandes difficultés : je veux parler de cet enseignement civil, laïque, démocratique, humain, ne relevant que de la raison. (*Bravos.*)

Voilà comment m'apparaît Quinet, Messieurs, et certes il n'en faut pas davantage pour légitimer les sentiments d'amour, de reconnaissanc, d'estime profonde, qu'il avait suscités dans le cœur des générations nouvelles. Cela suffit à expliquer pourquoi, malgré son amour supérieur des spéculations pures, les conseils de Quinet étaient toujours suivis et sollicités, qu'on me permette la comparaison, avec le même soin que des artisans très habiles, que des mécaniciens de premier ordre, que des praticiens expérimentés mettent à se renseigner auprès d'un calculateur pour connaître la formule qu'il faut faire passer dans la pratique de tous les jours. Quinet était parmi nous comme un grand dépositaire des théories, comme un grand interprète des principes de la Révolution française. Sans fanatisme, sans passion, ce qu'il avait surtout voulu appliquer, c'était moins telle administration ou telle politique que de nouvelles lois morales. La Révolution française était surtout à ses yeux une grande révolution morale. C'est par là que Quinet laissera un enseignement toujours fécond, toujours utile, car nous aurons encore, dans notre lutte pour le progrès et la justice, bien des traverses et bien des tâtonnements.

En effet, mes chers concitoyens, ce n'est pas pour jouir à la façon des despotes que la démocratie est devenue souveraine dans ce pays. En devenant maîtresse, elle se trouve en face de grands devoirs. Ayant le pouvoir, elle a les difficultés. Il faut gouverner quand on est la majorité; il faut être digne de garder le pouvoir quand on l'a pris. C'est pourquoi il faut s'astreindre au travail, à la discipline, à la patience, à l'esprit de combinaison, d'arrangement; il faut savoir allier la prudence à la force. C'est là la tâche qui s'impose à tous ceux qui veulent gouverner les hommes, les hommes étant faits de passions et d'intérêts, et les gouvernements étant, dans les principes de la Révolution française, les premiers serviteurs du peuple.

Mes chers concitoyens, Edgar Quinet représentait parmi nous cette haute raison, faite de doctrine et d'expérience. Il savait les lois de la politique et enseignait comment on doit les appliquer dans notre temps. Aussi bien lui, Quinet, la victime des œuvres de la force, lui, l'otage du 2 décembre, il ne se réclamait que de la raison, que de la discussion, ce qui est la marque supérieure d'un esprit bien trempé.

Tels sont les enseignements qu'il nous laisse, et nous ne saurions trop nous en souvenir dans la situation où nous sommes, après une conquête difficile, après avoir arraché aux ennemis les plus cruels et les plus détestés de l'esprit démocratique l'instrument à l'aide duquel nous pourrons progresser plus avant, à l'aide duquel, avec de la concorde, de l'union, de la sagesse, nous devons procéder à l'affranchissement de tous, procurer enfin à notre pays, qui l'attend depuis si longtemps, ce régime de paix et de liberté, de justice et de progrès, que la Révolution française a voulu fonder dans notre nation pour l'exemple du reste du monde.

Sachons donc répudier les conseils de la force, les conseils de l'exaltation, en même que nous saurons éviter les périls du découragement et de la lassitude. Nous sommes dans la bonne voie, dans le droit chemin. Allons donc en avant, et sachons répéter avec Quinet, du même cœur, avec la même foi, ce cri dont on pourrait faire sa devise : « Par la République, pour la patrie ! » (*Bravos prolongés. — Cris : Vive la République! vive Gambetta!*)

A la sortie du cimetière, la foule fait une ovation enthousiaste à Victor Hugo et à M. Gambetta qui prononce les paroles suivantes :

### Chers concitoyens,

Je ne puis vous quitter sans vous dire un mot de

félicitations et de reconnaissance. Je vous remercie de l'empressement que vous avez mis à venir honorer un des hommes les plus illustres et plus méritants de notre parti. Je vous félicite de votre recueillement, de votre piété dans l'accomplissement de ce devoir civique qui honore la démocratie républicaine.

Et maintenant quittons-nous en donnant à toute la cité parisienne un nouvel exemple de la modération qui appartient à la force. Nous nous séparons confiants les uns dans les autres, assurés de nous retrouver tous unis dans la défense des mêmes idées, des mêmes intérêts, de la même cause. Le temps des embûches n'est pas fini, bien que nous soyons déjà entrés dans une période meilleure. Rappelons-nous que le gouvernement porte notre titre, et que nous devons rester, pour la France comme pour l'Europe, les meilleurs défenseurs de la légalité républicaine. (*Immense acclamation de : Vive la République!*)

La foule, évaluée à cent mille personnes, s'écoule dans le plus grand ordre.

# DISCOURS

SUR

## LES LOIS CONSTITUTIONNELLES

*Prononcé le 23 avril 1875*

A PARIS

(XX<sup>e</sup> ARRONDISSEMENT)

———

La *République française* du 26 avril publiait les lignes suivantes :

« Pour répondre à l'appel d'un grand nombre d'électeurs de Ménilmontant, Belleville et Charonne, désireux de s'entretenir avec lui des affaires publiques et de la situation politique, M. Gambetta s'est rendu, le 23 avril 1875, dans une réunion privée organisée par les soins de M. Blanchet, 27, rue de Ménilmontant. Deux mille citoyens environ étaient présents. Plusieurs représentants à l'Assemblée nationale, notamment des représentants de la Seine, et un grand nombre de conseillers municipaux, accompagnaient M. Gambetta. A son entrée dans la salle de la réunion, des cris de : « Vive Gambetta! Vive la République! » se sont fait entendre.

« A huit heures et quart, M. Blanchet a ouvert la séance en adressant à ses invités l'allocution suivante :

« Citoyens, j'ai le regret de vous annoncer que M. Herold, l'un de nos conseillers municipaux, est dans un état de santé qui ne lui a pas permis de se joindre à nous et qu'il se fait excuser de ne pouvoir assister à notre réunion.

« Citoyens, la République, gouvernement de fait, la République, gouvernement de droit, parce qu'elle est la

forme nécessaire de la souveraineté du peuple, est devenue
le gouvernement légal. Certes, il serait facile, très facile
même, de montrer ce qu'il y a de rudimentaire et d'incom-
plet dans ce premier statut constitutionnel, mais nous pré-
férons, nous, citoyens du 20e arrondissement de Paris, considérer l'acte du 25 février comme un point de départ,
comme un premier pas vers la réalisation progressive et
pacifique des idées de justice politique et sociale qui constituent l'idéal du parti républicain.

« A ce titre, nous ne lui marchanderons pas notre adhésion, et toutes nos sympathies sont acquises à toutes les
fractions de l'ancienne gauche, au parti constitutionnel;
nous prions le citoyen Gambetta d'être notre interprète
auprès de ses collègues de la nouvelle majorité, sans distinction de nuances, et nous lui exprimons, à lui-même,
notre gratitude pour la part qui lui revient dans ce grand
acte du 25 février, pour le rôle qu'il a joué dans la transformation de nos institutions, transformation d'autant plus
décisive qu'elle a été plus pacifique.

« Cette adhésion nous est d'autant plus douce à donner,
que la démocratie républicaine de Belleville n'oublie pas
que le citoyen Gambetta est né à la vie politique au milieu
d'elle, et ce n'est pas sans un sentiment de légitime orgueil qu'elle a conscience d'avoir pressenti dans l'orateur
éloquent, dans le tribun inspiré, l'homme d'État de la
République. (*Très bien! très bien!* — *Applaudissements.*) »

M. Gambetta se lève au milieu des applaudissements et
prononce le discours qui suit :


### Mes chers concitoyens,

Dans toutes les difficultés de la vie politique, depuis
le jour où vous m'en avez ouvert les portes, je n'ai
jamais oublié, je n'ai jamais cessé d'avoir toujours
présente à l'esprit la dette que j'avais contractée envers
vous, qui avez été mes premiers électeurs. La bonne
comme la mauvaise fortune seront également impuissantes à rompre les liens qui nous unissent. Cette
union, Messieurs, nous ne l'avons pas, si vous vous le

rappelez, contractée à la légère, et, puisqu'on a ramené la pensée de l'auditoire sur ce souvenir qui m'est si cher, sur ces commencements de notre vie politique commune, je tiens à rappeler d'un mot ce qui nous a liés ensemble, lorsque vous voulûtes bien jeter les yeux sur l'homme qui est aujourd'hui devant vous. Nous avons commencé par arrêter d'avance, après les avoir débattues librement, les conditions, les stipulations du contrat qui devait nous associer. C'est un exemple que nous tenions à donner à toute la démocratie française ; c'est un exemple qui n'a pas été perdu, mais qui, non plus, ne s'est pas suffisamment généralisé. Mais l'idée était juste et bonne ; elle a pris naissance ici ; elle a grandi ; elle se développera dans l'avenir. (*Oui! oui! — Bravos.*)

Aussi, Messieurs, malgré les absences, les éloignements que nous imposent les accidents, les péripéties de la politique, c'est toujours ici que j'aime à revenir, c'est au milieu de vous que je trouve les meilleurs encouragements, l'appui le plus solide dans les difficultés, les véritables consolations dans les amertumes de la vie publique. Voulez-vous savoir la cause de ma présence, ce soir, parmi vous? Citoyens, je viens demander à ceux qui furent mes premiers commettants : Est-ce que le contrat tient toujours ? (*Oui! oui! — Bravos et applaudissements prolongés.*)

Messieurs, vos applaudissements me touchent et m'émeuvent, et maintenant, je puis ajouter : Je ne viens pas seulement ici pour chercher des inspirations, de la force et de l'autorité, j'y viens aussi, je le dis avec le seul orgueil qui soit compatible avec la dignité du républicain, j'y viens chercher ma récompense. (*Bravos.*)

Mes chers concitoyens, on peut dire, on peut écrire, on peut murmurer, contre les hommes du parti républicain, les accusations les plus absurdes et les plus niaises, dont la contradiction seule fait éclater la va-

nité ; on peut nous représenter comme des agents de
désordre et de dissolution sociale ; on peut aussi, dans
un style plus ou moins élégant et poli, dire que nous
abandonnons nos origines, que la modération, que la
sagesse et que l'esprit de calcul que nous avons intro-
duits dans notre méthode politique sont mal jugés et
mal compris ; on peut nous présenter encore comme
je ne sais quels aventuriers politiques prêts à se séparer de ceux qui sont leurs véritables auteurs. On peut
dire tantôt que nous sommes des pétroleurs, (*Rires*)
tantôt des hypocrites, tantôt des Italiens élevés à l'école
de Machiavel, tantôt des césariens, tantôt des orléanistes. (*Nouveaux rires.*) Je crois, Messieurs, qu'il n'y
a qu'un moyen pour un homme public de répondre à
ces accusations, — et j'en use, — c'est de revenir
constamment devant ses commettants, devant ses
juges naturels, leur expliquer la politique, toute la
politique, sans réserves, sans restrictions, afin de
reconnaître à l'accueil qui est fait à cet exposé, si oui
ou non ses électeurs jugent qu'il est resté fidèle aux
premiers engagements, si oui ou non il a, dans ses
discours et dans ses actes, traduit la pensée, exprimé
la volonté de ses commettants. (*Marques d'adhésion.
— Très bien ! — Bravos.*)

Lors de notre dernière réunion, il y a deux ans,
presque à pareil jour, j'ai prononcé un mot qu'on m'a
beaucoup reproché, qu'on me reproche encore, soit
que je parle, soit que je garde le silence. (*Rires.*) Oui,
Messieurs, savez-vous ce qu'on incrimine en moi,
souvent avec amertume, c'est d'être, comme on me
dit, de Belleville, c'est de tenir à Belleville, c'est de
protester contre les calomnies dont Belleville est
l'objet. (*Hilarité.*) Quant à ce mot qu'on me reproche
d'avoir prononcé, dont on a dit que je veux faire un
drapeau de désordre, quel est-il donc? On me reproche de n'avoir pas voulu « couper ma queue ». (*Nouvelle hilarité.*)

Messieurs, ce mot bizarre et méprisant de « queue »
traduit assez bien, dans la pensée de nos adversaires,
l'évolution qu'ils voudraient nous voir faire et qui con-
sisterait à tourner le dos à ceux qui nous ont fait entrer dans la vie politique. Eh bien, non, je n'ai pas
coupé ma.queue et je ne suis pas prêt à le faire. En
veut-on la preuve? la voici : je suis ici, mes chers concitoyens, au milieu de vous, tel que vous m'avez toujours connu. (*Très bien! très bien! — Applaudissements
prolongés.*)

Mais venons à nos affaires, et abordons le sujet de
cet entretien. Depuis notre dernière entrevue, que
s'est-il passé? Après avoir rappelé brièvement les
évènements accomplis depuis deux ans, nous arrive-
rons à la situation présente; nous la jugerons; et,
nous étant rendu compte de ce qu'elle contient encore
de périls et d'alarmes, nous rechercherons ensemble
quels remèdes, quelles résolutions, quels procédés il
y faut appliquer pour atteindre enfin ce but sans lequel
il n'y a ni avenir pour la patrie, ni paix sociale, ni
politique intérieure ou extérieure, ni gouvernement
pour la France. Ce but, mes chers concitoyens, vous
le connaissez : c'est la République définitivement fondée et mise au-dessus de toutes les contestations des
partis, de toutes les attaques des factions. (*Bravos et
applaudissements.*)

Jetons donc un coup d'œil sur ce passé de deux ans,
à la fois si près de nous et si bien mort.

Nous avons eu, depuis notre dernière entrevue, une
tentative audacieuse, effrontée, de restauration de la
monarchie qui s'appelle légitime. Devant la répulsion
manifestée par l'opinion publique, devant le frémisse-
ment d'inquiétude et d'horreur qui a remué la France
jusque dans ses couches les plus profondes, la restauration monarchique, soit défaillance, soit peur, soit impuissance, a misérablement avorté. Elle a avorté parce
qu'elle était contraire, absolument contraire au génie

national : personne en France ne voulait la restauration de la monarchie, ni le paysan dont elle est l'effroi, ni l'ouvrier qui n'a jamais dissimulé l'aversion qu'elle lui inspire, ni l'armée dont elle supprime le drapeau, symbole de sa gloire et de son honneur ; personne n'en voulait. Aussi, Messieurs, comment s'étonner que celui-là même qui est à la tête de l'État, que le premier magistrat du pays, ait prononcé la parole significative qui restera comme l'arrêt de mort de la monarchie ? Il a dit que, devant une tentative de restauration, les chassepots partiraient tout seuls ; et la monarchie est rentrée dans l'ombre. (*Applaudissements.*)

Cependant les comploteurs ne se sont pas tenus pour battus. Ils ont essayé d'une autre monarchie, mais il était difficile de la servir sur l'heure ; non pas que les titulaires manquassent, non pas que les courtisans fissent défaut, non pas qu'il n'y eût des habiles tout prêts à la présenter au pays comme un moyen de délivrance et de renouvellement, mais parce que...

A ce moment, un certain nombre d'auditeurs se trouvant trop pressés interrompent l'orateur, en échangeant entre eux des interpellations à haute voix. Des mesures sont prises pour remplir les parties de la salle encore inoccupées : cent cinquante auditeurs se déplacent, le silence se rétablit, et M. Gambetta reprend son discours en ces termes :

Je vous disais donc, Messieurs, qu'après l'échec définitif de la monarchie légitime, on tenait une autre monarchie en réserve ; que l'on n'avait pas poussé les choses jusqu'à la tentative ouverte, mais que l'on avait au contraire masqué soigneusement la tentative projetée, et, quoique les évènements passent très vite, vous n'avez pas encore oublié le nom de cette combinaison aussi bizarre qu'inexplicable et fragile, destinée à servir de paravent aux projets que l'on méditait, et qui s'est appelé le Septennat.

Le Septennat est allé rejoindre dans le néant, d'où on n'aurait pas dû le tirer, les rêves des partisans de la royauté traditionnelle. (*Rires.*) Ce gouvernement hybride et innommé a cependant duré assez longtemps pour paralyser la confiance et pour arrêter l'activité nationale; il a duré assez pour ramener au grand jour de la vie publique, dans les fonctions, dans la politique active, dans l'administration du pays, dans la presse, pour grouper et réunir, dans des associations factieuses qui ne se cachaient plus pour ourdir leurs manœuvres et qui, se croyant assurées de l'impunité, les étalaient en pleine lumière, il a duré assez, dis-je, pour ramener les hommes et le parti qui constituent le plus honteux comme le plus sinistre péril qui puisse menacer la France. (*Vive adhésion.*)

Oui, Messieurs, des hommes d'État légers, imprévoyants dans leurs rancunes, éperdus et ne voyant qu'un moyen d'échapper à cette prise, chaque jour plus serrée, du pays qui les acculait à la République, ne craignirent pas de tirer de sa honte et de son ignominie ce qui reste de la faction de Décembre, de la ramener sous les yeux de la France surprise de tant d'audace et de sottise. (*Bravos.*) Messieurs, ce n'était pas là, — quoique peut-être certains personnages habiles en aient eu l'arrière-pensée, — ce n'était pas là seulement une combinaison pour faire horreur à la France et pour l'entraîner vers leur monarchie constitutionnelle préparée et déguisée sous leur septennat byzantin; c'était surtout un moyen de faire échec au parti républicain, qui chaque jour grandissait dans le pays. Mais, Messieurs, ces habiles gens n'étaient pas de taille à faire campagne avec leurs nouveaux collaborateurs, pas plus qu'à résister à de tels complices et à les dominer; et l'on vit promptement que, dans cette association de partis qui se détestent, il y en avait un qui devenait tous les jours plus menaçant parce qu'il avait le moins de scrupules et le plus de cynisme. Le danger était immense, et les alarmes étaient légitimes. On sentait la conspiration partout. Les révélations les plus complètes durent être bientôt mises sous les yeux de la France et de l'Assemblée. Ce jour-là, Messieurs, il faut le dire, un éclair de patriotisme illumina des intelligences honnêtes ; un mouvement de pudeur politique et d'honneur national s'empara de l'Assemblée de Versailles ; et, comme toujours, on fit appel à la seule force qui soit, dans ce pays, en état de refouler les coupe-jarrets du despotisme. (*Bravos et applaudissements répétés.*)

On fit appel à la République. Il devint possible de constituer une majorité d'honnêtes gens, de citoyens dévoués, dont les uns ont fait de réels sacrifices d'opinion, les autres des concessions de position, tandis que d'autres enfin consentaient à différer la réalisation immédiate de leurs tendances politiques. Messieurs, il faut dire la vérité, c'est par horreur du césarisme, cette hideuse lèpre qui menaçait de nouveau d'envahir la France, (*Applaudissements*) c'est pour en finir avec un provisoire mortel et irritant qui empoisonnait jusqu'aux sources mêmes de la vie nationale, que l'on se décida enfin à écouter la voix du suffrage universel. Aux approches du péril, les illusions tombèrent, les yeux s'ouvrirent, les hommes de bonne volonté et de bonne foi se confièrent résolument à la démocratie et à son esprit, et la République fut faite. (*Mouvement prolongé.*)

Ah ! je sais bien tout ce que l'on peut dire. Je sais bien que, lorsqu'on a le droit, que, lorsqu'on est en possession de la vérité politique, que, lorsqu'on a pour soi la justice des principes, il serait bon et beau, grand et avantageux, de ne jamais permettre que, dans l'action politique, elle puisse être amoindrie ni restreinte. Je sais surtout que ce serait à la fois la tâche la plus douce et la plus noble de saluer la vérité et la justice dans toute leur splendeur et toute leur majesté. Oui, mes concitoyens, nous serions heureux de n'être jamais réduits à traiter avec les difficultés, pas plus qu'avec les principes. Mais les sociétés ne commencent pas par l'idéal; les agglomérations humaines ne vont pas d'un seul bond ni à la perfection absolue, ni même à un état meilleur : le progrès est œuvre de temps et de patience. La route est longue, elle est semée de périls et de sacrifices, elle est jonchée de martyrs. Et qui donc, parmi ceux qui connaissent la nature de l'homme, les conditions de la société, les annales de l'histoire, s'est jamais flatté de pouvoir, avant de mourir, saluer la réalisation complète et absolue de la vérité parmi les hommes? (*Sensation prolongée.*)

Non! non! poursuivons notre tâche, apportons nos services dévoués, augmentons d'une parcelle le patrimoine que nous ont légué nos aïeux ; apportons, nous aussi, notre tribut à ce trésor qu'on nous transmet non pas seulement depuis la Révolution française, mais depuis qu'il y a un peuple qui respire, qui travaille, qui souffre, qui lutte pour le droit et la liberté sur le sol de notre grande et malheureuse patrie, depuis l'Océan jusqu'au Rhin, depuis les Alpes jusqu'aux Pyrénées. Est-ce que la liberté, la démocratie, la justice, le progrès ont été jamais pour ce glorieux et infortuné peuple de France, autrement qu'entrevus, salués dans des heures fugitives, comme des éclairs au milieu de l'orage? (*Sensation.*) Pourrions-nous désirer autre chose, dans les difficultés multiples que nous traversons, que mettre de notre côté le droit, la légalité et, autant que possible, le respect des magistrats pour les principes que nous représentons, et assurer à cette Révolution française, dont on nous dispute effrontément les conquêtes, un régime légal, défini, définitif, à l'abri des coups de la force et des retours de la fortune? Messieurs, qu'avons-nous obtenu, en fin de compte? Nous avons obtenu pour

nos idées, pour nos principes, pour notre gouvernement, que tous les Français, tous sans exception, aussi bien ceux qui sont à la tête de l'État
que les derniers agents subalternes, leur doivent.
sous peine de forfaiture et de trahison, le respect et
l'obéissance (*Très bien! très bien! — Bravos et applaudissements.*)

Nous étions dans une situation troublée, fatigante,
grosse de périls extérieurs, qu'il fallait faire cesser,
— car, Messieurs, n'oublions jamais que, malgré ses
mutilations, la France reste encore un objet d'envie
et d'avidité dans le monde. Il fallait sortir d'une im-
passe redoutable; le péril était extrême. Quel parti
prendre? Eh bien! Messieurs, veuillez y réfléchir, —
quant à vos enfants, je suis sûr qu'ils ne l'oublieront
jamais, — il y a eu un jour où, sous l'inspiration du
patriotisme éclairé par les périls auxquels la France
était exposée, des hommes investis du mandat de
leurs concitoyens se sont réunis et ont fait un pacte
solennel avec la République, afin d'assurer la paix au
dehors et au dedans. (*Applaudissements.*)

On a fait une Constitution, on ne l'a pas beaucoup
discutée. On a organisé des pouvoirs, on ne les a pas
très minutieusement et, si je puis le dire, on ne les a
pas très analytiquement examinés et coordonnés. On
a été vite, et cependant savez-vous ce qui est arrivé?
C'est que l'œuvre vaut mieux, peut-être, que les circonstances qui l'ont produite; c'est que, si nous voulons nous approprier cette œuvre et la faire nôtre,
l'examiner, nous en servir, la bien connaître surtout,
afin de bien l'appliquer, il pourrait bien se faire que
cette Constitution, que nos adversaires redoutent
d'autant plus qu'ils la raillent, que nos propres amis
ne connaissent pas encore suffisamment, offrît à la
démocratie républicaine le meilleur des instruments
d'affranchissement et de libération qu'on nous ait
encore mis dans les mains. (*Profonde sensation.*)

Messieurs, si vous le voulez bien, nous allons démonter ce mécanisme, voir ensemble ce qu'il contient, ce qu'on y a laissé passer et ce qu'on en peut faire pour le plus grand bien de la France et de la démocratie.

Vous savez que cette Constitution est courte ; elle contient deux lois et trois chapitres : il y a une Chambre des députés nommés par le suffrage universel direct ; il y a un président de la République nommé par la Chambre des députés et par la seconde Chambre sur laquelle je m'expliquerai tout à l'heure, seconde Chambre qui compose le troisième pouvoir et qui est le Sénat.

Remarquez d'abord que les pouvoirs du président de la République ont une bonne origine. Les pouvoirs du président de la République, n'émanant plus du suffrage universel et direct de toute la nation, on ne s'avisera plus de poser le premier magistrat, le gardien et le serviteur de la loi, comme supérieur ou antérieur aux représentants du pays qui font la loi. Le président ne sera plus comme une sorte de lieutenant-général d'un empire ou d'une monarchie ; il ne pourra plus avoir les mêmes facilités que l'on avait si légèrement et si témérairement concédées à... non pas à son prédécesseur, mais au prédécesseur de son prédécesseur. (*Rires.* — *Applaudissements.*) Électif, à temps, obligé à enregistrer les volontés des Assemblées et à promulguer les lois qu'elles feront, responsable devant elles s'il portait atteinte aux droits fondamentaux du pays, il est un président, il n'est ni un monarque en expectative ni un prince qui s'apprête à revêtir la pourpre césarienne. Sa situation, quoique modeste, reste assez haute pour que l'autorité entre ses mains soit digne de la France, qu'il représente, et de la loi, qu'il est chargé de faire exécuter.

Mais parlons du Sénat, et c'est évidemment la préoccupation générale de l'opinion de savoir ce que c'est que ce Sénat que l'on vient de nous donner.

Je dis, tout d'abord, qu'il n'y a pas à s'y méprendre et que ceux qui ont eu les premiers l'idée de constituer un Sénat ont voulu, dès l'origine, créer là une citadelle pour l'esprit de réaction, organiser là une sorte de dernier refuge pour les dépossédés ou les refusés du suffrage universel. (*Hilarité.* — *Bravos.*) Il n'est pas douteux que, dans l'esprit de tous les législateurs, — je n'incrimine pas plus les uns que les autres, — la première pensée qui a présidé à l'organisation du pouvoir législatif en deux Chambres a été une pensée de résistance contre la démocratie républicaine. (*Marque générale d'assentiment.*) Mais il faut voir si ceux qui ont eu cette pensée l'ont bien réalisée. Il s'agit de reconnaître si, étant par hasard imprégnés eux-mêmes, et plus profondément qu'ils ne le croyaient, de l'esprit démocratique qui palpite dans tout le pays, et voulant créer une Chambre de résistance, une citadelle de réaction, ils n'ont pas organisé un pouvoir essentiellement démocratique par son origine, par ses tendances, par son avenir. Messieurs, quant à moi, telle est ma conviction, et je vais essayer de l'établir.

Un Sénat, vous n'ignorez pas que c'est là une institution qui remonte fort loin dans les annales des hommes. Il y en a eu dans tous les pays de l'Europe, sous les latitudes les plus diverses, avec les régimes les plus variés et les plus opposés, dans l'antiquité et dans les temps modernes. Parmi ces corps politiques, il en est qui ont laissé de glorieux souvenirs d'habileté et de puissance, de tradition et de sûreté dans le développement d'une grande politique nationale : j'indique le Sénat de Rome et celui de la République de Venise. A côté de ces Sénats historiques, il faut placer les Chambres hautes qui ont été, qui sont encore la représentation de la fortune, de la naissance, de la grande propriété, des Églises constituées. Ces hautes

Chambres, Chambres des lords, des pairs, des sei-
gneurs, ont joué un grand rôle à certaines époques,
mais, à l'heure qu'il est, sans entrer dans le détail des
causes, elles sont frappées d'une certaine défaveur,
et cela même en Angleterre, sur la terre classique où
elles ont pris naissance.

En France, nous avons eu, non pas des Sénats,
parce qu'on ne peut pas appeler de ce nom les Assemblées ou les collections d'hommes que le premier et
le second empire réunissaient au Luxembourg, (*Hilarité*) mais nous avons eu des Chambres des pairs. Ces
Chambres, qui contenaient certainement ce que l'élite
des classes dirigeantes avait de plus cultivé, de plus
brillant, de plus influent, ont passé avec des alterna-
tives diverses, jetant, de temps à autre, un grand
éclat sur la tribune, mais ne donnant aucun soutien,
aucune solidité aux institutions dans le cadre des-
quelles elles trouvaient place, ne jouissant d'aucun
prestige, ne disposant d'aucune force aux jours des
dangers, et s'évanouissant dans les moments de péril,
sans même avoir besoin de fuir devant la colère populaire. (*Rires et bravos.*)

Nos législateurs d'aujourd'hui, la tête pleine de ces
souvenirs, et aussi quelque peu inquiets sur l'avenir
politique d'un certain nombre d'entre eux, ont considéré le Sénat comme un suprême espoir, comme un
refuge contre le dédain de ce qu'ils appellent le nombre, c'est-à-dire tout le monde, c'est-à-dire la France.
(*Rires.*) Convaincus qu'ils étaient, bien entendu, que
la France ne les apprécie pas selon leur mérite, ils se
disaient que personne ne pourrait mieux les servir
qu'eux-mêmes; c'est à cette intention qu'ils se sont
dotés d'un Sénat. (*Nouveaux rires.*) Mais ce Sénat, dans
lequel ils voulaient s'installer le plus majestueuse-
ment possible, ils avaient rêvé d'abord de le composer
directement, puis de le faire nommer par le chef de
l'État, ou, en fin de compte, par un corps électoral,

oh! mais, un corps électoral suffisamment dosé, trié,
préparé et muni de droits tellement réduits et imper-
ceptibles que ce devait être une véritable dilution
homœopathique de suffrage universel. (*Hilarité prolongée. — Applaudissements.*) Ces diverses combinaisons ne firent qu'apparaître : aussitôt qu'on les présentait à la tribune, un tel éclat de rire s'emparait de
l'opinion publique, qu'on n'apercevait plus ni l'orateur
ni son projet. (*Rires et applaudissements.*) C'est ainsi
que nous avons été débarrassés successivement des
combinaisons de Sénats où ces Messieurs auraient pu
s'installer à coup sûr. Mais alors, comme il fallait
cependant trouver un moyen d'avoir quelque chose
qui ressemblât à une Chambre haute, on a créé un
Sénat qui est aujourd'hui la loi du pays, que nous
devons respecter à ce titre, bien mieux, que nous
devons considérer comme l'ancre de salut sur laquelle
doit reposer le vaisseau de l'État. La République,
comme vous le disait tout à l'heure mon brave et cher
ami Blanchet, est passée de l'état de fait à l'état légal
du pays. C'est là une parole que nous devons répéter
sans cesse ; c'est une idée dont il faut faire pénétrer
la conception, les conséquences, la portée, jusque
dans les derniers rangs du suffrage universel. Il importe que partout, dans le dernier village de France,
on sache bien que la République est la loi de la France
et que tous ceux qui, soit ouvertement, soit par des
moyens obliques et détournés, soit en invoquant je
ne sais quel droit à perpétuer la discussion trop longtemps ouverte et maintenant fermée entre la monarchie, l'empire ou la République, que tous ceux qui
aspirent à fausser l'esprit public, le jugement du suffrage universel, sont des factieux et méritent d'être
traités comme les pires des révolutionnaires, parce
qu'ils portent la main sur l'édifice qui, seul, peut
abriter les générations contemporaines et futures
contre les catastrophes qui pourront nous menacer

encore. (*Bravos répétés.*) Oui, Messieurs, ne nous lassons jamais de nous présenter devant le pays, c'est
notre droit, comme les véritables défenseurs de l'ordre public, de l'ordre républicain, de la paix sociale.
Assez longtemps, d'une façon injuste, arbitraire et
odieuse, vous avez été traités, nous avons été traités
comme des séditieux, comme des hommes de désordre, pour que le jour où, grâce à la persistance de la
France à proclamer, dans les élections, sa volonté
d'établir les institutions républicaines, les hommes de
la démocratie cessent d'être dénoncés et poursuivis ;
assez longtemps le parti républicain a été présenté
aux populations qui, dans ce pays, sont attachées à
l'ordre et à la paix publique, parce que la France est
par excellence le pays du travail et de l'épargne,
comme un parti de violence, de subversion et de désordre, pour que les républicains, à leur tour, disent
hautement à tous : Fonctionnaires ou simples citoyens,
habitants des villes ou des campagnes, riches ou pau-
vres, jeunes ou vieux, si vous êtes les hommes d'un
parti, et non pas de la nation, si vous conspirez la
ruine des institutions républicaines, prenez garde :
c'est nous qui sommes le droit, et vous, vous êtes la
sédition. (*Double salve d'applaudissements.*)

Messieurs, je dis qu'il est d'autant plus nécessaire
que de pareilles pensées pénètrent jusque dans les
derniers rangs du corps électoral, que la constitution
du nouveau Sénat lui a été remise presque tout entière.
En effet, le Sénat sera composé de 300 membres, dont
225 seront choisis par le corps électoral, et quant aux
autres 75, je m'en expliquerai tout à l'heure. Le corps
électoral qui nomme les 225 membres est formé de
quatre éléments ; l'élection a lieu par département,
au scrutin de liste et au chef-lieu. Les quatre éléments du corps électoral sont ceux-ci : les députés,
c'est-à-dire les représentants les plus autorisés du suffrage universel dans le département ; les conseillers

généraux et les conseillers d'arrondissement, c'est-à-dire l'expression du suffrage des divers groupes de citoyens qui composent le département, et, enfin, les délégués de chaque commune.

C'est ici, Messieurs, que je veux arrêter votre attention. Je veux que vous saisissiez bien quel admirable instrument d'ordre, de paix, de progrès démocratique cette intervention de l'esprit communal dans le règlement des grandes affaires politiques peut procurer à la France. J'ai longtemps hésité, tout d'abord, à croire que l'Assemblée certainement la plus monarchique, la plus..... comment dirais-je?..... la moins laïque... (*Hilarité prolongée*) qu'ait eue la France, imbue des préjugés du gouvernement oligarchique, j'hésitais à croire que cette Assemblée, ayant à constituer une seconde Chambre, en arriverait à lui donner pour point de départ, quoi? Ce qu'il y a de plus démocratique en France, ce qui constitue les entrailles mêmes de la démocratie : l'esprit communal, c'est-à-dire les trente-six mille communes de France.

Voyez-vous à quel point il faut que l'esprit de démocratie ait envahi toutes les cervelles et pénétré jusqu'à nos adversaires les plus avérés, pour que nos législateurs de 1871 aient assigné pour origine au Sénat qu'ils voulaient établir les trente-six mille communes de France? Admirez, en effet, les conséquences et la portée d'une telle loi !

Voilà des communes qui, jusqu'ici, ont été tenues en tutelle, qu'on avait sévèrement exclues de la politique, dont on a fait surveiller toutes les délibérations dans le but d'empêcher la politique d'y pénétrer et d'y tout transformer; voilà des communes qui, aujourd'hui, ne vont pas faire une seule élection de conseiller municipal sans s'enquérir auparavant des opinions politiques de chaque candidat, sans savoir par avance, dans le cas où il aurait à participer à une élection de sénateur, quels seraient son vote, ses ten-

dances, ses opinions. Non seulement on appelle les
citoyens, à la racine même de l'État, dans la commune, à ce perpétuel examen de conscience politique,
mais on fait mieux. Ces communes entre lesquelles
on avait établi des fossés infranchissables, ces communes qui s'ignoraient les unes les autres, qui jamais
n'avaient été, sur le sol, qu'une poussière de véritables
molécules inertes et désagrégées, cette poussière,
voilà qu'on la prend, qu'on la pétrit, qu'on va l'agré-
ger, la cimenter, lui donner la cohésion, la force, la
vie, en faire une véritable personne morale, parlant,
agissant au nom de toutes les communes françaises!
(*Profonde sensation.*) En effet, chaque commune,
quand elle se réunira pour faire ses élections municipales, agitera des questions politiques ; et puis, quand
il faudra choisir le délégué qui pourra être pris, non
seulement dans le Conseil, mais dans la commune, il
y aura un débat qui entraînera de nouveau et nécessairement l'examen des questions politiques et, de
plus, l'interrogatoire des candidats à cette délégation,
la solution de toutes les questions de principes et de
personnes qui peuvent s'y référer. Ce n'est pas encore
tout. Cette commune qui, jusque-là, était indifférente,
privée d'activité politique, va être obligée, à l'appel de
ses meilleurs citoyens, de s'instruire, de s'informer,
de s'enquérir, de savoir non seulement les choses de
la politique, mais encore ce que valent les hommes
qui veulent s'en occuper. Et ce premier travail d'examen et de confrontation, cette première éducation mutuelle de la politique qui aura lieu au siège de la commune, croyez-vous qu'elle va s'arrêter là, grâce à la
Constitution du Sénat? Oh! nenni! On prendra qui
le chemin de fer, qui la carriole, qui à pieds, et on se
rendra, où? au canton? Non, le canton ne vit que d'une
vie locale, ce n'est pas un centre assez développé. Au
chef-lieu d'arrondissement? Non, c'est un centre plutôt administratif que réel. On se rendra au chef-lieu

du département, où tous les délégués des communes
se rencontreront, où ils s'entretiendront des aspirations, des opinions, des volontés de leurs communes
respectives, où ils se grouperont selon leurs affinités
naturelles, où, réunis, causant, discutant, échangeant
des idées et des impressions, ils passeront en revue
leurs intérêts, leurs idées, leurs besoins, leurs droits
et leurs devoirs. Un travail semblable d'éducation
amicale et mutuelle sera-t-il donc sans résultats?
Croyez-vous qu'il ne contribuera pas à répandre partout la lumière, à élargir les idées de tout le monde?
Ces délégués reporteront dans les centres dont ils
seront les représentants naturels le mouvement et la
vie, c'est-à-dire ce qui manque à la France. Car, si
la France a failli succomber, si ce siècle a vu tant de
choses glorieuses et tragiques, les plus grandes gloires
et les plus grands abaissements, c'est parce que la vie
politique ne circulait que dans certaines parties de la
France, et qu'elle n'était pas passée des grandes artè-
res dans les dernières veines du pays, (*Marques unanimes
d'assentiment. — Applaudissements*) c'est parce qu'on
ignorait tout de la vie politique, qu'on s'en rapportait
à l'ordre venu d'en haut à l'agent expédié des centres : nous avons connu un temps où on laissait faire
les affaires sans s'enquérir de rien, sans s'informer,
cette première condition de l'administration locale.
Ces temps-là sont finis, Messieurs; aujourd'hui, la vie
politique va circuler du hameau à la ville, les communes vont délibérer, s'instruire réciproquement;
elles s'informeront, se renseigneront et pourquoi
faire? Pour dicter leurs volontés, c'est-à-dire pour régner. (*Salve d'applaudissements.*) Pensez-vous, Messieurs, que ce soit un médiocre avantage de pouvoir,
là, au centre du département, faire comparaître les
divers partis avec leurs programmes, avec leurs promesses, avec leurs ruses et leurs mensonges, les divers
candidats avec leurs pensées, leurs votes et leurs res-

ponsabilités? Pensiez-vous qu'il fût possible d'inventer un meilleur moyen d'éducation, de propagande, de prosélytisme à l'usage du suffrage universel? Après tout,· Messieurs, qu'est-ce donc que la politique dans notre pays? N'est-ce pas l'instruction du suffrage universel, son instruction sur place? Eh bien, vous avez un moyen qui a besoin d'être pratiqué, comme tous les moyens, mais un moyen admirable si vous savez vous en servir, si vous voulez, dans chaque commune, dans chaque département, faire ce qu'il faut. Je parle non seulement pour ici, mais pour toutes les communes. Oui, je le dis avec joie, les paysans de France tiennent leurs destinées entre leurs mains, ils sont les premiers arbitres des progrès de la nation; ils peuvent prononcer le mot décisif sur la question de savoir quels sont les véritables souverains dans une nation libre : d'eux, de leurs représentants fidèles, de leurs vrais mandataires, ou de ceux qui veulent les tromper pour les asservir. (*Bravos et applaudissements.*)

Il est bon, Messieurs, que ces choses-là soient dites ici, parce que je sais bien quelle est l'objection. Cette objection ne naît pas seulement sur nos lèvres, soyez convaincus que d'autres que vous l'ont faite, et faite dans des temps plus difficiles que ceux que nous traversons.

Vous savez ce qu'on disait en 1848, en 1849, en 1850, dans ces années louches, obscures, pleines de pièges et d'embûches où l'on préparait des coups d'État. On disait alors, et on a dit pendant tout l'empire, à l'électeur des campagnes, au paysan, c'est-à-dire à ce qui est la moelle et la réserve de la France, on lui disait : Ton ennemi, c'est l'homme des villes; ton ennemi, c'est l'ouvrier des villes; c'est lui qui empêche que tout marche, que les affaires aillent bien, que les impôts se réduisent. Messieurs, c'était une politique honteuse et néfaste que celle qui tendait à faire deux Frances opposées l'une à l'autre, la

France des villes et la France des campagnes. C'é-
taient là d'indignes calomnies. La démocratie républicaine est une, comme la France elle-même. D'ailleurs vous tenez, si vous le voulez, un gage d'alliance,
un instrument de concorde. Les campagnes viendront
dans vos villes, elles y enverront leurs représentants,
vous causerez avec eux de leurs intérêts, et ils ne
pourront pas dire que leur volonté sera surprise ;
car quel est le nombre des villes à côté du nombre
des campagnes? En effet, remarquez cet avantage
considérable, qu'ayant le droit, elles ont encore la
majorité : les campagnes sont 34,000 contre 3,000.
Vous voyez que, lorsqu'on fait de la politique d'intrigue, on est très souvent pris à ses propres pièges.
(*Rires.*) On s'est trompé, l'étiquette a tout perdu : on
appelait cela un Sénat, et on a cru qu'on aurait un
Sénat. (*Nouveaux rires.*)

Mais énumérez les conditions de l'institution, re-
gardez-y de bien près, voyez ces communes éveillées
à la vie politique, se groupant, se réunissant, se ren-
seignant, s'informant, délibérant, déléguant leurs
hommes ; ceux-ci s'assemblant au chef-lieu du département, faisant prévaloir leurs volontés, lesquelles
seront, le jour de l'élection, ce qu'elles auront été la
veille. Après la délibération commune, que va-t-il
sortir des urnes? Un Sénat? Non, citoyens, il en
sortira le Grand Conseil des Communes françaises.
(*Applaudissements.*)

Oui, Messieurs, le Grand Conseil des Communes
françaises, tel est le nom qu'il convient d'adopter.
Écartons de nos esprits la vieille étiquette, elle est
usée, mettons-la au rebut; non, ce n'est pas un Sénat
à l'usage des monarchies, un Sénat à l'ancienne
mode, nous avons bien d'autres prétentions! Non
seulement il faudra que le Sénat de la République
soit animé de l'esprit de notre démocratie laborieuse
et patiente, énergique et tenace, amoureuse d'égalité,

avide de savoir, dure au travail, constituée par douze
millions d'ouvriers, de paysans, de bourgeois qui
réclament le droit de faire leurs affaires, mais il y a
mieux. Il va se passer un phénomène nouveau au
sein des masses profondes du suffrage universel.
Après que les délégués des communes auront été
réunis, après qu'ils auront délibéré et voté, chacun
d'eux rentrera dans sa commune, il causera avec ses
amis et s'entretiendra de ce qui aura été fait à la
ville, au chef-lieu, de ce que d'autres délégués pourront être appelés à y faire encore une autre fois et
dans des circonstances semblables, et la nécessité de
pourvoir aux élections du Sénat, devoir qui dépend
de la mort ou du sort, fera que constamment les
citoyens les plus actifs auront à l'esprit la pensée
d'exercer ce devoir. Alors, ils se diront les uns aux
autres le grand secret de la politique démocratique,
car cette politique a un secret. (*Mouvement.*) Oh! il ne
faut pas le cacher, ce secret; il faut, au contraire,
l'apprendre, le communiquer, le répandre, le divulguer à tous. Ce secret, le voici. Faire comprendre à
celui qui dispose d'un bulletin de vote tout ce qu'il y
a dans ce petit carré de papier et quelle est la relation
qui lie cet acte du citoyen à toutes les fonctions de
l'État. Il faut apprendre au plus humble comment,
par son choix, par son vote, on influe sur l'impôt,
sur l'instruction, sur l'armée, sur la guerre, sur la
justice, sur la liberté, sur l'éducation, sur l'indépendance de la commune, sur celle du département; et
ainsi, peu à peu, le suffrage universel, prenant connaissance de ses droits comme de ses devoirs, finira
par être le véritable maître, le maître légitime de la
direction des affaires. Et comme je ne connais pas
d'autre droit que celui de la majorité, le paysan chan-
gera, sans révolution, sans violence, par la simple
manifestation de sa volonté, le cours des choses, et il
fera de la politique, non pas au point de vue de ses

intérêts privés, mais au point de vue des intérêts de
tous. Qu'est-ce à dire, Messieurs? et que penser de
cette politique nouvelle? Ce sera tout simplement
le renversement de la politique suivie jusqu'à ce jour.
(*Rires et bravos.*)

Vous saisissez maintenant quels sont les avantages
de ces nouvelles attributions concédées aux communes françaises : augmentation de pouvoirs, création de relations jusqu'à présent impossibles, augmentation d'instruction et de lumières, émancipation
de la commune, émancipation du citoyen, la vie
publique descendant jusqu'au bas de l'échelle sociale.

Voulez-vous me dire dans quel État de la vieille
Europe on a fait, à l'usage d'une démocratie, un instrument meilleur et plus avantageux? Et, si vous ne
vous endormez pas, et si vous n'êtes pas des indifférents, des paresseux ou des égoïstes, voulez-vous me
dire si vous n'avez pas en mains l'instrument de votre
affranchissement? Car, songez-y, si vos choix sont
bien faits, et partout à la fois, le résultat est certain.
L'esprit français peut être mobile, mais il est bien
semblable à lui-même, et il n'y a pas, entre les gens
qui habitent les buttes Chaumont et ceux qui habitent
la vallée du Rhône, les montagnes des Vosges ou les
rives de la Loire, de très grandes différences; celle
qui existe, c'est que vous, habitants de Paris et des
villes, vous pouvez, malgré toutes ces difficultés,
communiquer entre vous, et que nos concitoyens des
campagnes ne le peuvent pas entre eux. On vient
d'abaisser la cloison qui empêchait les communications. Désormais, il faudra se concerter, se réunir,
délibérer pour agir et pour voter en commun. Dans
le mode d'élection du Sénat, il y a encore un autre
avantage, qui est de discipliner, de grouper, de hié-
rarchiser la démocratie. En effet, remarquez qu'on
n'introduit pas dans l'organisation du corps électoral
des gens venus d'ailleurs, ayant une autre origine

que l'élection du suffrage universel. On avait songé, à
un certain moment, à introduire des fonctionnaires,
des membres des corps constitués, des compagnies
savantes; on a fini par n'y admettre que des hommes
honorés déjà de la confiance de leurs concitoyens,
que des élus du suffrage universel. De cette manière,
on a tout naturellement un corps électoral homogène,
un organisme bien formé, avec tout ce qui constitue
une hiérarchie bien faite et bien ordonnée. Messieurs,
vous conserverez cette organisation, soyez-en sûrs,
quand vous l'aurez pratiquée et si vous voulez la pratiquer. Il arrivera de cette loi ce qui est arrivé de celle
sur les Conseils généraux : votée avec enthousiasme
par nos adversaires, ils la regardent aujourd'hui avec
défiance, et actuellement les positions sont changées :
ils voudraient bien la défaire, et c'est nous qui en
sommes les défenseurs. (*Oui! oui! — Très bien! —
Applaudissements.*)

Messieurs, je le dis avec une entière conviction,
cette loi du Sénat est meilleure que la loi sur les
Conseils généraux, elle peut être plus profitable ; seulement il faut de l'activité, encore de l'activité, toujours de l'activité. (*Très bien! très bien!*) Encore une
fois, je sais qu'il y a beaucoup à dire et que l'on dit
en effet beaucoup de choses sur ce sujet. La première
objection est celle-ci : Mais les élections seront-elles
libres?

Je commence d'abord par reconnaître que toutes
les fois qu'on installe dans ce pays un nouveau procédé électoral, presque toujours il se produit au
milieu, je ne dis pas de l'indifférence, mais du désarroi des esprits. On regarde l'arme avec défiance, on
ne sait pas s'en servir, et, par conséquent, on est quelquefois tenté de la laisser de côté. D'autres, au contraire, plus avisés, sont là qui cherchent à l'employer
à leur seul bénéfice. Ici il faut nommer les choses
par leur nom : il est certain qu'il y a un inconvénient,

— je n'appelle pas cela un péril, — un inconvénient momentané, c'est la présence de tous ces maires de l'empire que nous a rendus un ministère de funeste mémoire. (*Bravos.*) Il est certain que, dans un grand nombre de communes, un homme, qui n'est pas dans les meilleurs termes avec le suffrage universel (*Rires*) puisqu'il a reçu l'investiture du pouvoir central malgré le vœu de ses concitoyens, peut, au point de vue des délibérations, des dispositions intérieures, de son action dans la commune, fausser ce premier ressort. Mais il y a deux moyens d'éviter cet embarras : il y en a un que j'appelle de droit, et un autre que j'appelle de fait. Le premier moyen, celui de droit, est celui-ci. Du moment qu'on n'a pas restitué au pays les franchises municipales, et tant qu'on ne restituera pas aux Conseils municipaux le droit de choisir les maires, il faudra, sans sortir de la théorie même de nos adversaires, aviser d'abord au moyen d'empêcher les maires imposés d'être les délégués des communes. Car, en effet, quelle est la théorie en vigueur, théorie d'une époque de réaction, pour refuser aux Conseils municipaux le droit de nommer directement les maires? Cette théorie nous a été assez souvent appliquée pour que nous la connaissions dans tous ses détails. Elle consiste à dire que le maire est l'agent de l'État, qu'il représente le pouvoir central, qu'il détient une part de l'autorité publique, de l'autorité coercitive, de police : par conséquent, on ne veut pas regarder le maire comme l'homme de la commune. Messieurs, tant que cette théorie sera une théorie de gouvernement, il sera impossible aux Conseils municipaux animés de l'esprit républicain de choisir ces maires pour délégués des communes dans les élections sénatoriales, et, en effet, qui ces maires imposés représenteraient-ils, s'ils étaient délégués? Non pas la commune, non pas le Conseil municipal, mais la pensée administrative qui les

nomme et les maintient en fonctions. En les choisissant pour délégués, on méconnaîtrait l'esprit de la
Constitution, c'est l'article 5 qui le dit, puisque cet
article veut que les délégués des Conseils municipaux
**représentent la commune.** Pour que ce délégué ne
soit pas suspect, il ne faut pas qu'il soit un agent de
l'administration, pour deux raisons. D'abord au point
de vue du vote : si l'on veut qu'il ait une autorité
constitutionnelle, il faut qu'il soit émis avec une
entière liberté, sans pression d'aucune sorte, avec
une sincérité absolue, plénière. En dehors de ces
conditions, ce n'est plus un vote, c'est la caricature
du vote ; c'est un vote sophistique, et non pas un vote
sincère et constitutionnel. Il y a encore une autre
raison. Si le délégué du Conseil municipal était le
maire imposé, il pourrait arriver que le maire, au
lendemain du vote, se trouvât dans cette situation de
devenir l'homme-lige du sénateur qu'il aurait élu sur
la suggestion de l'administration ; placé à la tête de
la commune, il deviendrait l'agent de l'élu, chargé
de voter sur les affaires de l'État, et, par voie de conséquence, les rapports entre l'État et la commune
seraient absolument faussés. Donc, aussi bien au
point de vue du vote que des conséquences politiques
et administratives qui suivent le vote, le maire qui a
été nommé directement par le pouvoir central, en
dehors de la désignation du Conseil municipal, ne
doit pas figurer sur les listes des délégués des communes.

Il appartient, Messieurs, à tous les membres du
corps électoral sénatorial de se pénétrer, dès à présent, de ces vues, de s'approprier cette manière de
voir, d'en faire leur règle de conduite, de la répandre
dans les villages, d'en faire la condition *sine qua non*
du choix des délégués et d'assurer à tous la sincérité, la
loyauté des élections. Eh bien ! de deux choses l'une ;
ou bien l'on rendra aux Conseils municipaux la nomi-

nation des maires, ou bien les maires qui n'auront
pas été choisis par les Conseils municipaux ne seront
pas pris comme délégués des communes. (*Très bien!*
— *Bravos et applaudissements.*)

Ces détails sont peut-être un peu arides, mais il
faut, dans nos réunions, prendre l'habitude de nous
occuper de ce qui nous sert et non de ce qui nous
plaît. (*Marques d'assentiment.*) Je maintiens qu'il est
urgent que les dispositions de cette Constitution
soient connues et interprétées, parce que, si nous
voulons, si nous savons nous en servir, l'avenir est
assuré.

En effet, vous savez bien, — et les cris d'effroi de
vos adversaires vous l'apprendraient de reste, — que
nous touchons à la fin de la période transitoire où
nous sommes, que la Chambre des représentants va
être renouvelée ; elle sera nommée, les uns disent à
la fin de l'année, les autres disent au commencement
de l'autre. On peut discuter sur le temps plus ou
moins long qui nous sépare des élections, mais tout
le monde sent bien qu'elles sont prochaines.

Vous savez qu'il faut prévoir les élections législatives. Je ne parle pas seulement pour le département
de la Seine, qui a fait ses preuves et qui se retrouvera
toujours ; mais, dans la très grande majorité des départements de France, on a l'impatience de procéder
aux élections générales. Messieurs, c'est parce que
ces élections générales sont considérées d'avance
comme favorables à la démocratie républicaine, que
nos adversaires ont inventé le Sénat. (*Rires.*) Il suit de
là que nos adversaires se détournent, au moins en
apparence, de cette seconde Chambre pour se jeter
sur le Sénat ; mais ils s'y jettent, qu'ils me permettent
de le leur dire, un peu les yeux bandés et sans trop
savoir de quoi il s'agit aujourd'hui. Ne venons-nous
pas de voir que ce Sénat, ainsi examiné de près,
permet non-seulement de livrer bataille, mais d'assu-

rer la victoire? En effet, si la méthode que nous indi-
quons, méthode d'examen et de critique préalable,
partout installée, dans toutes les communes, au
canton, à l'arrondisement, aux chefs-lieux de département; si cette méthode prévaut, je dis, Messieurs,
qu'il faudra composer le Sénat de la République d'une
façon aussi nouvelle et, passez-moi le mot, d'une
façon aussi originale que les dispositions mêmes qui
l'ont institué. (*Mouvement marqué d'attention.*)

Il faudra se garder de considérer la fonction de
membre du Sénat comme une espèce de récompense
qu'on donne à la fin d'une carrière honorablement
parcourue. Nous ne devons pas faire de notre Sénat
une Assemblée, une Académie un peu trop portée au
repos. (*Rires.*) Il ne faut pas que ce Sénat se recrute
trop exclusivement parmi les gens qui répondent à la
définition du Sénat, *Senex*, un peu vieux. (*Hilarité
prolongée.*) Je crois qu'il vaut mieux réserver des
sièges, dans la Chambre des représentants, aux citoyens qui, selon les traditions ordinaires, paraissent
désignés pour le Sénat. Il faut que, dans ce Sénat,
dernière place d'armes de la réaction, où elle cher-
chera à envoyer ses têtes de colonne, ses hommes
actifs, influents, les plus en vue, ceux qui auront derrière eux un passé d'homme politique ou administratif assez considérable, la démocratie républicaine
envoie, pour tenir tête à ce dernier effort de la coalition réactionnaire, des hommes vigoureux, dont l'esprit, quoique mûr, soit vibrant et robuste, des hommes
à la hauteur de toutes les luttes, car, je vous le dis,
c'est dans le Sénat que se livrera la suprême bataille.
(*Marques d'adhésion. — Applaudissements.*) Nous saurons donc rompre avec cette habitude de l'esprit français, de considérer le Sénat, — passez-moi le mot, il
est un peu choquant, et je ne voudrais rien dire qui fût
irrespectueux, — comme une sorte de palais réservé
à l'immortalité qui commenc e. (*Hilarité prolongée.*)

Certainement il y aura des sénateurs, au beau et
noble sens de ce grand nom; mais la plus grande
partie de nos sénateurs, partout où vous pourrez les
choisir, partout où vous serez les maîtres, devront
être actifs, vigoureux, ardents à la lutte, dispos au
travail, capables de défendre la République, qui ne
sera sérieusement menacée que là; car, dans la Chambre des représentants, je me plais à espérer avec
toute la France qu'elle sera vraiment en sûreté; je
n'ai aucune espèce d'inquiétude sur la nature des
périls que nous aurons à redouter dans la Chambre
basse; car c'est ainsi qu'on nous appellera. (*Rires.*) Je
compte que nous accomplirons notre tâche facilement,
que nous gagnerons la victoire sans trop d'efforts;
mais, au Sénat, les représentants de la démocratie
auront affaire à des gens qui, d'abord, aux diverses
tentatives de réformes qui viendront de la Chambre
des députés opposeront mille résistances, tantôt
tirées de la difficulté des temps. tantôt tirées des
intérêts personnels ou de la fausse tradition administrative. Dans le Sénat, il faut s'y attendre, seront
tous groupés, tous réunis les représentants des vieux
abus, des vieux systèmes, (*Rires*) absolument hostiles
aux idées modernes et rêvant de se servir de ce Sénat
comme d'un point d'appui pour tenir en échec le
parti républicain, pour solliciter peut-être le chef du
pouvoir exécutif de s'appuyer sur eux, sous prétexte
que le grand âge est la garantie du bonheur et de la
sagesse, que l'habitude est la meilleure des conseil-
lères, et que la routine n'a jamais perdu personne.
(*Rires approbatifs.*) Messieurs, pour lutter contre la
coalition d'idées qui seront défendues avec éloquence,
avec art, avec expérience et talent, contre une coalition qui sera toujours d'accord pour résister à toutes
les mesures de progrès, pour lutter contre cette phalange immortelle des conservateurs attardés, il faut
des bataillons juvéniles, décidés, toujours prêts à la

lutte et en état de servir et d'honorer le parti républicain. Le Sénat devra donc être composé avec beaucoup de soin et d'intelligence. Je ne dis pas que, du
premier coup, nous réussirons à faire une Chambre
haute modèle, et que nous n'aurons plus rien à désirer; non, et je ne souhaite même pas que nous
réussissions si bien du premier coup, parce que ce à
quoi on tient, c'est à ce qui a été gagné lentement,
péniblement, avec difficulté, c'est ce qu'on arrache à
la sueur de son front, ce qui a été conquis à force de
persévérance et de labeur. Il en est dans la politique
comme dans les affaires : les heureux de la naissance
sont souvent prodigues et ingrats; ceux, au contraire,
qui ont lutté contre la misère, contre les nécessités
de l'existence, et qui sont arrivés à ramasser le petit
pécule qui doit honorer leur vieillesse et assurer l'instruction de leurs enfants, ceux-là savent que ce à
quoi ils tiennent le plus, c'est ce qui a été le plus dur
à gagner. (*Très bien! très bien! — Applaudissements
répétés.*)

Vous voyez, mes amis, que, dans mes réflexions
sur le nouveau Sénat, il y a deux éléments bien différents : il y a, d'un côté, ce qui plaît et ce qui ras-
sure, et il y a, d'un autre côté, ce qui doit nous inquiéter et nous tenir en éveil. Ce qui est fait pour
nous plaire, c'est que des gens nourris de toutes les
théories doctrinaires et royalistes, des gens élevés
pendant cinquante ans à l'école de docteurs qui leur
avaient appris l'horreur de la démocratie, l'aversion
des multitudes, en soient arrivés, sous la pression des
évènements et de l'esprit public, à ne reconnaître
comme origine du pouvoir, comme attribution du
pouvoir, que la puissance même de la démocratie.

Ainsi, si vous parcouriez les livres de ce qu'on peut
appeler les théoriciens de la monarchie, Bonald, de
Maistre, Guizot, Broglie l'ancien, vous verriez qu'ils
n'ont jamais qu'un mot à la bouche, jamais qu'une

invitation à adresser aux hommes publics, et qu'ils ré-
pètent et varient sous toutes les formes. Gardez-vous
bien, disent-ils, de laisser arriver la démocratie dans
la constitution du pouvoir, de l'admettre à la préparation ou à la confection, au vote de la loi. Or, ici, je
viens de l'établir, la démocratie, dans sa base fondamentale, dans ce qui constitue l'essence de ce pays,
la commune, est non seulement invitée à intervenir
dans la confection de la loi, elle fait même plus : elle
nomme le premier pouvoir de l'État. N'oubliez jamais
que ce Sénat élu par vos mandataires et vos délégués
réformera la loi; qu'il aura le droit de consulter le
pays, de lui faire appel par voie de dissolution; qu'il
concourt à nommer le chef de l'État, qu'il peut même
le révoquer dans certains cas prévus et déterminés.
Il est donc juste de dire qu'au moyen de cette institution du Sénat, non seulement la démocratie inter-
vient dans la loi, puisqu'elle en est le principe, la
source et l'origine; mais elle tient à sa discrétion les
pouvoirs publics, l'exécutif et le législatif; elle règne
et gouverne! Par cette institution du Sénat bien comprise, bien appliquée, la démocratie est souveraine
maîtresse de la France. (*Très bien! très bien! — Salve
d'applaudissements.*)

Mais voici ce qui coûte : il faut à notre démocratie
désormais toute-puissante, du travail, de l'étude, de
la patience; il lui faut surtout de la prudence politique. Sous peine de voir avorter tous les desseins
qu'elle forme pour l'avenir, notre démocratie doit apprendre à se gouverner elle-même, à gouverner ses
propres impatiences, à ne vouloir rien obtenir que du
temps et des progrès de la raison publique. Je n'i-
gnore pas qu'on va commencer l'application et le
fonctionnement de cette Constitution du 25 février
dans une démocratie très bien disposée, mais à qui on
a trop avarement mesuré l'éducation et les lumières
pour être véritablement en état, sans dispute, sans

erreur, sans échec, sans défaillance, de gouverner immédiatement ; je n'ignore pas non plus qu'on a em-
poisonné nos campagnes d'idées fausses, de programmes mensongers, de légendes plus ridicules les unes
que les autres ; je sais que ce paysan dont la finesse
est ma suprême espérance, dont la probité est la véritable réserve de la moralité française, va se trouver
en butte à des pièges nombreux, qu'il sera sollicité
par des intérêts égoïstes qui ne reculent devant rien
pour lui faire peur et le troubler ; je sais combien il a
d'ennemis dont il doit se garder, ce qu'il fait souvent
sans en avoir l'air ; je connais jusqu'à quel point le
fanatisme, l'ignorance, la menace, cherchent à l'exploiter, à le faire succomber et à le détourner de sa
vraie voie, de sa pente naturelle qui est la République
démocratique ; je sais toutes ces choses, mais je sais
aussi que, peu à peu, sous l'influence des lois, des
institutions, en dépit de la mauvaise humeur et des
résistances de certains, je sais que la liberté ira jusqu'à lui, que la propagande de ses frères, de ses concitoyens, le saisira, que sa propre réflexion l'émanci-
pera, qu'il sentira lui-même, de son *tout seul*, comme
il dit familièrement, qu'il est maître en sa cabane et
qu'il faut qu'il le soit en sa commune, car il nourrit,
travaille, peine et se fait tuer pour la France ; et quand,
associant ces deux idées dans sa tête : domination
dans la commune et sacrifice pour la patrie, le paysan
sera arrivé à la véritable conception de sa souveraineté, ce jour-là la République sera indestructiblement
fondée. (*Bravo! bravo! — Vives acclamations.*)

Car le paysan ne change pas, lui ; il n'est pas mobile ; il est toujours aux prises avec les mêmes besoins,
il est toujours soutenu par la même pensée, il a toujours l'œil fixé sur le même but ; il n'a pas toujours
été libre, et il ne lui entre pas beaucoup d'idées à la
fois dans la tête : mais, quand une idée y a pénétré,
vainement les partis, les factions peuvent l'assaillir :

elle est comme un coin dans le cœur d'un chêne, rien
ne peut l'en arracher. C'est là sa force, et s'il a pu
souvent nous méconnaître, nous républicains, qui
avons sans cesse travaillé pour lui, nous l'avons toujours considéré comme le véritable représentant des
conquêtes de la Révolution française : nous savions
bien qu'un jour il se retournerait vers la démocratie
républicaine, vers la France nouvelle, la France de la
science et du travail, repentant de l'avoir si longtemps
méconnue pour en devenir le fils le plus glorieux et
le plus noble. (*Sensation. — Applaudissements.*)

Messieurs, il se passe aujourd'hui sous nos yeux
un fait grave et qui appelle toutes nos méditations :
nous assistons au rapprochement de l'ouvrier des
champs et de l'ouvrier des villes, entre les petits propriétaires et les bourgeois, et il est nécessaire que ce
rapprochement se fasse sans passion, sans préjugés,
avec largeur d'esprit et sincérité de cœur, sans revenir
sur le passé, sans être défiants ni exclusifs. Il importe
que tous ceux qui comprennent que la France a besoin de sève et de fécondité, de moralité et d'ordre,
de liberté et de justice, se rencontrent dans la fraternelle et patriotique alliance du prolétariat et de la
bourgeoisie. Voilà ce qu'il faut, non seulement dans
le Parlement, mais dans la nation elle-même, dans
la presse, dans le livre, dans l'école surtout, où vont
se rencontrer les générations futures, ceux qui viendront après nous et qui pousseront plus avant la tâche
que nous aurons laissée. (*Applaudissements prolongés.*)

Cette Constitution, qui vous paraissait et qu'on
avait présentée comme si bâtarde et si incomplète, a
laissé la porte ouverte aux perfectionnements. On
rencontre à chaque pas des hommes qui disent :
Votre œuvre n'est pas solide, et on pourra la reviser.
Ah ! je l'espère bien ! (*Hilarité. — Bravos.*) Je ne
l'aurais pas votée, si l'on n'avait pas pu la reviser.
Quant aux espérances des monarchistes en fait de

révision, je vous avoue que je n'éprouve le besoin ni
de les réprimer, ni de les abattre. (*Rires.*) En effet,
voilà des hommes qui avaient les cinq sixièmes de la
majorité, qui ont eu le pouvoir pendant quatre ans
et qui n'ont rien pu faire ; et aujourd'hui ils préten-
draient chasser la République par la porte de la révision de la Constitution républicaine qu'ils ont eux-
mêmes votée? Je suis bien tranquille de ce côté. (*Hilarité. — Applaudissements.*)

Nous les verrons à l'œuvre. Quant à la révision, si
elle s'exerce, elle ne s'exercera que dans le sens des
vœux de la France. Eh bien, laissez la France libre,
délivrez-la de l'état de siège, enlevez-lui les entraves
qui gênent sa parole, et vous saurez ce qu'elle veut.
Elle veut ce qu'elle vous a signifié toutes les fois que
vous l'avez interrogée : elle veut le gouvernement du
pays par le pays, et ce gouvernement n'a qu'un nom,
quand on veut être sincère, c'est la République. Voilà
ce que dit la France aujourd'hui, ce qu'elle dira toujours, toutes les fois que, librement consultée, elle
pourra librement répondre. (*Très bien ! — Bravos et
applaudissements.*)

Le gouvernement du pays par le pays, tel est le
vœu de la France. C'est ce principe qui a rallié sous
le drapeau de la République un certain nombre
d'hommes séparés de nous par les souvenirs. Ils ne
sont pas nombreux, (*Rires*) pas assez, Messieurs, et il
faut souhaiter que leur nombre augmente. (*Oui ! oui !*)
Ils sont venus à nous pour éviter de retomber sous
la dictature inepte et criminelle qui nous a conduits
à la mutilation de la patrie. Ils sont venus aussi, il
faut bien le dire, pour s'associer à la vie, aux destinées de la France nouvelle. Ce qui reste parmi nous
de l'ancien régime est mort, et bien mort, et les
vivants doivent, veulent vivre avec les vivants ; ils
sont venus à nous et ils nous ont aidés à fonder ce
commencement de République naissante. La France

la reçoit aujourd'hui de leurs mains et des nôtres, et je suis convaincu que, s'ils sont fidèles à leurs nouvelles convictions, que, s'ils veulent revendiquer avec nous les libertés publiques, s'ils veulent le progrès dans l'ordre comme nous voulons l'ordre dans le progrès, ce n'est pas la France qui marchandera sa reconnaissance et qui déchirera le pacte que nous avons fait ensemble pour la garde de la patrie, sous l'œil de l'ennemi.

Quant à moi, je ne leur demande que de la sincérité, et je dis qu'en toutes circonstances l'habileté, c'est la sincérité. (*Très bien! — Bravos.*)

Je sais bien qu'on essaiera d'alarmer ces nouveaux venus. On leur dira : Vous voyez bien, ces républicains, ces radicaux avec lesquels vous avez traité, ils vont à Belleville pour y exposer leurs principes comme avant le traité ; ils vont y parler comme avant ; décidément, vous vous êtes fourvoyés : rompez donc avec ces radicaux. (*Rires.*) Messieurs, je tiens à le dire ici, parce que jamais je ne vous ai trouvés rebelles au bon sens et à la sagesse, parce que, entre Belleville et moi, et de nous deux, c'est souvent moi qui suis le plus emporté, je le dis parce qu'on ne nous connaît pas assez, je le dis pour nos nouveaux alliés, nos récents collaborateurs : ils ne savent pas encore ce que c'est que la force de la démocratie ; ils ne savent pas que c'est en vous, par vous, avec vous qu'on peut véritablement combattre le despotisme dégradant et mortel quand il s'appelle Bonaparte, faire front à l'ennemi quand l'ennemi nourrit des projets dangereux pour l'honneur ou l'intégrité de la France. (*Salve d'applaudissements.*)

Ils ne savent pas encore ce qu'il y a en vous d'abnégation et de sacrifice. Ils ne savent pas, et il faut qu'ils l'apprennent, c'est pour cela que je le dis ici, que vous avez été toujours prêts à la patience pour récolter le moindre fruit, prêts aux concessions pourvu qu'elles ne fussent pas des mensonges, prêts à

tout supporter, et cela dans votre intérêt, à vous? Oh!
non, — dans l'intérêt des idées de justice et de progrès
que vous incarnez dans la République. Qu'ils apprennent donc que, si nous avons échoué pendant soixante
ans, dans l'affermissement des conquêtes de la Révolution française, c'est parce que leurs devanciers
ignoraient la démocratie et la détestaient sans la
connaître ; qu'ils viennent donc ici, qu'ils regardent,
qu'ils se familiarisent avec ces citoyens qui, pendant
vingt-cinq ans, ont su toujours respecter la loi, toujours faire de bons choix, toujours attendre, toujours
patienter, avec ce peuple qui est toujours prêt à
accueillir les hommes de bonne volonté et de convictions sincères, et ils verront que toutes ces craintes
chimériques, ces alarmes exagérées et imprudentes
ne sont que des moyens de réaction, que rien n'est
plus simple et plus facile, et que rien ne serait plus
salutaire que d'en finir une bonne fois avec toutes ces
appréhensions, toutes ces terreurs, ces spectres déma-
gogiques, et de dire à la face de l'Europe attentive et
émue au spectacle d'une aussi noble réconciliation :
Républicains et Français, soyons unis ; l'intérêt de la
France, son honneur l'exigent ; soyons unis, parce
que nous avons besoin d'être forts. (*Très bien ! très
bien ! — Applaudissements.*)

Messieurs, cette alliance n'est pas une chimère ; je
crois que ceux-là mêmes qui passent pour les plus
opposés à cette union ont l'esprit assez ouvert pour
en comprendre la nécessité et qu'ils finiront par la
conclure. Dans tous les cas, s'ils ne le font pas, ce
sera leur faute ; nous n'aurons rien à nous reprocher,
nous républicains à qui appartient certainement l'avenir ; nous aurons été confiants et sincères, et, si la
prévoyance et le bon sens manquent à nos adversaires,
cela n'arrêtera pas la démocratie, elle continuera sa
route sans eux, comme elle l'aurait continuée avec
eux. (*Très bien ! très bien !*)

Ces quelques paroles me paraissaient nécessaires
pour prévenir tous commentaires inexacts de notre
réunion ; non pas que des commentaires j'aie jamais
cure ni souci ; mais il est bon, quand l'occasion s'en
**présente,** de prouver à tous que, devant vous, il n'y
a que la raison, que le bon sens qui soient de mise,
et que jamais, dans toutes nos rencontres, nous n'a-
vons jamais rien dit au-delà ou en-deçà de notre
pensée. Je dis donc que, si nos nouveaux alliés des-
cendent avec nous dans l'arène électorale contre l'ennemi commun, qui est le césarisme, la composition
du Sénat en sera meilleure ; nous aurons à leur faire
une place légitime, la place proportionnée à leur
nombre, à leur mérite, aux services qu'ils pourront
rendre à la République et à la France. Et alors, Messieurs, si cette suprême ressource de la réaction, un
Sénat oligarchique et presque factieux, fait défaut
aux adversaires des institutions républicaines, je vous
le dis, nous pourrons véritablement alors entrer dans
la période de travail, de relèvement, d'amélioration
et de progrès ; nous aurons résolu le problème politique, nous n'emploierons plus toutes nos journées à
agiter des questions de gouvernement, à faire de la
théorie, rien que de la théorie, ce qui est la pire des
choses, quand les réformes ne suivent pas de près ;
alors nous pourrons aborder les questions qui nous
tiennent à cœur, en les divisant, en les étageant, en
ne traitant d'abord que celles qui sont mûres, en
réservant celles qui ne sont pas arrivées à perfection
dans les esprits, en procédant avec ordre, avec précision, avec sécurité. (*Bravos répétés.*) Messieurs, je ne
fais pas de programme ici, rien n'est plus stérile qu'un
programme en l'air, et rien ne serait plus téméraire
de ma part ; mon programme, pour le moment, c'est
le vôtre, et je le résume en un seul mot, en un mot
qui pourra répondre aussi bien aux alarmes du dedans
qu'aux anxiétés du dehors.

Nous voulons que cette République française, organisée par la concorde et l'union des bons citoyens, s'imposant légalement à tous, même à ceux qui n'en voulaient pas, ramène la France dans ses véritables traditions en assurant les conquêtes et les principes de la Révolution de 1789 et, au premier rang de tous, le principe suivant lequel la puissance publique doit être affranchie dans son domaine, et l'État doit être laïque. J'entends par là un État qui, au dedans comme au dehors, aura ce caractère éminemment civil, positif, humain, des principes contenus dans l'immortelle Déclaration des Droits qui forme la base de notre droit public depuis quatre-vingts ans, un État qui saura prendre position dans les affaires européennes en maintenant la vraie politique française, un État qui, au milieu des querelles religieuses qui menacent encore une fois d'ensanglanter notre continent, s'inspirera du génie sage et prudent de la France, et qui portera son drapeau avec fierté dans toutes les mêlées, au nom de la raison, de la tolérance, de la justice et du progrès. (*Bravos répétés. — Acclamations.*)

Les affaires religieuses sont affaires de conscience et par conséquent de liberté. Le grand effort de la Révolution française a été pour affranchir la politique et le gouvernement du joug des diverses confessions religieuses. Nous ne sommes pas des théologiens, nous sommes des citoyens, des républicains, des politiques, des hommes civils : nous voulons que l'État nous ressemble et que la France soit la nation laïque par excellence. (*Très bien! très bien! — Double salve d'applaudissements.*)

C'est son histoire, c'est sa tradition, c'est son caractère entre tous les peuples, son rôle naturel dans le monde. Toutes les fois qu'elle a agi autrement, toutes les fois qu'on l'a fait servir aux desseins d'une secte religieuse quelle qu'elle soit, elle a dévié, elle s'est déprimée et affaissée, et toujours de grandes chutes ont correspondu dans notre histoire à ces grandes erreurs. Ce que nous avons à lui demander, c'est de prendre résolument son parti, pour elle-même, pour ses idées, pour son génie, et, pas plus qu'elle n'a voulu incliner vers la réforme, elle ne doit incliner vers l'ultramontanisme; nous continuons l'œuvre de nos pères, la Révolution française préparée par les hommes de la France du xviiie siècle, par la France de la raison, du libre examen. Cela suffit non pas à borner notre horizon, mais à définir notre rôle. (*Applaudissements prolongés.*)

Mes chers concitoyens, nous ne devons jamais laisser échapper l'occasion de nous expliquer sur les principes et les affaires de la démocratie républicaine, afin que ceux qui sont de bonne foi et qui ne nous connaissent pas apprennent quelle est notre pensée tout entière. Je le dis et je le répète, ce que nous voulons, c'est la liberté partout, et en premier lieu, la liberté de conscience assurée pour tous; mais, avant tout, par-dessus tout, nous considérons que la mise en œuvre de la liberté de conscience consiste à mettre d'abord l'État, les pouvoirs publics, en dehors et au-dessus des dogmes et des pratiques des différentes confessions religieuses, à mettre la France à l'abri aussi bien des empiétements du sacerdoce que de l'empire. (*Bravos et applaudissements.*) C'est là le commencement et la fin de la liberté civile, qui engendre la liberté politique. (*Oui! oui! — Assentiment général.*)

Chers concitoyens,

Je voudrais plus souvent venir vous voir pour causer ensemble, à mesure que les accidents se produisent, que les nécessités se présentent, pour nous entretenir en commun de nos devoirs, de nos droits, de nos intérêts à tous; mais une chose me soutient quand je suis loin de vous, au milieu de mes collègues qui

sont ici, au milieu de ces conseillers municipaux, de
ces amis de la gauche et de l'extrême gauche entre
lesquels je ne distingue pas. Une idée nous soutient
tous, c'est que le peuple de Paris est, par excellence,
le peuple de France qui comprend le mieux et le plus
promptement le rôle de ses représentants et de ses mandataires. Aussi nous n'hésitons jamais à prendre un
parti nettement et résolument aussitôt que les questions nous sont posées, parce que nous avons cette conviction que nous aimons Paris comme il veut être aimé
et que nous le comprenons comme il veut être compris. Nous sommes tous à ce point pénétrés de son
esprit, que nous pouvons errer, sans doute, mais en
nous trompant, nous croyons nous tromper avec vous :
nos vérités et nos erreurs nous sont communes,
comme notre dévouement à la République et à la
France, comme notre foi en leur avenir. (*Bravos.*)
Maintenant, avant de terminer, voici ce que je vous
demande. Quand vous vous répandrez dans vos ate-
liers, dans vos réunions, dans vos familles, dites que
nous sommes venus ici apporter des explications sur
la Constitution et que de cette Constitution il ne faut
pas médire; dites qu'il ne faut pas railler le Sénat,
mais au contraire le prendre tout à fait au sérieux et
se préparer à lutter contre ceux de nos adversaires
qui voudraient s'emparer de cette institution; dites
que ce Sénat n'est pas un Sénat comme les autres,
que vous savez maintenant à quoi vous en tenir sur
le rôle auquel la démocratie le destine, sur le parti
qu'elle compte en tirer; dites encore que, si vous
voulez travailler, vous en ferez une Chambre démocratique, avec des attributions démocratiques, qui pourra
doter la France d'un nouvel esprit politique, qui
pourra mettre en communication toutes les parties
de la nation qui a besoin du concours de tous ses enfants, qui pourra, chose inespérée et qui ne s'est pas
réalisée depuis quatre-vingts ans, à un moment donné,

dans quatre ou cinq mois peut-être, permettre à la
France entière de parler par la voix de ses hameaux,
de ses villages, de ses bourgs, de ses villes, sur tout
le territoire. Oui, il y a plus de quatre-vingts ans que
la France n'a donné un pareil spectacle. A l'aurore
de notre Révolution, toutes les communes de France
parlèrent et firent entendre des doléances. On était
alors à la période des doléances. Aujourd'hui, c'est la
période du droit; eh bien, que les communes parlent,
qu'elles fassent connaître leurs volontés, et quand la
France, ainsi assemblée, ainsi consultée, rappelant la
Fédération de 90, aura parlé, qui donc, dans ce pays,
ne courberait la tête et n'obéirait? (*Applaudissements
prolongés.*)

Donc, pensez-y, mes chers concitoyens, les institutions portent presque toujours plus haut et plus loin
qu'on ne le pense. L'institution du Sénat est du nombre et, je répète ce que je disais au début de cette
soirée, elle vaut mieux que les circonstances et que
les hommes qui l'ont produite. Seulement, il faut la
mettre en pratique et il faut aussi l'aimer. On ne sert
bien que ce qu'on aime, c'est pour cela que vous êtes
de bons serviteurs de la démocratie. (*Rires d'assenti-
timent.*) C'est pourquoi je vous engage à saluer avec
moi l'aurore de cette République qu'il vous appartiendra, je l'espère, de faire aussi grande et aussi glorieuse que nous l'avons toujours souhaitée. (*Salve
d'applaudissements. — Vive la République! — Acclamations.*)

*Une voix, dans l'auditoire :* — Et les 75 membres du
Sénat?

M. GAMBETTA. — Il y a là un de nos amis qui ne
laisse rien perdre. (*Rires.*)

Je vais vous dire, sur les 75 membres du Sénat,
mon opinion. C'est l'Assemblée qui les nommera. C'est
anormal, c'est une nécessité qui nous a été imposée
et à laquelle nous avons dû céder; mais cette ano-

malie est limitée et transitoire, accidentelle. Le droit
conféré à l'Assemblée de nommer 75 sénateurs, outre
l'avantage de faire voter l'ensemble des lois constitutionnelles, a eu pour effet d'implanter dans la loi le
principe d'élection. Parmi les députés, un grand nombre ont obéi à une nécessité de tactique et de situation en votant la nomination de ces 75 membres
par l'Assemblée. Quant à moi, j'ai toujours pensé que
c'était un sacrifice à faire. A ce sacrifice il y a une
consolation, c'est que, parmi ces 75 sénateurs, pas
un bonapartiste ne sera nommé. (*Rires et bravos.*) Du
moins, c'est ma ferme espérance. (*Nouveau rires approbatifs.*)

Puisqu'on a rappelé ce chiffre de 75 sénateurs à
nommer par l'Assemblée, permettez-moi de vous donner mon opinion sur les élections sénatoriales. Il
n'est pas rare de rencontrer des gens qui prennent
une carte, l'examinent par département et par canton
et cherchent à se rendre compte. Eh bien! après m'ê-
tre renseigné, sans entrer dans les détails, et sans
vouloir ni pouvoir vous donner un chiffre précis et
positif, j'ai l'espérance et je reste pénétré de cette conviction que si l'on fait pour le Sénat la même campagne, que si on déploie la même activité, la même ardeur que pour l'élection des députés, il y a bon nombre de départements, et non pas seulement des plus
populeux et de ceux où nous sommes en majorité,
mais d'autres encore, plus petits, moins en vue, où
nous pourrons l'emporter aux élections du Sénat. C'est
un compte à faire; mais nous le ferons une autre fois.
(*Rires approbatifs.*) Par conséquent, je souhaite qu'on
descende dans l'arène, au moment de la lutte électorale, avec confiance, avec entrain et bonne humeur,
avec cette conviction surtout qu'on a le bon côté,
qu'on a la meilleure part de soleil et d'ombre dans la
bataille, qu'on a déjà beaucoup fait; et que si l'on veut
donner un bon coup de collier comme il le faut, puis-

qu'il s'agit d'un intérêt de premier ordre, vous pouvez très légitimement espérer de composer la majorité du Sénat. Oui, Messieurs, on a peut-être trop dit, trop répété, dans nos propres rangs, que ces élections au Sénat étaient difficiles, pénibles, qu'elles seraient mauvaises ou tout ou moins médiocres. Je dis, après y avoir regardé de très près, qu'elles seront bonnes, et, quand je parle ainsi, je sais parfaitement que je ne prononce pas un mot en l'air. Les élections seront bonnes, mais à une condition : Aide-toi, le suffrage universel t'aidera. (*Salve d'applaudissements. — Cris répétés de : Vive la République! Vive Gambetta!*)

# DISCOURS

*Prononcé le 24 juin 1875*

## AU BANQUET COMMÉMORATIF DE LA NAISSANCE
## DU GÉNÉRAL HOCHE

A VERSAILLES

---

Nous avons raconté (p. 13) que M. Beulé avait interdit, en 1873, la célébration de l'anniversaire de Hoche dans un banquet public, et que M. de Fourtou avait renouvelé, en 1874 l'interdiction prononcée par le ministre du 25 mai (p. 216). M. Buffet renouvela, en 1875, l'interdiction précédemment prononcée par M. de Fourtou et par M. Beulé. Les commissaires de la fête furent contraints de se réunir une troisième fois dans un banquet privé. Le banquet du 24 juin 1875 fut célébré chez M. Lefèvre, conseiller municipal de Versailles.

Après plusieurs toasts portés par M. Lefèvre à la République, par M. Feray, député de Seine-et-Oise, au président de la République, et par M. Henri Martin à la mémoire de Hoche, M. Rameau, président du banquet, se lève et dit : « M. Gambetta a la parole. »

M. GAMBETTA. — Messieurs, notre ami M. Rameau a pris un pouvoir tout à fait despotique...

M. RAMEAU. — Oui, mais ces pouvoirs m'ont été confirmés par toute l'assemblée. (*Rires et applaudissements.*)

M. GAMBETTA. — C'est un des rares moments où je comprends la nécessité de la clause de révision. (*Nouveaux rires d'approbation.*)

Enfin, vous le voulez, je vais m'exécuter.

Mes chers concitoyens, entre républicains, on ne saurait se réunir et, surtout, se séparer sans avoir échangé un mot cordial et sincère sur la situation, un mot d'espérance en l'avenir. Vous désirez que je prenne la parole : c'est du pays et de ses préoccupations, de ses intérêts et de ses vœux que je vais vous entretenir, en peu de mots seulement, vu l'heure avancée.

Je prendrai texte de ce que nous disait tout à l'heure l'honorable et vénéré M. Feray. Il nous a expliqué, dans le langage ferme et précis que donnent l'expérience et l'autorité, (*Très bien! très bien!*) combien la situation avait changé depuis un an. Il a repris, comme il en avait le droit, un mot qu'il employait à pareil jour dans cette fête annuelle. Vous vous souvenez, comme moi, des paroles qu'il prononçait alors : Ce que nous voulons, disait-il, c'est que le fait devienne le droit. (*Bravos.*) Messieurs, vous pouvez mesurer l'espace que nous avons parcouru, constater le progrès que nous avons accompli, aux paroles que vous venez d'entendre ce soir. M. Feray, reprenant sa formule de l'an passé, a pu dire et a dit : le fait est devenu le droit. (*Très bien! très bien! — Applaudissements.*)

Mes chers concitoyens, puisqu'on a bien voulu rappeler les efforts communs, les sacrifices consentis de part et d'autre, puisque l'honorable M. Feray, — permettez-moi, après le témoignage si précieux pour moi de son discours, permettez-moi, malgré la distance des âges, de dire, puisque mon ami M. Feray (*Très bien! très bien!*) — a bien voulu faire le compte et tenir état de toutes les énergies qui se sont associées pour atteindre le but que nous nous étions proposé, je parlerai, moi aussi, du grand évènement de cette année, de la création du régime républicain dans notre pays, après tant d'années de luttes, d'efforts, de déceptions et de souffrances. Messieurs, dans toute la sincérité de mon âme, je crois la République fondée. Sans

doute, elle peut avoir des embarras, mais elle n'a plus
de périls devant elle ; elle peut avoir à côté d'elle des
alliés douteux, mais ils n'oseraient pas se poser comme
ses adversaires déclarés. (*Bravos répétés.*)

La République, Messieurs, a la France pour elle ;
elle a aussi pour elle, pour la soutenir et la défendre,
l'alliance, non pas seulement d'hommes qui siègent
dans une même Assemblée, mais l'alliance de tous
ceux qui, dans le pays, connaissent et représentent
avant tout les aspirations de la France, les hommes
de travail et d'étude, les grandes forces nationales,
l'industrie, le commerce, l'agriculture, les professions
libérales, la science et les arts. Avec tout cela, Messieurs, la République est sûre de triompher de tous
les obstacles, d'autant plus que cette association puissante d'hommes n'est animée que par une seule pensée : la liberté de la nation et son honneur. (*Bravos.*)

Mes chers concitoyens, on vient de vous le dire,
pour arriver à former cette grande et nécessaire ligue
du salut national par la République, nous avons mis
de côté nos préjugés, nos passions, nos divisions, nos
rancunes. Il y en a, Messieurs, qui ont fait plus ; il y
en a qui ont abjuré ces erreurs dont il est si difficile
de se défendre, que chacun pouvait avoir puisées dans
ses origines, dans sa famille, dans ses relations de
tout ordre, dans son éducation et dans ses intérêts.
Faisant de toutes ces choses un sacrifice définitif sous
les yeux mêmes du pays, nous avons dit : Nous voulons le gouvernement de tous par tous. Ce gouvernement n'a qu'un nom, il sera la force et l'honneur de
la patrie : c'est la République. (*Très bien! très bien! —
Applaudissements prolongés.*)

Oh ! Messieurs, qui pourrait se montrer surpris, s'a-
larmer de ce qu'il n'ait pas été possible de former cette
alliance, d'obtenir cet accord, de conclure et de sanctionner un tel pacte en face de la France et de l'Europe,
sans susciter des récriminations, des objections, des

réserves, sans laisser subsister au fond de bien des esprits et de bien des cœurs des réticences? et, qui sait? des espérances, même coupables? Mais qu'est-ce à dire? Et que pèsent des objections particulières et des rivalités de personnes dans la balance des grands intérêts qu'il y avait à sauvegarder, et en face du but qu'on voulait atteindre? On a dit de la France que c'était un pays de logique, ce qui n'est pas la même chose qu'un pays de métaphysique. La France veut un gouvernement digne d'elle, un gouvernement qui la représente, qui la relève au dedans et la fasse respecter au dehors. Elle dédaigne d'entrer dans les querelles métaphysiques des partis. Elle se dit : Ce gouvernement me convient-il? est-il conforme à ce que je veux? me donnera-t-il la liberté? aura-t-il pour fondement inattaquable ces principes de démocratie qui sont la substance même de notre nationalité : l'égalité civile, la liberté de penser et d'agir, la justice pour tous, l'instruction et la lumière versée à flots partout? (*Applaudissements prolongés.*) Voilà, Messieurs, ce que la France demande, un gouvernement d'ordre, de justice, de liberté, un gouvernement stable et progressif. Eh bien, en dehors de la République, y a-t-il un gouvernement quelconque qui puisse offrir à la France les garanties qu'elle réclame? Messieurs, il suffit de réfléchir un instant. Aussitôt qu'il sera fondé, ce gouvernement chimérique, s'il repose sur la tête d'un homme, s'il est établi dans l'intérêt d'une maison, d'une famille, d'une caste ou d'une classe, voyez-vous se coaliser tout de suite contre lui tous les autres prétendants, se dresser contre lui toutes les oppositions? (*Mouvement prolongé.*) Messieurs, dans ce pays, avec les éléments qui le composent, il n'y a qu'un gouvernement qui puisse réunir, assembler, fusionner tous les intérêts, tous les droits, pour n'en former qu'un faisceau commun : ce gouvernement, c'est la République. C'est pourquoi la République était le gou-

vernement nécessaire, et c'est pourquoi aussi ceux
qui s'en étaient écartés trop longtemps, qui s'en étaient
tenus éloignés, parce que le parti républicain, qu'ils
ont trop longtemps combattu sans le bien connaître,
ne leur paraissait pas capable d'offrir assez de garanties de sagesse, de patience, de modération et de maturité, assez de cet esprit si nécessaire en politique
qui laisse les questions se poser, se développer, s'examiner, se résoudre une à une; voilà pourquoi ces
hommes s'étaient tenus à l'écart. Mais quand ces
hommes ont vu que ce parti républicain tant poursuivi, tant calomnié, méritait l'estime et le respect,
au lieu de la défiance et de la persécution; quand ils
ont vu, non pas seulement à Versailles et dans les
grands centres, mais partout, que ce noble et généreux parti, librement, spontanément, n'obéissant pas
à un mot d'ordre parce qu'il est, avant tout, le parti
du libre examen, mais obéissant à la nécessité qui
s'imposait à lui, à mesure qu'il devenait plus éclairé,
plus nombreux et plus fort, à la nécessité de sortir de
l'ancienne voie qui n'avait jamais été semée que de
périls, de chutes et de défaillances; quand ils ont vu
ce grand parti républicain, non pas après une consultation en règle ou par l'effet de quelque consigne, je
le répète, mais par clairvoyance de ses intérêts, quand
ils l'ont vu changer de tactique, modifier sa méthode
politique, ils se sont dit : Il faut tout attendre de la
modération, de la raison et de la patience de ce parti;
on peut tout se promettre de son intelligence et de
son patriotisme. (*Très bien! très bien! — Vifs applaudissements.*)

Aussi, Messieurs, vous avez assisté, sur toute la
surface du pays, à cette grande et salutaire manifestation de concorde et de sagesse pratique qui excite
en Europe une si universelle et si légitime admiration.
Soit dans la presse républicaine, soit dans les élections générales ou départementales, soit dans les

réunions des corps électifs, soit dans les comités électoraux, partout vous avez toujours reconnu la même
unité de pensée, les mêmes tendances, les mêmes
vœux. Et savez-vous, Messieurs, quel a été le premier,
le plus grand avantage peut-être par ses résultats de
cette méthode nouvelle? (*Mouvement.*) Messieurs, c'est
cette conduite qui a empêché d'évoquer, comme on
ne l'avait fait que trop souvent dans nos crises antérieures, le spectre de la peur, cette peur honteuse,
humiliante, à l'aide de laquelle on a toujours fait
retomber cette pauvre France sous le joug du despotisme. Aujourd'hui vous entendez les tenants de l'empire, c'est-à-dire les exploiteurs et les bénéficiaires de
la sinistre et basse comédie de la peur...(*Très bien! —
Applaudissements prolongés*)... répéter avec un indigne
sentiment de surprise et de désespoir : Quelle singulière France ! depuis qu'elle est en République, on
ne la reconnaît plus : elle n'a plus peur! (*Hilarité prolongée. — Vifs applaudissements.*)

Eh bien, oui, la France n'a plus peur, parce qu'elle
a pris confiance en elle-même ; elle n'a plus peur,
parce qu'elle ne redoute plus ni les réactions ni les
chimères. Elle ne veut se confier qu'à elle-même, à
son propre bon sens, à sa propre raison; les plus
brillantes théories ne valent pas à ses yeux la réalité :
elle préfère aux plus éloquentes déclarations des
réformes palpables, tangibles. C'est ainsi qu'elle a
considéré, avec autant de justesse que d'ironie, comme
une sorte de triomphe, de voir cette Assemblée de
Versailles, élue vous savez dans quelles conditions et
composée vous savez comment, nommée enfin dans
un jour de malheur, comme le disait un de ces hommes
qui la connaissaient le mieux, (*Rires*) de la voir, en
dépit de toutes les résistances, proclamer elle-même
la République. (*Rires et bravos.*) Messieurs, c'est parce
que la République, qui était bien le gouvernement
nécessaire, a été reconnue dans de telles circonstan-

ces, c'est parce qu'elle a eu de semblables parrains
qu'à mon sens elle a toutes les conditions de durée ;
elle représente non seulement les principes que nous
aimons et qui ont de tout temps fait sa légitimité
comme ils font notre force, à nous ses défenseurs,
mais elle représente encore la défaite avouée, con-
fessée, de tous ses adversaires, leur défaite irrémédiable et définitive. (*Très bien ! — C'est cela ! — Ap-*
*plaudissements.*)

Messieurs, il me paraît que, dans les conjonctures
que nous avons traversées, la conduite des hommes
qui représentent la démocratie républicaine était
toute tracée. Il fallait faciliter le plus tôt possible
l'émancipation du pays, lui rendre le plus promptement possible la direction générale, lui demander le
verdict suprême, enfin lui restituer la parole dans le
délai le plus court. Et que pourrait-il y avoir de mieux
que d'être en mesure de se présenter à la France,
après quatre longues et mortelles années d'inquiétude
et de malaise politique et économique, et de lui dire :
Nous républicains, élus en minorité, mais forts de
l'appui de la nation qui voulait la République et qui
le disait à chaque élection partielle, nous avons réussi
à transformer le fait en droit, nous lui avons donné
la consécration de la légalité, nous avons élevé, avant
de nous séparer, une institution inviolable qui s'impose au respect de tous, aussi bien à ceux qui admi-
nistrent la France qu'à ceux qui la gouvernent, aussi
bien à ceux qui sont administrés qu'à ceux qui sont
gouvernés. Et maintenant, vous, nos concitoyens et
nos juges, prononcez. (*Mouvement prolongé.*) Mais,
Messieurs, je vais plus loin et je dis que ce n'est pas
là tout. Élever cette institution, cela ne pouvait suf-
fire, car la politique ne se compose pas seulement
de ce qu'on fait, mais surtout aussi de ce qu'on empêche de faire. (*Oui ! — Très bien ! — Bravos.*)

Eh bien, si vous voulez résumer et compter sur vos

doigts combien d'ennemis de la République ont été
vaincus tour à tour, combien de honteuses éventualités ont été rejetées dans l'ombre et dans l'impuissance, depuis les intrigues les plus monstrueuses
jusqu'à toutes ces combinaisons arbitraires et baro-
ques de septennat pur et simple, de septennat personnel, unipersonnel, impersonnel, (*Rires*) depuis la
restauration de la monarchie de l'ancien régime jusqu'aux complots de la faction détestée de Décembre,
vous reconnaîtrez que vous avez échappé à bien des
dangers, et vous sentirez tous les avantages qu'il y a
d'avoir maintenant le droit pour le gouvernement de
votre choix. (*C'est vrai! — Très bien! très bien!*) Car
vous, républicains, vous êtes le droit, et, comme l'a
dit tout à l'heure avec une si noble énergie M. Feray,
les autres ne sont que des factieux. Vous êtes le seul
droit debout dans le pays. Vous avez le droit d'exiger
obéissance et respect de tous, de ceux qui sont en
haut et de ceux qui sont en bas. (*Bravos.*) Messieurs,
après ce grand succès si décisif, croyez-vous que, malgré les résistances qu'on vous opposera à l'aide de
petites manœuvres, de petites stratégies parlementaires, — que nous avons appris à connaître à force
de les avoir étudiées, et que nous pourrons peut-
être déjouer à force de patience et d'assiduité,
(*Marques d'approbation et rires*) — croyez-vous que, malgré ces obstacles, on n'en arrivera pas enfin à la
dissolution, car c'est là la grosse affaire ? (*Oui! oui!
— C'est cela!*) On peut l'ajourner de quelques semaines, mais la question est dès à présent ouverte, posée,
résolue, si je puis ainsi dire. La France sait bien
que la dissolution est notre but, parce qu'elle est le
fond de sa volonté. Dans un moment d'erreur, la
France s'était donné, non pas un gouvernement, mais
des mandataires qui, ne comprenant pas nettement
ce qui est au fond de son âme depuis cent ans, se
refusaient à l'exprimer. Messieurs, je parle de ces

grands principes politiques et sociaux, de ces conquêtes si chères et si glorieuses pour lesquelles Hoche a si
vaillamment combattu, pour lesquelles notre armée
tirerait encore l'épée, car, dans cette France qui est
restée démocratique, il n'y a pas de séparation entre
les citoyens et les soldats, et tous les Français, fils de
la Révolution, sauraient faire leur devoir si l'on portait la main sur les droits que nous tenons de 89.
(*Salve d'applaudissements.*) On l'a bien vu quand il a été
question, pendant un moment, de revenir en arrière.
(*Mouvement prolongé.*) Nous assistons, Messieurs, hâ-
tons-nous de le dire, aux dernières tentatives, aux
derniers efforts de la réaction contre le génie même
de notre pays. Cet esprit de réaction, dangereux et
coupable, vient de se manifester sous la forme d'une
loi qui, en elle-même, ne contient peut-être pas tous
les périls que certains y voient; d'une loi qui, peut-
être, pourra tourner, comme beaucoup d'autres, contre les intentions de ceux qui l'ont inventée, mais qui
ne laisse pas de causer au pays de sérieuses inquiétudes. La prétendue liberté de l'enseignement supérieur, la création des Universités cléricales, des
Facultés de médecine cléricales, (*Rires prolongés*) ce
n'est pas ce qui inquiète la France! Non, ce qui alarme
la France et ce qui fait réfléchir l'Europe, ce sont les
symptômes dangereux que révèle cette loi aux regards
de l'observateur politique. On s'étonne qu'il y ait en
France des hommes espérant le succès pour de pareilles entreprises; qu'il y ait encore dans ce pays, et
contre toutes ses traditions, je ne dirai pas des classes
— c'est un mot dont je n'aime pas à me servir, —
mais des couches, des régions sociales dans lesquelles
l'esprit d'obscurantisme et de réaction ait pu faire
assez de ravages pour les rendre indifférentes à de
semblables tentatives contre l'esprit laïque, contre
le Code civil, contre l'ensemble de notre politique
nationale, telle qu'elle est établie depuis quatre siè-

cles! Voilà ce qui est alarmant. (*Oui! oui! — C'est cela!
— Mouvement prolongé.*) Ces tentatives seront impuissantes, vous n'en doutez pas plus que moi, mais elles
sont d'autant plus dangereuses qu'elles sont l'origine
de toutes les excitations, de toutes les passions, de
tous les fanatismes qui osent déclarer la guerre à la
France de notre temps. Ces entreprises démontrent
qu'il y a des hommes qui méditent et qui tentent de
remettre en question toutes nos conquêtes de la
Révolution française. Il y a là un germe de discorde
civile, de dissensions intestines, qu'il ne faut pas
laisser se développer. (*Marques unanimes d'approbation.
— Bravos.*)

Messieurs, ma conviction est que la France partage
à cet égard nos sentiments. Elle sent bien qu'elle n'est
pas menacée dans son existence, mais elle tremble
d'être encore agitée, troublée, et c'est pour cette raison que ceux-là servent vraiment la cause nationale,
qui disent: Finissons-en, mettons un terme à une législature qui est vraiment épuisée, séparons-nous, al-
lons-nous-en; nous n'avons plus rien à faire ici, la
France réclame le dépôt de sa souveraineté: il faut le
lui rendre; il y a longtemps qu'il devrait lui être rendu.
Messieurs, le moyen le plus efficace à employer pour
arriver à la séparation de l'Assemblée, c'était de mettre un terme à ses prétentions constituantes, surtout
lorsque ces prétentions ne pouvaient se résoudre, en
dernière analyse, que par l'affirmation de la République. Car n'est-il pas vrai que la restauration de la monarchie était impossible? N'est-il pas vrai encore que
le retour de l'empire, avec et par cette Assemblée,
était plus impossible encore? Que restait-il donc? La
République. C'est elle qui a triomphé. (*Bravos.*) C'est
pourquoi, Messieurs, la France a applaudi à cette politique de bon sens, de mesure, de sagesse. Elle sait
d'ailleurs ce qu'elle compte faire. (*Mouvement.*) Je n'a-
joute qu'un seul mot sur ce point. Vous pourrez enten-

dre dire et répéter que l'œuvre républicaine qui est sortie du vote de la majorité du 25 février est mêlée, confuse, obscure, pleine d'embûches, de pièges, de chausse-trapes où la République peut se prendre et trébucher. Vous entendrez dire aussi que cette Constitution naissante est trop marquée au coin de certains principes de monarchie constitutionnelle, de certaines pratiques du régime parlementaire qui en font une sorte de compromis entre les théories et les désirs des anciens parlementaires et les légitimes exigences du parti républicain. Messieurs, nous ne devons rien cacher. Toutes ces critiques sont vraies, et bien d'autres encore. Mais ayez confiance dans l'esprit démocratique de la France; reposez-vous sur cette immense masse de onze millions d'électeurs à qui sont chères avant tout, et par-dessus tout, les notions de progrès, de justice distributive, et qui, heureusement pour le bien général de la nation, ne perdra jamais de vue les graves problèmes de l'émancipation morale et matérielle, politique et sociale du plus grand nombre. Le grand nombre, Messieurs, ce n'est pas seulement, comme on le disait il y a cinquante ans, la classe la plus nombreuse et la plus pauvre, c'est aujourd'hui le suffrage universel, le vrai souverain de la France, dont nous relevons tous, le suffrage universel à qui nous devons, si nous voulons fonder un régime politique à l'abri de toutes révolutions ultérieures, non seulement la liberté politique, mais la justice sociale, non-seulement un bon et honnête gouvernement républicain, mais l'instruction, les lumières, afin que son intervention, son action, dans les affaires de l'État soit de jour en jour plus éclairée, plus directe, plus complète. (*Applaudissements prolongés.*)

Messieurs, croyez bien, — quant à moi, je n'en fais pas doute, — soyez convaincus que cette institution républicaine sera étudiée, examinée, retournée, scrutée par le suffrage universel, qui saura ensuite choisir

les mandataires qui lui sembleront les plus propres à
la développer dans son sens véritablement rationnel et
national. Messieurs, ce pacte ne demeurera pas un
vain mot, une collection de formules vides, car, je le
redis, la France est un pays de logique et de bon sens.
Elle veut la République ; elle ne veut pas de la monarchie. La République que veut la France ne sera
pas une contrefaçon de la monarchie ; elle ne sera pas
une monarchie déguisée. Elle sera la République, la
vraie. Voulez-vous toute ma pensée ? La France saura
faire une République de justice et de progrès. (*Oui!*
— *Très bien! très bien!*)

Oui, Messieurs, une République de justice et de progrès, une République digne de la démocratie française et des destinées qui l'attendent. C'est mon
vœu ; c'est mon espérance, c'est pour moi une certitude ; je parle ainsi parce que je suis en présence
des hommes qui ont le plus fait pour acclimater la
République dans notre pays et qui lui ont donné
le sceau de leur honorabilité, de leur crédit, de leur
expérience dans tous les champs de l'activité humaine, l'autorité de leur caractère, de leurs profondes
études et de leur haute valeur intellectuelle. (*Bravos et applaudissements. — L'orateur se tourne vers ses
collègues de l'Assemblée qui l'entourent...*) Il y a un
absent ici, mais il n'est jamais absent quand vous
êtes là, M. Barthélemy Saint-Hilaire. (*Très bien! très
bien! — Salve d'applaudissements.*) J'aime à parler ainsi
devant cette réunion d'hommes qui ont tant contribué
à fonder la République par leur union, leur résolution,
devant les représentants de notre bourgeoisie éclairée,
héritière du tiers État intelligent, vaillant, amoureux
des choses de l'esprit, (*Bravos*) devant ceux qui ont su
fouler enfin sous leurs pieds toutes ces insinuations
perfides et ignorantes lancées contre la démocratie.
Oui, Messieurs, je veux le dire encore à la face du
pays, ce sont ces esprits élevés, ces cœurs fermes, qui

se sont avancés résolument devant nous et qui nous
ont dit : Plus de discordes, plus de malentendus ;
nous sommes Français, et nous déclarons, avec l'autorité dont nous jouissons dans notre pays, qu'il n'y a
plus qu'un gouvernement pour notre patrie, la République, et qu'en dehors d'elle il n'y a plus que la
pire des réactions. (*Mouvement prolongé.*) Messieurs,
quand de telles paroles sont prononcées, il est du
devoir d'un honnête homme, d'un patriote, de s'arrêter, de réfléchir. C'est parce que précisément ces paroles ont été prononcées devant nous, républicains
d'origine et de naissance, d'éducation et de raison,
devant nous, républicains de tout temps habitués,
comme notre parti tout entier, à subir les injustices et les violences, les outrages et les persécutions,
devant nous qui n'avons qu'une pensée et qu'un devoir, la République et le service de la démocratie, que
nous avons dû d'autant moins hésiter à suivre le pays,
l'opinion républicaine, dans la voie nouvelle où elle
nous pressait d'entrer sous le coup des nécessités les
plus évidentes. Vous dirai-je un mot de plus ? On prétend qu'il y en a parmi nous qui ont modifié leur
langage. A quoi serviraient donc le temps qui s'écoule
et la vie qui s'allonge, s'ils n'enseignaient pas l'expérience ? Mais ceux dont on parle ont dans les idées
une foi inaltérable, ils se sentent immuables et in-
flexibles dans leur attachement aux principes et aux
conséquences légitimes et essentielles de la Révolution française. (*Vive approbation.*) Le pacte qui est intervenu entre les anciens et les nouveaux serviteurs
de la République n'est pas un contrat entre étrangers ;
c'est plutôt une sorte de reconnaissance mutuelle dont
il faut d'autant plus se féliciter qu'elle était plus nécessaire. Frères séparés, aînés et cadets, les membres
du grand parti républicain ont dit : C'est à nous
de terminer la Révolution française ; relevons la
France par le travail, la liberté et la paix, sans oublier

les améliorations et les progrès sociaux dont la République est le symbole aux yeux de la nation qui l'a si longtemps attendue. (*Bravos et applaudissements prolongés.*)

Messieurs, pour mener à bonne fin cette politique, allons lentement, sagement; à chaque jour suffit sa peine. L'année dernière, à pareille date, nous étions encore dans une période obscure, dans la mêlée; nous avions en face de nous des adversaires qui faisaient plus que de discuter, qui menaçaient. Quelques-uns conspiraient. Aujourd'hui toutes ces manœuvres sont déjouées ; cependant nous n'en avons pas fini avec les embarras, avec les intrigues : oui, mais un juge nous attend. Messieurs, je bois au 24 juin 1876, et je ne pense être démenti ni par les faits ni par la volonté souveraine de la nation, quand je dis qu'à la place de la République incomplète mais déjà rassurante d'aujourd'hui, nous saluerons, à cette date, l'aurore d'une République acceptée et reconnue comme définitive, d'une République assez forte pour n'avoir plus besoin de se défendre, de la République progressive et libérale, telle que la comprend et la veut la démocratie française. (*Bravos répétés.*) J'espère aussi qu'au lieu de nous réunir, mon cher Lefèvre, dans ce logis trop étroit, mais déjà plein d'amis, nous nous rassemblerons dans un local plus vaste, où nous pourrons fêter, avec les absents que nous regrettons aujourd'hui, non pas l'avènement de la République, elle est fondée, non pas son établissement, il est acquis, mais le grand évènement politique et social qui doit rendre à la France sa prospérité, sa force et sa grandeur, je veux dire la réconciliation de tous les Français sous les auspices d'une République où l'on verra enfin la bourgeoisie décidée à gouverner démocratiquement la France avec le puissant concours et l'appui confiant d'une démocratie émancipée et libérale. (*Très bien ! très bien ! — Bravos et applaudissements prolongés.*)

Le toast porté par M. Feray au Président de la République et que M. Gambetta rappelle dans son discours, était ainsi conçu :

« Messieurs,

« Je porte la santé de M. le maréchal de Mac-Mahon, duc de Magenta, président de la République.

« Lorsque l'an dernier, à pareil jour, j'ai eu l'honneur de vous proposer cette même santé, rappelez-vous dans quel état était le pays : partout l'inquiétude, l'équivoque, le provisoire avec ses conséquences funestes ; la France fatiguée, énervée, réclamait à grands cris un gouvernement défini, et à cette France, qui avait tant souffert, nos adversaires offraient pour seul remède à ses maux ce qu'ils appelaient la trêve des partis, consacrée, soi-disant, par le pacte de Bordeaux.

« Les pouvoirs du président de la République, sans base assurée, manquaient de la force nécessaire pour garantir leur inviolabilité et nous donner la sécurité du lendemain ; ils manquaient de cette force, parce que la République, gouvernement de fait, n'était pas le gouvernement de droit.

« Cependant nous ne perdions pas courage ; nous sentions que le pays était avec nous. (*Bravos.*)

« Enfin, nous sommes arrivés au but : un grand pas, un pas immense, a été fait ; depuis le 25 février, la République est reconnue comme le seul gouvernement légal, comme le seul gouvernement régulier ; la République a reçu la consécration de la loi librement votée par les représentants de la nation ; nul ne peut l'attaquer, la mettre en question sans être un factieux. (*Triple salve d'applaudissements.*)

« Cet heureux résultat, Messieurs, nous le devons au patriotisme de l'Assemblée nationale, au patriotisme de ceux de nos collègues qui ont sacrifié leurs préférences personnelles pour se rallier au seul gouvernement possible, celui de la République.

« Nous le devons à la sagesse des républicains qui ont suivi le conseil que leur avait donné il y a quatre ans l'illustre M. Thiers, à l'admirable esprit de modération, de conciliation, dont a fait preuve le grand parti constitutionnel formé de tous ceux qui ont voté ensemble le 25 février, et qui tiendront à honneur d'achever leur œuvre par le vote des lois complémentaires.

« Enfin, Messieurs, cet heureux résultat, nous le devons aux efforts dévoués, persévérants, infatigables, de ceux de nos collègues, que je n'ai pas besoin de nommer, (*Ici l'orateur se tourne vers M. Gambetta*) qui constamment sur la brèche dans ces moment décisifs, trouvaient dans leur amour de la patrie des accents irrésistibles pour persuader à ceux qui hésitaient encore qu'il fallait absolument accepter la Constitution qui leur était proposée, qu'il fallait l'accepter malgré ses imperfections, que là était le salut, et qu'en dehors il n'y avait que ruines et catastrophes.

« A ces collègues, que je suis fier d'appeler mes amis, la France sait ce qu'elle doit : elle ne l'oubliera jamais.

« Messieurs, dans cette journée glorieuse pour nos armes où le loyal guerrier dont je porte la santé, alors le général de Mac-Mahon, se rendit maître de la tour de Malakoff, inébranlable au milieu du carnage, il envoya au maréchal Pélissier ces paroles sublimes par leur simplicité : *J'y suis, j'y reste!*

« Le maréchal de Mac-Mahon, président de la République, a accepté la Constitution du 25 février ; son passé nous est un sûr garant qu'il la maintiendra, qu'il la gardera contre les ennemis du dedans, comme il a gardé la tour de Malakoff contre les ennemis du dehors.

« Pour accomplir cette tâche glorieuse, il aura le concours de tous les hommes modérés, de tous les bons citoyens, de tous les vrais conservateurs qui sont décidés à préserver notre pays de nouvelles révolutions, et avec ce concours il déjouera les intrigues coupables de ce parti qui a amené sur la France la guerre, l'invasion et la ruine. (*Applaudissements répétés et cris de : Vive la République!*)

« Messieurs, je porte la santé du maréchal de Mac-Mahon, président de la République ! »

# DISCOURS

SUR

## L'INTERPELLATION DE M. RAOUL DUVAL

(Enquête parlementaire sur l'élection de la Nièvre)

*Prononcé le 15 juillet 1875*

A L'ASSEMBLÉE NATIONALE

---

Nous avons raconté comment, dans la séance du 9 juin 1874, l'élection de M. de Bourgoing dans le département de la Nièvre avait permis à M. Cyprien Girerd et à M. Gambetta de dénoncer à l'Assemblée et au pays l'existence du Comité central de l'appel au peuple, la conspiration des bonapartistes contre la République (tome IV, p. 188). Nous avons raconté également que M. Rouher « avait déclaré sur l'honneur que le comité central n'existait pas à sa connaissance », et que le garde des sceaux Tailhand avait promis à l'Assemblée de faire commencer dans la Nièvre une enquête administrative et judiciaire. Mais cette enquête avait été conduite par M. Tailhand et par M. de Fourtou avec une insigne faiblesse, et quand le cinquième bureau, chargé de vérifier l'élection de la Nièvre, avait réclamé communication du dossier de l'instruction ouverte contre les membres des divers comités bonapartistes et qui avait abouti, le 17 décembre, à une inexplicable ordonnance de non-lieu; le ministre de la justice avait répondu par un refus formel. Ce refus, qui avait été dicté par les bonapartistes, ne leur profita pas. Le cinquième bureau porta hardiment la question devant la Chambre, (23 décembre), et le jour même, sur un énergique discours de M. Ricard, l'Assemblée ordonna l'enquête parlementaire

qui devait aboutir, dans les séances du 25 février et du
11 juin, aux fameux rapports de M. Savary.

Le premier de ces rapports, résumait en ces termes, que
nous devons reproduire, les dépositions de M. Léon Renault,
préfet de police, devant la commission d'enquête :

« Il n'est plus permis de douter, disait M. Savary, qu'il
existe un Comité dont l'action rayonne sur les départements.
Ce Comité est composé d'anciens ministres et forme un conseil de gouvernement, à la tête duquel est placé un personnage
considérable, auquel tout aboutit et qui centralise entre ses
mains toute la direction politique du parti bonapartiste (1).

« A côté du Comité directeur, une sorte de Conseil d'État
est chargé de donner son avis sur les questions délicates ou
contentieuses.

« Un syndic de la presse, qui est en même temps le secrétaire du Comité, garde les archives, remplit les fonctions
d'intermédiaire entre le chef du parti et les agents subalternes, concourt à la création de journaux dont les rédacteurs sont appelés à jouer le rôle d'agents d'informations et
de propagande politique dans les départements, leur adresse
une correspondance à l'aide de laquelle le Comité directeur
est assuré de répandre à la fois son mot d'ordre dans quatre-
vingt journaux et de distribuer cinq cent mille numéros par
semaine.

« Une police, constituée d'après les règles hiérarchiques,
fait des rapports, se livre à des surveillances, contrôle et
contrecarre la police officielle, et se livre à toutes les formes
de la propagande.

« Le Comité directeur possède un budget sur lequel la
déposition que nous avons entendue ne contient que des
indications incomplètes ; car les documents partiels qui ont
été consultés par M. le préfet de police accusent un chiffre
relativement minime, et qui est tout à fait hors de proportion avec les dépenses que supposent les procédés de propagande mis en œuvre au seul point de vue de la distribution des photographies.

1. Ce comité, qui se réunissait généralement au domicile de
M. Rouher, fut composé d'abord de MM. Rouher, Piétri, Conti et
Chevreau, puis de MM. Arrighi de Padoue, général Fleury, Casa-
bianca, Joachim Murat, Grandperret, de Forcade la Roquette,
Pinard, Levert, Haentjens, et de Palikao.

« Dans les départements, un fonctionnaire, qui est le plus souvent l'ancien préfet, remplit les fonctions de correspondant du Comité, encourage la création des Comités locaux, fait appel aux souvenirs qu'ont laissés les fonctions publiques dont il a été revêtu, et continue en quelque sorte à les exercer pour le compte de son parti, à côté du représentant du gouvernement dont il combat l'influence et surveille l'administration.

« Enfin, pour maintenir l'unité d'action, le Comité a des inspecteurs qui sont chargés d'aller visiter de temps à autre les départements placés sous leur obédience avant le 4 septembre, stimulent les zèles qui s'attardent ou faiblissent, prennent note des réclamations, étudient par eux-mêmes l'état de l'esprit public (1).

« Des essais qui ne semblent jusqu'à présent avoir réussi que d'une manière très incomplète, sont tentés journellement pour compléter le réseau de cette administration, et vous verrez que, sous le faux semblant d'une société d'assurance, on ne tendait rien moins qu'à établir un agent inférieur dans tous les arrondissements et dans tous les cantons.

« Voilà pour l'organisation.

« Quant au but poursuivi au moyen de cette organisation, il paraît être non seulement de recruter des adhésions en faveur d'un régime que l'Assemblée a frappé de déchéance, mais surtout de reconstituer d'une façon méthodique les cadres du parti bonapartiste, en provoquant par des adresses, par des pétitions, par des pèlerinages dont on publie la liste, des actes qui engagent l'avenir et qui fournissent au besoin un moyen de pression sur ceux qu'on a entraînés une première fois, s'ils venaient à être tentés de se dégager des liens qu'on leur a fait contracter.

« Les moyens de propagande mis en œuvre ne se borneront pas à des distributions de journaux, de brochures et de photographies, ni même à une agitation plus ou moins légale, entretenue à la faveur d'anniversaires ou de cérémonies religieuses.

---

1. Les anciens préfets visés par M. le préfet de police étaient, entre autres, MM. Servatius, de Bouville, Janvier de la Motte, Piétri, Pugliesi-Conti, d'Auribeau, Cornuau, Gimet, de Farincourt, Chevreau.

« C'est ici que se place un des côtés graves de l'organisation bonapartiste. Les renseignements contenus dans la déposition de M. le préfet de police révèlent, en effet, l'emploi
de tout un système de manœuvres qui constituent, sinon
dans le sens de la loi pénale, au moins dans le sens naturel
du mot, une véritable usurpation de fonctions publiques. Il
est certain que tout un ensemble d'efforts sont combinés
dans le but de permettre aux agents du Comité de l'appel au
peuple de se donner auprès des masses la fausse apparence
d'un caractère officiel et de détourner ainsi à leur profit
le sentiment de l'obéissance due au gouvernement établi.

« Tantôt c'est un ancien préfet que le Comité place à la
tête du département qu'il a administré sous l'empire, et
qui, en cas d'élection, prend en main les affaires du candidat, s'adresse lui-même aux électeurs et fait revivre toutes
les traditions de la candidature officielle. On nous a dépeint
la situation que crée, aux véritables préfets, ce rôle pris par
des hommes qui représentaient le pouvoir hier, qui disent
très haut qu'ils le représenteront demain. et dont les allées
et venues troublent profondément les petits employés, les
modestes fonctionnaires qui ont été autrefois sous leurs
ordres.

« Tantôt ce sont des paysans qu'on cherche à séduire par
l'exploitation d'un crédit chimérique auprès du gouvernement actuel, tantôt ce sont des fonctionnaires qu'on veut
intimider en se targuant du même crédit, et vous verrez
que dans un département où le préfet avait invité la gendarmerie à constater par des procès-verbaux des délits de
propagande bonapartiste, l'ancien préfet de l'empire, avisé
des ordres donnés par son successeur, écrivit au commandant de la gendarmerie départementale pour le prévenir
que s'il inquiétait ou gênait la propagande bonapartiste, il
se verrait dans la nécessité de provoquer contre lui des
mesures de rigueur de la part de ses chefs.

« Tantôt encore, non content de se vanter du crédit qu'on
prétend avoir sur le gouvernement, on l'explique en s'efforçant de faire entendre que M. le maréchal, président de la
République, a reçu ou accepté pour mission de préparer le
retour du fils de l'empereur Napoléon III.

« C'est ainsi que par un mot d'ordre évident, dans toutes
les circulaires électorales, dans toutes les pétitions colpor-

técs pour réclamer l'appel au peuple, le nom respecté de
M. le maréchal de Mac-Mahon est associé aux souvenirs du
régime impérial et aux regrets ou aux espérances dont ce
souvenir sert à provoquer l'expression. Un des principaux
agents du parti, M. le colonel Piétri, écrivait à la date du
2 juin 1873, une lettre qui contient à cet égard un exposé
des principes auxquels ils ont constamment obéi depuis, et
où nous relevons le paragraphe suivant :

                            « Paris, le 2 juin 1873.

    « Mon cher ami,

    « L'idée des masses est que le Maréchal-Président doit
« ramener le prince impérial sur le trône. Ce raisonnement
« est certainement logique, la situation qu'a occupée le
« maréchal durant l'empire le justifierait ; mais, *quelles*
« *que soient à cet égard les vues du président de la Républi-*
« *que, il convient d'exploiter cette croyance en l'affirmant.* »

    « A côté de ces manœuvres par lesquelles on exploite la
crédulité publique, se placent des procédés qui tendent au
même but, mais qui offrent un caractère infiniment plus
répréhensible, tels que ceux qui consistent à entretenir des
relations dans des prisons de l'État, à provoquer de la part
des employés des administrations publiques la trahison de
leurs devoirs, à tenter des démarches qui, fort heureusement, sont presque toujours restées vaines, pour détourner
de l'obéissance des soldats ou des gendarmes, et pour introduire la propagande politique dans le sein même de notre
armée, à laquelle les partis les moins respectables avaient
jusqu'ici épargné cette injure, et qui, selon la noble et juste
expression de M. le maréchal de Mac-Mahon « sera toujours
l'armée de la loi ».

    « Non seulement nous avons le regret de relever dans
cet ordre d'idées des actes que la conscience publique appréciera avec une juste sévérité ; mais ce qui devait nous
émouvoir à un autre point de vue, en nous donnant une
preuve nouvelle et fâcheuse de la tendance du parti bonapartiste à détourner au profit de ses menées le respect dû
au principe d'autorité, c'est que partout nous voyons d'anciens chefs de corps s'adresser à ceux qui leur avaient été
subordonnés et faire appel à d'anciens sentiments de disci--

pline et d'obéissance, pour ruiner l'esprit de discipline et provoquer à la désobéissance au gouvernement établi.

« Ici, ce sont d'anciens fonctionnaires de la préfecture de police, qui parviennent à se pratiquer des intelligences parmi les agents de l'administration à la tête de laquelle ils ont été placés.

« Ailleurs, se sont d'anciens officiers qui ont accepté la mission de rechercher dans l'armée ou dans les corps d'élite les hommes placés autrefois sous leurs ordres, dans le dessein prémédité de se présenter à ces hommes avec le prestige qui s'attache à leur ancien commandant et d'en obtenir des services contraires à leurs devoirs.

« Mais ce qui était jusqu'à un certain point inattendu pour nous, et ce qui devait faire naître dans notre esprit de légitimes préoccupations, c'est la révélation de tout un système de propagande, destiné à s'exercer sur les classes ouvrières, par des procédés qui avaient été souvent relevés à la charge du régime impérial, mais dont l'emploi n'avait jamais été démontré d'une manière complète, et qui ne tendrait à rien moins qu'à spéculer sur les passions les plus mauvaises et les plus perverses et à perpétuer, dans notre pays, au profit du césarisme démagogique, toutes les divisions et toutes les haines sociales.

« De graves documents qui ont été mis à la disposition de la Commission nous ont permis de constater que, sur le désir personnel de l'empereur Napoléon III, un homme dont le nom a été mêlé, d'une manière qui n'a pas été complètement éclaircie, aux évènements de la Commune, et qui semble avoir vécu depuis cette époque dans une étroite et affectueuse intimité avec les principaux chefs du parti bonapartiste, avait été chargé de diriger un journal fondé dans le but de rallier le socialisme à l'empire et de rattacher à la cause de la restauration impériale les débris de la Commune de 1871.

« Les numéros de ce journal, qui ont été entre nos mains, établissent que M. Jules Amigues était en relations avec des sociétés révolutionnaires, dont l'une a été condamnée pour délit de société secrète, et qu'en même temps il avait pour mission de conduire à Chislehurst des députations ouvrières et de rassembler des vengeurs de Flourens autour du cercueil de Napoléon III.

« D'autres documents contiennent la preuve que les frais
du journal socialiste auquel nous faisons allusion étaient
payés sur le budget du Comité de l'appel au peuple, qu'une
demande de photographies adressée par un membre de
l'*Internationale* recevait pour réponse l'ordre d'en remettre
deux cents, et que ce membre de l'*Internationale*, après avoir
commandé le fort d'Issy sous la Commune et reçu ensuite
cet envoi de photographies, s'excusait de sa participation à
l'insurrection du 18 mars, en déclarant qu'il avait agi dans
l'intérêt de l'empire.

« Enfin, il est établi qu'au moment où les journaux bonapartistes réclamaient avec le plus de vigueur des mesures
de sévérité commandées par la nécessité sociale, on s'abou-
chait au fort de Quélern avec un corps de prisonniers condamnés à la déportation pour participation aux faits de la
Commune, et que, sous la promesse de l'amnistie, on obtenait d'eux un nombre considérable de lettres destinées sans
doute à être colportées dans la population ouvrière de Paris,
et contenant une adhésion sans réserve à la doctrine de
l'appel au peuple.

« L'Assemblée lira ces lettres dont la copie nous a été
remise. Elles jettent un jour nouveau sur les affinités fatales
de la démagogie avec le césarisme. On comprendra peut-
être plus facilement après les avoir lues, comment l'*Union
française des amis de la paix sociale* pouvait déclarer à
Genève au mois d'août 1873 : « Pour nous, l'empire c'est la
« révolution..... Les républicains sacrifiaient le socialisme
« pour avoir la République, nous avons sacrifié la Républi-
« que pour avoir le socialisme..... »

Par une heureuse coïncidence, c'était dans la séance
même où la Constitution avait été votée que l'Assemblée
avait ordonné la lecture du rapport de M. Savary et des
dépositions du préfet de police. L'impression produite sur
tous les bancs de la nouvelle majorité ressembla à de la stupeur. Même à gauche, on n'avait pas soupçonné que M. Rouher serait à ce point convaincu d'imposture et de mensonge. Le 4 juin, il avait déclaré sur l'honneur qu'il ignorait
l'existence du Comité central de l'appel au peuple, et, ce
comité, il l'avait fondé, il le présidait ! Peu importait à présent la fameuse dépêche Girerd. Les faits étaient là, in-

discutables, accablants pour la bande bonapartiste, prise en
flagrant délit de conspiration ; le gouvernement occulte
existait tel qu'il avait été dénoncé, et encore M. Léon Renault affirmait que sa déposition ne donnait « qu'une idée
très faible de l'étendue, de la puissance et des procédés de
l'organisation bonapartiste, les recherches de la justice
n'ayant point pénétré dans les archives réelles du parti ».
— La haine de l'Empire avait été, à l'origine, la principale
vertu de l'Assemblée de Bordeaux. Elle y revenait dans ses
bonnes heures. Le 25 février, elle invita la commission d'enquête à continuer son œuvre, et elle ordonna au garde des
sceaux, qui s'y était constamment refusé, de délivrer à
M. Savary le dossier de l'instruction judiciaire contre les
Comités de l'appel au peuple.

M. Savary déposa un second rapport le 11 juin. Ce rapport comprenait deux parties. Dans la première, M. Savary
concluait à l'invalidation de M. de Bourgoing : les irrégula-
rités commises par plusieurs bureaux électoraux, la pression
exercée par de nombreux fonctionnaires de l'ordre administratif, de l'ordre judiciaire, l'arrestation publique et injus-
tifiable, à la veille même de l'élection, d'un des agents les
plus influents de la candidature républicaine, les promesses
et les menaces prodiguées aux petits fonctionnaires, la publication faite à la dernière heure par M. de Bourgoing d'une
prétendue approbation donnée par le maréchal de Mac-
Mahon à la circulaire de l'ex-écuyer de Louis-Napoléon,
toutes ces manœuvres altéraient évidemment la sincérité du
scrutin, elles avaient visiblement déterminé la faible majorité des 363 voix qui avait donné la victoire au candidat de
l'appel au peuple. Dans la seconde partie de son rapport,
M. Savary confirmait et complétait les graves révélations
de M. Léon Renault. La conspiration bonapartiste avait
deux comités principaux : le comité Moureau et le comité
central dont M. Rouher était le président et M. Mansard le
secrétaire. A la vérité, chacune de ces associations, prise isolément, n'avait par elle-même rien d'illicite, puisque, comptant moins de vingt membres, elle ne pouvait tomber sous
le coup de l'article 291 du code pénal. Mais ces agglomérations étaient affiliées entre elles ou avec d'autres groupes,
et le procureur général Imgarde de Leffemberg avait pu
écrire au garde des sceaux dans son rapport du 11 août

1874 : « Malgré l'insuffisance des preuves que nous avons
pu recueillir jusqu'à ce jour, j'ai la persuasion, monsieur le
Ministre, que nous nous trouvons en face d'une organisation considérable et délictueuse qui, dans un moment donné,
peut devenir pleine de périls. Je trouve, en effet, à la tête
du parti bonapartiste un véritable organisme de gouvernement, et je suis persuadé que des relations doivent exister
entre M. Rouher, président du Comité de Paris, et de nombreux Comités établis en province. Cette organisation que
je sens, mais que je ne puis actuellement judiciairement
démontrer, est susceptible de devenir très dangereuse,
parce que les hommes qui la dirigent ne semblent vouloir
reculer devant aucune manœuvre. J'ai le droit de parler
ainsi, lorsque je trouve un homme tel que M. Rouher ne
dédaignant pas d'avoir des relations avec Moureau, autrefois
condamné à quinze jours de prison pour vol ! avec un publi-
ciste aussi diffamé que le sieur Amigues ! » La commission
d'enquête parlementaire ne pouvait conclure, à raison de
sa mission spéciale, qu'à l'annulation de l'élection de la Nièvre.
C'était au gouvernement qu'il appartenait de proposer à
l'Assemblée ces mesures de répression et de précaution que
lui imposaient les révélations de M. Léon Renault et les déclarations de M. Imgarde de Leffemberg. L'opinion publique
n'avait pas été suffisamment édifiée par la triste déclaration
du 12 mars (1). Elle s'attendait à voir le cabinet agir avec
énergie contre la faction bonapartiste. M. Buffet s'appliqua
de toutes ses forces à décevoir cette attente, et il y réussit à
la pleine satisfaction de M. Rouher.

Le débat sur le rapport de la Commission d'enquête s'ou-

1. M. Buffet avait dit dans cette déclaration : « L'administration
peut compter sur notre constant appui. Nous ne serons jamais
les instruments d'aucunes rancunes. » Ce qui, traduit en bon français, signifiait : « Je ne toucherai pas au personnel du 24 mai,
aux préfets et aux maires bonapartistes de M. de Fourtou. J'ai
besoin du groupe de l'Appel au peuple et j'oublie le 2 Décembre
et Sedan pour avoir les suffrages de M. Rouher et de M. Raoul
Duval. » La *République française* avait fait observer dès le lendemain de cette séance qu'il n'était pas besoin d'une grande perspi-
cacité pour démêler dans les paroles du ministre de l'intérieur la
pensée très arrêtée de gouverner contre les républicains et de
reconstituer l'ancienne majorité de l'Assemblée.

vrit le 13 juillet. Il comprit deux actes. Dans le premier,
qui fut très court, l'Assemblée cassa, sans qu'elle eût été
sérieusement défendue, l'élection plus que vicieuse de M. de
Bourgoing. Dans le second, elle discuta l'interpellation de
M. Raoul Duval « sur la conduite que le gouvernement
entendait tenir à l'égard de la réunion ou association dite de
l'appel au peuple ». Cette interpellation était la réponse des
bonapartistes à la sommation qui leur avait été adressée par
le président de la Commission d'enquête, M. Albert Grévy,
de s'expliquer sur l'acte d'accusation de M. Savary. Elle
était d'ailleurs, comme l'avait fait observer M. de Kerdrel (1),
« le seul chemin réglementaire que l'Assemblée pût avoir
pour arriver à ses fins ». L'élection de la Nièvre une fois
invalidée, la commission d'enquête n'existait plus, et l'*interpellation forcée* de M. Raoul Duval était, au point de vue
parlementaire, le seul terrain de discussion possible.

La défense de M. Rouher occupa toute la séance du
14 juillet. « La Commission avait outrepassé son mandat
en ne limitant pas son enquête aux faits relatifs à la Nièvre.
Une Commission parlementaire ne saurait empiéter sur
le domaine de la justice et se faire livrer un dossier
couvert par le principe du secret de la procédure. M. Dufaure, en communiquant ce dossier, méritait presque d'être
accusé de forfaiture. Du rapport de M. Imgarde de Leffemberg, il ne fallait retenir que la conclusion juridique né-
gative. Les appréciations sur le péril résultant des manœuvres
bonapartistes n'avaient été dictées que par les excitations
de l'esprit de parti. Quant à la déposition de M. Léon Renault, c'était une œuvre de passion aveugle et de spéculation
politique. La pièce produite par M. Cyprien Girerd était un
faux. Le dossier volumineux déposé le 12 juin ne relatait
que des faits insignifiants, puérils et ridicules. Du reste,
M. Rouher ne niait plus l'existence du Comité de l'Appel au
peuple. Mais ce comité avait été calomnié. Il n'avait jamais

1. « Le duc d'Audiffret-Pasquier n'avait pas voulu occuper le fauteuil pour une discussion dans laquelle ses sentiments bien connus à l'égard de la faction bonapartiste auraient pu faire suspecter
son impartialité. » (*République française* du 15 juillet.) Il s'était
fait remplacer pour cette séance, par M. Audren de Kerdrel,
vice-président de l'Assemblée.

poursuivi l'embauchage d'obscurs soldat, car l'armée était à ses yeux la sauvegarde de l'ordre. Il n'avait jamais conspiré avec les socialistes, car le parti de l'Appel au peuple représentait par excellence le principe de l'autorité. En résumé, toute l'enquête parlementaire n'était qu'une préface aux élections, et la Chambre devait à l'équité, ainsi qu'au respect du principe tutélaire de la séparation des pouvoirs, de voter un ordre du jour ainsi conçu : « L'Assemblée, voulant rester étrangère à l'œuvre du pouvoir judiciaire, passe à l'ordre du jour... »

M. Savary répliqua le lendemain à M. Rouher en présentant, dans un remarquable tableau, le résumé des révélations de l'enquête et les preuves irréfutables de chacun des faits portés à l'acte d'accusation. Au bout d'une heure de discussion méthodique et serrée, il ne resta rien des équivoques dans lesquelles M. Rouher s'était réfugié la veille. Des acclamations répétées accueillirent la péroraison de M. Savary : « Messieurs, quels que soient les sentiments qui nous animent, je puis dire hautement que, si nous avions vu le parti bonapartiste se renfermer dans le passé et dans ses remords, en présence et en face de l'empereur mort dans l'exil et d'une dynastie représentée par une femme et par un enfant, eh bien, nous aurions su faire taire nos sentiments, nous aurions gardé le respect qui est dû aux malheurs même les plus mérités. Mais quand nous nous trouvons en face d'un parti qui, après avoir ruiné le passé, troublé et inquiété le présent, a la prétention d'être l'avenir, ah! nous avons le droit alors de nous soulever et de lui dire de ne pas s'efforcer, contre le cri de la conscience publique, de recommencer son œuvre insensée; car cette œuvre serait éphémère, car elle couvrirait notre pays de nouvelles ruines; nous avons le droit de lui dire de ne pas essayer de recommencer les Cent jours, avec l'acte additionnel en moins et Sedan en plus! »

M. Haentjens et M. Buffet remplacèrent M. Savary à la tribune, M. Haenjens pour combattre les accusations d'embauchage et de propagande socialiste qui avaient été portées par le préfet de police contre le Comité de l'Appel au peuple; M. Buffet, sous prétexte de défendre M. Léon Renault des reproches de partialité et de passion politique formulés contre lui par M. Rouher, — en réalité, pour

tendre la main au groupe de l'Appel au peuple et pour
jeter les bases d'une nouvelle coalition anti-républicaine. Il
n'y eut, sur tous les bancs de la gauche, qu'un seul cri
d'indignation et de colère. M. Buffet avait pour devoir de
couvrir M. Léon Renault, et, au lieu de le couvrir, il plai-
dait humblement les circonstances atténuantes, il s'efforçait
de réduire aux plus minces proportions la part que le préfet
de police avait prise à l'enquête, il sollicitait l'indulgence
de M. Rouher! M. Buffet avait pour devoir de condamner,
ne fût-ce que par un mot, la conspiration bonapartiste, et,
au lieu de prononcer cette condamnation, il allait péniblement chercher dans la déposition de M. Renault le passage
relatif au parti révolutionnaire, il jouait sur les mots pour
tenter contre le parti républicain, et dans le seul intérêt de
la faction de l'Appel au peuple, la plus scandaleuse diversion, il reprenait contre la gauche les accusations les
plus iniques et les plus basses! « Messieurs, les périls ne
viennent pas d'un seul côté. Il y a un autre côté dont on
n'a pas parlé dans cette discussion, et d'où peut venir, —
c'est ma conviction appuyée sur un examen approfondi et,
complet de cette situation (1), — d'où peut venir un péril
plus grave encore. Si le parti bonapartiste va prendre son
mot d'ordre à Camden-Place, le parti révolutionnaire va
prendre le sien à Genève, à Londres et à Bruxelles... et je
pourrais ajouter plus près encore! Le gouvernement veillera.»

Un tel langage appelait une protestation et un châtiment. Après une courte et véhémente allocution où M. Dufaure, comprenant à merveille toute la portée de la faute
commise par M. Buffet, avait repris pour lui les conclusions
de M. Savary et avait hautement exprimé le regret que le
code pénal ne pût, dans l'espèce, être appliqué aux agissements bonapartistes, M. Gambetta demanda la parole :

M. GAMBETTA. — Je ne retiendrai pas longtemps
l'Assemblée; mais il me paraît qu'après les trois jours
de débats animés qui se sont déroulés devant l'Assemblée...

*Voix à droite.* — Plus haut!

1. M. Buffet avouait en revanche qu'il n'avait pris ni le temps
ni la peine de lire les annexes du rapport de M. Savary.

M. Gambetta. — Tout à l'heure, Messieurs.

Il arrive à tout le monde qu'au début d'un discours, la parole est moins éclatante qu'au bout de quelques moments, quand elle a eu le temps de s'échauffer. (*Écoutez!*)

Je dis, Messieurs, qu'après les discussions auxquelles nous avons assisté, la gravité des révélations qui ont été faites, l'importance des déclarations émises, aussi bien celles qui sont venues de ce côté de l'Assemblée (*la droite*), que celles qui ont été portées à la tribune par l'organe de la Commission, l'honorable M. Savary, je dis qu'il est impossible de laisser se clôturer le débat sans venir ici dire, au nom du parti républicain qui n'a pas été suffisamment défendu dans cette affaire, que la déclaration du gouvernement ne nous semble en aucune manière ni satisfaisante ni complète. (*Ah! ah! sur plusieurs bancs. — Très bien! très bien! à gauche. — Mouvement général.*)

M. Sens. — Ce n'est pas complet, en effet, car il n'y a pas eu d'enquête sur les comités républicains.

M. Gambetta. — C'est pour cela que je monte à la tribune.

M. le président. — Pas de dialogue, s'il vous plaît.

M. Gambetta, *se tournant vers la droite.* — Donnez-vous quelque patience à vous-mêmes.

M. le président. — Pas de dialogue, Monsieur Gambetta.

M. Gambetta. — Monsieur le président, si vous interdisez les interruptions, je m'engage, moi, à ne pas engager de dialogue.

M. le président. — Je demande qu'elles n'aient pas lieu, c'est tout ce que je puis faire!

M. Gambetta. — Ce n'est pas à moi qu'il faut s'adresser, c'est aux interrupteurs.

M. le président. — J'ai commencé par demander qu'on n'interrompît pas.

M. Gambetta. — Eh bien, Messieurs, je dis que les

dernières paroles qu'a prononcées l'honorable garde
des sceaux contiennent pour l'avenir une promesse.
Nous savons qu'il est fidèle à ses promesses, à ses
engagements; nous sommes convaincus qu'à ce point
de vue son langage est rassurant.

Mais avant lui... (*Ah! ah! et applaudissements ironiques sur quelques bancs à droite.*)

Mais avant lui, l'honorable ministre de l'intérieur..,
(*Nouvelles interruptions.*)

Messieurs, si vous m'interrompez à chaque mot...
(*Rumeurs à droite.*)

*A gauche.* — Parlez! parlez!

M. GAMBETTA — ... l'honorable ministre de l'intérieur a porté à cette tribune un langage qu'il faut
expliquer, juger, apprécier. (*Marques d'assentiment sur
plusieurs bancs à gauche. — Rumeurs à droite.*)

Messieurs, je ne demande que quelques instants de
patience, mais comptez sur la modération de mon langage et ne m'interrompez pas par avance. (*Parlez!
parlez!*)

Je disais que l'honorable M. Buffet, après ce débat
qui venait d'établir qu'il existe à côté du gouvernement qu'il représente et qu'il sert, de ce gouvernement issu de la Constitution du 25 février, un gouvernement occulte, et non pas un comité électoral, un
gouvernement au service d'une maison ayant régné
sur la France et déclarée déchue par cette Assemblée;
un gouvernement qui, sous prétexte de choisir les
candidats et de faire de l'agitation électorale, porte la
main sur tous les ressorts de la puissance publique,
et travaille l'armée, la police, la garde républicaine,
la magistrature... (*Rumeurs à droite. — Très bien! très
bien! à gauche.*)

Je dis que lorsqu'il a été porté de pareilles révélations à la tribune, il est étrange de voir un ministre
de l'intérieur se lever pour défendre... quoi? l'ordre
public? la Constitution menacée? Non! pour plaider

les circonstances atténuantes en faveur du préfet de police.... (*Très bien! et applaudissements à gauche*) du fonctionnaire vigilant qui, à travers des résistances que nous connaissons, a pu...

M. LE VICE-PRÉSIDENT DU CONSEIL. — Comment?

M. GAMBETTA. — Oui, Monsieur Buffet, à travers des résistances que nous connaissons... (*Applaudissements à gauche.*)

M. LE VICE-PRÉSIDENT DU CONSEIL. — Quelles résistances?

M GAMBETTA... — et dont nous suivons la trace aujourd'hui... (*Nouveaux applaudissements à gauche.*)

M. LE VICE-PRÉSIDENT DU CONSEIL. — Je demande à M. Gambetta d'expliquer ses paroles. Quelles résistances l'action du préfet de police a-t-elle rencontrées?

M. HORACE DE CHOISEUL, *à l'orateur*. — Déchirez les voiles!

M. LE VICE-PRÉSIDENT DU CONSEIL. — Oui, déchirez les voiles.

M. GAMBETTA. — Je dis, Monsieur Buffet... (*Réclamations à droite.*)

Est-ce M. Buffet qui m'interpelle? (*Oui! — Parlez!*) Je dis qu'il n'est un mystère pour personne dans cette Assemblée, — et ne plaisantez pas avec un air indigné des objections, — il n'est personne ici qui ignore qu'il y a un parti, le parti du 24 mai, qui a gangrené la France de bonapartistes... (*Exclamations à droite. — Vive approbation à gauche.*)... et que c'est ce parti qui a empêché, quand il était au pouvoir, la Commission d'enquête d'obtenir les pièces de la procédure, et que la résistance avait pris un corps : elle s'appelait M. Tailhand...

M. TAILHAND. — Je m'honore de ma résistance!

M. GAMBETTA... — Et aujourd'hui l'apologie a trouvé un orateur : il s'appelle M. Buffet. (*Bravos et applaudissements à gauche. — Murmures à droite. — Vive agitation.*)

Eh bien, je dis que l'heure est venue... (*Oh! oh! à droite.*) Oui, Messieurs, je dis que l'heure est venue d'en finir avec les hésitations, les équivoques, les malentendus.

M. DE GAVARDIE. — L'heure du parti radical aussi est venue! (*Exclamations à gauche.*)

M. GAMBETTA. — L'honorable ministre de l'intérieur tourne depuis longtemps autour d'une question de cabinet, autour d'une crise ministérielle, mettant autant d'ardeur à la poser qu'on en a mis, d'un certain côté, à l'éviter. M. Buffet a choisi la belle occasion de la révélation du complot bonapartiste pour se porter de l'autre côté. (*Exclamations à droite.* — *Bravos à gauche.*)

Eh bien, je dis qu'il n'y a pas d'intérêt parlementaire, qu'il n'y pas de considérations de modération, qu'il n'y a pas de concessions faites, prodiguées et accumulées dans l'intérêt de la France... (*Exclamations ironiques à droite*)... Oui, Messieurs, dans l'intérêt de la France! (*Interruptions et bruit.*)

(M. de Gavardie prononce quelques mots qui se perdent dans le bruit.)

M. LE PRÉSIDENT. — Messieurs, sachez supporter avec calme la contradiction; gardez vos forces pour la réponse et ne les épuisez pas dans les interruptions.

M. GAMBETTA. — Je dis que nous avons accumulé les concessions; ce n'est pas que nous les regrettions, Messieurs, nous les avons faites précisément parce que nous avions le sentiment qu'il fallait arracher le pays aux incertitudes, au provisoire qui le rongeaient, à une situation chancelante devant l'étranger... (*Rumeurs à droite*) et qu'il était nécessaire d'accomplir ce sacrifice solennel dans l'intérêt de la patrie! (*Applaudissements sur divers bancs à gauche.*)

Mais il ne faut pas qu'à l'abri de ces concessions d'autres viennent se glisser dans la place, pour servir les intérêts de la faction détestée dont l'horreur et le dégoût avaient un jour réuni tous les bons citoyens dans cette Assemblée. (*Applaudissements à gauche. — Murmures sur plusieurs bancs à droite.*)

Devant une pareille compromission, une coalition aussi honteuse, toutes les équivoques doivent disparaître et chacun doit reprendre son rôle. (*Mouvements divers.*)

Je soutiens, Messieurs, que lorsqu'on est venu vous révéler que votre magistrature était l'objet d'enquêtes de police, qu'on instrumentait dans tous les départements et dans tous les sièges pour connaître les opinions politiques, les pensées, les tendances de tous les magistrats ; quand on vous a appris que l'armée elle-même était soumise, elle aussi, à ce système de comptabilité dirigé par M. Rouher, qu'on y tient état des services politiques et bonapartistes qui ont pu être rendus, qu'on crée des relations, qu'on pratique l'embauchage, — l'embauchage que vous avez raison de frapper sévèrement ; mais la loi est égale pour tous, et ceux-ci sont des conspirateurs comme on n'en a jamais vu ! (*Applaudissements à gauche. — Rumeurs à droite.*)

Quand on apporte à cette tribune, dans un débat politique, plus de preuves qu'on n'en a jamais accumulé, plus de charges qu'on n'en a jamais rencontré dans aucun procès politique depuis plus de soixante ans, il est au moins étrange de voir un ministre de l'intérieur se lever et dire : Je vais défendre, excuser mon préfet de police. (*Applaudissements à gauche.*)

M. LE VICE-PRÉSIDENT DU CONSEIL. — Ce n'est pas le sens de mes paroles. Je n'ai pas fait d'excuses !

M. GAMBETTA. — Vous avez parlé l'autre jour, monsieur le ministre de l'intérieur, du gouvernement qu'on avait fondé le 25 février. Vous l'avez très bien défini, vous avez dit qu'il fallait que ce fût un gouvernement fort, respecté, mais limité. Eh bien, je vous le demande, ce gouvernement au nom duquel vous

avez le droit d'exiger l'obéissance et le respect de
tous, savez-vous ce qu'il exige de vous, de nous tous?
Il exige qu'à côté de l'obéissance que nous vous donnons, vous nous donniez la protection et la sécurité
pour la France. (*Applaudissements à gauche.*)

Est-ce cette sécurité que vous nous donnez, quand,
devant cette audace, ce cynisme de langage, vous
reculez? (*Vifs applaudissements à gauche. — Réclamations et rumeurs à droite.*)

*Plusieurs membres à droite.* — A l'ordre!

M. LE PRÉSIDENT. — Monsieur Gambetta, lorsque
vous avez parlé de faction tout à l'heure, je n'ai pas
relevé le mot parce qu'il ne peut s'appliquer ici à
personne. (*Interruptions à gauche.*) Mais quand vous
parlez du cynisme de langage...

M. TESTELIN *et quelques autres membres à gauche.* —
Il a raison!

M. LE PRÉSIDENT. — Vous faites allusion à des orateurs, par conséquent à des collègues. Je vous engage
à retirer cette expression.

M. JULES CAZOT. — Elle sera ratifiée par la postérité!

M. LE PRÉSIDENT. — Monsieur Cazot, veuillez ne pas
interrompre! Monsieur Gambetta, veuillez retirer
votre expression.

M. GAMBETTA. — Comment, Messieurs! que veut
dire ce mot que je viens d'employer? Cela veut dire,
j'imagine, que ceux qui, ayant prêté tous les ser-
ments, les ont tous violés; que ceux qui ont proféré
à la tribune de l'empire comme aux tribunes républicaines les assertions les plus coupables et les mieux
démenties par les faits, que ceux qui ont menti sur
la France... (*Exclamations sur plusieurs bancs à droite.
— Applaudissements à gauche.*), menti sur Rome, menti
sur le Mexique, menti sur Sadowa, menti sur la guerre,
menti sur tout, sont cyniques quand ils parlent d'honneur et de probité politique.(*Applaudissements à gauche.*)

M. LE PRÉSIDENT. — J'ai engagé l'orateur à retirer une parole qui m'a paru directement, personnellement blessante pour un de ses collègues. Il ne la retire pas ; il en ajoute d'autres. Il n'est pas aussi évident pour moi que ces autres paroles s'adressent directement à ses collègues. Je n'en fais pas état; mais je demande que le mot auquel je viens de faire allusion soit retiré.

M. GAMBETTA. — Monsieur le président, ce mot existe dans notre langue et il y a des gens qui le méritent. (*Oui! oui! à gauche.*)

*A droite et au centre.* — A l'ordre! à l'ordre!

M. SILVA. — Et le décret de déchéance?

M. LE PRÉSIDENT. — Monsieur Gambetta, sur votre refus de vous rendre à mon invitation, je vous rappelle à l'ordre. (*Applaudissements à droite et au centre.*)

M. JULES CAZOT. — C'est le patriotisme que vous venez de rappeler à l'ordre. (*Bruit.*)

M. LE PRÉSIDENT. — Monsieur Cazot, vous interrompez encore, je vous rappelle à l'ordre. (*Nouveaux applaudissements à droite. — Murmures et réclamations à gauche.*)

M. GAMBETTA. — Non content de comprendre de cette manière le devoir de protection qui vous est imposé en face de complots pareils, de conspirations aussi flagrantes, le ministre de l'intérieur, comme s'il voulait d'avance panser et cicatriser les quelques blessures que le débat a pu causer au parti bonapartiste, s'est empressé de se tourner de notre côté et de chercher à établir une confusion contre laquelle je viens protester.

M. LE VICE-PRÉSIDENT DU CONSEIL. — Pas du tout! je ne me suis pas tourné...

*Quelques membres à gauche.* — Si! si!

M. LE VICE-PRÉSIDENT DU CONSEIL. — Je ne me suis pas tourné de votre côté, j'ai apporté à la tribune la déposition de M. le préfet de police.

*A gauche.* — N'interrompez pas!

M. Gambetta. — M. le ministre de l'intérieur vous a, en effet, donné lecture de deux passages de la déposition de M. Renault. Dans cette déposition, M. Renault, justement préoccupé des dangers que peuvent faire courir aux institutions établies les entreprises illégales, d'où qu'elles viennent, après s'être expliqué sur les bonapartistes, s'est expliqué sur le parti révolutionnaire.

*A droite.* — Il a bien fait !

M. de Tréveneuc. — Et vous vous êtes reconnu ?

M. Gambetta. — Eh bien, je n'ai qu'un mot à dire : Nous n'en sommes pas ! (*Bravos et applaudissements à gauche. — Exclamations et rires à droite.*)

M. le ministre de l'intérieur a voulu par là tenter une diversion qui est à peu près de la même finesse que celle essayée hier par M. Rouher et aujourd'hui par l'honorable M. Haentjens. (*Rumeurs diverses.*)

Ce que je dis est tellement vrai et tellement de nature à soulever les protestations de tous mes amis qui siègent sur ces bancs (*la gauche*), qui sont les seuls défenseurs de la Constitution républicaine... (*Oh! oh! à droite!*) Comment! vous le niez, vous qui ne l'avez pas votée et qui, tous les jours, l'attaquez! Il faut une bonne fois en finir avec ces perpétuelles railleries. De quel côté sont les défenseurs de la Constitution du 25 février? Existe-elle? Lui devez-vous, Messieurs, respect et obéissance? Expliquons-nous une bonne fois.

Quand nous disons que ceux qui siègent de ce côté (*la gauche*) sont les véritables défenseurs de la légalité, et qu'en cette circonstance précisément ils ont le droit de reprocher à M. le ministre de l'intérieur de ne pas faire bonne garde autour des institutions, de chercher par des imputations détournées...

M. le vice-président du conseil. — Comment, détournées !

M. Gambetta. — ... à assimiler avec les révolutionnaires du dehors les gens qui siègent dans cette Assemblée...

M. LE VICE-PRÉSIDENT DU CONSEIL. — Je ne me suis adressé à aucun membre de l'Assemblée. Je n'ai pas commis l'inconvenance que vous commettiez tout à l'heure.

M. GAMBETTA. — Vous vous êtes tourné de notre côté.

*Voix nombreuses à gauche,* — Oui! oui! C'est vrai!

*Un membre à droite.* — C'était bien naturel!

M. RENÉ GOBLET. — Et vous avez ajouté à la déposition de M. le préfet de police !

M. LE PRÉSIDENT. — Monsieur Goblet, vous n'avez pas la parole.

M. LE VICE-PRÉSIDENT DU CONSEIL. — Je n'y ai pas ajouté une ligne.

M. GAMBETTA. — Vous savez très-bien...

(M. le vice-président du conseil se lève pour répondre.)

*A gauche.* — A l'ordre, le ministre! N'interrompez pas !

M. GAMBETTA. — Je demande aux membres de la Commission de vérifier la citation.

M. LE VICE-PRÉSIDENT DU CONSEIL. — Je l'ai copiée moi-même.

*A gauche.* — N'interrompez pas! n'interrompez pas!

M. GAMBETTA. — Laissez-moi parler avant de m'interrompre.

Vous avez dit, en signalant ce parti cosmopolite dont vous savez bien que nous ne sommes pas, vous avez dit que « ce péril était plus près de nous ». Je demande si ces mots sont dans la déposition.

M. RENÉ GOBLET. — Vous avez ajouté à la déposition ces paroles : « Ce péril est plus près de nous. »

M. LE VICE-PRÉSIDENT DU CONSEIL. — Non, je les ai ajoutées en mon propre nom, et j'ai déclaré que je les ajoutais.

Je demande à donner une explication.

*Nouveaux cris à gauche.* — A l'ordre! N'interrompez pas!

M. LE PRÉSIDENT *à M. Gambetta.* — Permettez-vous à M. le ministre de faire une courte observation?

M. GAMBETTA. — Tout à l'heure, quand j'aurai fini.

M. LE PRÉSIDENT. — Du moment que M. Gambetta ne le permet pas, je ne puis pas accorder la parole à M. le ministre.

M. GAMBETTA. — Il est donc bien établi que vous cherchiez une diversion, que vous y comptiez, que toute cette politique repose en effet sur un malentendu que vous prolongez et que nous entendons dissiper.

Vous avez dit que vous veniez couvrir le préfet de police, car vous appelez cela couvrir vos fonctionnaires; vous êtes venu faire des amendes honorables...

M. LE VICE-PRÉSIDENT DU CONSEIL. — Comment! des amendes honorables?

M. GAMBETTA. — Oui, et vous avez dit : « Et ce péril est plus près de nous », vous l'avez dit en nous désignant.

M. LE VICE-PRÉSIDENT DU CONSEIL. — Mais non!

*Plusieurs membres à gauche.* — Si! si!

M. ÉDOUARD LOCKROY. — Nous avons bien vu votre geste!

M. LE VICE-PRÉSIDENT DU CONSEIL. — Mais non! mais non!

(Plusieurs membres qui se trouvent debout dans le couloir, à gauche de la tribune, adressent à M. le vice-président du conseil des interpellations que le bruit empêche d'entendre.)

*Voix nombreuses au centre et à droite.* — En place! en place!

M. LE PRÉSIDENT. — J'invite tous les membres qui sont dans les couloirs, à droite comme à gauche, à reprendre leurs places.

(MM. les députés qui s'étaient groupés en grand nombre dans les couloirs se rendent à l'invitation de M. le président.)

M. GAMBETTA. — Ce que je tenais à établir dès à présent, c'est qu'une parole avait été ajoutée au texte même du préfet de police; quant au geste, M. le ministre de l'intérieur déclare qu'il ne l'a pas fait. J'en prends acte. (*Approbation à gauche. — Exclamations à droite et au centre.*)

M. LE VICE-PRÉSIDENT DU CONSEIL. — Ce ne sont plus là des débats parlementaires.

M. GAMBETTA. — Messieurs, je crois cependant qu'il y avait un certain intérêt à représenter la citation que M. le ministre de l'intérieur avait faite tout à l'heure de la déposition de M. le préfet de police, car rien que le choix de cette citation et le mode de cette argumentation donnent la clef de toute sa politique.

L'honorable M. Buffet, dans des sentiments que je crois parfaitement loyaux et sincères, comme conservateur, s'imagine que la Constitution qui est sortie des journées des 24 et 25 février 1875 ne doit fonctionner, se développer et être appliquée que dans l'esprit et les sentiments, par les hommes et avec la direction administrative qui a présidé au gouvernement de combat.

M. DE TRÉVENEUC. — M. Thiers a dit que la République serait conservatrice ou qu'elle ne serait pas!

M. LE PRÉSIDENT. — N'interrompez donc pas!

M. GAMBETTA. — Et alors il est bien naturel que, le jour où l'on vient à cette tribune vous révéler les progrès clandestins, occultes, ou à fleur de ciel du parti bonapartiste... (*Rumeurs ironiques à droite*) à fleur de terre, Messieurs; — il peut échapper des lapsus, même à vos plus grands orateurs... — il est bien naturel, dis-je, que le ministre de l'intérieur, héritier et représentant au fond de sa conscience de cette politique du 24 mai, cherchât à atténuer autant que possible la responsabilité du parti bonapartiste et la gravité des accusations qui sortent de votre Commission d'enquête...

*Quelques membres à gauche.* — C'est cela!

M. GAMBETTA... — Parce qu'en effet, quel est le vrai coupable? Est-ce le parti qui a ramassé les armes qu'on lui a laissées, qui se sert des moyens de propagande qui sont entre ses mains, l'argent de Chiselhurst, et le concours, la complicité des agents qui ont pu rester en fonctions depuis la chute de l'empire? Est-ce ce parti qui est responsable de ce qu'il fait? Non! Les responsables, ce sont ceux qui ont voulu gouverner la République avec le concours, avec le contingent des hommes néfastes qui avaient perdu la France. (*Applaudissements à gauche.*)

Voilà où est la responsabilité, et voilà pourquoi le pays ne s'y trompera pas; et en même temps qu'il reculera de dégoût devant la campagne bonapartiste, il ne chargera qu'une tête de cette responsabilité : M. de Broglie et ceux qui lui ont succédé. (*Très bien! très bien! et applaudissements répétés à gauche. — Exclamations à droite et au centre — Vive et générale agitation.*)

M. LE PRÉSIDENT. — La parole est à M. le vice-président du conseil.

M. LE VICE-PRÉSIDENT DU CONSEIL. — Je ne passionnerai pas ce débat; je n'ai, personnellement, aucun goût pour les débats passionnés, et je crois qu'ils font rarement les affaires du pays. (*Très bien! très bien!*)

*Sur divers bancs.* — Vous avez raison!

M. LE VICE-PRÉSIDENT DU CONSEIL. — Mais il m'est impossible de ne pas répondre en quelques mots au discours que vous venez d'entendre.

Vous vous rappelez, Messieurs, le motif qui m'a appelé à cette tribune. Un haut fonctionnaire avait été attaqué à propos d'une interpellation qui ne devait et qui ne pouvait, d'après votre règlement, s'adresser qu'au ministre. Ce fonctionnaire, je suis venu le défendre, et je ne crois pas que mes paroles aient laissé dans l'esprit d'un seul membre de cette Assemblée l'opinion que j'étais venu plaider en sa faveur les circonstances atténuantes. (*Si! si! à gauche. — Non! non! — Très bien! très bien! et applaudissements au centre et à droite.*)

J'ai dit qu'il y avait deux choses dans la déposition de M. le préfet de police et qu'on s'était plu à n'en voir qu'une seule. (*Très bien! très bien! à droite et au centre.*)

J'ai ajouté que, comme M. le préfet de police, je crois qu'il y a un grand danger, une grande imprudence, — ce sont ses propres expressions, — à ne voir qu'un péril, à n'envisager qu'un côté de la situation. (*Vives marques d'approbation à droite et au centre.*) Et je me suis fait une règle constante de me préoccuper de tous les périls et de ne pas faire de l'un d'eux une diversion à l'autre... (*Applaudissements à droite.*) Car c'est là une parole que je pourrais parfaitement renvoyer à M. Gambetta. (*Très bien! très bien!*)

Et puisque M. Gambetta recherche et scrute mes intentions et qu'il m'en attribue que je n'ai jamais eues, je pourrais lui demander, à mon tour, quelle est l'intention qui l'a amené aujourd'hui à cette tribune. (*C'est cela! — Très bien! très bien à droite.*)

Dans cette œuvre de préservation sociale et de défense des lois, j'ai été, — et ce sera une de mes grandes satisfactions le jour où je quitterai le pouvoir, — j'ai été constamment en harmonie parfaite avec l'éminent collègue qui siège à côté de moi. (*Très bien! à droite.*) Et, quand je dis à côté de moi, s'il est une chose qui m'étonne, c'est qu'il ne soit pas au-dessus de moi. Ses grands services lui assuraient incontestablement cette situation, et si elle m'a été confiée, ce n'est assurément pour aucun mérite qui me soit personnel, c'est un hommage que M. le président de la

République a voulu rendre à l'Assemblée elle-même qui, pendant deux années, m'avait maintenu à sa tête. (*Applaudissements à droite et au centre.*)

Oui, j'ai été constamment d'accord, dans toutes les questions de politique qui ont été portées devant le conseil, avec l'illustre garde des sceaux. Jusqu'à présent, la tactique qui consistait à diviser le ministère pour l'affaiblir ne s'était produite que dans la presse : on n'avait pas osé encore l'apporter à cette tribune. (*Très bien! très bien! au centre.*)

Et même on affectait de considérer, — sans vouloir discuter, sans vouloir dissiper les équivoques dont on se plaint aujourd'hui, — on affectait de considérer le programme que j'ai apporté à cette tribune, le 12 mars, comme l'œuvre exclusivement personnelle du ministre de l'intérieur.

Et bien! je suis heureux de dire, puisque l'occasion m'en est offerte et qu'elle m'est imposée aujourd'hui, — je ne l'aurais pas choisie, mais je l'accepte, — je suis heureux de dire à l'Assemblée que cette déclaration, qui renferme le programme et comme la charte du ministère, n'a pas été une déclaration écrite rapidement par le ministre de l'intérieur, soumise par lui à ses collègues au moment de se rendre à la séance; non, le programme politique, les points qu'il indique, ont été l'objet des longues, trop longues négociations qui ont précédé la formation du ministère, et il n'y a pas eu un seul de ces points qui n'ait été défini, précisé, commenté, développé dans de nombreuses conversations. (*Très bien! et applaudissements à droite et au centre.*)

J'ai donc le droit de dire que j'ai parlé au nom du ministère tout entier, et la politique résolument conservatrice que ce programme expose est la politique du cabinet sans distinction; c'est le programme et la charte du ministère. (*Très bien! très bien! à droite et au centre.*)

Vous avez trouvé longtemps qu'il était à propos de dissimuler l'équivoque que vous dites exister, vous avez évité de nous demander aucun des éclaircissements que je me suis toujours déclaré prêt à vous donner. Et aujourd'hui, c'est moi que vous venez accuser d'avoir fait une diversion?... (*Oui! oui! à gauche.*)

*A droite.* — N'interrompez pas! Laissez parler!

M. LE VICE-PRÉSIDENT DU CONSEIL. — ... parce que j'ai porté à la tribune l'expression d'une opinion profonde, d'une opinion qui est celle de tout le cabinet! J'ai déclaré et je déclare de nouveau, non seulement à la face de l'Assemblée, mais à la face de la France entière, que celui qui viendrait me dire : « Il n'y a qu'un péril, ne regardez que ce péril-là... (*Bruyantes interruptions à gauche. — Applaudissements à droite et au centre.*), il y a un comité rue de l'Élysée, c'est ce côté et ce côté-là seulement qu'il faut envisager, ce comité seulement qui vous menace »; je dis que toute personne qui tiendrait ce langage s'abuserait et abuserait les autres, surtout si cette personne était ou avait été ministre de l'intérieur, ayant à ce titre des facilités particulières pour apprendre ce que j'apprends chaque jour. Si, dans ma situation, j'avais tenu ce langage, je le déclare sur l'honneur, j'aurais indignement trompé la France! (*Bravos et applaudissements prolongés à droite et au centre.*)

Je ne veux pas, — l'heure est trop avancée, — bien qu'on m'ait provoqué, entrer dans l'examen du programme ministériel; mais il y a un point dont j'ai déjà parlé plusieurs fois et sur lequel je reviens.

L'honorable M. Gambetta vous a dit que le grand tort du ministère actuel avait été de laisser aux anciens partis, et particulièrement au parti de l'empire, toutes ses armes. Si par ces armes l'honorable M. Gambetta entend les fonctionnaires qui ont servi sous le gouvernement impérial et qui servent encore très

honorablement et très utilement le pays aujourd'hui...
(*Bruyantes exclamations à gauche.*)

Comment, Messieurs, vous accueillez ces déclarations par des rires et des marques de dérision qui semblent, en quelque sorte, contester l'honorabilité et la sincérité de ces fonctionnaires !

Eh bien, si vous contestez que ces fonctionnaires donnent très honorablement aujourd'hui leur concours loyal...

*Quelques voix à gauche.* — Oui ! à l'empire !

M. LE VICE-PRÉSIDENT DU CONSEIL. — ... donnent aujourd'hui leur concours loyal au gouvernement établi par l'Assemblée, pourquoi ne suspectez-vous pas aussi la loyauté même des plus honorables membres de cette Assemblée qui, sans appartenir au parti républicain, ont cru faire un acte patriotique et loyal en ne refusant pas leur appui à ce gouvernement, soit au moment où vous l'avez établi, soit depuis ? Car j'ai entendu avec bonheur la loyale déclaration que mon honorable collègue et ami M. de Kerdrel a apportée à cette tribune ; et je l'ai considérée comme un des actes les plus patriotiques, les plus utiles qui aient été faits pour le pays. (*Applaudissements à droite et au centre.*)

Si je quittais aujourd'hui le ministère de l'intérieur, je n'aurais pas la satisfaction, malgré tous mes efforts, et quoique j'aie consacré à mes fonctions, je puis le dire, tous mes jours et une grande partie de mes nuits, je n'aurais pas, dis-je, la satisfaction de penser que j'ai rendu de nombreux services ; mais il en est un que je considère comme très important, et ce service que je crois avoir rendu au pays, c'est la résistance absolue, inflexible, que j'ai opposée à tous ceux qui voulaient me faire sacrifier l'administration. (*Bravos et applaudissements à droite et au centre.*)

*A gauche.* — Les administrateurs bonapartistes !

M. LE VICE-PRÉSIDENT DU CONSEIL. — C'est cette politique...

M. TOLAIN. — ... bonapartiste!...

M. LE VICE-PRÉSIDENT DU CONSEIL. — Ah! mon Dieu! cette interruption me rappelle un souvenir : je me souviens très bien que, sous l'empire, toutes les fois qu'il arrivait à quelqu'un d'exprimer avec la plus grande modération, avec la plus grande prudence, une idée libérale, on lui disait : « Vous êtes un orléaniste! » (*Très bien!* — *Rires et applaudissements à droite et au centre.*)

Aujourd'hui, quand il se rencontre un homme qui a le sentiment, — et ce sentiment, à l'heure actuelle, doit être le sentiment dominant, — un homme, dis-je, qui a le sentiment de l'autorité et qui veut la faire sentir et respecter, on lui dit : « Vous êtes un bonapartiste! » (*Rires et applaudissements à droite et au centre.*) Et permettez-moi d'ajouter que, s'il était mérité, ce serait le plus grand éloge qu'on pût adresser au parti bonapartiste. (*Interruptions à gauche.*)

Puisqu'on insiste sur cette question des fonctionnaires, j'ajouterai qu'on m'a dénoncé comme bonapartistes à peu près tous les fonctionnaires qui relèvent du département de l'intérieur; on m'a signalé notamment, comme livrant leur département au parti bonapartiste, des préfets qui ont été nommés au mois de septembre 1870. (*Rires à droite.*)

Je ne me suis pas ému de ces attaques.

Je n'en ai tenu et je n'en tiendrai absolument aucun compte. (*Très bien! très bien! à droite et au centre.* — *Bruit à gauche.*)

M. ÉDOUARD LOCKROY. — C'est naturel de la part d'un ancien ministre de l'empire!

M. LE VICE-PRÉSIDENT DU CONSEIL. — Je répondrai un mot à l'honorable M. Lockroy.

Oui, j'ai été ministre indépendant, mais loyal, de l'empire; et je ne me suis jamais permis, même avant le vote et à plus forte raison depuis le vote du 25 février, de tenir, sur la loi du 25 février, le langage ou-

trageant qui a été tenu dans une réunion privée par
des personnes sur lesquelles M. Lockroy doit être
renseigné. (*Ah! ah!* — *Rires bruyants et applaudissements à droite et au centre.*)

J'espère qu'il n'y a, Messieurs, dans mes explications
sur les quelques points que j'ai pu aborder à une heure
aussi avancée, rien d'équivoque. (*C'est vrai! c'est vrai!*)

L'honorable M. Gambetta me rendra au moins cette
justice. Eh bien, puisqu'il a déclaré que sa patience
était à bout et qu'il avait comblé la mesure des concessions...

M. Gambetta. — C'est une erreur!

M. le vice-président du conseil. — ... en ce qui
concerne le ministère.

*A droite.* — Oui! oui! C'est vrai!

M. Gambetta. — Je vous répondrai.

*A droite.* — Oui! oui! vous l'avez dit!

M. le vice-président du conseil. — Eh bien, je lui
demande de conformer ses actes à ses paroles et d'apporter à cette tribune un ordre du jour... (*Applaudissements à droite et au centre*) ne s'occupant plus des
bonapartistes, s'il le veut...

M. Gambetta. — Je demande la parole.

M. le vice-président du conseil. — Je demande
qu'on ne crée pas à nouveau l'équivoque dont on a la
volonté de sortir. Je demande, puisque l'on attaque
la politique du ministère, politique que j'ai le droit de
porter à cette tribune, — et il n'y en a qu'une dans le
ministère, — je demande que l'on ne retombe pas
dans l'équivoque, et que l'on ne confonde pas ces
deux choses distinctes : d'une part, l'interpellation
qui, depuis longtemps, s'était écartée du ministère,
la conclusion que vous voudriez donner à cette interpellation au point de vue de tel ou tel parti; et, d'autre part, une motion franche, directe, loyale, de non-
confiance dans le ministère. (*Vive approbation à droite
et au centre.*) Si vous n'osez pas...

*A droite.* — Ils ne l'oseront pas!

M. LE VICE-PRÉSIDENT DU CONSEIL. — Si vous n'osez pas porter à cette tribune cette motion nette, franche, directe, de non-confiance dans le ministère, je vous dirai que c'est vous qui créez l'équivoque! (*Exclamations à gauche.* — *Oui! oui!* — *Très bien!* — *Longs applaudissements à droite et au centre.*)

M. GAMBETTA. — Messieurs, M. le ministre de l'intérieur ne touche pas encore à la réalisation de ses espérances : il n'aura pas aujourd'hui d'ordre du jour de non-confiance. (*Ah! ah! à droite.*)

Il y a une question posée : c'est la question de l'interpellation des bonapartistes.

*A gauche.* — C'est cela!

M. GAMBETTA. — Il y a une autre question qui est impliquée dans la solution de celle-là, c'est l'honneur de la commission parlementaire qui a agi en exécution de vos décisions. (*Très bien! très bien! à gauche.* — *Réclamations et interruptions diverses à droite.*)

Permettez, Messieurs, j'ai écouté, sans interrompre, M. Buffet...

*A gauche.* — Parlez! parlez!

M. GAMBETTA. — Je dis qu'à côté de cette interpellation qu'on a oubliée et écartée, et qu'il faut ramener, il y a l'honneur d'une commission parlementaire engagé. (*Non! non! à droite.*) Et la preuve, c'est que M. Buffet, qui est probablement absorbé par les méditations de résistance politique... (*Murmures à droite.* — *Très bien! à gauche*) pour maintenir à leur poste les maires et les fonctionnaires de combat, hostiles à la République... (*Interruptions à droite.*)

Messieurs, il est inutile d'interrompre; j'irai jusqu'au bout de ma pensée.

*A gauche.* — Parlez! parlez!

M. GAMBETTA. — Il est assez singulier qu'un ministre qui se présente à vous comme ouvrant les yeux et cherchant à saisir tous les périls, vienne dire qu'il n'a

pas lu, qu'il n'a pas pris connaissance du travail de
la Commission. Voilà le ministre que nous avons!
(*Exclamations au centre et à droite. — Applaudissements
et rires ironiques à gauche.*)

M. LE VICE-PRÉSIDENT DU CONSEIL. — Je n'ai pas lu ces
pièces, parce qu'elles m'ont paru inutiles... (*Ah! ah!
à gauche.*)

M. GAMBETTA. — M. Buffet est tellement persuadé
que sa politique est infaillible, que ses alliés et ses
anciens amis les bonapartistes sont impeccables, qu'il
n'a même pas pris la peine de lire le travail de la
Commission.

Eh! qu'est-ce que vous faites donc au ministère de
l'intérieur? A quoi passez-vous vos journées et, comme
vous le dites si bien, une partie de vos nuits?

M. LE VICE-PRÉSIDENT DU CONSEIL. — Oui! une partie
de mes nuits!

M. GAMBETTA. — Mais il me semble que lorsqu'une
Assemblée s'est émue, que lorsqu'une Commission a
travaillé, que lorsque la magistrature a fait des rapports, lorsque le préfet de police... (*Interruptions à
droite.*)

J'avoue, Messieurs, que vous n'êtes pas tolérants.
Je demande à donner la preuve à l'Assemblée que je
n'avais pas engagé témérairement ma parole, puisque... (*Nouvelles interruptions à droite.*)

Messieurs, que l'un de vous soit chargé de formuler
vos plaintes, mais je vous prie de ne pas m'interrompre à chaque instant. C'est intolérable!

Je dis qu'il est étrange, dans un débat de cette gravité, quand tout le monde sait la vérité, nous de ce
côté, et les hommes placés au centre de cette Assemblée, et dont tout à l'heure vous invoquiez le respect
de la parole donnée, — je dis qu'il est étrange, alors
qu'un complot bonapartiste est révélé... (*Dénégations
sur quelques bancs à droite*) qu'un ministre de l'intérieur vienne déclarer qu'il n'a rien su, rien lu, et qu'il

ne discutera pas sur ce point. (*Nouveaux applaudissements à gauche. — Protestations à droite.*)

Quelle question voulez-vous alors que nous posions,
quand vous venez nous dire que vous êtes figés dans
la politique de résistance? Contre qui cette politique?
Contre les défenseurs de la République, probablement,
puisque vous fermez les yeux sur les preuves des menées factieuses du parti que vous protégez tout au
moins par votre silence et votre inaction. Voilà la vérité!

M. Ambroise Joubert. — Formulez un vote de
blâme, alors!

M. Gambetta. — Monsieur Joubert, je vous ai dit
que la question de l'interpellation bonapartiste était
pendante, qu'il fallait la résoudre, et que la diversion
de M. Buffet ne pouvait pas porter ses fruits aujour-
d'hui. (*Rires ironiques à droite.*)

Quand nous aurons résolu cette question, nous
aborderons l'autre; à chaque jour suffit sa peine.
Pour aujourd'hui, notre peine est de voir à la tête de
l'État des hommes qui parlent de résistance.

M. le vice-président du conseil. — Renversez-les,
alors! renversez-les!

M. le comte de Maillé. — N'en parlez pas, si ce
n'est pas le jour pour vous!

M. Gambetta. — J'ai le droit de répondre aux allégations qui ont été apportées à cette tribune, j'ai le
droit de les juger, j'ai le droit de dire à ce ministère,
qui a eu notre concours, qu'il n'a plus notre confiance.

Messieurs, sans vouloir me laisser aller à des stratégies de parlement, je dis que vous n'avez qu'une
question à résoudre : c'est de savoir si vous voulez
inviter le gouvernement à agir contre les bonapartistes, et alors, quand M. le ministre aura décliné
cette mission, ce jour-là nous lui refuserons et notre
confiance et notre concours. (*Vive approbation à gauche.*)

Cette grande discussion finit misérablement. La Commission d'enquête demandait l'ordre du jour pur et simple qui impliquait seul la condamnation et la flétrissure des menées bonapartistes. M. Buffet déclara que, devant les accusations qui, dirigées en apparence contre le seul vice-président du conseil, atteignaient le cabinet tout entier, le gouvernement considérait comme un refus de concours le vote de l'ordre du jour pur et simple, et qu'il réclamait l'adoption de l'ordre du jour de confiance rédigé par M. Baragnon. Les bonapartistes n'eurent garde de refuser la perche qui leur était si charitablement tendue. Ils adhérèrent à la proposition de M. Baragnon, qui perdait ainsi le peu de signification antibonapartiste qu'une vigoureuse allocution de M. Bocher avait essayé de lui donner.

L'ordre du jour pur et simple ayant été rejeté par 392 voix contre 264, les membres de l'union et de la gauche républicaines sortirent de la salle, et la déclaration de confiance fut votée par 573 voix contre 2.

M. Buffet triomphait : il avait fait rentrer M. Rouher, M. Gavini et M. Raoul Duval dans la majorité ministérielle. Huit jours plus tard (séance du 27 juillet), il en excluait le centre gauche.

L'Assemblée se sépara le 4 août, après avoir voté les lois complémentaires à la constitution présentée par M. Dufaure. (Loi constitutionnelle sur les rapports des pouvoirs publics, promulguée le 16 juillet; loi organique sur les élections des sénateurs, promulguée le 2 août.) Elle avait voté, le 16 juin, malgré les efforts de MM. Challemel-Lacour, Jules Ferry et Paul Bert, la loi sur la liberté de l'enseignement supérieur.

# DISCOURS

. SUR L'ARTICLE 14

## DU PROJET DE LOI ÉLECTORALE

*Prononcés les 11 et 26 novembre 1875*

A L'ASSEMBLÉE NATIONALE

---

L'Assemblée nationale reprit ses séances le 4 novembre. Dès le 8, sur la proposition qui lui avait été faite par le vice-président du conseil, elle aborda la seconde délibération sur le projet de loi électorale présenté par la nouvelle commission des Trente (1). Le principe même du suffrage universel avait triomphé dans la séance du 4 juin 1874 (2). Restait la question capitale du mode de suffrage, que la nouvelle commission des Trente décidait dans le sens du scrutin de liste. Ce fut sur cette question que s'engagea la

---

1. La nouvelle commission des Trente, qui était la troisième, avait été élue dans les séances des 25 et 26 mai 1875. La deuxième commission des Trente avait résigné volontairement son mandat à la suite du dépôt, par M. Dufaure, des lois constitutionnelles complémentaires.

La nouvelle commission était composée de MM. Duclerc, Laboulaye, Léonce de Lavergne, Delorme, Cézanne, Krantz, Humbert, Ricard, Bethmont, Jules Ferry, Ernest Picard, Voisin, Beau, Waddington, Le Royer, comte Rampon, Baze, Christophle, Albert Grévy, Luro, Jules Simon, Vacherot, Cazot, de Marcère, membres des groupes de gauche, et de MM. Delsol, de Sugny, Sacaze, Adnet et Adrien Léon, membres des groupes de droite.

2. Voir le discours prononcé par M. Gambetta sur le projet de loi électorale proposé par M. Batbie, dans la séance du 4 juin 1874 (p. 168) et notre commentaire de la séance du 9 juin 1874 (p. 208).

bataille. D'une part, dès le mois de juillet précédent, M. Buffet avait annoncé son intention arrêtée de lier sa fortune ministérielle au scrutin d'arrondissement, le seul qui permit la pratique de la candidature officielle et qui semblait de force à amener à la prochaine Chambre des députés une majorité réactionnaire (1). Et, d'autre part, M. Gambetta s'était formellement prononcé en faveur du scrutin de liste dans sa lettre à plusieurs électeurs républicains de Lyon, le 25 octobre 1875 (voir cette lettre à l'*Appendice*). M. Bardoux, sous-secrétaire d'État au ministère de la justice, avait donné sa démission à la suite de la décision prise par le conseil des ministres de soutenir le rétablissement du scrutin uninomimal par arrondissement (7 novembre).

Les articles 1 à 13 du projet de loi électorale furent votés, sans débat important, dans les séances des 8 et 9 novembre. Le 10, la discussion s'engagea sur l'article 14 du projet de la Commission. Cet article était ainsi conçu :

« Chaque département élit autant de députés qu'il renferme de fois 70,000 habitants, sans qu'aucun département puisse être réduit à un nombre de députés inférieurs à celui des arrondissements qui le composent.

« L'élection a lieu au scrutin de liste par département. Tout département qui nomme moins de dix députés forme une seule circonscription. La loi établit, dans les départements qui nomment plus de dix députés, des circonscriptions électorales. »

M. Antonin Lefèvre-Pontalis avait déposé sur le premier paragraphe de cet article l'amendement suivant, signé de lui-même et de MM. Paul Cottin, Mathieu-Bodet, Voisin, Beau, Delacour, Clapier, Tallon, Bompard, Houssard, Lefébure, de Ségur, du Chaffaud, Daguilhon-Lasselve, Louvet, d'Haussonville, Drouin, Michel, Aclocque, Vingtain, Babin-Chavaye, Target, Denormandie, Doré-Graslin, Ricot et Savary :

« Les membres de la Chambre des députés sont élus au

1. Voir l'historique de la question dans l'étude intitulée : *Le scrutin d'arrondissement et le scrutin de liste* (Paris, à la Librairie Nouvelle, 1881) et dans notre brochure sur le *Rétablissement du scrutin de liste* (Paris, G. Charpentier, 1880).

scrutin individuel. Chaque arrondissement administratif nommera un député. Les arrondissements dont la population dépassera cent mille habitants nommeront un député de plus par cent mille ou fraction de cent mille habitants. Les arrondissements, dans ce cas, seront divisés en circonscriptions dont l'état sera annexé à la présente loi et ne pourra être modifié que par une loi spéciale. »

M. Antonin Lefèvre-Pontalis développa cet amendement. Il soutint, dans un long discours, qu'avec le scrutin de liste la majorité des électeurs ne connaît pas les candidats qu'on leur présente. « On ne connaît qu'un candidat, et c'est le nom de ce candidat qui est destiné à servir de passe-port aux autres. Il suffit avec le scrutin de liste d'avoir un candidat remorqueur. »

M. Victor Luro et M. Ricard, l'un des rapporteurs de la Commission, répondirent à M. Antonin Lefèvre-Pontalis. M. Luro démontra que le scrutin de liste était l'unique moyen de maintenir l'accord entre les divers groupes qui avaient voté la constitution, et par conséquent, le complément indispensable de l'œuvre du 25 février (10 novembre). M. Ricard développa, dans un discours qui est peut-être le plus remarquable qu'il ait prononcé, les raisons qui avaient déterminé la commission (11 novembre). Le suffrage universel, dit M. Ricard, consacre l'égalité absolue des suffrages, il suppose comme base de l'élection le chiffre de la population. Les partisans du scrutin de liste respectent ce principe en attribuant un député à chaque collection de 70,000 habitants; les partisans du scrutin d'arrondissement le violent au contraire : dans l'Ain, par exemple, l'arrondissement de Trévoux a 90,000 habitants, et nomme un député tout comme Gex qui en a 20,000. Même inégalité dans la Gironde, les Alpes-Maritimes, l'Aube et vingt autres départements. Les Basses-Alpes élisent un représentant par 27,000 âmes; le Rhône et la Seine, un par 95,000 habitants. — Le scrutin uninominal ne fait pas seulement échec à la loi du nombre; il entre, en découpant les arrondissements dont la population est supérieure à 100,000 habitants, dans la voie d'un arbitraire qui, pour être un arbitraire légal, n'en est pas moins un arbitraire dangereux. — Le scrutin d'arrondissement est loin d'être favorable aux opinions conservatrices, aux partis modérés : au lieu d'unir les suffrages de certaines grandes villes aux suffrages des campagnes et de tempérer les uns par les autres, il crée 150 collèges exclusivement urbains donnant ainsi satisfaction à une proposition déposée en 1871 par MM. Edgar Quinet et Louis Blanc. La constitution républicaine ne peut vivre que si les divers groupes conservateurs qui se sont alliés pour la fonder restent ses défenseurs loyaux et convaincus. Cette union des groupes conservateurs, le scrutin uninominal l'empêche, le scrutin de liste l'assure. Chaque gouvernement disparu a laissé après lui une fraction conservatrice; demander aux hommes modérés de ces partis de s'incliner devant une seule des personnalités marquantes d'un parti opposé, c'est leur demander un sacrifice impossible. — Le scrutin uninominal porte un coup funeste aux minorités : « L'élection unique, par cir-« conscription, disait M. de Broglie, le 30 janvier 1874, à « l'une des séances de la première Commission des Trente, « amène l'écrasement complet des minorités, et c'est « l'avantage du scrutin de liste de faciliter la représentation « des minorités. » Avec le scrutin de liste la conciliation, qui était impraticable sur un seul nom, se fera sur trois, sur quatre, sur cinq noms; le chiffre est à discuter et une transaction serait aisée sur ce point. — Le grand argument en faveur du scrutin uninominal, c'est qu'il favorise les influences légitimes. Certes, dans une société bien ordonnée, il faut tenir compte, et un grand compte, de ces influences qui sont apportées par la famille, par la grande situation, par les services rendus, par l'instruction, par le mérite. Mais, dans l'état actuel des communications, les influences rayonnent d'un arrondissement à un autre. Quant aux médiocrités qui doivent une certaine notoriété de clocher à l'intrigue et à la souplesse bien plus qu'aux mérites et aux services rendus, il y aurait péril à en aider l'éclosion. Plus le théâtre où s'agite la lutte électorale est restreint, plus les préoccupations de l'électeur tendent à s'abaisser. — On dit que la tyrannie des comités et des journaux est mille fois plus périlleuse avec le scrutin de liste. Est-ce que le parti conservateur n'a pas de journaux? Est-ce qu'il ne faut pas le convier, l'amener à sortir de son indifférence et de son apathie, à se remuer, à créer des comités et à faire pour ses candidats

ce que les partis avancés font pour les leurs? Qui les en empêche? — « Il faut enfin, objecte-t-on, un cri électoral au
scrutin de liste. — Mais ce cri, ne peut-on le choisir acceptable
pour tous les partis honnêtes? Le maintien, le respect scru-
puleux de la constitution et du pouvoir créé par elle, voilà le
cri demandé! »

M. Ricard termina son discours en attaquant directement
le cabinet dans la personne du ministre de l'intérieur. Si
Louis-Napoléon avait supprimé le scrutin de liste au 2 décembre, sous prétexte qu'il fausse l'élection, c'est que le
vote par arrondissement facilite au plus haut degré la corruption et l'asservissement du corps électoral, c'est que
seul il pouvait lui fournir ces Chambres de muets dont
le silence approbateur lui était nécessaire pour mentir à
l'Europe, comme le plébiscite seul, second moyen de falsi-
fication du suffrage universel, pouvait donner une absolu-
tion apparente au plus grand des crimes politiques de ce
siècle. De même, si M. Buffet voulait ressusciter le scrutin uninominal, c'est qu'il entendait ressusciter la candidature officielle. Dès le lendemain du 24 mai, M. de Broglie, dans une pensée véritablement politique, préconisait
le scrutin de liste à trois noms, afin d'établir une association électorale entre les trois branches de la coalition victorieuse, légitimiste, orléaniste, bonapartiste. Au lendemain
du 25 février, on pouvait reprendre l'idée du duc de Broglie, mais à l'usage des groupes constitutionnels de gauche, du centre et de la droite. Le vice-président du Conseil
n'a pas voulu. Pourquoi? « C'est qu'il ne veut pas de la majorité du 25 février! »

Ce fut M. Dufaure qui répondit à M. Ricard au nom du
cabinet. « On cherche, dit le garde des sceaux, à éveiller
dans l'Assemblée une sorte de respect filial pour le scrutin
de liste qui l'a nommée en 1871; mais il n'y a nulle analogie à établir entre des temps profondément troublés et
les époques de fonctionnement normal et calme, pas plus
qu'il n'y a de comparaison entre le régime censitaire de la
restauration et le suffrage universel. Aux heures de grande
crise le scrutin de liste peut servir à créer des Assemblées
constituantes et souveraines. Les élections futures ne
doivent pas, Dieu merci, s'effectuer dans ces conditions
exceptionnelles. Il importe donc de consulter non les souve-

nirs du passé, mais les nécessités actuelles du pays. Le scrutin individuel, dit-on, blesse profondément le droit des électeurs, puisque des arrondissements de 25,000 habitants
élisent un député, ni plus ni moins que des arrondissements possédant une population double. Croit-on qu'il
soit possible par une législation quelconque d'établir à cet
égard une égalité absolue? L'anomalie que l'on signale
existe, sans choquer personne, pour les nominations des
conseillers généraux, basées sur l'unité cantonale. Le mode
de scrutin de liste proposé par la Commission n'évite nullement cette irrégularité. Il attribue, en effet, un député à
chaque collection de 70,000 habitants; toutefois, dans les
départements qui n'ont pas autant de fois 70,000 habitants
que d'arrondissements, on devra élire un nombre de députés
égal au nombre des arrondissements. Voyez ce qui en résulte : le département des Basses-Alpes a deux fois 70,000
habitants; mais, comme il a cinq arrondissements, on lui
donne cinq députés à élire, soit un député par 28,000 âmes.
L'équivalence des collèges est complètement irréalisable; il
faudrait pour l'obtenir faire de la France un échiquier sans
tenir compte des circonstances administratives. On reproche
au scrutin d'arrondissement d'ouvrir la porte à l'arbitraire
légal par la création des circonscriptions. On oublie que les
circonscriptions ne sont pas moins nécessaires dans le système
de la Commission que dans celui du vote uninominal; elles y
sont à la vérité moins multipliées, mais la violation du
principe ne sera-t-elle pas tout aussi flagrante s'il y en a
quatre que s'il y en a cent? — Quant à la séparation des
collèges urbains d'avec les collèges ruraux, elle peut bien
nuire aux intérêts conservateurs; néanmoins il y a une
question de loyauté à ne point imiter les démembrements
bizarres que l'Empire avait fait subir aux grandes villes, et
à laisser leur unité électorale aux cités comme aux campagnes. »

« Ce que je reproche au scrutin de liste, continuait
M. Dufaure, c'est de ne pas tenir compte des droits de
l'électeur. Sur les dix millions d'électeurs français, il y a
des millions d'hommes qui, peu éclairés, asservis à un travail incessant, n'ont qu'une compréhension insuffisante
des intérêts généraux et particuliers du pays. La loi doit
venir au secours de cette classe respectable et intéressante

d'électeurs. C'est pour les déranger aussi peu que possible de leur travail que l'on a établi le vote à la commune, que l'on a fixé au dimanche le jour du scrutin. Eh bien, lorsque notre législation s'ingénie à les aider dans l'exercice de leur droit, vous voudriez leur imposer l'obligation de voter pour cinq, six, dix candidats venus de tous les coins du département et dont ils n'ont parfois jamais entendu prononcer le nom? Comment leur choix pourra-t-il être éclairé, libre, sincère? Craignez que l'électeur ne se déshabitue et ne se désenchante de son droit lorsqu'il sentira que ce n'est pas lui qui nomme son représentant, que ce sont des comités anonymes et inconnus qui l'élisent pour lui. Ce lien moral entre l'électeur et le mandataire, qui fera défaut à l'heure de l'élection, manquera plus encore pendant le cours du mandat. L'un des inconvénients des collèges très étendus est de tuer les rapports entre l'électeur et le député. — L'honorable M. Ricard a prétendu que le scrutin uninominal est oppressif des minorités, attendu que, s'il n'y a qu'un candidat dans l'arrondissement, il n'y en a qu'un qui peut être nommé ; c'est naturellement la majorité qui le nomme, et par conséquent la minorité est sans représentant. Je pense au contraire que le vote par arrondissement est une ressource pour la minorité dans le département, et que le scrutin de liste peut amener bien souvent une oppression de la minorité. En voici un frappant exemple : Au mois d'avril 1873 il y a eu dans Paris une grande élection. D'un côté se trouvait un ministre éminent, M. de Rémusat ; d'un autre côté se trouvait M. Barodet. Ce dernier venait de Lyon et était inconnu dans Paris ; le premier était certainement l'un des hommes les plus connus en France. On va au scrutin et, sur trois cents et quelques mille votants, M. Barodet obtint 180,000 voix et M. de Rémusat 135,000 seulement. Supposé qu'au lieu d'avoir eu un député à nommer on en eût eu vingt-deux, je maintiens qu'avec la majorité puissante qui appartenait à M. Barodet, il y aurait eu vingt-deux élections Barodet. Avec le scrutin par arrondissement un tout autre résultat eût été obtenu, car sur les vingt-deux arrondissements, il y en a quatorze dans lesquels la majorité appartenait à M. Barodet et huit dans lesquels elle appartenait à M. de Rémusat. »

Examinant enfin la question au point de vue de la politique actuelle, le garde des sceaux répondait à l'argumentation de M. Luro, qui préconisait le scrutin de liste comme moyen de concilier sur le terrain électoral les divers groupes de la majorité constitutionnelle : « Dans les élections qui vont avoir lieu, se demandait M. Dufaure, ne devra-t-on interroger le candidat que sur ses sympathies ou son hostilité à l'égard de la constitution ? Je ne le pense pas, certainement, on devra demander à un candidat s'il est respectueux des lois de son pays et particulièrement de la loi fondamentale ; mais, quand on aura une réponse sur ce point, est-ce que tout sera dit ? Est-ce que l'on ne s'occupera que du passé ? Est-ce qu'on n'aura pas besoin de savoir ce qu'il pense de l'avenir ? Pour moi, j'avoue que je n'admets pas pour candidats tous ceux qui ont voté les lois constitutionnelles, quelles que soient leurs vues sur les principes essentiels selon lesquels notre pays doit être gouverné. Il est tels républicains avec lesquels nous avons été réunis un jour ; nous n'en sommes pas moins divisés dans le passé et dans l'avenir. »

M. Dufaure termina son discours en protestant avec la plus vive énergie contre toute idée de résurrection de la candidature officielle.

M. Gambetta répond au garde des sceaux :

M. GAMBETTA. — Messieurs, le puissant orateur qui descend de cette tribune disait, en terminant son discours : Personne ici ne peut augurer quels seront les résultats des élections prochaines ; il y a pour nos adversaires comme pour nous un voile qui nous sépare de la vérité qui sortira des urnes.

Messieurs, je crois que cette parole non seulement exprime l'état d'esprit de l'orateur, mais résume tout son discours. Eh bien, permettez-moi de lui en opposer une autre. Je dis qu'il n'y a pas de voile entre le pays et nous. (*Exclamations ironiques à droite.*)

Non, à quelque parti que vous apparteniez, il y a une chose que vous savez à merveille : vous savez très bien où en est le pays, ce qu'il veut, ce qu'il désire, ce qu'il a fait depuis cinq ans, ce qu'il se prépare à faire d'une manière définitive. (*Rumeurs à droite.* — *Très bien! très bien! à gauche.*)

Vous savez tous qu'il n'y a pas de voile. Le voile, il a été tissé, il a été mis devant les yeux de l'honorable garde des sceaux par une administration incohérente, per une administration hostile aux institutions existantes... (*Exclamations sur un grand nombre de bancs*) Ce qui fait, que, malgré la puissance de son esprit, M. le garde des sceaux ne voit pas la France, c'est qu'il ne la voit jamais qu'à travers les rapports d'une administration hostile. (*Adhésion à gauche.*)

Et cependant, c'est quand on ignore quel sera le résultat de ces élections, c'est quand on a non seulement le devoir et le mandat de diriger vers une certaine voie le pays à la tête duquel on est placé, mais encore le devoir et le mandat de savoir aussi, j'imagine, vers quel but il tend, quelles sont les forces qui le sollicitent, qui le travaillent, c'est quand on ose révéler à cette tribune une pareille cécité politique... (*Rires et rumeurs au centre.* — *Approbation sur quelques bancs à gauche*) qu'on vous propose de vous embarquer dans l'inconnu !

J'aurais compris qu'à la suite de la discussion à laquelle on s'est livré, le Gouvernement vînt vous dire : Avec le suffrage uninominal, voilà ce que nous obtiendrons; telle sera la composition de la nouvelle Assemblée... (*Exclamations ironiques et rires à droite et au centre.*)

Vous riez? Vos rires ne changeront rien à la vérité. Il est bien certain que quand on discute ici sur le meilleur mode de consultation du pays, c'est parce qu'on sait, ou qu'on croit savoir, que du mode d'interrogation dépendra, dans une certaine mesure, la nature de la réponse. (*Assentiment à gauche.*)

Et permettez-moi de vous dire, Messieurs, que dans cette discussion, je trouve, et je suis en cela d'accord

avec l'honorable garde des sceaux, — qu'on a un peu
abusé des citations historiques, qu'on a un peu
abusé de l'opinion des publicistes. Je crois que ces
opinions peuvent se trouver, avec des autorités diverses, dans les camps les plus opposés, variables avec
le temps, avec les régimes, avec les nécessités politiques. Il me semble qu'il y aurait une manière peut-
être moins savante, peut-être moins philosophique,
mais plus sûre, d'éclairer et de trancher le débat ; ce
serait de faire appel à vos propres souvenirs, à ce que
vous savez chacun de vos départements, et, dans vos
départements, de chaque arrondissement, à ce que
vous savez des personnes qui y seront aux prises, qui
y seront rivales, non pas tant d'opinions diamétrale-
ment opposées, que d'influence et d'ambition.

En un mot, quel que soit l'intérêt qui s'attache à
ces grandes questions de législation et de procédure
électorale, je crois qu'ici on pourrait les résoudre par
des considérations plus terre à terre, mais plus déci-
sives. Eh bien, quand on voit aux prises, dans la discussion qui est ouverte devant vous, les partisans du
scrutin de liste et ceux du scrutin d'arrondissement ;
quand on voit que leurs opinions ont varié, et que ceux
qui étaient partisans du scrutin de liste sont arrivés
aujourd'hui non seulement au scrutin d'arrondissement, mais même à la circonscription plus ou moins
habilement découpée, et que d'autres, — je le reconnais aussi, — ont abandonné le scrutin d'arrondissement primitif pour se rallier au scrutin de liste plus
ou moins mitigé, je crois qu'il importe de rechercher
le motif et la raison d'un pareil changement d'opinion,
d'un pareil chassé-croisé politique, et qu'il y a là non
seulement un motif d'instruction, mais une raison de
décision pour tous les partis dans cette Assemblée
comme dans le pays.

Eh bien, c'est cette étude très brève, — car elle a
été rendue très facile par les développements divers

que vous avez entendus, — que je voudrais faire devant vous, parce que je crois qu'il y a là le secret de nos dissidences et des malentendus qu'on accumule sur la question. L'honorable garde des sceaux a dit, au début de son discours, qu'il n'avait jamais professé qu'une opinion favorable au scrutin d'arrondissement. Je ne remonte pas à la Constituante ni à la Législative, je m'en garde bien, mais je veux prendre un à un les arguments qu'il a présentés et tâcher d'y répondre. L'Assemblée me pardonnera cette réplique, au moins dans sa forme : je crois qu'elle sera plus significative qu'un discours d'apparat.

M. le garde des sceaux dit : Non, ce n'est pas à la suite d'échecs électoraux que nous avons inventé le scrutin d'arrondissement. Cette proposition, nous l'avons faite sous le gouvernement de M. Thiers ; nous l'avons faite au mois de mai 1873; nous l'avons faite parce que nous estimions, comme nous l'estimons encore aujourd'hui, que c'était un moyen, un élément de conservation à introduire dans les institutions du pays.

Eh bien, cet argument que M. le garde des sceaux a mis en tête de sa discussion et auquel, je crois, on n'a pas encore essayé de faire une réponse, je vous demande la permission d'en rechercher la valeur et la portée.

Il est bien vrai que l'honorable M. Dufaure, en revendiquant sa part éminente dans la préparation des lois constitutionnelles, a rappelé un fait exact en disant que c'était lui qui avait proposé le scrutin d'arrondissement. Mais je crois qu'il y a une réponse à lui faire, tirée de ce qui s'est produit depuis, aussi bien que de l'étude des institutions que nous présentait à cette époque l'honorable garde des sceaux.

Quand M. Dufaure proposait, à la première commission des Trente et à l'Assemblée, l'élection de la chambre des députés au scrutin d'arrondissement, il ne

faut pas oublier qu'à cette époque et dans le projet
même du Gouvernement, la seconde Chambre était
élue au scrutin de liste par département et par le suffrage universel. (*C'est cela! à gauche.*) Et je dis à M. le
garde des sceaux, pour l'édification du pays, que s'il
avait défendu l'élection de la Chambre haute par le suffrage universel, il n'est personne parmi mes collègues
du centre gauche, — je ne parle pas de nous, — qui
l'eût laissé seul, comme aujourd'hui, pour la défense
de cette institution.

M. LE VICE-PRÉSIDENT DU CONSEIL. — Il n'est pas seul!

M. GAMBETTA. — Je dis que si on n'avait pas obligé
la fraction républicaine de cette Assemblée, avant la
Constitution du 25 février, à accepter une Chambre
haute issue d'un suffrage restreint, issue d'un suffrage
trié, issue d'un suffrage qu'on a voulu...

*Un membre à droite.* — Vous parlez contre la Constitution.

M. GAMBETTA. — Vous allez voir que je ne parle pas
contre la Constitution, car je vais dire pour quel motif je trouve qu'il est bon que cette institution soit
ainsi faite et qu'elle soit loyalement respectée ; je désire seulement que vous la respectiez comme je la respecte moi-même. (*Applaudissements à gauche.*)

Je dis que la seconde Chambre étant la représentation du suffrage universel direct par les départements,
cette seconde Chambre puisait dans cette origine une
action, un ascendant, une autorité, un prestige qui
véritablement en faisaient un élément supérieur de
conservation politique, de modération entre les pouvoirs publics, et permettaient alors par voie d'harmonie, par voie de concession, par voie de contrat devant
le pays, avec le suffrage universel lui-même qui aurait
été le véritable contractant, de faire une Chambre issue
du scrutin d'arrondissement. (*Approbation à gauche.*)

Mais, du moment que vous rompiez cet équilibre,
que vous dérangiez cette harmonie, et que vous ne

teniez pas les engagements que vous aviez pris dans les projets de lois présentés par vous sous le gouvernement de M. Thiers, alors il n'est que logique, que légitime, que conforme aux droits du pays, aux droits de la souveraineté nationale, de vous dire que votre scrutin d'arrondissement ne serait plus qu'une clause léonine sans appui comme sans portée. (*Très bien! très bien! à gauche.*)

Que venez-vous dire à l'appui de ce scrutin d'arrondissement, que vous arrivez à créer purement uninominal, d'après le procédé de dissection électorale de l'honorable M. Antonin Lefèvre-Pontalis? Vous nous avez dit, pour appuyer la thèse du scrutin d'arrondissement, que, sans lui, c'était l'écrasement des minorités, et vous en avez été choisir un exemple célèbre, mais peu probant, permettez-moi de vous le dire, mon illustre contradicteur. En effet, pour prouver que le scrutin de liste est véritablement oppresseur des minorités, on a apporté ici l'exemple de l'élection de M. Barodet contre le regretté M. de Rémusat, et on vous a dit, comparant les chiffres de 180,000 voix de M. Barodet et des 135,000 voix de M. de Rémusat: Vous voyez bien, c'est l'illustration, c'est la science, c'est l'autorité, c'est le talent supérieur qui se trouvent vaincus et écrasés par le scrutin de liste!

Autant de mots, autant d'erreurs. (*Oh! oh! à droite.*)

Permettez. Je reconnais comme vous combien il est difficile de dire, à une tribune que M. Dufaure a illustrée si longtemps, que sa parole ne suffit pas comme une simple constatation d'autorité, et que l'on a droit de rechercher ce qui se cache dans sa logique.

Je le ferai, Messieurs. Je trouve que l'orateur qui m'a précédé à cette tribune — et c'est ce qui m'a encouragé à y monter, malgré tout l'éclat, toute la puissance de sa dialectique, — n'a jamais défendu plus mauvaise cause et avec une défiance moins cachée. (*Exclamations au centre et mouvements divers.*)

Je répète qu'il a dit autant d'erreurs que de mots.

En effet, M. Barodet n'a pas été nommé par le scrutin de liste tel que vous le concevez.

*Un membre à droite.*—Il a été nommé par le scrutin départemental!

M. GAMBETTA. — Il a été nommé par le scrutin département uninominal..... (*C'est cela! à gauche*) par ce scrutin que M. Bocher, je crois, appelait un jour, avec beaucoup de justesse et d'esprit, le scrutin de liste sans liste. Par conséquent, l'argument que vous nous apportez est un argument qui va directement contre votre intention. (*Assentiment à gauche. — Exclamations au centre et à droite.*)

Vous protestez? J'insisterai à mon tour sur la démonstration. En effet, je suppose qu'il y eût deux candidats, trois candidats, plusieurs candidats à nommer. Plus vous augmenterez le nombre des candidats à élire, et plus je vous démontrerai avec certitude que dans cette élection M. de Rémusat aurait passé comme M. Barodet. (*Assentiment à gauche. — Nouvelles exclamations à droite.*) C'est l'évidence!

Mais, Messieurs, vous avez assisté depuis que vous êtes réunis ici à des élections par scrutin de liste dans le département de la Seine. Cette fois-là, ce n'étaient pas des élections sur un seul nom, ce n'était pas un scrutin départemental uninominal, c'était un véritable scrutin de liste, où il y avait une liste : c'était au mois de juillet 1871. (*Ah! ah!*)

J'espère que vous n'allez pas récuser mon exemple.

Le 2 juillet 1871, qu'est-il arrivé? La liste dite des comités conservateurs a passé, sauf cinq noms, et je me trouvai placé entre mon honorable collègue M. de Plœuc et l'honorable ministre de la guerre. Puis venaient M. Laurent Pichat et M. Corbon.

Si, ce jour-là, dans les conditions où les élections ont été faites, M. de Rémusat eût été candidat, n'au-

rait-il pas été nommé? A coup sûr il l'eût été, puisqu'il y aurait eu plus de places à donner qu'avec une
seule candidature. (*Mouvements divers.*)

Et je vais répondre maintenant à l'argument tiré de
l'éclat du nom, de l'illustration de la personne, et
chercher à expliquer comment il arrive, en effet, que
lorsqu'une question politique est posée, elle prend aux
yeux du suffrage universel, c'est-à-dire de la nation,
une importance, un intérêt qui priment toute autre
considération et qui font que, même sur la tête d'un
Français obscur, la nation, quand elle veut, sait signifier ses volontés et les faire prévaloir. (*Très bien! très
bien! à gauche.*)

Rappelez-vous, Messieurs, dans quelles conditions
se présentait cette élection. Je peux en parler, car
l'honorable M. de Rémusat n'a jamais été combattu
par le parti républicain, lors de cette élection, qu'avec
les formes les plus déférentes et de manière, je crois,
à honorer aussi bien celui qui était l'objet de cette faveur et de ce respect général que ceux qui tenaient la
plume contre lui, au service d'une idée politique, obligés qu'ils étaient, pour faire leur devoir, de ne pas
laisser les entreprises de la candidature officielle se
donner carrière. (*Très bien! à gauche.*)

Eh bien, l'honorable M. Barodet, comme on l'a rappelé, était, en effet, venu de Lyon. (*Rumeurs à droite.*)
Pourquoi était-il venu de Lyon? C'est parce qu'ici, au
mépris de certains engagements pris dans une commission parlementaire, M. de Goulard avait méconnu
les franchises municipales de la ville de Lyon, et
comme la question des franchises municipales tenait
puissamment au cœur, non seulement des Lyonnais,
mais aussi des Parisiens, il était nécessaire de donner
au gouvernement, à cette occasion, un avertissement
et une leçon. (*Très bien! très bien! à gauche.*) Et cela
fut si bien reconnu que ce ne fut qu'à la dernière heure
que l'on convoqua les électeurs de Lyon. Mais il était

trop tard, les urnes allaient être ouvertes, il n'était plus possible de réparer la faute commise et le désordre qu'on avait mis dans la cité.

Mais, Messieurs, si je reviens sur ces détails, c'est pour établir qu'il y a deux raisons qui militent contre l'argumentation de M. le garde des sceaux sur ce fait spécial qu'il a rappelé et sur lequel je devais m'expliquer. La première, c'est qu'il s'agissait d'une faute politique commise par le pouvoir d'alors, et la seconde, je le répète, c'est que le principe politique qu'il s'agissait de faire prévaloir, il fallait savoir le faire triompher, au mépris même de ce qui doit peut-être nous être le plus sacré, c'est-à-dire les amitiés personnelles.

Toutefois, je vous prie de bien remarquer que, lorsque l'honorable M. de Rémusat, malgré cette faute de situation, obtenait 135,000 voix à Paris, le parti républicain était divisé malheureusement sur cette question, mais que, s'il y avait eu à faire une liste portant plusieurs noms, le parti se serait réuni, et c'est ce que nous voulions faire dans cette élection. (*Rumeurs dubitatives sur plusieurs bancs.*) Oui, nous le voulions, quoique cela puisse blesser certaines susceptibilités au banc des ministres, puisque j'entendais tout à l'heure M. le vice-président du conseil dire : M. de Rémusat eût été nommé, mais en quelle compagnie !

M. BARODET. — En aussi bonne compagnie que la vôtre, Monsieur le ministre !

M. LE VICE-PRÉSIDENT DU CONSEIL. — Je proteste contre les paroles que M. Gambetta m'attribue. Il a mal entendu.

M. GAMBETTA. — Vous avez dit : Il eût été nommé, mais en quelle compagnie !

M. LE VICE-PRÉSIDENT DU CONSEIL. — J'ai dit : Mais avec M. Barodet? Vous dénaturez le sens de mes paroles.

M. Tolain. — M. le ministre devrait dire ces choses-là tout haut! on pourrait y répondre.

M. le vice-président du conseil. — J'ai dit à M. Gambetta qu'il avait mal entendu mes paroles et qu'en les reproduisant il en dénaturait le sens et l'intention. (*Très bien! très bien! à droite et au centre.*)

M. Gambetta. — Messieurs, je ne veux pas faire ici d'incident.

Ainsi donc, sur ce premier point, cet argument qui consiste à dire que le scrutin de liste écrase les minorités, il faut l'écarter, il ne prouve rien.

Maintenant l'honorable ministre de la justice vous a dit qu'il fallait soutenir le scrutin d'arrondissement pour trois motifs principaux. Le premier, c'est qu'il était impossible, à moins de diviser la France comme un échiquier, de sauvegarder les droits de chaque électeur. Il s'est livré à ce sujet, lui qui n'aime pas les analogies, à une comparaison peu exacte avec ce qui se passe pour l'élection des conseils généraux.

M. le ministre vous a dit : Voyez ce qui se passe en matière d'élections cantonales; vous avez des cantons plus ou moins populeux, et cependant vous ne nommez qu'un seul représentant. Eh bien, de même en matière d'élections législatives et politiques, on ne peut pas satisfaire aux règles absolues, mathématiques, rigoureuses, qui voudraient qu'un nombre toujours exact d'électeurs correspondît à un nombre toujours exact de députés.

Messieurs, chacun de vous a tout de suite aperçu que l'argument tiré de la législation cantonale n'était pas applicable en pareille matière ; il n'est applicable ni pour l'origine, ni pour les attributions, ni pour la gravité et l'importance du mandat; car enfin il y a une considération d'une portée immense en matière législative, c'est que vous ne pouvez pas laisser en dehors de la représentation incarnée dans un certain

nombre de députés un nombre appréciable, un
nombre sensible de Français, par cette excellente
raison que vous êtes l'Assemblée qui consent l'impôt
et l'effectif, que vous êtes l'Assemblée qui engage et
oblige tous les Français. Par conséquent, il faut que
tous les Français puissent dire qu'ils ont participé ou
pu participer à la constitution de l'Assemblée qui les
oblige tous à l'impôt et à l'effectif; et parce qu'en
effet il n'est pas possible d'arriver à une application
mathématique, je vous demande s'il faut adopter le
système le plus injuste, celui qui en exclut de la
façon la plus bizarre le plus grand nombre, au lieu
de prendre le système qui se rapproche le plus de
l'équité et de la justice, c'est-à-dire le scrutin de
liste. (*Vive adhésion à gauche.*)

Maintenant, on nous a fait un tableau extrêmement
chargé des maléfices, des tyrannies, des abus, des
pratiques les plus mauvaises que le scrutin de liste
entraînerait avec lui dans les prochaines élections
générales.

Messieurs, voyons, je vous prie, et rendons-nous
compte des choses.

En vérité, on croirait, quand on parle devant cette
Assemblée de la manière dont le scrutin de liste doit
fonctionner ou a fonctionné, qu'on ignore sur ces
bancs comment les élections se sont faites sous vos
yeux depuis cinq ans. Où et quand s'est révélée, où
et quand avez-vous saisi cette action mystérieuse
d'une Sainte-Wehme électorale, imposant des mots
d'ordre qui terrifient les populations, prenant des
candidats qu'on ne connaît pas avant l'élection et
qu'on impose à la volonté des électeurs? Où donc
sont-ils sur ces bancs? qu'on les nomme, ces produits
criminels et coupables d'une telle origine! (*Rires
approbatifs à gauche.*)

Messieurs, s'il y a quelque chose qui soit de nature
à faire juger le roman qu'on apporte à la tribune,

permettez-moi de le dire, c'est la fréquentation même
de vos collègues. Il est entré, sous le nom de radicaux, dans cette Assemblée, un certain nombre de
personnes qui, enfin, toute opinion politique à part,
ne me paraissent pas avoir inspiré, même aux plus
susceptibles de nos collègues de la droite, une terreur bien grande ni une aversion invincible; et la
France aurait à cet égard un spectacle rassurant si
elle pouvait voir dans vos couloirs et dans vos commissions ces espèces de tyrans occultes en très bonnes
relations de courtoisie et de politesse avec les députés
du centre et de la droite. (*Sourires sur divers bancs.*)

Non, il faut laisser de côté ces tableaux de fantaisie, ou pour mieux dire de circonstance. S'il y a
quelque chose qui soit vraiment rassurant, — et je
le dis sans acception d'opinion ni de parti, — c'est
évidemment de voir combien la démocratie française, dans toute l'étendue du territoire, au point
de vue politique et au point de vue électoral, puisque nous parlons d'élections, combien la démocratie
a gagné...

*Un membre à droite.* — Ah! oui! (*Rumeurs à gauche.*)

M. GAMBETTA. — Messieurs, je ne veux pas relever
les interruptions.

Je dis que s'il y a quelque chose qui devrait nous
consoler de bien des défaillances et de bien des déceptions, c'est de voir le progrès en moralité, en
sagesse et en intelligence, de la démocratie française,
dans tout le territoire. (*Oui! oui!* — *Très bien! à
gauche.*) Et par démocratie je n'entends pas exclusivement la démocratie républicaine. Je ne parle pas, je
vous le disais il y a un instant, en homme de parti,
non! je parle de toute la nation laborieuse et travail-
leuse; oui, j'affirme qu'elle est plus soucieuse de ses
intérêts politiques, car elle a appris par une rude
expérience qu'on ne s'en désintéresse pas en vain;
(*C'est vrai! à gauche*) je dis qu'elle a le souci des

choix qu'elle fait : elle en a le souci à la commune,
elle en a le souci au canton, elle en a le souci à l'arrondissement, elle en a le souci dans le département.
(*Très bien! sur les mêmes bancs.*)

Est-ce que vous parliez vraiment de la France hier
et aujourd'hui quand vous nous dépeigniez ces comités fantastiques, ces délégués sans délégation? Mais
vous en avez tous vu fonctionner de ces délégations;
ce sont des conseillers municipaux, des conseillers
généraux, des députés qui forment la représentation
du suffrage universel, afin, pour ainsi dire, de le
mettre en mouvement pour le choix des plus dignes,
des plus vaillants et des plus méritants. Il faut renoncer à ces déclamations, aussi bien à gauche qu'à
droite, qui nous représentent aux regards de l'Europe
comme une nation sans ressort, sans virilité, sans
application, sans dignité, sans souci du choix de ses
mandataires... (*Vif assentiment à gauche.*)

Et l'on sentait bien le reproche quand on nous disait, avec ce ton ironique qui plaît toujours à des Français qui écoutent, avec ce sarcasme que M. le garde des
sceaux manie si bien : On tâchera de vous attendrir,
de faire appel à une espèce de piété filiale pour le
scrutin de liste en vous rappelant que vous en sortez.

Eh oui! sans doute, on y fera appel, et je ne crois
pas qu'il y ait ici quelqu'un qui, dans le fond de sa
conscience, en s'abstrayant des nécessités politiques,
ne dise que, le scrutin de liste l'ayant envoyé ici, le
scrutin de liste est le meilleur instrument politique
que vous puissiez instituer. (*Très bien! et applaudissements à gauche.*)

Je comprends certaines considérations particulières, et tout à l'heure nous nous expliquerons sincèrement, loyalement sur ce point, mais qu'on nous
représente, — et quelle contradiction pour un esprit
aussi éclairé! — qu'on nous représente le scrutin de
liste comme un mode électoral excellent, comme

souverain aussitôt qu'il y a un danger social, un péril
politique, quand il y a de ces commotions qui dans
les esprits se propagent, s'étendent et y créent un
danger de révolution, oh! alors, quel instrument merveilleux de réunion des esprits et de manifestation de
la volonté nationale! quel admirable moyen de
réunir toutes ces intelligences, toutes ces capacités,
toutes ces énergies, avec le génie de la patrie, avec le
génie même de la nation!... (*Applaudissements prolongés
à gauche.*)

Ah! vous le dites, vous le confessez! et vous êtes
bien obligé de le confesser, vous, parlementaire opiniâtre, comme vous le disiez, mais de cette opinià-
treté qui a toujours honoré et servi la liberté et le
droit. (*Très bien! très bien! à gauche.*)

Vous le rappeliez, eh bien, je retourne l'argument
contre vous. Quoi! ce moyen libérateur, ce moyen
sauveur, ce moyen qui sert dans une crise, il va devenir, en temps de paix, inutile, impuissant et stérile!
il ne sera plus bon à rien, parce que vous aurez fondé
une Constitution, parce que vous serez un peuple enfin apaisé et tranquille sous l'égide des institutions!
(*Applaudissements à gauche.*)

Messieurs, la contradiction n'éclate-t-elle pas?

Comment! voilà un moyen qui est sûr de faire
sortir des entrailles du pays tout ce qu'il y a d'énergique, de vigoureux, de puissant pour sa stabilité et
son repos, et maintenant il n'en faut plus! Savez-
vous pourquoi? parce qu'on n'est plus en guerre,
parce que la paix sociale, la paix civile est faite!
(*Nouveaux applaudissements à gauche.*)

Je dis que cet argument, il est la raison même, et
je le confie au cœur des patriotes qui m'écoutent.
Car, malheureusement, quelles qu'aient été, je le répète, votre activité et votre vigilance à réparer les
maux de la patrie, je n'estime pas que tout péril et
toute incertitude aient disparu pour l'avenir, et, s'il

est vrai de dire qu'une Assemblée véritablement vigoureuse et puissante ne puisse être constituée que par
le mode du scrutin de liste, plus que jamais il est
nécessaire d'y avoir recours pour garnir les bancs de
la future Assemblée. (*Bravos et applaudissements répétés
à gauche.*)

Et, Messieurs, ce n'est pas tout. L'honorable garde
des sceaux a complété son argumentation au nom
d'une raison qui serait admirable, si elle était à sa
place. En effet, il nous a dit : Savez-vous pourquoi je
suis passionnément partisan du scrutin d'arrondissement? c'est pour maintenir étroits et intacts les rapports de l'électeur et de l'élu. Grand merci!

Oh! ce n'est pas, dit l'honorable M. Dufaure, qu'on
puisse me confondre avec cette minorité qui, hier,
votait ou acclamait le mandat impératif; je n'en suis
pas! — Nous n'avions guère besoin de cette affirmation pour l'apprendre. — Je n'en suis pas, disait l'honorable M. Dufaure, mais je suis pour le maintien de
ce lien étroit entre l'électeur et l'élu. Alors, quoique
n'étant pas partisan du mandat impératif, l'honorable
garde des sceaux nous a tracé, des devoirs du mandataire à l'égard de ses commettants, un tableau qui,
pour moi, est l'application même du mandat impératif. (*Rires approbatifs à gauche.*)

En effet, que nous a-t-il dit? Il faut que ce mandataire sache où en sont ses mandants, et que, s'il ne
veut pas tenir compte de leurs tendances, il aille les
voir, les réunir, les haranguer...

*A droite.* — Il n'a pas dit cela!

M. GAMBETTA. — Messieurs, mettons que le mot
« haranguer » est peut-être un peu excessif; mais
écoutez la fin. Il a voulu ménager toutes les aptitudes;
il a dit : Il faudra rendre des comptes! (*Ah! ah! à
gauche.*)

Rendre des comptes! Qu'est-ce à dire, Messieurs?
Mais c'est le mandat le plus impératif qui soit, cela!

On pourrait discuter à perte de vue sur le mandat impératif, sans arriver, je crois, à dire des choses ni bien claires, ni surtout bien utiles. Seulement, puisqu'on a parlé du vote d'hier, je tiens à dire que ce qui explique notre vote, c'est que la loi qu'on soumettait à nos décisions contenait une disposition tout à fait platonique, sentimentale et sans sanction qui n'était pas à sa place ; on aurait dû être unanime pour la repousser ; un conseil d'État n'y eût pas manqué.

Et sur cette reddition de comptes, savez-vous ce que dit l'honorable garde des sceaux? Il dit : Avec le scrutin de liste, on ne peut pas rendre de comptes ! Et au moment où il parlait ainsi, je regardais à côté de lui, ou plutôt au-dessous de lui, au banc des ministres, et je voyais M. Buffet qui a parlé à Dompaire, et M. Léon Say à Stors; M. Say, surtout, qui parlait dans un département dont la députation, celle de Seine-et-Oise, a été nommée ou renouvelée quatre fois par le scrutin de liste, et s'acquitte de la reddition des comptes d'une façon presque hebdomadaire.

Voilà comment, avec le scrutin de liste, on ne peut arriver à rester en communication avec ses électeurs. Je dis que c'est par le scrutin de liste qu'on maintient deux choses également précieuses : le droit de l'électeur, et, ce qui n'importe pas moins, la liberté de l'élu. (*Vive approbation à gauche.*)

Oui, je dis que, lorsqu'un député est sorti d'une liste départementale, qu'il tient son mandat de 150,000, de 200,000, de 300,000 électeurs, ce député n'est pas à la chaîne, n'est pas une espèce de commissionnaire de ses électeurs, comme on l'a vu trop souvent et comme il serait indigne qu'on le revît jamais. (*Nouvelle approbation à gauche.*)

Par conséquent, s'il y a un argument favorable dans l'observation qui a été faite par M. le garde des sceaux, il est tout en faveur de la thèse que je soutiens.

Oui, quand vous aurez découpé la France, quand
vous l'aurez rognée, — vous le ferez si cela vous plaît,
— quand vous aurez fait de petites circonscriptions,
qui compteront 12,000, 15,000 ou 20,000 électeurs
dont le tiers s'abstiendra de voter, et où il y aura trois
ou quatre candidats qui disposeront du reste des votants ; quand, dis-je, vous aurez ainsi fait, je vous
le demande, l'élu sera-t-il vraiment un mandataire
de la France ? ne sera-t-il pas plutôt un procureur
fondé de pouvoirs, nommé par un nombre infime et
intéressé d'électeurs dans une circonscription ? (Applaudissements à gauche.)

Il faut se rendre compte de cela, car enfin l'objection qu'on m'oppose, ah ! vraiment, elle est bien surprenante sur les lèvres si autorisées de l'honorable
M. Dufaure. Cette objection consiste à dire :

Comment voulez-vous que des millions d'électeurs
puissent contenir une majorité d'hommes assez intelligents, assez élevés, ayant assez de loisir et d'expérience pour pouvoir choisir entre cinq, six, dix ou
quinze noms ?

Mais, Messieurs, j'ai deux réponses à faire à un
pareil argument.

La première est une réponse terre à terre, une réponse de fait, c'est que vous aurez beau restreindre la
circonscription électorale, je vous le prédis, vous ne
diminuerez pas le nombre des candidats : ils foison-
neront comme la médiocrité... (Ah! ah! à droite.)
Quand vous aurez dans un seul arrondissement cinq,
dix, quinze candidats pour une place, je vous le
demande, si votre électeur est tellement inexpéri-
menté, tellement absorbé par son travail, tellement
ignare, est-ce que l'embarras ne sera pas le même
pour lui de choisir un candidat sur dix, que pour en
choisir dix sur vingt ? C'est la même chose.

La vérité, et voici ma seconde réponse, c'est que
vous ne croyez pas au suffrage universel. Et la preuve

que vous n'y croyez pas, je la prends dans cette énumération que vous avez faite des dix millions de citoyens français investis du droit de vote. Vous avez
distingué ceux qui demeurent chez eux, dites-vous,
qui y passent leur vie et qui ne font qu'aller et venir
de leur champ à leur foyer, et de leur foyer à leur
champ.

Mais, Messieurs, si ce sont là des gens réputés incapables, c'est la moitié de la France ! Heureusement,
grâce à Dieu, il y a plus de bon sens que vous ne
croyez, plus de finesse, plus d'intelligence vraie de ses
intérêts dans ce paysan qui n'a que cette allée et cette
venue, mais qui sait ce que vaut le poids du jour, ce
que lui vaut un bon gouvernement, et qui sait très
bien, en temps d'élection, se renseigner sur ceux qui
sollicitent ses suffrages.

Je vais plus loin, je dis qu'il est avisé : il n'obéit pas
à des courants politiques tout à fait déterminés ; il
n'a pas de passions politiques, c'est ce qui en fait un
excellent électeur.

M. Langlois. — Très bien ! très bien !

M. Gambetta. — Mais il obéit à quelque chose qu'il
a bien raison de trouver sacré, parce qu'il n'est en
relation avec le monde extérieur que par là ; il obéit à
ses intérêts. Eh bien, il sait très bien se renseigner,
je le répète, sur les gens qui veulent sa voix : il sait
parfaitement démêler si ce candidat est agréable au
préfet, au garde champêtre ou au curé. Et ce n'est
pas toujours pour se soumettre à leur volonté, soyez
tranquilles. Ce qu'il fera, c'est qu'il l'aura bien voulu.

M. de Valon. — Pourquoi alors l'empêchez-vous de
voter dans un appel au peuple ?

M. Gambetta. — Messieurs, c'est ce paysan qui est
la réserve de la démocratie, c'est ce paysan qui, lorsqu'il aura vraiment compris, — et il est singulièrement en voie de le comprendre depuis cinq ans, —
lorsqu'il aura compris la relation qui existe entre son

droit de vote et la gestion même des affaires de l'État,
la réduction de l'impôt... (*Allons donc! allons donc! à
droite et au centre.*)

Messieurs, je dis que tous les jours son éducation
se fait, et ce carré de papier que la Révolution de
1848 lui a remis entre les doigts, il sait tout ce qu'il
peut y écrire, il sait tout ce qu'il peut en faire sortir.
Vous pouvez vous ingénier contre le suffrage universel et vraiment, dans vos discours, il n'est question que
de lui opposer des digues ; vous parlez d'inondation,
de torrent déchaîné, c'est la rhétorique habituelle des
ennemis du suffrage universel.

M. LE GARDE DES SCEAUX. — Mais je n'ai pas dit cela !

M. GAMBETTA. — Vous le regardez comme un torrent, et vous voulez le perdre dans les sables, Malheureux ! il en a submergé bien d'autres que vous ! (*Interruption au centre gauche.*)

Eh bien, Messieurs, il faut s'entendre, il faut savoir
ce que l'on cache.

(*Un membre au centre prononce quelques mots qu'il est
impossible de saisir.*)

M. GAMBETTA. — Qu'est-ce que vous dites?

M. LE PRÉSIDENT. — Pas de colloques, je vous prie.

M. GAMBETTA, *s'adressant à la personne qui l'a interrompu.* — Qu'est-ce que vous dites?

M. LE PRÉSIDENT. — N'insistez pas, Monsieur Gambetta ! Le règlement interdit les interpellations de
collègue à collègue.

M. GAMBETTA. — Pardon, monsieur le président,
c'est que cela touche à une thèse politique; s'il ne
s'agissait que d'une personnalité, je ne m'en occupe-
rais pas ; mais il m'a semblé qu'on disait que je parlais
comme l'Empire. Eh bien, Messieurs, il y a bien des
choses à dire là-dessus. (*Mouvement à droite.*)

Oui, il y a bien des choses à dire. Il y en a une
première, c'est la nécessité comprise de bonne heure
par l'Empire de compter avec le suffrage universel, et,

dans le suffrage universel, avec les paysans français. Cela devrait être une leçon pour vous, et cela ne vous a jamais été jusqu'ici qu'un prétexte de défiance et de dépit contre le suffrage universel lui-même.

Mais l'Empire, je lui ai rendu cet hommage dès la première heure où je suis entré comme son ennemi irréconciliable dans la vie publique; l'Empire a eu contre les prétendues classes dirigeantes cet avantage de comprendre où était la force de la démocratie, qu'il a troublée par d'indignes manœuvres, au point de lui faire méconnaître ses origines et son avenir.

Eh bien, vous allez reparaître devant le suffrage universel : savez-vous avec quel sentiment il va vous accueillir? Il va vous accueillir d'abord avec un sentiment de reconnaissance de ce que vous avez fait pour relever le pays, puis avec un autre sentiment, un sentiment d'inquiétude, parce qu'il n'a jamais vu nettement, — je ne dis pas cela pour la majorité de cette Assemblée, mais pour ceux qui sont chargés du gouvernement, — il n'a jamais vu votre parti disposé à accepter l'avenir de la démocratie.

Voilà la raison de toutes vos erreurs, de toutes vos fautes, c'est que vous ne voulez pas vous accommoder aux nécessités de la démocratie contemporaine, vous ne voulez pas vous soumettre au suffrage universel. Avec lui, il ne faut ni ruses, ni sophismes, il faut aller à lui avec confiance, et, quand je parle de confiance, je dis que le scrutin d'arrondissement, ce n'est pas de la confiance à l'égard du suffrage universel, je dis que c'en est la sophistication. (*Mouvements divers.*)

Si vous vouliez examiner rapidement quels sont les avantages du scrutin de liste, si vous vouliez vous dire une bonne fois que ce qu'il y a de plus sain, de plus avantageux pour la moralité d'une démocratie aussi nombreuse que la nôtre, ce sont les mœurs politiques; si vous vouliez le comprendre, vous verriez

du même coup combien il est urgent, combien il est
nécessaire de conserver le scrutin légal d'où vous êtes
sortis. Car enfin qui donc s'est plaint du scrutin de
liste d'où vous êtes issus? Où avez-vous saisi dans le
pays ces doléances contre une institution que vous
condamnez? Quelle agitation a devancé vos propres
calculs contre le scrutin de liste? Où, quand, comment avez-vous entendu et recueilli une plainte du
pays contre cette institution?

Jamais! jamais! Cette condamnation, elle est née,
non pas même sur vos bancs, elle est née dans des
conspirations de salon pour garder un pouvoir qui
vous échappe. (*Applaudissements à gauche.*)

Oui, je dis que c'est une chose véritablement inouïe
en matière politique de voir porter la main sur une
institution aussi éprouvée, et cela sans aucune espèce
de motif ni de prétexte.

Quand, sous le gouvernement de Juillet, que M. le
garde des sceaux appelait tout à l'heure la révolution
de Juillet; quand, sous la révolution de Juillet, on se
plaignait de cet état censitaire et oligarchique qui
assurait jusqu'à 75 ou 80,000 électeurs à une nation
de 40,000,000 d'âmes! Ah! oui, on se plaignait; il y
avait des pétitions, des brochures, il y avait des agitations, il a même suffi d'une agitation à coups de
fourchettes pour avoir raison du régime. (*Rires et applaudissements à gauche.*)

Il se produisit alors un mouvement d'opinion. Ce
mouvement était double; non seulement il portait
sur la raréfaction scandaleuse de la souveraineté
nationale livrée aux mains d'une oligarchie, mais il
portait aussi, quoi qu'on en ait dit, sur la corruption,
sur les scandales que le scrutin d'arrondissement en-
tretenait et fomentait comme un abcès qui devait éclater et faire appeler la révolution qui amena la chute
du gouvernement de Juillet, la révolution du mépris.

On se plaignait du scrutin d'arrondissement. M. le

garde des sceaux l'a nié. Eh! mon Dieu, dans les pétitions des 80,000, dans ces pétitions sur lesquelles
s'expliquait M. Léon Faucher en 1839, écrivant à Odilon Barrot, la question était bien posée. En effet,
M. Léon Faucher se plaignait, par exemple, des misères électorales révélées par l'enquête sur les élections par arrondissement, et il réclamait le scrutin
de liste.

Ah! je l'avoue, il ne le réclamait pas comme nous
le réclamons aujourd'hui; l'heure n'était pas venue.
C'était le moment où, dans une de ses magnifiques
improvisations, M. Guizot disait : « Il n'y a pas de
jour pour le suffrage universel. » C'était le moment
où il disait : « Mais le peuple ne demande pas de
révolution politique; ce sont là des agitations factices,
on n'en tient nul compte. » Et il ajoutait : « Du reste,
vous avez la responsabilité ministérielle! »

C'est ce que disait aussi, en finissant, l'honorable
garde des sceaux. (*Rires à gauche.*)

Ah! oui, on avait la responsabilité ministérielle;
mais la responsabilité ministérielle sans élections
libres, sans élections légales, sans élections sincères,
c'est, comme le disait Paul-Louis Courier, c'est un
mensonge à l'usage des gens forts pour faire des dupes. (*Vive approbation à gauche.*)

Je dis, Messieurs, qu'il n'est que temps de rentrer
dans la vérité. La vérité, c'est que, quand on fait des
élections sur toute la surface d'un département, qu'on
met deux cent mille, cinq cent mille, un million d'électeurs en mouvement, quelle que soit l'habileté d'un
préfet, le zèle dévorant des gardes champêtres, tout
cela est impuissant à troubler la volonté et la conscience de la majorité des électeurs; ce sont des filets
qui se brisent au premier choc. Mais aussi vous ne
votez pas à prix d'argent; on ne vous soûle pas
comme les électeurs de l'Angleterre! (*Exclamations à
droite. — Allons donc!*)

Votre pudeur se révolte, Messieurs. Eh bien, je fais appel à votre mémoire. Avez-vous oublié les rastels des Pyrénées-Orientales? Avez-vous oublié les promenades du veau de M. Calvet-Rogniat? (*Rires à gauche.*) Avez-vous oublié...? Je m'arrête, car mes forces physiques ne me suffiraient pas pour une énumération aussi longue. (*Nouveaux rires et applaudissements à gauche.*)

Lorsque les électeurs, sur toute la surface d'un département, se mettront en mouvement, ah! ne croyez pas, Messieurs, qu'ils obéissent à un comité. Et d'abord, sur ces comités, il faudrait s'expliquer une bonne fois. Je sais bien que l'honorable ministre de l'intérieur raconte à ses amis et même à cette tribune qu'il y a une organisation (*Rires à gauche*) de comités qui enserrent la France, une organisation tellement forte, tellement puissante, que nul ne passera hors nous et nos amis. Et il est arrivé à le persuader à un certain nombre d'âmes simples et désintéressées. (*Rires ironiques à gauche.*)

Il est vrai qu'il avait bien voulu, comme on dit, un peu fortifier son roman par quelques preuves juridiques, et alors on avait chargé les magistrats de l'ordre administratif les plus déliés et les plus compétents de saisir enfin cette organisation, cette ramification fatale qui menaçait d'étouffer l'ordre, la religion, la propriété, la famille et les ministres. (*Nouveaux rires et applaudissements à gauche.*)

On trouve toujours, Messieurs, des agents pour faire une telle besogne, sous tous les gouvernements. Et alors, après des perquisitions innombrables, des fouilles, des instructions où la justice régulière n'a risqué guère qu'un doigt ou deux, on arriva à étaler devant le pays les deux plus redoutables tronçons de ce monstre. Une tête de l'hydre, à Lyon ; une autre tête de l'hydre, à Marseille. Seulement, il n'y avait qu'un malheur, c'est que l'hydre était soldée, entretenue et

payée par la préfecture ; c'était une hydre en condition. (*Éclats de rires et applaudissements à gauche.*)

M. LE VICE-PRÉSIDENT DU CONSEIL. — Comment ! le
comité de la Permanence, vous l'accusez d'être soldé
par la police ? Il est bon que ce soit constaté !

M. GAMBETTA. — Je ne vous ferai pas, Messieurs, le
narré de ces diverses affaires. La France s'en est
égayée pendant vos vacances... (*Hilarité à gauche.*)
Seulement, on arriva à une situation telle qu'il fallut,
malgré les résistances les plus héroïques, que M. le
ministre de l'intérieur — oh ! non pas sans compen-
sation, — se séparât des « impresarii » en mélodrame.
(*Nouvelle et bruyante hilarité à gauche.*)

La pièce a été sifflée, mais les acteurs restent.

M. LE VICE-PRÉSIDENT DU CONSEIL. — Et les prévenus
ont été condamnés.

M. GAMBETTA. — Monsieur le ministre de l'intérieur,
vous prendrez un jour pour vous expliquer à nouveau,
— ce que vous n'avez pas fait dans la commission de
permanence, — et pour qu'on sache surtout si la
parole d'honneur de Coco est devenue un argument.
(*Bravos et applaudissements à gauche.*)

Je dis, Messieurs, que l'épouvantail est démodé ;
je dis que cela n'a pas de prise sérieuse sur vos esprits,
et que si certains d'entre vous rendent ce vote dans
un sens opposé à la thèse que je soutiens, ils se déter-
mineront par des considérations supérieures, plus
politiques et plus fortes.

Je ne méconnais pas, en effet, qu'il y a dans cette
Assemblée et au dehors un parti, un seul, qui a ou
semble croire qu'il a un intérêt prépondérant dans ce
scrutin d'arrondissement, et je pense que c'est là
qu'est le véritable nœud de la question.

En effet, de tous les partis qui, dans cette enceinte,
ont déclaré leur antipathie pour le scrutin de liste, il
n'y en a guère qu'un qui le fait avec passion, avec
acharnement : ce n'est pas le parti légitimiste, ce

n'est pas le parti bonapartiste, ce n'est pas le parti républicain, c'est... l'autre. (*Rires et exclamations sur divers bancs.*)

Cet autre, il est reconnaissable à deux caractères : il est constitutionnel le 27 février, mais non pas le 25... (*Hilarité à gauche.*) Et, après avoir été constitutionnel le 27 février, il voudrait bien être dynastique sous un régime républicain.

Messieurs, on peut croire cette politique très profonde; on peut croire que dans l'Assemblée elle fait illusion à quelqu'un et que, dans le pays, elle pourrait avoir quelque avenir, même avec le scrutin d'arrondissement. Je n'hésite pas à le dire, malgré le voile dont a parlé l'honorable M. Dufaure... (*Rires sur divers bancs à gauche*) — je vois clairement que cette politique est sans avenir.

Je crois même que ceux qui lui servent de chefs ici, et dont on a cité les opinions au cours de ce débat, sont quelque peu fixés sur cet avenir; seulement ils disent qu'il faut se réserver pour un en-cas. Ils se disent : La Constitution que nous devons au patriotisme des républicains de vieille date et des républicains de raison, cette Constitution est tellement conservatrice que... qui sait? Il nous est déjà arrivé de changer une révolution en nourrice; si nous pouvions aussi changer une Constitution!... (*Rires bruyants et prolongés à gauche.*)

Je crois, Messieurs, que ces calculs qu'on donne comme profonds sont puérils. Il y a longtemps que la garde bourgeoise ne réussit plus à nos princes. Ce n'est donc ni par passion, ni par hostilité que je dis ce que je dis et que je le complète par ce que je vais ajouter.

Je crois que les chefs du parti auquel je fais allusion, après s'être promenés assez longuement de la monarchie traditionnelle à la monarchie constitutionnelle, du septennat impersonnel au septennat personnel, pour aboutir à la République forcée, que les chefs de ce parti ont mesuré leurs chances : ils ont endoctriné leurs amis ; ils leur ont dit que le scrutin d'arrondissement était la dernière forteresse du parti conservateur, la dernière ancre de salut d'une société désemparée ; ils ont vidé le dictionnaire des tropes et hypotyposes, et ils sont arrivés à leur démontrer sincèrement qu'il y avait un vrai péril social à ne pas voter le scrutin d'arrondissement.

Eh bien, je vais vous dire à quoi cela avancera certaines gens, et ce que cela fera du parti pour lequel ses chefs rêvent de si hautes destinées. La vérité vraie, c'est que ce que j'appelle le corps d'armée, qui a à sa tête des docteurs graves, il est vrai, mais peu habiles, ce corps d'armée sera écrasé au scrutin d'arrondissement ! Entre quoi ? Eh, mon Dieu ! entre les deux écoles qui se divisent le suffrage universel. (*Approbations à gauche.*) Seulement, on aura réservé de-ci de-là quelques bons arrondissements ; on les fera les plus petits possibles ; on les munira de ces fonctionnaires que, sous l'empire, vous appeliez des fonctionnaires à poigne...

Et je dirai en passant que, au fond, ce que vous regrettez de l'Empire, —oh ! ce n'est pas l'Empire, je ne vous fais pas cette injure, — ce sont ses fonctionnaires, c'est leur esprit de ressources et leurs victoires électorales. Ah ! vous voudriez bien les lui prendre ; mais vous n'avez pas la manière de s'en servir. (*Rires et applaudissements à gauche.*)

Je dois reconnaître que vous avez fait tout ce que vous avez pu pour en hériter ; vous avez pris à peu près tous ses fonctionnaires. Je ne m'en plains pas trop, parce qu'enfin il faut conserver les fonctionnaires dans un pays ; mais voilà le malheur, c'est qu'ils n'opèrent pas pour vous... (*Nouveaux rires à gauche.*)

Alors il arrivera que, grâce à la position personnelle de quelques-uns, à l'éloquence des autres , à l'autorité qui s'attache à la parole d'un des ministres, et au caractère toujours sérieux que l'on est habitué à prêter aux statistiques officielles, il y aura un grand nombre d'entre vous qui se laisseront entraîner à voter le scrutin d'arrondissement. Mais, permettez-moi de vous le dire, il y en a un très petit nombre seulement qui recueilleront le bénéfice de leur vote ; dans certains bourgs pourris, quelques-uns pourront encore se faire élire ; mais le flot aura passé sur le parti, et il ne reviendra pas. (*Rires d'approbation à gauche.*)

Voilà, Messieurs, la vérité.

Tous les autres partis qui ont besoin d'indépendance, de liberté, de discussion, qui ont encore, de-ci de-là, par territoire ou par section, de quoi parler à la France, pour ressusciter chez elle ou de vieilles sympathies pour ses traditions, ou je ne sais quelle suite de clientèle, ou quelque ascendant dû aux services rendus, tous ces autres partis ont intérêt au scrutin de liste. Et, au fond, si le scrutin de liste rencontre des objections apparentes de tribune, de journaux, de discussions théoriques, c'est parce que l'on est arrivé à y glisser une question politique au lieu d'une question électorale, au lieu d'une question nationale.

Maintenant, Messieurs, que vous allez retrouver, au moment de voter, non pas la liberté de vos votes, — je crois que vous ne l'abandonnez jamais, — mais la liberté de vous débarrasser du poids des sophismes accumulés sur cette discussion, tout en prenant la responsabilité de ce que je viens de dire, mes amis et moi nous avons voulu, puisqu'un sort équivoque a été fait au Parlement, nous avons voulu, dis-je, affranchir tout le monde en déposant sur la tribune une demande de vote au scrutin secret sur l'amendement qui vient d'être discuté. (***Exclamations et murmures à droite et au centre. — Applaudissements prolongés à gauche. — L'orateur, en descendant de la tribune, reçoit les chaleureuses félicitations de ses amis.***)

M. Buffet ne répondit pas à M. Gambetta et l'Assemblée prononça la clôture. Le scrutin secret, demandé par la gauche, donna les résultats suivants :

Nombre de votants. . . . . . . . . . 683
Majorité absolue. . . . . . . . . . . 342
Pour l'adoption de l'amendement. . . . 357
Contre. . . . . . . . . . . . . . . . 326

L'amendement de M. Antonin Lefèvre-Pontalis était adopté à la majorité de 31 voix.

Le 13 novembre, l'Assemblée décida de passer à une troisième délibération du projet de loi.

Cette délibération commença le 22 novembre. La gauche, dans la séance du 26, livra un dernier combat en faveur du scrutin de liste. M. Gambetta reprit à titre d'amendement l'article 14 primitif du projet de la Commission et le défendit dans le discours suivant :

M. Gambetta. — L'amendement dont M. le président vient de donner lecture à l'Assemblée n'est que l'article 14 du projet de loi primitif présenté à l'Assemblée par la Commission chargée de l'examen du projet de loi électorale, et que l'Assemblée, par une décision récente, a remplacé par l'amendement de M. Lefèvre-Pontalis.

J'ai pensé, Messieurs, que, malgré le reproche de témérité que je pouvais encourir de la part de la majorité, à venir reprendre un débat qui, il y a huit jours, a occupé cette Assemblée et qui a abouti au vote de majorité que vous savez, vous voudriez bien excuser ma persistance à agiter encore une fois devant vous cette question.

Je crois en effet que, malgré l'autorité qui s'attache à une décision qui, certainement, n'a pas été prise précipitamment ni sans motifs longuement débattus devant elle, l'Assemblée admettra que cette délibération tutélaire de la troisième lecture, que la loi a voulu réserver surtout aux questions qui touchent aux plus hauts intérêts de la politique et du gouvernement, n'est pas une précaution superflue. Je compte au surplus n'apporter dans ce débat qu'un langage entièrement détaché de toute passion et de tout parti pris ; et il est possible, — je voudrais du moins l'espérer, et il ne dépendra pas de moi, pour y réussir, de ne parler que le langage de la raison comme de la logique, — il est possible que ce vote, que je considère, non pas au point de vue de mon parti, mais au point de vue de l'avenir du gouvernement dans ce pays-ci, comme un vote dangereux, puisse être rapporté après une nouvelle discussion devant vous. (*Très bien! très bien! à gauche.*)

Que si nous ne consultons dans cette controverse que des intérêts et des calculs d'hommes de parti, je vous assure en toute loyauté, Messieurs, que le scrutin d'arrondissement me paraîtrait, comme le scrutin de liste, un mode qui ne compromet en rien le triomphe, selon nous inévitable, des idées que nous représentons.

Si je ne poursuivais que ce que l'on a parfois appelé la victoire du nombre, si je ne voyais que des sièges à conquérir, j'ai, je le répète sans crainte d'être démenti d'ici à trois mois, j'ai une confiance assez complète dans le bon sens de la France, dans la résolution où est le pays de sortir enfin de l'équivoque et du provisoire, pour être à peu près sûr que la majorité sera acquise aux candidats qui déclareront loyalement et sincèrement qu'en faisant l'œuvre du 25 février ils ont voulu fonder la République dans ce pays. (*Très bien! très bien! à gauche.*)

Par conséquent, ce n'est pas, je le répète, au point de vue du résultat électoral que je veux me placer dans ce débat, ce n'est pas au point de vue des calculs ou des préférences d'un parti.

Pour ma part, je n'ai jamais cru que le scrutin de

liste fût une panacée, pas plus que le scrutin d'arrondissement ne s'est présenté très certainement aux
esprits éclairés qui sont dans le cabinet comme un
moyen absolu de protéger les intérêts qu'ils veulent
défendre. Il n'y a pas de procédé électoral souverain
pour faire triompher ou pour faire échouer une politique. Ce sont là des expédients, rien de plus, et on
n'arrivera jamais en ce genre à la perfection. Plus la
masse électorale qu'on met en mouvement est profonde, plus elle est animée de passions diverses, plus
l'instrument dont on se sert pour arriver à la consulter reste nécessairement imparfait et présente d'à-peu
près dans les réponses.

Par conséquent, si nous ne faisions ici qu'une législation purement électorale, si cette législation
n'impliquait pas en même temps une grave question
politique, et une question politique d'avenir, je ne
crains pas de le redire, je ne crains pas de le déclarer
hautement, pour les institutions que nous avons fon-
dées le 25 février, je passerais condamnation sur le
scrutin de liste et je voterais sans crainte avec vous le
scrutin d'arrondissement. Mais j'ai la conviction profonde, opiniâtre, qu'il n'en est pas ainsi; et je ne
pense pas qu'il y ait dans cette Assemblée un homme
politique qui puisse ne pas s'arrêter un moment encore avant d'émettre son vote, et ne pas peser une
dernière fois la détermination qu'il va prendre.

Le suffrage universel a été respecté par cette Assemblée; il est à l'abri de toute espèce de retour of-
fensif de la part d'aucun parti, parce qu'il est le droit
et parce qu'il existe depuis vingt-cinq ans. Mais, Messieurs, il y a manière de le consulter; et on peut dire
que les lois qui règlent la manière de donner ce suffrage et de le recueillir sont aussi importantes, aussi
fondamentales pour l'avenir de la société que les lois
mêmes qui le reconnaissent et le fondent. Oui, savoir
comment on votera, savoir comment on recueillera

les suffrages, est chose aussi importante, aussi décisive que de savoir qui votera.

Eh bien, je dis, Messieurs, que, quelque parti que
nous représentions dans cette Assemblée, l'intérêt
primordial, l'intérêt supérieur à nos préférences individuelles, à nos visées personnelles, l'intérêt qui
doit nous dominer et obséder nos esprits, c'est de
savoir si, à la veille des élections, au moment d'interroger la France, nous allons l'interroger dans des
conditions suffisantes pour établir, pour assurer véritablement, avec les hommes qu'elle nous enverra, un
gouvernement libéral, modéré et fort. (*Très bien! très
bien! à gauche.*)

Car c'est là le gouvernement que nous avons entendu faire lorsque, au 25 février, nous nous sommes
réunis des points les plus divers de cette Assemblée
dans un vote commun. Nous nous sommes réunis un
jour, et quelques-uns ont cru ou feint de croire que
cette réunion ne serait que passagère. Messieurs, je
ne le crois pas. (*Ah! ah! à droite.*)

Vous pourrez m'interrompre : je suis résolu à ne
relever aucune interruption. (*Très bien! à gauche.*)

Je crois qu'il en peut être de cette union, au moins
pendant un certain temps, comme il en est assez
souvent, Messieurs, des mariages de raison : l'humeur des conjoints peut n'être pas d'abord parfaitement harmonique, et il y a des tiraillements. Ce qui
éclatera probablement encore, bien souvent, ce seront certaines incompatibilités d'humeur; mais, le
pays aidant, les élections générales étant faites, et
cette Constitution sortant enfin de ce que j'appellerai
les limbes métaphysiques où on la maintient, pour
entrer dans le domaine des réalités, pour fonctionner
devant le pays, pour organiser deux Chambres, non
pas deux Chambres idéales, mais deux chambres
formées, en majorité du moins, de citoyens dévoués
avant tout à la France, quand la Constitution fonc-

tionnera, le mariage produira alors tous ses effets, les incompatibilités d'humeur disparaîtront, et j'ai confiance dans la durée et dans l'efficacité de l'union contractée sous ces auspices. (*Applaudissements à gauche.*)

Il apparaît sans doute, au premier regard, et il n'est pas douteux que dans cette Constitution votée sous l'empire d'un très louable sentiment de transaction, les conservateurs ont voulu introduire des garanties selon nous excessives. Au surplus, je ne trouve pas mauvais, quant à moi, qu'on leur ait donné ces garanties excessives, ne fût-ce que pour les convaincre de la profonde bonne foi de ceux qui contractaient avec eux. Eh bien, ces garanties que nous avons consenties ont été d'abord un pouvoir présidentiel qui était dans des mains que tout le monde acceptait, que tout le monde respectait, qui vous donnait à vous (*la droite*) une confiance et une sécurité complètes. Voilà la première des concessions.

La seconde a été la Chambre haute.

Puis est venu le mode d'élection de cette Chambre.

On a trouvé qu'on avait été beaucoup trop loin dans ces concessions. Je ne le pense pas.

Je crois que la France ratifiera ce contrat, parce que c'était un contrat de patriotisme et de sincérité. (*Très bien! très bien!*)

Et qu'est-ce qui importait avant tout? C'était de démontrer au pays que, lorsqu'on poursuivait la République, on ne poursuivait pas un vain mot, on ne poursuivait pas purement et simplement une institution nominale, mais qu'on voulait réunir, rassembler tous les intérêts conservateurs, aussi bien que les intérêts de progrès et de réforme, sous l'égide d'une même charte et d'une même loi. (*Nouvelle approbation et applaudissements à gauche.*)

Voilà ce qu'on a voulu faire. (*Très bien! très bien!*).

Et alors les uns cédant, les autres transigeant, est-ce que ceux qui abandonnaient le principe d'hérédité avec tristesse, mais — nous persistons à le penser — avec loyauté, n'ont pas reconnu que, du moment où l'on ne pouvait donner à la France le gouvernement sous lequel elle ne peut plus vivre, la monarchie, il fallait accepter la République? Mais parce qu'ils ont accepté la République, n'ayant pu fonder la monarchie, est-ce que leur concours, s'il est sincère et durable, en est moins précieux, moins décisif pour l'avenir de la France?

*A droite.* — Il est trop tard!

M. Gambetta. — On me dit qu'il est trop tard! Je ne le pense pas, parce que ces concessions qu'on a consenties, il y avait quelqu'un qui les avait réclamées, et plus que personne ce quelqu'un en avait le droit : c'était le pays, contre lequel personne ne peut protester ni avoir raison longtemps. C'était le pays, qui, par ses choix répétés, multipliés, avait dit à ceux qui étaient républicains, comme à ceux qui résistaient à le devenir : Je veux définitivement fonder la République! Si on a cédé à quelqu'un, on n'a cédé qu'à la France. (*Très bien! très bien! à gauche.*)

Eh bien, c'est cette politique qu'il s'agit de faire sanctionner par le suffrage universel aux prochaines élections, aux élections qui sont imminentes.

Or, j'ose affirmer que le mode, le procédé électoral à l'aide duquel vous allez consulter la France pourra, dans une certaine mesure, faciliter ou fausser la réponse. Et s'il en est ainsi, je demande aux ministres qui sont sur ces bancs, comme à tous les hommes politiques de cette Assemblée, quel est le résultat qu'on doit chercher, qu'on doit provoquer, qu'on doit attendre dans les élections futures. C'est évidemment, Messieurs, de créer dans les Assemblées qui vont vous succéder, non pas par des moyens artificiels, à l'aide de pressions, de promesses ou de menaces, ou par des procédés obliques, mais par la persuasion, par la discussion, par l'autorité qui s'attache à une politique claire et ouverte, c'est de créer une majorité de gouvernement... (*Très bien! très bien! à gauche*) une majorité qui, étant l'expression sincère et autorisée du pays, sache faire prévaloir la volonté de la France, sache donner et apporter au pouvoir, en même temps qu'une force et un appui contre les factions, s'il y en a, une surveillance, un surcroît de lumière et d'intelligence dans ses conseils, et qui permette enfin d'arracher le pays au spectacle que, depuis cinq ans, nous donnons de notre impuissance, de nos divisions intestines, de nos querelles! (*Protestations à droite. — Marques d'approbation et applaudissements à gauche.*)

Messieurs, quel que soit le parti auquel nous appartenions dans cette enceinte, est-ce que nous n'avons pas eu des heures d'écœurement et de lassitude en voyant notre impuissance réciproque, en constatant ces divisions que rien ne pouvait calmer, ces efforts toujours renaissants et toujours inutiles? Et pourquoi? Pour poursuivre un but décevant; car, tour à tour, vous avez confessé que vous ne pouviez pas l'atteindre! (*Rumeurs à droite. — Applaudissements à gauche.*)

Eh bien, la politique qu'il faut chercher, c'est, je le répète, une politique d'apaisement et de conciliation. Ah! on peut dire, avec un dédain dont l'histoire fera justice, que cet esprit conciliateur, que cette modération sont de commande et de circonstance.

Messieurs, je sais qu'il est difficile de persévérer en toute entreprise humaine sous le déluge des calomnies ou des quolibets; mais ce que je sais bien aussi, et ce que j'atteste à cette tribune, c'est que cette politique, qui est la politique de l'avenir, ne sera démentie ni par ceux qui l'ont honorée ici en s'y associant, ni par le pays qui est à la veille de la juger. (*Applaudissements à gauche.*)

Sans cette majorité de gouvernement que vous devez désirer, les prochaines Assemblées ne seraient encore qu'une arène ouverte aux luttes des partis; vous prolongeriez le cauchemar qui pèse sur la conscience nationale depuis cinq ans. (*Légères rumeurs à droite.*) La situation serait peut-être plus grave encore qu'aujourd'hui; car on comprend, en somme, assez bien que, venus dans un moment de trouble et d'abattement général, les partis soient entrés confusément dans cette enceinte, remplis de projets mal définis ou d'illusions, et qu'ils s'y soient livrés à des luttes implacables quoique loyales, parce que chacun poursuivait son but et qu'il n'avait reçu de mandat précis d'aucune espèce de collège électoral. Mais demain, après des institutions votées, promulguées, appliquées, quelle serait la situation si, au lieu de donner au pays le spectacle de la concorde et de la force, on lui offrait encore un tableau effroyable de vaines discussions et d'anarchie? (*Applaudissements à gauche.*)

Donc, ce qu'il faut, ce sont des élections qui assurent le triomphe d'une politique libérale, conciliatrice et républicaine, qui n'ait pas peur de dire que la République est fondée, qui n'ait pas peur de dire que cette République offre un abri suffisant aux intérêts des uns comme aux aspirations des autres, de telle sorte que tous, et le gouvernement tout le premier, soient obligés de ne connaître d'autres règle que la loi, de n'attendre le triomphe de leurs idées que des progrès de la raison publique, de ne compter que sur la libre discussion pour faire prévaloir une politique et un programme. J'admets très bien, pour ma part, qu'on ait des programmes divers, je ne crains que les programmes qui se cachent; quant à ceux qui affrontent la lumière de la tribune et de la discussion, qu'on les apporte, qu'on les discute, nous avons un tribunal commun.

Je n'ignore pas qu'il est de mode de parler de

l'ignorance ou de l'inexpérience de la France ; mais
je sais que, lorsqu'on la consulte aux heures d'é-
preuves comme aux heures de calme... (*Interruptions
à droite.*) elle ne se dément pas, elle répond toujours
par ce qui est au fond de sa conscience, le respect de
la liberté et de la justice. (*Vive approbation à gauche.
— Rumeurs à droite.*)

Eh bien, Messieurs, comment consulterez-vous la
France ? Est-ce par le procédé du scrutin uninominal,
ou par le procédé du scrutin de liste ?

Je vais essayer d'exposer devant vous les conséquences funestes du premier système mis en regard
du second.

D'abord, je déclare que ce qui est en question dans
les observations que je développe devant vous, ce
n'est pas le scrutin de liste pur et simple, c'est le
scrutin de liste tel que vous le présentent MM. Rolland et Jozon et tel que nous l'acceptons, voulant
donner par là une nouvelle preuve de notre esprit de
modération et de conciliation. (*Très bien ! très bien ! à
gauche. — Interruptions et sourires sur quelques bancs à
droite et au centre.*)

Messieurs, vous souriez quand je parle de modération... Nous sommes gens de revue, et, à moins que
la mort ne nous frappe prématurément, je vous donnerai, j'en ai la confiance, des gages assez décisifs de
cet esprit de modération pour que le dernier mot me
reste. (*Très bien ! très bien ! à gauche.*)

Je ne veux pas revenir sur le grand côté du scrutin
de liste au point de vue de la substitution d'une opinion à une personne, qui fait qu'au lieu de se déterminer sur un nom et pour telle ou telle personnalité,
on vote sur une opinion, sur une doctrine, ce qui a
cet avantage d'élever le débat, de conserver plus de
moralité à l'élection, surtout d'instruire plus efficace-
ment le pays ; car les élections ont ce double aspect,
qu'elles sont à la fois pour le pays un jugement qu'il

porte sur la politique et une éducation qu'il se fait à lui-même. (*Très bien! très bien! à gauche.*)

Je laisse de côté cette première considération, toute grave qu'elle est, de la substitution d'une opinion, d'une théorie, d'un drapeau, à une personnalité locale. Je ne tiens pas compte non plus d'une chose que je considérerais comme des plus regrettables pour les mœurs et les habitudes françaises, du rôle que l'argent peut être appelé à jouer dans les élections sur un théâtre politique restreint. (*Interruptions à droite. — Approbation à gauche.*)

Il ne faut pas, Messieurs, dédaigner d'envisager ces choses, même par le côté le plus terre à terre. Or, n'est-il pas vrai de dire que, lorsque l'élection aura lieu dans un arrondissement qui contiendra quatre ou cinq cantons et quelquefois une très faible population, la tentation de recourir à la corruption pécuniaire sera violente pour certains hommes? Je ne veux pas citer de noms propres; mais vous savez bien qu'autrefois, il n'y a pas dix ans, on discutait sur le rôle qu'avait joué l'argent dans certaines élections qui avaient eu lieu par circonscription. On se demandait alors si ce rôle avait été considérable ou restreint. Comme s'il n'était pas élémentaire que dans toute élection l'argent ne doit jouer aucun rôle! (*Très-bien! très bien!*)

C'est une considération d'un ordre peu élevé, j'en conviens, mais d'autant plus grave qu'il s'agit d'élections dans une démocratie armée du suffrage universel, c'est-à-dire dans un état social où la moralité est la gardienne de toutes les libertés; car les peuples corrompus sont mûrs pour le despotisme... (*Mouvement*) et c'est pour cela que vous entendez des orateurs qui disent que le peuple est libre de se corrompre, pensant certainement que le jour où il ne réclamerait plus que du pain et des jeux, il y aurait encore dans la lignée des Césars d'aventure quelque

Césarion pour l'entretenir. (*Applaudissements répétés à gauche.*)

Je laisse encore de côté cette seconde considération, et j'arrive à une troisième : c'est ce que je pourrais appeler l'honneur, le prestige de l'élection.

Est-ce que vous ne sentez pas que, sur un théâtre si restreint, il y a un péril grave, sans avantage pour l'éducation ou pour la clairvoyance de l'électeur, à susciter des candidatures qui n'oseraient jamais se produire sur un théâtre plus vaste ?

Je sais bien qu'on a fait une théorie extrêmement ingénieuse, — ce qui nous nuit quelquefois, c'est de donner, même dans les plus grandes questions, le pas à l'esprit sur la raison ; — je sais qu'on a parlé de candidats sempiternels et universels, de candidats qui auraient le don d'ubiquité et qui seraient, comme on l'a dit, des remorqueurs.

Messieurs, il faut faire justice de cette hallucination électorale. Il n'est pas vrai d'abord qu'un pays eût à se plaindre s'il avait beaucoup d'hommes capables d'être des remorqueurs. Cela prouverait que les partis ont des individualités très éclatantes, et plus la France sera riche en individualités de cet ordre, plus elle aura de ces hommes de gouvernement qui pourront se relayer au pouvoir sans courir le risque des révolutions, et plus, je pense, elle devra s'en féliciter. (*Mouvements en sens divers.*)

L'abondance des hommes supérieurs constatée dans les élections ne serait nuisible pour personne, si ce n'est pour les concurrents qu'ils auraient déplacés. (*Sourires.*) C'est là un argument qui est parti bien plutôt du cœur d'un candidat que du cœur du suffrage universel. (*Rires approbatifs à gauche.*)

Mais il y a une autre considération que je veux vous soumettre avec la même liberté ; car je ne pèse sur rien, vos esprits étant déjà suffisamment éclairés : c'est la question de l'esprit qui présidera à la confection des listes de candidats. Il faut bien que j'en dise quelques mots, puisqu'on en a fait un argument contre le scrutin de liste.

On a dit : Les listes de candidats arriveront toutes faites de Paris; elles seront faites par un comité central.

Messieurs, je ne voudrais pas vous divulguer nos affaires, puisque vous croyez à des mystères... (*Sourires approbatifs à gauche.*) Mais permettez-moi de vous dire que vous exagérez beaucoup les choses. Il n'y a dans les provinces, si provinces que vous les supposiez, de fief électoral pour personne; il n'y a pas de collège dans lequel les légitimes prétentions locales ne se fassent à elles-mêmes la place qui leur appartient et qu'on n'aurait aucune chance de leur disputer de loin avec succès. Les hommes sont sur les lieux, ils y rendent des services quotidiens : ils y ont depuis longtemps pignon sur rue. Croyez que, quand ils s'adressent à Paris pour avoir l'avis de leurs députés, de vous tous, Messieurs, ils sollicitent peut-être un surcroît de force ; mais, si vous les contrariez, ils se passent de vous. (*Rires approbatifs à gauche.*)

La vérité vraie, il faut le constater, c'est que si l'élection se faisait au chef-lieu, — je crois et je persiste à croire que la modération n'en serait pas exclue, — on serait obligé de peser, de combiner les listes pour faire la part de telle nuance, de telle ou telle fraction de parti, dans tous les cas, on les discuterait et il me semblerait bien singulier que, de cette discussion rapprochant les hommes qui représentent les diverses fractions des partis libéraux, ne sortît pas le triomphe de la modération, c'est-à-dire de la raison politique. (*Approbation à gauche.*)

Irez-vous donc vous priver volontairement de ces avantages? Et si vous le faites, voulez-vous voir quel bénéfice vous allez recueillir de cette sorte de pulvérisation de la France électorale? Quant à moi, je le répète puisque j'en trouve l'occasion, je ne crains pas l'issue, quelle qu'elle soit, de cette discussion. Si je ne faisais, comme les avares, que liarder et mettre un candidat sur un autre, je vous dirais que nous y gagnerons non-seulement des candidats, mais des députés. Mais je ne sais si la vraie politique, celle que j'esquissais tout à l'heure, s'en trouverait bien. (*Mouvements divers.*)

Il y a une question qui est au fond de tout ceci, une question qu'il faut bien une bonne fois aborder, avec ménagement, je le reconnais, sans paroles passionnées, mais avec une entière franchise; il y a la question de savoir, — et c'est là pour moi la vraie question, — si le scrutin de liste offre les mêmes tentations que le scrutin d'arrondissement à ce qu'on est convenu d'appeler la candidature officielle.

Je ne le crois pas. Je crois que la candidature officielle pourrait, à la rigueur, s'exercer avec le scrutin de liste. Je ne méconnais pas que, lorsqu'on veut faire de la candidature officielle, il n'y a pas de procédé électoral pour l'empêcher. Mais, enfin, il s'agit de chercher d'une façon pratique, au point de vue de l'indépendance et des intérêts communs de tous les partis, si on n'est pas plus tenté de l'exercer quand on a à agir sur dix, sur quinze mille électeurs, que lorsqu'il faut agir sur cinquante mille.

Si je posais la question dans ces termes, il n'y en a pas un de vous qui ne la trouvât tout d'abord résolue au profit du scrutin de liste. Mais c'est surtout au point de vue des conséquences que je voudrais essayer de modifier le sentiment de la majorité qui a voté le scrutin uninominal.

Les conséquences, il y en a qui devraient vous frapper, surtout au point de vue conservateur. C'est d'abord la lutte dans laquelle le gouvernement peut être exposé à entrer. Je ne crois pas qu'il y soit décidé, j'espère même qu'il ne s'y décidera pas ; mais, enfin, nous raisonnons sur une hypothèse que plusieurs trouvent très menaçante.

Eh bien, je dis que, dans le cas où il se déciderait à faire de la candidature officielle, les trois plus grands inconvénients que j'aperçois sont les suivants :

En premier lieu, le gouvernement peut être, et je pense qu'il le sera, peut être vaincu. (*Sourires.*) Je n'imagine pas, quel que soit le désintéressement des ministres, que ce soit précisément le but qu'ils poursuivent dans les prochaines élections générales. Je suppose au contraire que, défenseurs plus ou moins... comment dirai-je? hésitants, dans le Parlement, de l'œuvre du 25 février, ils s'en feront un appui et se porteront ses garants devant le pays. Mais le danger, je le répète, ce serait de voir le gouvernement vaincu, et je crois que, s'il engageait la lutte, alors même qu'il aurait pour lui d'excellentes raisons, le fait de provoquer la lutte créerait une opposition, susciterait contre lui un courant contraire qui, évidemment, le conduirait à une défaite. D'où une condition d'affaiblissement pour le pouvoir, et une condition de désordre pour les prochaines Assemblées. Voilà la première conséquence.

Il y en a une seconde : c'est que vous n'aurez pas de majorité, et surtout vous n'aurez pas une majorité réelle, puissante, investie d'une grande autorité morale sur le pays. Et vous savez bien que, dans l'état où se trouvent la France et l'Europe, il faut faire taire toute espèce de calculs personnels, et, si vous devez former un vœu, c'est incontestablement de fonder enfin, pour la période qui va s'ouvrir après 1876, un gouvernement véritablement fort, puissant, sur l'opinion de la France comme sur l'opinion de l'Europe. (*Très bien! très bien! à gauche.*)

Voilà la seconde conséquence.

Mais ce n'est pas tout : il y a dans cette Assemblée

bien des hommes qui sont divisés sur les théories
politiques. Je ne pense pas qu'il y ait personne qui
n'ait été d'avis, à la suite des désastres de 1870, que
si quelque chose avait été une condition d'énervement et de ruine pour le gouvernement impérial,
c'était évidemment la composition de ces Assemblées
dont les membres n'étaient que des créatures au
lieu d'être des mandataires. (*Très bien! très bien! à
gauche.*)

Et on a pu dire avec raison que les candidatures officielles étaient les véritables responsables des désastres
de la patrie.

*A gauche.* — C'est vrai! c'est vrai!

M. GAMBETTA. — Je sais bien qu'on nous dit : Mais
vous ne nous faites sans doute pas l'injure d'établir
des analogies entre nous et l'Empire. Nous n'avons
jamais parlé de candidatures officielles; nous avons
parlé du droit de désignation personnelle. Nous ne
nous laisserons jamais aller ni à ces excès, ni à ces
abus. Nous ne voulons qu'appliquer la règle de l'opinion dominante au pouvoir, règle que vous devriez
d'autant plus saluer qu'on la trouve professée par des
hommes que vous avez l'habitude de considérer
comme des autorités, par l'honorable M. Jules Simon
et par l'illustre M. Thiers.

Je reconnais qu'il y a dans cette façon de poser la
question une logique assez subtile et fort habile,
puisqu'elle présente un gouvernement comme une
opinion au pouvoir, parfaitement investie du droit
de se défendre, de faire de la propagande à son profit,
d'obtenir l'assentiment du peuple à sa politique, à
l'aide de la désignation de certains candidats au
corps électoral, et que, par conséquent, tout reste
ainsi dans l'ordre et dans la règle du gouvernement
parlementaire. De cette manière, on ne froisse pas
l'axiome fondamental de la politique libérale du gouvernement du pays par le pays, non : on manifeste

seulement ses préférences et on se borne à rentrer dans des déclarations purement platoniques.

Messieurs, j'avais pensé à vous présenter moi-même la réfutation d'une thèse aussi spécieuse que redoutable par les effets qu'elle peut avoir sur l'esprit de certains membres de cette Assemblée. J'y ai renoncé ; car je me suis dit que je pouvais procurer à l'Assemblée l'économie d'un médiocre discours de ma part, en même temps que le plaisir d'entendre les citations d'un discours dont personne ici ne pourrait méconnaître la vigueur de langage et la pureté de doctrine. Et quand on saura que l'homme qui l'a prononcé est un des orateurs les plus fermes qui aient honoré la tribune française dans l'ancien Corps législatif, on comprendra pourquoi je n'ai pas voulu substituer ma parole à la sienne.

Eh bien, voici ce que, dans la séance du 5 avril 1869, dans des circonstances qui offraient une singulière analogie avec celles que nous traversons, l'honorable M. Buffet disait, précisément sur cette candidature officielle que les ministres de l'époque proposaient de dégager des abus qui lui étaient reprochés, et, par conséquent, de maintenir dans la région des préférences platoniques et gouvernementales.

L'honorable M. Buffet, dans ce discours qu'il faudrait citer tout entier, car, je le déclare, il n'en est pas de meilleur, il n'en est pas certainement de plus décisif dans toute l'histoire parlementaire... et, si je m'exprime ainsi, ce n'est pas, veuillez le croire, monsieur le Ministre, pour le vulgaire plaisir de vous mettre en contradiction avec vous-même...

A *droite, ironiquement.* — Oh non ! non !

A *gauche.* — Parlez ! parlez !

M. GAMBETTA. — ... contradiction qui n'existe pas, d'ailleurs, puisque vous êtes toujours le maître de venir nous dire si ces paroles restent, comme vous le déclariez à cette époque, votre conviction politique.

Eh bien, que l'Assemblée me permette, je ne pourrais mieux faire, de placer sous ses yeux quelques extraits de ce discours.

On était, je vous le disais, aux approches des élections générales de 1869. M. Buffet s'exprimait ainsi :

« Je dis que la solution pratique, efficace de cette question capitale sera, dans quelques semaines, soumise au pays tout entier, car dans la région des principes, on est beaucoup moins en désaccord qu'on ne semble l'être. . . . . . . . . . . . . . .

« Aussi, je comprends à merveille et je partage les préoccupations que les prochaines élections doivent inspirer et inspirent à tous les bons citoyens et au gouvernement lui-même ; seulement, chez le gouvernement, cette préoccupation a déterminé une résolution que, pour ma part, je considère comme profondément regrettable. Je veux parler du maintien des candidatures officielles.

« Cette question a été déjà longuement débattue devant vous, je ne voudrais pas la traiter à mon tour d'une manière complète ; mais je demande la permission de vous soumettre à ce sujet quelques observations très courtes. »

Moi, Messieurs, je vous demande la permission de les relire.

« Je suis parfaitement convaincu, poursuivait l'honorable député, que l'intention, et non seulement l'intention, mais la volonté formelle de M. le ministre de l'intérieur est de dégager autant que possible le système des candidatures officielles des abus qui ont provoqué, dans les élections précédentes, de bien légitimes réclamations ; mais, quelque sincère, quelque ferme même que soit sur ce point la volonté de l'honorable ministre de l'intérieur, je n'hésite pas à lui prédire qu'il échouera dans cette entreprise, qu'il ne réussira pas à dégager ce système des abus qui en sont, à mon avis, inséparables ; non seulement des

abus inhérents à toutes les institutions humaines et
qui sont la conséquence de notre imperfection, mais
d'abus très graves et qui ont pour effet de fausser
dans une large mesure l'expression de l'opinion publique. »

Et plus loin :

« Je ne veux certainement parler qu'avec le plus
grand respect des gouvernements précédents, car je
pense qu'ils ont travaillé tous consciencieusement à
réaliser le bien du pays, tel qu'ils le comprenaient;
mais je ne crois pas manquer aux égards envers l'un
de ces gouvernements en disant que l'intervention
administrative dans les élections a beaucoup contribué, —je parle du gouvernement de 1830, —à énerver
graduellement son organisme, à y déterminer une
sorte d'anémie, telle qu'il a été renversé par un choc
qui, dans les premières années de son existence, ne
l'aurait pas ébranlé. »

*De divers côtés.* — C'est vrai! — Très bien !

M. Gambetta. — Continuant cet exposé de la pure
doctrine du gouvernement de l'opinion s'exprimant
librement par des élections soustraites à toute influence administrative, l'honorable orateur se servait,
pour mieux faire comprendre et saisir sa pensée,
d'une image si bien suivie et d'un caractère si pitto-
resque et si frappant, que je vous demande encore,
Messieurs, la permission de vous la faire connaître.

La voici :

« On a dit que les élections devaient être le ther-
momètre de l'opinion publique. J'accepte cette comparaison, et je dis qu'en intervenant très activement
dans les élections, l'administration agit exactement
comme l'observateur qui, voulant se servir du ther-
momètre, ne laisserait visibles que les degrés de la
glace fondante et de l'ébullition, et placerait un écran
sur les degrés intermédiaires. Il pourrait bien apercevoir que la colonne de mercure a dépassé le zéro,

mais il lui serait impossible de savoir exactement où elle s'est arrêtée, et il ne la verrait reparaître que quand elle aurait atteint le degré d'ébullition.

« Eh bien, en politique, je crois qu'il est de l'intérêt le plus pressant pour le gouvernement de ne pas attendre, pour constater le mouvement de l'opinion, qu'elle soit arrivée au degré de l'ébullition. » — (*Très bien! très bien!*)

« Et voilà pourquoi je pense qu'il faut conserver à l'appareil, qui sert à en déterminer exactement l'état, toute sa justesse et sa sensibilité. Je crois qu'une intervention active de l'administration au milieu de la compétition des candidats et en faveur de certains d'entre eux aurait précisément pour effet de fausser l'appareil électoral. » — (*Nouvelle approbation.*)

On ne saurait parler avec plus de justesse, et M. Jules Simon certainement n'a jamais soutenu la candidature officielle avec autant de fermeté et de précision que vous en mettiez à en faire justice, monsieur le ministre...

M. Jules Simon. — Comment! Est-ce que j'ai jamais soutenu les candidatures officielles? (*Rire général et prolongé.*)

M. Gambetta. — Je regrette de m'être mal exprimé, si j'ai pu prêter à quelque critique de mon honorable collègue; je voulais dire simplement qu'à côté de la citation qu'on avait faite de ses paroles et de la portée qu'il avait plu au citateur de leur prêter pour soutenir la théorie des candidatures officielles, j'opposais, avec beaucoup d'empressement et une conviction absolue, la citation que j'emprunte à l'honorable ministre de l'intérieur.

Messieurs, M. Buffet, jugeant le système, ne s'arrêtait pas à ces déductions, et, jetant un coup d'œil sur l'avenir, il prononçait les paroles prophétiques que voici, et qui méritent votre attention :

« Le gouvernement doit évidemment désirer que

la majorité de la Chambre future ait la plus grande
autorité morale. Or il est évident pour moi que, si
le système des candidatures officielles a pour effet de
donner, dans les moments de calme, au gouvernement un surcroît apparent de force dont il n'a que
faire, en revanche, il le prive, dans les moments critiques, de cet appui nécessaire et solide que procure
seulement ce qui est fort et résistant. »

Le châtiment de la pratique contraire ne se fit pas
attendre, Messieurs! Mais je poursuis, parce que je
trouve dans le discours de l'honorable M. Buffet, sur
la nature même du suffrage universel, contre l'invasion de la candidature officielle, un argument qui me
paraît aussi nouveau que fermement déduit.

« Vous pouvez, disait-il, obtenir ce grand résultat,
en respectant d'une manière absolue la liberté électorale, et vous pouvez l'obtenir d'une manière bien
plus complète que cela n'était possible aux gouvernements fondés sur le suffrage restreint. C'est en vain
que les gouvernements auraient pratiqué l'abstention
même la plus complète dans les élections, la minorité
aurait encore pu dire à la majorité : Oui, sans doute,
vous êtes l'expression sincère, incontestable de la
majorité du corps électoral; mais nous, minorité
dans le corps électoral, nous avons la prétention de
représenter les idées, les intérêts, les principes des
huit millions de citoyens qu'on a laissés en dehors.

« Et comment contestera-t-on l'autorité d'une majorité issue librement, spontanément du suffrage universel? On pourra sans doute, je le répète, chercher
à modifier par la discussion les intentions, les volontés du pays et à obtenir, dans l'avenir, une majorité
différente, mais tout le monde sera bien obligé de
reconnaître qu'à cette majorité, tant qu'elle subsiste,
l'obéissance est due, que le devoir de tout citoyen,
en pareil cas, c'est la soumission. »

Et plus loin, car il faudrait tout citer...

M. CHALLEMEL-LACOUR. — Ce discours est admirable !
Continuez.

M. GAMBETTA. — M. Buffet ajoutait :

« J'ai la conviction que, si le pays, sans aucune
intervention administrative, » — pesez bien les mots,
Messieurs ! — « est interrogé, la réponse qu'il vous
fera sera celle que j'indiquais tout à l'heure : il vous
donnera une majorité qui pourra, sur bien des questions, ne pas être complètement en harmonie avec
la majorité de la Chambre actuelle ; je ne puis à cet
égard préjuger le verdict du pays, mais je crois fermement que cette majorité, à quelque nuance politique qu'elle appartienne, sera une majorité qui voudra
loyalement soutenir le gouvernement, et le soutenir,
je le répète, comme un gouvernement libéral doit
être soutenu, c'est-à-dire avec une complète et entière indépendance et, en même temps, avec une
bien grande autorité.

« C'est là ce que le pays demande. Prenez garde
de méconnaître sa volonté. »

A droite. — Très bien ! très bien ! — C'est très beau !

M. GAMBETTA. — Et M. Buffet terminait ainsi :

« Voilà pourquoi, Messieurs, je désirais, avant que
cette discussion ne fût close, exprimer cette pensée.
Je n'ai pas voulu, je prie la Chambre de le croire,
faire un discours » — il en avait fait un, et des meilleurs ! — « mais il me semblait que c'était un devoir
pour moi d'exprimer devant le pays ma conviction,
si profonde chez moi qu'elle a, à mes yeux du moins,
tous les caractères de la certitude. »

M. DE GAVARDIE. — Mais, monsieur Gambetta, c'est
votre condamnation, cela.

M. GAMBETTA. — Eh bien, Messieurs, c'est la certitude même qui animait M. Buffet dans toute cette
discussion politique, c'est cette certitude qui nous
anime encore aujourd'hui. Je n'ai nulle raison de
croire que l'honorable Ministre de l'intérieur ait

changé ni de certitude ni de conviction ; mais je serais enchanté, après les hésitations, après les paroles plus ou moins fidèlement rapportées qu'il aurait prononcées ces jours derniers, soit à la tribune, soit dans les commissions... (*Réclamations à droite.*)

Mais, Messieurs, nous sommes devant le pays, nous allons comparaître dans trois mois devant lui. Voulez-vous, oui ou non, qu'il sache quelle est la politique du gouvernement, où on va, où on nous mène et qui nous dirige?

Eh bien, je dis que, si les doctrines du vice-président du conseil étaient les doctrines que je viens de rappeler, et qu'il les exprimât à cette tribune avec la précision, la netteté et, pour parler comme lui, la certitude qu'il y apportait, je doute que ce fût de ce côté-là (*la droite*) qu'il fût interrompu, et certainement ce serait de ce côté-ci (*la gauche*) qu'il serait acclamé.

*Une voix.* — Pourquoi cela?

M. Gambetta. — Pourquoi cela? parce que, s'il tenait ce langage, il ferait cesser l'équivoque, il répudierait la candidature officielle que plusieurs le soupçonnent de vouloir pratiquer, et dont quelques-uns espèrent profiter ; (*Applaudissements à gauche*) parce que nous aurions enfin un gage que la politique de conciliation, la politique de l'œuvre du 25 février, loin d'être desservie par le cabinet, y a pour champion un homme aussi vigoureux et aussi autorisé que M. le ministre de l'intérieur, dont je rappelais les paroles de député. (*Bruit.*)

Messieurs, cette politique, avant de comparaître devant le pays, il est nécessaire qu'elle soit ou combattue ou affirmée à cette tribune ; c'est ce que le pays attend, et, si vous ne voulez pas faire des élections dans les ténèbres, il faut les faire avec ce programme ou avec un autre, mais il en faut un. Cela servira à déchirer le voile que la main de M. le garde des sceaux étendait sur les résultats des prochaines élections. (*Réclamations au centre.*)

Quant à nous, ce que nous voudrions, c'est que le dernier acte de l'Assemblée fût un acte véritablement politique.

Il est bien clair, n'est-ce pas? — je pense ici n'être interrompu par personne. — il est bien clair que les divers partis qui, depuis cinq ans, ont, avec plus ou moins de ténacité ou de bonheur, lutté contre la fondation de la République, sont obligés de confesser aujourd'hui leur déception, leur impuissance. Eh bien, est-ce que vous ne pensez pas qu'avant de mourir... (*Interruptions au centre*) nous pourrions faire un testament digne d'hommes politiques qui, laissant derrière eux les divisions et les rancunes du passé, se présenteraient au pays, la loi fondamentale à la main, et diraient au pays : Nous avons fait une Charte : nous l'avons considérée et nous te la livrons comme un gage de sécurité à l'intérieur et de relèvement à l'extérieur.

On ne fait pas de la politique, dans un pays comme la France, de la même manière à toutes les époques. Quand un pays a sa force matérielle, que le cercle de ses frontières est intact, alors il peut être possible et loisible d'agiter des questions de métaphysique politique ; mais dans un pays qui n'a pas toutes ses frontières, cela est sacrilège, cela est criminel. (*Applaudissements à gauche.*)

Et puisque vous cherchez la raison de l'œuvre du 25 février et de cette politique de concorde et de pacification, je vais vous la donner : Regardez à la trouée des Vosges! (*Applaudissements répétés à gauche. — L'orateur, en regagnant sa place, reçoit les félicitations d'un grand nombre de ses collègues.*)

M. Buffet répondit à M. Gambetta: « Messieurs, l'orateur qui descend de cette tribune a rappelé, en l'accompagnant d'éloges dont je le remercie, un discours que j'ai prononcé au Corps législatif. A-t-il lu récemment ce discours pour la première fois? Puisqu'il trouve si justes et si corrects les enseignements qu'il renferme, il eût été utile d'en tenir compte à une autre époque... (*Applaudissements à droite.*)

« L'honorable membre a reproché à M. le garde des sceaux de ne pouvoir lever le voile qui couvre l'avenir et le résultat des élections ; nous n'avons, en effet, pour lever même un coin de ce voile, aucune ressource ; nous ne pouvons pas dire quels candidats seront élus, mais nous ne pouvons pas dire non plus quels sont les candidats qu'il sera défendu au pays d'élire. (*Très bien ! à droite.*)

« Ce que nous voulons, c'est que les élections, autant qu'il dépend de nous, soient l'expression vraie et sincère du sentiment du pays, de la volonté des électeurs. Or la volonté de l'électeur n'est vraiment libre que lorsqu'elle est éclairée.

« Si vous demandiez à un électeur, non pas à celui qui se livre à des discussions politiques, dans l'arrière-salle de quelque café suspect, mais à cet électeur dont toute la vie est employée aux plus rudes travaux, si vous lui demandiez : Que préférez-vous : nommer un homme qui vit au milieu de vous, que vous connaissez, ou voter pour une liste dont la plupart des noms vous sont inconnus ? Doutez-vous de la réponse ?

« Non, il n'y aurait pas d'hésitation de la part des électeurs ; la liste est un lot qu'on leur adjuge, et, pour en avoir les bonnes parties ils sont obligés d'accepter les mauvaises. Ce système ne saurait leur convenir.

« Les autorités qu'on a invoquées en faveur du scrutin de liste s'appliquent à un régime électoral tout différent du nôtre. Mais, depuis l'établissement du suffrage universel, je ne connais parmi les grands publicistes que M. Alexis de Tocqueville qui ait soutenu le scrutin de liste.

« Tous les autres ont reconnu que le scrutin uninominal était nécessaire. Je tiens à cet égard à faire une citation. C'est celle de M. de Lamartine.

« Que sortira-t-il de l'urne avec le scrutin de liste ? disait M. de Lamartine ; il en sortira le hasard, le mensonge, l'intrigue, le scandale souvent, mais jamais ma volonté. Comment voulez-vous qu'elle en sorte, ma volonté, puisque je ne l'y ai point mise? j'ai voté à tâtons.

« Voilà, ajoutait Lamartine, ce que répond le peuple aux escamoteurs du suffrage universel qui le trompent pour régner en son nom. » (*Applaudissements à droite*).

« Je crois qu'il est difficile, je dirai même impossible, avec le suffrage universel, de soutenir le scrutin de liste comme un système bon en soi ; mais on invoque les circonstances particulières dans lesquelles se trouve le pays.

« M. Gambetta disait tout à l'heure que le scrutin de liste favoriserait la conciliation entre les nuances diverses d'une même opinion, et qu'ainsi la majorité du 25 février pourrait se présenter plus compacte devant les électeurs. Leurs noms seraient peut-être peu connus, mais la formule qu'ils adopteraient serait claire.

« Quelle sera cette formule ? J'ai entendu dire et j'ai lu qu'elle serait celle-ci : « Nous ne changerons pas la Consti- « tution. » Mais permettez-moi de vous répondre que le pays pourrait bien trouver qu'on ne l'interroge pas clairement, et que lui dire qu'on ne fera pas une chose qu'on n'a pas le droit de faire, qu'on n'ouvrira pas une porte dont on n'a pas la clef, ce n'est peut-être pas un programme électoral très complet (*Très bien! très bien ! à droite!*) Mais si le pays vous disait : « Supposons que cette porte dont vous n'avez pas la clef vienne à s'ouvrir, que feriez-vous ? » Je vous le demande, quelle serait dans ce cas la réponse des divers membres de cette majorité ?

« M. JULES FERRY. — Quelle est la vôtre ?

« M. BUFFET, *vice-président du conseil.* — Dans ce moment je raisonne dans l'hypothèse où M. Gambetta s'est placé, et je dis que j'ignore ce que les candidats dont parlait M. Gambetta répondraient aux électeurs. Mais je sais ce que plusieurs d'entre d'eux leur ont dit. (*Mouvements divers.*)

« Les uns ont dit que la Constitution était détestable, et que pour la voter ils avaient été conduits dans une véritable forêt de Bondy et volés comme dans un bois. (*Bruit à gauche. — Applaudissements à droite.*)

« Les autres ont dit que l'heure de la révision serait l'heure de la délivrance.

« D'autres, que la Constitution a été un premier pas vers la République.

« D'autres enfin, que cette Constitution, ils ne l'avaient

acceptée qu'à cause des garanties qu'elle leur offrait. (*Bruit à gauche.*)

« M. Jules Ferry. — C'est le procès à la Constitution que vous faites là !

M. Buffet, *vice-président du Conseil.* — Je ne fais nullement le procès à la Constitution. Ce que j'en dis, c'est, dans ma pensée, le meilleur éloge que j'en puisse faire.

« La conciliation est une chose excellente, mais à la condition qu'elle ne cherche pas à concilier le oui avec le non, le blanc avec le noir ; car alors vous ne conciliez rien et vous trompez le pays. Si vous voulez répondre franchement au pays, il s'étonnera que des hommes d'opinions si diverses se trouvent sur une même liste. (*Très bien! très bien! à droite.*)

« Mais, je vous le disais tout à l'heure, le mandat de la Chambre nouvelle sera expiré avant que la révision s'ouvre d'une façon normale. Ne me parlez donc pas de ce que vous ne ferez pas, parlez-moi de ce que vous ferez, de votre programme politique et législatif.

« Quelle sera sur cette question, la réponse des membres de la liste de conciliation ?

« Là-dessus encore, nous avons entendu des voix diverses. On a présenté des programmes complets. Il y a eu celui de la tradition républicaine. Vous dites : C'est celui des radicaux, nous les excluons, soit. Mais comment faire une liste de conciliation entre des hommes dont les uns ont un programme révolutionnaire et dont les autres ne présentent qu'une partie de ce même programme, entre des hommes qui considèrent un programme comme éternellement dangereux et des hommes qui le considèrent comme simplement inopportun ?

« Et on viendra dire au pays : Ces hommes sont groupés sous une même formule !

« Il faut l'adopter ou la rejeter en bloc. Est-ce là consulter sérieusement les électeurs ? (*Applaudissements.*)

« Ou bien on dit : Voilà deux listes. Après l'élection, une partie des membres qui figurent sur l'une ou l'autre des deux listes se réuniront et ceux qui sont sur une même liste se diviseront.

« Est-ce ainsi que vous voulez arriver à constituer une majorité forte et compacte sur laquelle pourra s'appuyer le gouvernement pour une politique nette et soutenue pendant les quatre ans que doit durer la législature? (*Très bien! très bien!*)

« Évidemment, Messieurs, il faut, pour l'indépendance et la sincérité de l'élection, conserver au candidat sa liberté qui contribue essentiellement à assurer la liberté de l'électeur. Je fais appel à l'union conservatrice. (*Très bien! très bien! à droite.*) Je fais appel à des hommes qui ont pu être divisés dans le passé, qui pourront encore être divisés par les éventualités inconnues de l'avenir, (*Rires et bruit à gauche*) mais qui peuvent aujourd'hui être unis sur le terrain légal, sur le terrain constitutionnel pour la défense de la politique conservatrice. (*Applaudissements à droite. — Bruit à gauche.*)

« Je leur demande de s'unir sur ce terrain pour la défense de ce qui nous est cher à tous...

« M. Tolain. — Savons-nous ce qui vous est cher? .

« M. le Ministre.—M. Tolain me dit : Savons-nous ce qui vous est cher? Ce qui nous est cher, c'est de défendre toutes les institutions, toutes les libertés, tous les principes qu'attaque le programme auquel je faisais allusion tout à l'heure. (*Applaudissements à droite. — Bruit à gauche.*)

« Je fais appel, je le répète, à l'union conservatrice, et tout le monde sait quel est le sens de ce mot. (*Bruit à gauche. — Nouveaux applaudissements à droite.*)

« Une dernière considération pour finir. La liberté de l'électeur, c'est de voter pour un nom ayant pour lui une signification de dévouement, d'attachement au pays, de services rendus.

« Dans l'élection uninominale, quand même l'administration voudrait dépasser les limites dont elle ne doit pas sortir, ce ne serait pas son influence qui grandirait par la restriction du terrain électoral, mais bien celle du candidat. (*Très bien! très bien! — Applaudissements prolongés à droite.*) »

Après une courte réplique de M. Henri Brisson, M. Jozon dépose en son nom et au nom de M. Charles Rolland l'amendement suivant, auquel M. Gambetta déclare se rallier :

« Article 14. — Chaque département élit autant de députés qu'il renferme de fois 70,000 habitants, sans qu'aucun département puisse être réduit à un nombre de députés inférieur à celui des arrondissements qui le composent. Toute fraction de plus de 35,000 habitants compte pour 70,000.

« L'élection a lieu au scrutin de liste par département. Tout département qui nomme cinq députés, ou un moins grand nombre, forme une seule circonscription. La loi établit dans les départements qui nomment plus de cinq députés des circonscriptions électorales. »

L'amendement, mis aux voix, est repoussé par 388 voix contre 302.

Le lendemain, 27 novembre, après le rejet par 385 voix contre 303 d'un amendement de MM. Francisque Rive et Alfred André qui proposait d'appliquer le système de la liste aux arrondissements ayant plusieurs députés à élire, le premier paragraphe de l'article 14 (amendement de M. Antonin Lefèvre-Pontalis) fut adopté par assis et levé. Le scrutin uninominal triomphait.

Le 30 novembre, l'Assemblée adopta l'ensemble de la loi électorale par 532 voix contre 87.

L'Assemblée nationale pouvait se séparer. Elle avait donné à M. Buffet l'arme même de la candidature officielle. Il ne lui restait plus qu'à voter le projet de loi de M. Dufaure sur la presse et l'état de siège.

# APPENDICE

# TRIBUNAL CORRECTIONNEL DE LA SEINE

(8ᵉ CHAMBRE)

## Audience du 12 juin 1874

PRÉSIDENCE DE M. MILLET

---

*Affaire de la gare Saint-Lazare. — Coups portés à*
*MM. Gambetta et Ordinaire.*
(Compte rendu de la *République française*.)

L'autorité, usant du droit que lui confère la loi, a cru devoir saisir immédiatement le tribunal de cette affaire, après avoir procédé à l'instruction très sommaire qui accompagne la poursuite en matière de flagrant délit.

Peu de personnes ont donc été informées que cette cause était indiquée la première pour l'audience de la huitième Chambre, et le public n'était pas nombreux, moins nombreux que les hommes de garde en faction à la porte du tribunal.

A onze heures précises, le prévenu est introduit : c'est un homme de taille moyenne, au teint mat, portant ses cheveux noirs coupés en brosse et de petites moustaches en crocs. Sa physionomie paraît énergique et son regard affecte l'assurance. Il porte une redingote noire et une décoration à la boutonnière. Aussitôt après l'appel des témoins, M. le président procède à l'interrogatoire du prévenu.

M. LE PRÉSIDENT. — Inculpé, levez-vous. Vos noms, prénoms, domicile, âge, profession?

L'INCULPÉ. — Renouard, Louis-Henri, comte de Sainte-Croix, trente-quatre ans, domicilié à Paris, ancien militaire.

M. LE PRÉSIDENT. — Vous êtes inculpé d'avoir volontairement porté des coups à M. Gambetta et cela avec préméditation. Vous êtes également inculpé d'avoir porté des coups et causé des blessures à M. Ordinaire?

R. — Oui, je le reconnais.

D. — Vous avez été militaire?

R. — J'ai été sous-officier au 2ᵉ zouaves et chef de bataillon de mobiles à l'armée de la Loire.

D. — Avez-vous déjà été condamné?

R. — Jamais.

D. — Mais avez-vous été poursuivi?

R. — Non plus.

D. — Cependant les renseignements qui me sont parvenus donnent à supposer autre chose que ce que vous dites?

R. — J'ai été poursuivi; mais pour un fait militaire, au 4e régiment d'infanterie de marine. J'avais frappé un supérieur.

D. — Quel grade aviez-vous?

R. — J'étais soldat.

D. — Et qui avez-vous frappé?

R. — Un sous-officier.

D. — Avez-vous été condamné?

R. — Oui, à cinq années de forteresse.

D. — Dans le dossier, il existe des renseignements bien imparfaits, parce que le temps a manqué pour rechercher vos antécédents; mais il en résulte que vous n'avez pas eu dans la vie civile une vie plus régulière que dans la vie militaire. Votre famille a été obligée de provoquer votre interdiction.

R. — Cela n'a rien à faire ici. Pourquoi m'en parler?

D. — Au contraire; ces renseignements sont utiles à produire ici. Ils permettent de constater que vous apportez, dans votre conduite politique, la violence et l'irrégularité que vous avez toujours eues. On ne provoque l'interdiction que lorsque la conduite est mauvaise ou l'intelligence affaiblie. On donne un conseil judiciaire aux prodigues. Et vous l'avez été aussi. Vous dépensiez plus que vous n'aviez, vous faisiez des dettes; c'était faire des dupes.

R. — Je demande que l'on n'insiste pas, car je serais obligé de dire des choses pénibles, d'accuser ma famille.

D. — Votre famille? c'est-à-dire votre père et votre mère. Vous ne le pouvez pas. Quant à l'inculpation actuelle, vous avouez.

R. — Oui.

D. — Vous avez frappé M. Gambetta? Pourquoi?

R. — Je voulais le provoquer...

D. — Pourquoi, alors, frapper le poing fermé?

R. — J'ai eu l'intention de lui donner un soufflet. Je ne crois pas avoir employé le poing. Je voulais le souffleter, je ne voulais pas le blesser.

D. — Ce n'est pas logique. Vous avez frappé non pas seulement avec la main, mais avec une canne.

R. — Cela n'est pas.

D. — Nous avons les témoins qui l'affirment. M. Ordinaire a été blessé par votre canne. Pourquoi l'avez-vous frappé ?

R. — Je ne l'ai pas frappé. Lorsque j'ai eu frappé M. Gambetta, j'ai été menacé ; j'ai employé ma canne pour parer un coup et non pour frapper.

D. — On ne pare pas un coup de cette façon. Votre canne a été levée et abaissée fortement ; elle ne s'est pas levée et abaissée seule. Pourquoi avez-vous frappé M. Ordinaire ?

R. — Je voulais seulement souffleter M. Gambetta. Il était entouré d'une foule qui le protégeait, je ne pouvais pas l'atteindre facilement, j'ai donc été obligé d'employer une grande force. Le coup a atteint M. Ordinaire parce qu'il a été dévié. On dit que c'est M. Ordinaire qui a été frappé, je veux bien le croire, mais je ne le connaissais pas.

D. — Vous avez été tellement violent, et le coup a été si peu destiné à en parer un autre, que M. Ordinaire a été meurtri à la troisième phalange de l'annulaire de la main gauche et écorché à la première phalange de l'indicateur. Il a été enfin contusionné au dos de la main et au-dessous de l'œil droit.

R. — Je ne voulais pas le frapper, je n'étais pas venu pour faire un assaut de pugilat.

D. — C'est cependant bien du pugilat que vous avez fait. Il est indigne d'agir aussi grossièrement.

R. — La veille, je voulais aller lui demander une explication. Je ne voulais pas le frapper. Si j'eusse voulu le faire, je l'aurais pu facilement. Mais il nous avait insultés, nous avait traités de misérables...

D. — Oh ! ceci ne vous regardait pas. Ce qui s'est passé à l'Assemblée ne peut pas intervenir au débat et ne vous est pas personnel. Aviez-vous été désigné ?

Le président de l'Assemblée a fait ce qu'il a cru devoir faire. Il a rappelé deux fois M. Gambetta à l'ordre ; la deuxième fois avec mention au procès-verbal. Quelque parole qu'un député prononce, quelque débat qui soit soulevé à l'Assemblée, vous n'avez pas à intervenir et encore moins à vous en prévaloir pour exercer des violences contre les députés.

R. — Je ne l'aurais pas fait si l'occasion n'était pas venue me chercher.

D. — Comment cela? Qu'alliez-vous faire à la gare?

R. — Je flânais, je me promenais. Il y avait trois ou quatre cents personnes rassemblées. J'ai voulu voir aussi, je suis entré pour m'enquérir...

D. — Et c'est ainsi que vous voulez expliquer pourquoi vous avez frappé? Pourquoi ne pas dire que vous cherchiez une occasion?

R. — Mais, Monsieur, je n'avais pas la tenue d'un homme qui veut frapper violemment; c'est la même que celle que j'ai en ce moment.

D. — Voulez-vous maintenant retirer les aveux que vous avez faits? Prétendez-vous par tout ceci établir que vous n'avez pas agi avec préméditation?

R. — Non, je ne rétracte rien.

D. — Était-ce bien à vous, qui ne pouviez conduire votre existence, à agir ainsi? Quels services avez-vous rendus? Qu'est-ce qui vous autorise à prendre la défense d'un parti? à intervenir avec cette grossièreté dans les luttes de l'Assemblée?

R. — J'ai été insulté avec mon parti.

D. — Vous personnellement? Voyons, il faut que cela finisse. Quel droit aviez-vous à intervenir?

R. — On m'a provoqué avec mon parti.

D. — Monsieur, quand on appartient à une famille comme la vôtre, on ne se conduit pas comme un cocher!

R. — On ne se conduit pas non plus comme un lâche!

D. — Vous vous êtes toujours mal conduit, mais enfin, l'acte que vous avez commis vous est-il personnel?

R. — Comment?

D. — Je vous demande si l'acte que vous avez commis vous est personnel, si vous êtes seul à en partager la responsabilité?

R. — Certainement il m'est personnel.

Après cet interrogatoire, il est procédé à l'audition des témoins.

M. Léon Gambetta, trente-six ans, avocat, représentant à l'Assemblée nationale. — Je ne peux que répéter la déposition que j'ai déjà faite devant le commissaire de police.

Je revenais de l'Assemblée. En descendant du train, je me dirigeai vers le grand escalier qui aboutit à la place Saint-Lazare. On avait disposé la sortie d'une façon qui n'était pas assez bien comprise. Si on n'avait pas fermé les portes latérales, j'aurais pu descendre facilement et rien de tout ceci ne se serait produit.

Toujours est-il qu'à l'instant où j'arrivai au perron du grand escalier, un homme jaillit de la foule qui m'environnait. Il s'élança sur moi et me frappa au visage. Il se produisit un remous. L'homme fut arrêté et conduit chez le commissaire de police. J'allai faire ma déclaration, puis je demandai qu'il fût amené en ma présence pour constater son identité. Là, il eut l'attitude d'un homme qui, après avoir agi de la sorte, est prêt à recommencer. Il le dit lui-même. Je dois ajouter qu'il n'a pas été provoqué : rien, dans mon attitude et dans celle des personnes qui m'entouraient, n'a pu le provoquer.

M. LE PRÉSIDENT. — Est-ce avec le poing qu'il vous a frappé ?

R. — Oui, au côté droit de la joue.

LE PRÉVENU, vivement. — Non, pas avec le poing. J'avais la main ouverte.

M. GAMBETTA. — Oh ! j'affirme que c'est le poing fermé.

Après avoir fait sa déposition, M. Gambetta demande à se retirer et quitte l'audience sur l'autorisation qui lui est accordée par M. le président.

On introduit un nouveau témoin.

M. FRANCISQUE ORDINAIRE, trente ans, représentant du peuple. — Je descendais le grand escalier de la gare Saint-Lazare avec M. Gambetta. Le comte de Sainte-Croix se précipita sur M. Gambetta et le frappa du poing. Puis, comme il revenait à la charge, la canne levée, je me précipitai pour arrêter le coup de canne destiné à M. Gambetta, et je fus atteint.

M. LE PRÉSIDENT. — Comment avez-vous été blessé ?

M. ORDINAIRE. — J'eus des meurtrissures à la main et au visage.

M. LE PRÉSIDENT.—Mais n'avez-vous pas eu le doigt déchiré ?

R. — Une éraillure...

M. LEFEBVRE de VIEFVILLE, avocat de la République. —

Pensez-vous, Monsieur, que vous avez été atteint volontairement?

R. — Oh! non, le coup était destiné à M. Gambetta.

L'INCULPÉ. — Je ne me suis pas servi de canne.

M. ORDINAIRE. — C'est bien d'une canne. Elle a été saisie par un officier de paix.

Le troisième témoin entendu est M. LAURENT PICHAT, représentant du peuple, cinquante ans. — Ma déposition sera conforme à celle que j'ai déjà faite au bureau de police. Je revenais de Versailles. Je marchais en arrière de M. Gambetta. Arrivés à la sortie, dont les trois portes sont ouvertes généralement, nous fûmes obligés de nous diriger vers celle du milieu, seule ouverte, et qu'obstruait une grande affluence. Là, un homme jaillit de la foule et frappa M. Gambetta du poing. Il y eut du tumulte. Cet homme fut arrêté et conduit au bureau de police.

M. LE PRÉSIDENT. — Avez-vous remarqué si l'inculpé s'est aussi servi d'une canne?

R. — Oui, elle a été saisie par un officier de paix. M. de Sainte-Croix voulait frapper M. Gambetta, et c'est M. Ordinaire qu'il a atteint avec sa canne.

Après ces dépositions, la parole est donnée à M. l'avocat de la République LEFEBVRE DE VIEFVILLE, qui requiert l'application de la loi. Depuis plusieurs jours, dit-il, des scènes de désordre et de violence se produisent à la gare Saint-Lazare, scènes d'autant plus regrettables qu'elles agitent le pays au dedans, et d'autant plus tristes qu'elles l'humilient et le déconsidèrent au dehors.

Quelle que soit leur origine, ces violences portent atteinte à l'honneur de l'Assemblée et de la nation. Le comte de Sainte-Croix, à aucun titre, ne devait intervenir aussi brutalement dans un débat qui lui est étranger. Employer un procédé vulgaire, c'était se compromettre soi-même, sa famille, et le parti auquel il prétend appartenir. On a dû déjà le lui dire; qu'il reçoive encore cette leçon de ma bouche. Quand on a été déclaré indigne de gérer ses propres affaires, on n'a pas le droit d'intervenir dans les affaires de son pays et de les déconsidérer.

Il n'a été ni provoqué ni insulté personnellement, et cependant il s'est permis de frapper M. Gambetta au visage. Que serait-il donc arrivé si M. Gambetta s'était défendu,

s'il avait, à ces violences, répondu par d'autres violences?
Il en serait résulté, en plein public, une scène de pugilat
humiliante pour nous tous.

Le comte de Sainte-Croix, par son nom, son titre, sa
famille, son instruction, est de ceux qui doivent donner
l'exemple de la modération et du respect de la loi. Sa situation aggrave les actes qu'il a commis.

Le délit est flagrant. On n'a pu faire le recensement complet des antécédents du prévenu; mais, comme il n'a pas
cru devoir prendre de défenseur, je ne veux pas insister
davantage. Le délit est prouvé à l'égard de M. Gambetta.
La préméditation l'est aussi. Le délit est-il intentionnel à
l'égard de M. Ordinaire? Sur ce point, M. l'avocat de la
République déclare s'en rapporter à l'appréciation du tribunal et termine son réquisitoire en demandant une application sévère de la loi.

M. LE PRÉSIDENT s'adressant au prévenu. — Avez-vous à
dire quelque chose pour votre défense?

R. — J'ai à dire qu'il est infâme de parler des affaires de
famille dans ce débat.

M. LE PRÉSIDENT. — Retirez ce mot, car la justice, sa-
chez-le, a le droit et le devoir pour s'éclairer de rechercher
vos antécédents. Vous avez été pourvu d'un conseil judiciaire, c'est que la justice a reconnu la nécessité de le
faire.

R. — J'étais soldat à cette époque. J'ai été condamné
par défaut sans défenseur.

M. LE PRÉSIDENT. — Vous pouviez à n'importe quelle
époque demander le retrait du jugement; mais il fallait
pour cela le mériter par votre conduite. C'est à quoi vous
auriez dû songer.

R. — Je me ferai justice moi-même.

M. LE PRÉSIDENT. — Cette réponse prouve que vous n'avez
aucun respect de vous, ni de la loi, ni de la société, ni de
votre famille.

Après un court délibéré, le tribunal rend un jugement
par lequel le comte de Sainte-Croix est reconnu coupable
de coups et blessures avec préméditation à l'égard de
M. Gambetta, et de coups et blessures sans préméditation à
l'égard de M. Ordinaire. En conséquence, il le condamne à
six mois de prison et 200 francs d'amende.

# DEUXIÈME LETTRE

## A UN CONSEILLER GÉNÉRAL

———

*A M. Cornil, président et membre sortant du conseil
général du département de l'Allier.*

Paris, le 24 septembre 1874.

Mon cher ami,

Vous voulez bien me rappeler qu'il y a trois ans, à
pareille époque, j'eus l'occasion, après l'imposante
manifestation électorale qui ouvrit la porte des Conseils généraux à tant de républicains, d'exprimer mon
opinion réfléchie sur le caractère et la mission des nouveaux délégués de la démocratie républicaine. A la veille
du renouvellement par moitié des Conseils des départements, vous me demandez de faire connaître l'appréciation que me suggère cette nouvelle et importante
opération du suffrage universel. Je défère d'autant
plus volontiers à votre désir que les circonstances de la
politique générale imposent aux élections partielles
qui vont avoir lieu un caractère de lutte politique, et
attachent par avance au scrutin du 4 octobre 1874
une signification qu'il est nécessaire de bien marquer
pour faire justice des critiques et des accusations que
les adversaires de la République ne manqueront pas
de diriger contre la conduite de nos amis. Je vais donc,
puisque vous m'y invitez, m'expliquer sur la nature
des élections qui vont avoir lieu, sur le rôle spécial
que les élus du 4 octobre devront s'efforcer de prendre dans l'accomplissement de leur mandat, enfin sur

les conséquences politiques qui doivent, à mon sens,
en découler dans un prochain avenir.

I

Au lendemain de la signature du traité de paix arraché par la force triomphante à une nation que l'a-
bandon de sa propre souveraineté aux mains d'un seul
avait conduite aux extrémités du malheur, la France
se préoccupa de créer des institutions qui pussent la
mettre à l'abri, dans le présent et dans l'avenir, des
aventures et des folies du gouvernement personnel :
elle demanda la reconnaissance et l'organisation du
gouvernement de la République française. Les députés
qu'elle avait choisis, dans un moment de trouble et de
confusion, refusèrent obstinément d'écouter la voix
du pays, et cherchèrent dans les combinaisons les plus
tortueuses le moyen de déjouer le vœu national en faveur de la République. Surpris et même irrité de ce
qu'il considérait comme une violation de promesses
solennelles, dont le recueil des professions de foi et des
engagements des candidats aux élections du 8 février
1871 demeure l'irrécusable témoin, le pays s'empara
dès lors de tous les moyens légaux laissés à sa disposition, pour signifier hautement qu'il n'entendait pas
être dépossédé de sa souveraineté et qu'il poursuivait
avec persévérance l'établissement du régime républicain. C'est ainsi qu'il faut expliquer le spectacle si intéressant que donne depuis trois ans la nation, ne per-
dant, ne négligeant aucun moyen, aucune occasion
de faire éclater ses sympathies, ses vœux, ses légitimes
exigences. Qui ne se rappelle avec émotion cet admirable mouvement municipal qui, dès le mois d'avril
1871, remua toutes les communes de la France ? Le
pays sentait dès lors le besoin de ne laisser planer aucun doute sur ses résolutions et sur ses volontés, et il

couvrit la France d'administrations et de Conseils municipaux républicains. Les élections municipales furent politiques et républicaines.

Vinrent les élections des Conseils généraux en octobre 1871. Les politiques de la monarchie étaient restés sourds aux réclamations du suffrage universel : le suffrage universel parla plus haut encore, et, pour la première fois depuis trois quarts de siècle, on vit, sur toute la surface du territoire, la démocratie républicaine prendre part aux élections cantonales et remporter un succès éclatant, gage précurseur d'une prise de possession définitive de ces anciens postes dont la réaction avait pour habitude de se faire comme autant de citadelles, et d'où elle savait sortir à l'heure propice pour refouler la démocratie. L'échec fut rude et significatif pour les partisans du régime des classes dirigeantes ; ils étaient battus par la démocratie sur leur terrain le plus favorable. On remarqua l'instinct et la précision qui avaient dirigé les coups du suffrage universel sur la personnalité des membres de l'Assemblée nationale les plus engagés et les plus compromis dans les intrigues monarchiques. «C'est un grand pas, vous écrivais-je alors, le plus considérable peut-être qui ait été fait vers l'établissement et l'organisation de la République. » On le vit bien, par les évènements qui ne tardèrent pas à se dérouler. La révolution parlementaire du 24 mai ayant renversé du pouvoir l'homme qui, le premier dans le camp monarchique, avait entendu et recueilli les vœux de la France, les ardeurs royalistes ne rencontrèrent plus dans le pouvoir ni obstacle ni frein ; elles éclatèrent ouvertement, et la France ni l'Europe n'ont oublié les prétentions insolentes d'une faction qui annonçait la résolution d'imposer au pays, malgré la résistance du suffrage universel, la monarchie héréditaire à une voix de majorité dans le Parlement. C'est à ce moment de crise suprême, d'où la guerre civile pouvait sortir à chaque heure, que les esprits réfléchis purent apprécier l'utilité des choix faits dans les scrutins municipaux et cantonaux d'avril et octobre 1871. Le pays manifesta, d'une extrémité à l'autre de ses frontières, ses répugnances et son aversion pour une politique qui ne tendait à rien moins, comme on l'a dit avec autant de force que de justesse, qu'à prendre une revanche sur la Révolution de 1789 ; et c'est à l'intervention calme, loyale, résolue des représentants des Assemblées locales que la France doit certainement d'avoir échappé à une nouvelle commotion, qui aurait été « la plus effroyable de toutes ».

Délivré aujourd'hui du fantôme de la restauration monarchique, le pays n'en reste pas moins exposé à toutes les inquiétudes et à toutes les craintes qu'inspirera toujours un gouvernement incertain sur la nature de ses pouvoirs, dépourvu d'un principe de droit capable de mettre fin aux compétitions des partis.

Aucun d'eux, en effet, n'a renoncé ni à ses espérances ni à ses ambitions ; la bande du 2 décembre elle-même ose reparaître pour tenter de nouveau la spoliation du pays, et ce n'est pas un gouvernement sorti de la coalition de ces factions rivales qui peut trouver en lui seul l'autorité et l'énergie nécessaires pour les dominer et assurer au pays la direction et la conduite de ses propres affaires. C'est pour donner à ce pouvoir la force et le crédit dont il ne peut se passer, qu'on réclame de toutes parts qu'il soit entouré d'institutions nettement définies et capables de lui survivre. Ces institutions, le pays seul peut les indiquer. En face d'une Assemblée qui s'est proclamée constituante, et dont l'impuissance manifeste à remplir un tel mandat est depuis longtemps établie, il faut que la France parle ; et c'est là la raison supérieure et invincible qui exige que les élections du 4 octobre 1874, pour le renouvellement partiel des Conseils généraux, soient comme

celles d'octobre 1871, des élections politiques, partant, républicaines.

## II

Au surplus, une fois élus, les républicains qui
iront s'asseoir dans les Conseils généraux n'auront
qu'à persévérer dans la ligne de conduite suivie par
nos amis depuis le mois d'octobre 1871. Les esprits
les plus prévenus contre la démocratie française sont
obligés de confesser aujourd'hui l'injustice de leurs
accusations contre les élus des derniers scrutins. Outre la vie, l'activité dont les Conseils généraux ont fait
preuve, on a constaté le zèle, l'aptitude, la compétence
croissante des nouveaux venus dans le maniement des
affaires départementales. C'est une véritable transformation qui s'est opérée dans le rôle de ces Conseils locaux. Au lieu de ces banales et rapides sessions qu'on
bâclait lestement sous les anciennes monarchies, on a
vu les Conseils tenir à honneur de consacrer tout le
temps qui leur est imparti par la loi à la discussion
publique et au règlement des plus graves intérêts.
L'intervalle des sessions n'a pas été non plus un temps
de loisir : il a presque partout servi à la préparation
de rapports circonstanciés sur les branches les plus
importantes de la vie départementale, l'état des services
publics au point de vue de la voirie, du régime péni-
tentiaire, de l'hygiène, de l'assistance publique, des
chemins de fer, des exploitations minières, des canaux, des débouchés et des tarifs pour la production
locale ; mais l'honneur par excellence de ce grand développement d'activité et de zèle pour le bien public, c'est la passion que les Conseils généraux ont
montrée dans toutes les questions qui touchent à
l'éducation nationale. Les vœux que soixante-cinq
d'entre eux ont fait publier, avec les discussions théo-

riques et pratiques à l'appui, révèlent mieux qu'aucun
autre genre de travaux, l'esprit de progrès et de justice, pour tout dire d'un mot, le patriotisme qui anime
ces représentants de la France moderne. Républicains
et hommes politiques, nos conseillers généraux se
sont sévèrement interdit la politique pure, l'ingé-
rence passionnée dans les querelles des partis. Ils ont
admirablement compris que bien étudier, bien gérer
les affaires de leurs électeurs, c'est, au vrai sens du
mot, faire de la bonne politique.

En effet, la politique, pour la démocratie contemporaine, ce n'est pas une lutte plus ou moins brillante
concentrée tout entière dans l'enceinte des Assemblées
nationales : c'est l'élaboration sur place, dans chaque
communauté administrative de la France, de toutes
les questions qui touchent aux droits, aux intérêts,
aux besoins, à l'émancipation morale et matérielle de
tous les membres de cette grande démocratie dont
on suit le lent et douloureux affranchissement à travers notre histoire, mise hors de tutelle par la Révolution de 1789, investie de tous ses droits par celle
de 1848, et qui, après avoir été constamment asservie,
refoulée, ou trompée par des maîtres divers, veut aujourd'hui faire elle-même ses affaires, par l'intermédiaire d'hommes sortis de son sein et décidés à ne
jamais séparer ni leur cause ni leur fortune de celles
du peuple.

La politique ainsi comprise, dans la grande majorité
des Conseils, a eu pour premier avantage de faire
ressortir aux yeux de tous la capacité de ces élus
d'une démocratie que le travail a créés, que le travail maintient, développe et grandit tous les jours :
ils apportent naturellement, dans les fonctions et les
charges dont ils sont revêtus, cette forte application,
cette patience obstinée, ce scrupule et cette attention,
fruits de leur existence laborieuse, qui leur permettent de se trouver à la hauteur de toutes les exigences

et de toutes les difficultés. C'est cette démocratie, petite bourgeoisie, ouvriers et paysans, que j'ai appelée un jour les nouvelles couches sociales, et c'est entouré de conseillers généraux nouvellement élus que j'ai salué son avènement.

Cette initiation des nouvelles couches sociales au maniement des affaires publiques a exercé la plus salutaire influence sur l'esprit démocratique. Rapprochée de la réalité des choses, aux prises avec les difficultés qui naissent pour toute réforme de l'entre-croisement et de la multiplicité des intérêts, de la résistance et de la coalition des préjugés, la partie représentative de la démocratie a promptement pu faire un juste départ, dans ses aspirations, entre les idées mûres, pratiques et réalisables, et celles qui sont encore incohérentes, prématurées ou chimériques. L'expérience, cet organe supérieur de l'acquisition de la vérité dans le domaine de la science, n'est ni moins nécessaire, ni moins féconde dans la sphère de la politique, et nul progrès au monde n'est plus désirable pour la démocratie que de s'instruire, par elle-même et par la gestion de la commune et du département, des règles et des nécessités du gouvernement de l'État. Ainsi se formera une nation nouvelle, véritablement libre et libérale, assez sûre d'elle-même, assez jalouse de sa dignité pour être respectueuse des droits de tous et ne faire de l'État que le garant des libertés publiques. Ainsi peut-être, grâce à cette éducation expérimentale de la démocratie, finiront les cruelles et dangereuses guerres de mots, l'esprit public cessant de se repaître de vaines formules. Je regarde, en effet, ce qui se passe autour de nous, et je crois découvrir que nous avons déjà fait de notables progrès. Il me semble que partout s'est répandue une notion juste et vraie, dont nous verrons plus tard se produire les heureuses conséquences : c'est qu'en somme, les abus, les excès, les entraves, les inferio-

rités de toute nature dont pâtissent encore, en dépit
de la Révolution française, les innombrables couches
laborieuses de ce pays, ne dépendent pas d'une solution
théorique, uniforme, capable de les effacer et de les
abolir, comme une formule d'algèbre sert à résoudre
une équation. L'idée d'une telle solution, abstraite,
insaisissable, la démocratie la perd infailliblement au
contact de la réalité et, comme on dit vulgairement,
en mettant la main à la pâte. Par contre, la démocratie acquiert simultanément une notion non moins
précieuse : c'est que toute plaie sociale, tout vice social a ses racines dans une des dépendances de la législation politique, commerciale, judiciaire, administrative, économique du pays ; mais que ce mal doit
être considéré en lui-même, pris à partie en quelque
sorte, et qu'il doit être combattu avec les moyens et
par les procédés mêmes qui ont aidé et facilité sa
propagation dans le corps social, de telle sorte que,
pour ceux de nos amis qui les étudient de près dans
les affaires, il y a autant de problèmes sociaux, divers,
variés, qu'il y a de conditions politiques, administratives ou économiques différentes, et pour chacun desquels il faut chercher un procédé spécial de solution,
ce qui fait que toute question dite sociale se résout
en fin de compte, et par l'action immédiate des mandataires du pays, en question d'ordre politique.

Ce sont les résultats d'une si prompte et si efficace
éducation qui me font désirer ardemment de voir s'augmenter le nombre des membres de ces nouvelles couches sociales qui, dans tous les corps électifs du pays,
pourront s'initier à leur tour à la connaissance et à
la gestion des intérêts vitaux d'une démocratie qu'ils
composent pour la plus grande part. Un pareil progrès ne va pas sans le progrès même de l'esprit de
légalité dans les rangs du suffrage universel. Si dure
que soit la légalité, si gênante que la fassent parfois
des interprétations captieuses, notre démocratie a

compris admirablement que c'est par le respect systématique de la légalité qu'elle forcerait ses adversaires à se découvrir, pour apparaître à tous les yeux
comme des provocateurs et des violents, et qu'elle ne
tarderait pas, pour sa part, à gagner la confiance des
véritables conservateurs, des esprits vraiment modérés.
C'est pour faire cette démonstration que nos élus, à
l'exemple de leurs commettants, sont restés fermes
et impassibles depuis trois ans, sous les injures, les
intimidations, les menaces, les rigueurs, se couvrant
à leur tour de la légalité qu'ils avaient respectée en
toute occasion et l'opposant aux artifices et aux empiétements d'agents qui se proposaient de les pousser
à bout. Ils ont rempli leur tâche dans les conditions
les plus difficiles, défendant hautement les droits et
les intérêts de leurs électeurs, en dépit des sévérités
de cet arbitraire légal, l'état de siège, établi contre
l'étranger et maintenu contre l'opinion. Les nouveaux
élus persévéreront dans cette conduite si sage et si
patriotique. Ils contribueront à maintenir, en face
des divisions et des ardeurs des partis réactionnaires,
cette union, cette concorde, cette inaltérable patience
de toutes les fractions de la démocratie républicaine ;
ils prépareront par là le triomphe, lors des élections
générales, des défenseurs de la démocratie dans tous
les départements.


## III


C'est, en effet, une véritable préparation aux élections générales que tous les partis s'accordent à voir
dans le scrutin du 4 octobre.

La conspiration monarchique a épuisé, pendant ces
quatre dernières années, toutes les ressources dont
elle disposait pour surprendre la France et lui imposer la royauté. Impuissante à ramener le régime de

ses vœux, elle est également impuissante à retarder
bien longtemps encore l'établissement définitif de la
République, et c'est avec terreur qu'elle envisage le
moment où il lui faudra avouer publiquement sa défaite et rendre la parole au pays. Ces réacteurs ont
cherché à se débarrasser du suffrage universel : ils
n'ont réussi qu'à le molester et à le rendre plus vigilant et plus hostile. Ils ont frappé d'ostracisme toutes
les municipalités républicaines, et ils n'ont réussi
qu'à donner dans toutes les communes de la France
un chef et un guide à l'opposition démocratique en
faveur des franchises municipales. Ils ont chassé de
leurs postes tous les fonctionnaires suspects d'esprit
républicain ou même libéral, et ils n'ont réussi qu'à
constituer une administration divisée, hétérogène,
inerte, quand elle n'est pas tracassière. Ils ont combattu sur le terrain électoral tous les candidats républicains, et ils n'ont réussi qu'à rassembler, qu'à con-
centrer toutes les forces républicaines dans un même
faisceau. Ils ont presque partout porté la main sur la
presse républicaine, et ils n'ont réussi qu'à susciter
le zèle et l'activité des citoyens, obligés de suppléer
au silence forcé des journaux par un redoublement
d'efforts personnels. Ils ont affecté le pouvoir constituant, et ils n'ont réussi qu'à mettre en lumière cette
idée, depuis longtemps en possession de l'opinion
publique, que la France seule est de taille à se donner des institutions. Ils sont à bout de ressources. Les
vacances exagérées qu'ils se sont données prendront
bientôt fin, et il faut qu'à leur retour, on les mette
en présence du plus récent et du plus significatif des
verdicts du suffrage universel.

Grâce à ces élections du 4 octobre, qui vont mettre
en mouvement la moitié de la France, sous l'attention
passionnée du reste du pays, on peut faire parvenir à
Versailles une grande et décisive parole. Chaque canton, convoqué au scrutin du 4 octobre, doit tenir à

honneur de faire connaître sans équivoque, par l'intermédiaire d'un homme ferme et convaincu, que son choix est fait, et qu'il attend désormais, du gouvernement de la République aux mains des républicains, la protection de ses droits, la sécurité de ses intérêts. Nul des serviteurs de la démocratie n'a le droit, en pareille conjoncture, de décliner le mandat qui lui serait offert par ses concitoyens. Les raisons privées, les refus tirés des goûts et des convenances domestiques ne sauraient être accueillis, quand il s'agit d'un service que le pays est en droit de réclamer de tous ceux qui s'intéressent à son relèvement et à sa prospérité. Les adversaires de la démocratie ne manquent pas d'objecter que cette préoccupation politique, de la part des républicains, est une nouvelle cause d'agitation pour le pays; et certes oui, c'en est une. Mais à qui la faute? Si l'Assemblée de Versailles avait mieux compris les intérêts de la patrie, si elle avait voté cette dissolution que rendaient nécessaire ses avortements successifs et la situation périlleuse de la France, nous n'en serions pas réduits à tenir un tel langage. Si même elle avait, au dernier moment, dans un élan de bon sens et de clairvoyance, adopté la proposition de M. Casimir Perier, le pays, rassuré sur le sort de la République, ne serait pas forcé de se servir de tous les moyens pour affirmer sa volonté de l'adopter pour forme de gouvernement. Oui, c'est une agitation; mais elle est légitime, elle est salutaire; tous les bons citoyens doivent désirer qu'elle serve enfin à mettre un terme à la politique de résistance et de combat. Enfin, il est souhaitable que les triomphes électoraux, que le zèle et l'activité des républicains s'efforcent d'obtenir, éclairent et dissipent les dernières hésitations de ce groupe de députés qui, sans aversion marquée pour le régime républicain, n'ont pas osé se confier encore au gouvernement de droit de la démocratie, et qui ont cherché, dans un expédient politique sans prestige et sans assiette, les garanties d'ordre et de sécurité qu'ils ne peuvent trouver que dans la satisfaction des vœux de la France.

Le besoin que la France ressent depuis tantôt quatre ans de se donner un gouvernement définitif pour mettre fin à ses divisions intérieures et vaquer, sans souci du lendemain, au développement de ses merveilleuses ressources naturelles, est, pour ainsi dire, surexcité encore par les appréhensions redoutables qui lui viennent du dehors. La France ne peut pas s'accommoder plus longtemps de la situation précaire, fragile, périlleuse où elle est aujourd'hui. Sa politique extérieure, sans dessein ni plan arrêté, soumise aux tiraillements des partis les plus divers, exposée à toutes les surprises, reste à la merci des évènements : elle ne retrouvera de direction précise qu'avec un principe précis et fermement adopté dans le gouvernement. L'histoire ne voudra pas croire qu'après les malheurs qui ont assailli la France, les terribles leçons qu'elle a reçues de la fortune, elle a pu passer quatre ans, grâce à l'impiété des partis, sans institutions, sans direction et par conséquent sans diplomatie véritable. Jamais les heures n'ont été plus précieuses, jamais on ne les a plus témérairement gaspillées. Qui oserait dire cependant, dans l'état d'armement où sont les divers peuples de l'Europe, au milieu des haines et des convoitises surexcitées de toutes parts, qui oserait dire que le temps nous sera donné pour réparer les fautes du passé et nous trouver, le cas échéant, en état de porter le drapeau de cette nation à qui l'Europe n'a jamais retiré son admiration?

La responsabilité en pèsera tout entière sur ces hommes de parti qui, moins préoccupés de l'avenir de la patrie que de la satisfaction de leurs passions politiques, auront, par leur détestable conduite, retardé tout ensemble, mais heureusement sans pouvoir y échapper ni l'empêcher, l'avènement de la République et le relèvement de la France. Pendant que ces partis s'épuisaient dans leurs dissensions intestines, la démocratie grandissait, s'instruisait, travaillait, se disciplinait, en un mot prenait possession du pays, en faisant sortir tous les jours de ses rangs les meilleurs de ses fils, pour les installer à tous les degrés dans les Conseils électifs; elle préparait ainsi le nombreux personnel nécessaire au fonctionnement des institutions qui réaliseront réellement le gouvernement du pays par le pays, la République. C'est ce personnel que la démocratie doit toujours avoir en vue dans les diverses manifestations électorales. Le scrutin du 4 octobre 1874, j'en ai la ferme assurance, augmentera ce brillant et solide effectif.

C'est d'ailleurs, mon cher ami, l'espoir que j'entends partout exprimer autour de moi, et c'est mon excuse de cette longue lettre.

Salut fraternel,

LÉON GAMBETTA.

Le scrutin du 4 octobre donna les résultats suivants :

| | |
|---|---|
| Candidats républicains élus. . . . . . . . | 666 |
| Royalistes. . . . . . . . . . . . . . . | 604 |
| Bonapartistes. . . . . . . . . . . . . . | 156 |

# ASSEMBLÉE NATIONALE

## Séance du 19 juin 1875

M. LE PRÉSIDENT. — La parole est à M. Gambetta, qui l'a demandée pour un fait personnel.

M. GAMBETTA. — Messieurs, pendant que j'étais retenu au 13ᵉ bureau, un de nos collègues, l'honorable M. André, de la Charente, est monté à cette tribune et a prononcé les paroles suivantes :

« Messieurs, lorsque hier M. le ministre des finances, répondant à mon discours, invoquait les souvenirs de 1870, le *Journal officiel* m'a fait dire ceci :

« J'ai voté contre la guerre. » Ce ne sont pas les expressions dont je me suis servi. J'ai dit que je n'avais fait aucune allusion à la guerre dans mon discours, et j'ai ajouté que M. le ministre répondait à ce que je n'avais pas dit. Ce que j'ai fait, beaucoup d'entre vous l'ont fait, et M. Gambetta tout le premier. »

J'ignore pourquoi M. André, de la Charente, a jugé à propos de me faire intervenir dans cette rectification au procès-verbal. Je sais d'ailleurs qu'il n'a fait que rééditer ainsi une des nombreuses calomnies dont la presse bonapartiste, depuis cinq ans, cherche à empoisonner la vérité historique de ce pays. (*Très bien ! très bien! à gauche.*)

Non ! vous n'avez pas fait ce qu'ont fait beaucoup d'entre nous, et M. Gambetta tout le premier, monsieur André. Nous avons résisté à la déclaration et à la préparation de cette guerre criminelle qui a abaissé la France et mutilé la patrie. (*Applaudissements à gauche.*) Nous avons résisté pendant un mois ; nous avons voté contre ces mesures extra-parlementaires, inouïes, qui ont été la cause d'une déclaration de guerre portée à la tribune avec éclat, avec l'éclat calculé que vous savez. Nous avons voté contre une déclaration de guerre au milieu des ténèbres, sur des pièces fausses, sur des dépêches apocryphes. (*Très bien ! très bien ! — Nouveaux applaudissements à gauche.*) Nous avons mis en doute, — et nous avions le pressentiment de cette redoutable vérité, — nous avons mis en doute l'existence de cette dépêche sur laquelle vous avez engagé le sort même de la patrie, l'avenir de l'Europe. Nous avons voté constamment contre les préparatifs de guerre et contre la déclaration de guerre.

Il n'y a eu qu'un vote de notre part : Lorsque les coureurs de l'ennemi arrivaient sur le sol même du pays, lorsque la frontière de l'Alsace avait été livrée, lorsque nos armées, livrées par l'inexpérience du chef suprême de la France à toutes les aventures, se trouvaient démunies, désemparées, presque sans ressources, vous êtes venus nous demander des subsides ; et nous avons, au Corps législatif, fait ce que nous avons continué à faire durant six mois : après les désastres, nous avons pris la responsabilité de parer aux dangers effroyables sortis de cette criminelle politique qui avait amené l'invasion de la France. Nous n'avons pas plus refusé les subsides au Corps législatif, que nous n'avons refusé plus tard de défendre les lambeaux que vous nous aviez laissés de la patrie envahie par votre criminelle faute. (*Vive approbation et applaudissements répétés à gauche.*)

# LETTRE

## A PLUSIEURS ÉLECTEURS RÉPUBLICAINS DE LYON

---

Paris, 25 octobre 1875.

Mes chers concitoyens,

L'ouverture imminente de la dernière session de l'Assemblée nationale me prive du plaisir de répondre comme je l'eusse désiré à votre cordiale invitation[1]. J'aurais tenu à rendre dans Lyon même, au milieu de tous les élus républicains du département du Rhône, un public hommage à cette démocratie lyonnaise qu'on a abreuvée depuis cinq ans de calomnies, de provocations, de persécutions, et dont la fermeté, le sang-froid, la discipline ont résisté à toutes les épreuves et fini

---

[1]. M. Gambetta avait reçu la lettre suivante :

« Lyon, le 22 octobre 1875.

« Cher concitoyen,

« La démocratie lyonnaise du Rhône, désireuse de témoigner sa sympathie à ses représentants, MM. Le Royer, Ordinaire, Millaud et Guyot, a voulu leur offrir, avant leur départ pour Versailles, un banquet fraternel unissant une dernière fois mandataires et mandants.

« Nous avons l'honneur, cher citoyen Gambetta, de vous inviter à cette fête républicaine. Vous y apprendrez à connaître les Lyonnais qui se plaignent d'être un peu trop délaissés par vous.

« Nous ne parlerons pas de votre arrivée à la population qui vous désire, vu l'impossibilité où nous serions de trouver un local qui la contienne. C'est donc en famille que nous vous attendrons pour boire ensemble à la santé de la République. Espérant que vous accepterez notre cordiale invitation, nous vous envoyons nos saluts fraternels. »

(Voir pages 405 et 406 pour les circonstances où cette lettre a été écrite.)

par triompher de ses plus violents détracteurs. Je ne laisserai pas toutefois arriver l'heure de la dissolution sans vous faire ma visite. Pour aujourd'hui, et afin de n'être pas tout à fait absent de votre fraternelle réunion, permettez-moi de vous envoyer quelques réflexions sur notre situation intérieure.

La Constitution du 25 février a fait enfin sortir la République de l'état précaire, à peine toléré, toujours menacé, où la tenaient les partis réactionaires conjurés à sa perte depuis le 8 février 1871. Elle est devenue la loi fondamentale des Français. Elle a été arrachée à l'impuissance et à la haine des partis monarchistes vaincus, dans une heure de bon sens et de patriotisme, qui servira à balancer dans l'histoire bien des fautes et bien des défaillances.

Ce jour-là, le 25 février, sous la double pression des périls intérieurs et des nécessités extérieures, les patriotes de l'Assemblée nationale ont fait taire leurs préférences exclusives. Ils ont su mettre le salut de la France au-dessus de leurs passions, de leurs préjugés, de leurs théories personnelles. Ils ont fondé le seul gouvernement qui, en rassurant les intérêts, réservait à la démocratie le soin de sauvegarder elle-même ses destinées ultérieures. La nation tout entière l'a accueillie avec un vif sentiment de gratitude et de soulagement. La sécurité est rentrée dans les esprits, la confiance dans le travail national. Les excédents d'impôts se chiffrent par plus de cent millions de francs. Les royalistes de toutes nuances en sont réduits à exhaler les derniers cris d'une rage impuissante. Les bonapartistes s'apprêtent à tenter un dernier effort, que le sentiment de l'honneur national suffira à déjouer, en l'absence d'une administration assez ferme pour appliquer la loi à des factieux. Et cependant cette Constitution n'est encore qu'une loi qui attend son exécution. Les adversaires de la démocratie soupçonnaient si bien l'accueil enthousiaste qu'elle allait rece-

voir du pays, qu'ils en ont ajourné l'application par
les plus misérables expédients. Mais nous touchons au
terme. Les élections sont proches. Grâce à elles, les
amis comme les adversaires de l'œuvre des Constituants de février pourront juger ce que pèsent dans
les sympathies du pays les institutions nouvelles. Je
suis tranquille sur l'épreuve.

Une fois l'Assemblée nationale dissoute, la France
ayant à choisir entre l'affermissement de la légalité
républicaine et les fauteurs de désordre, de réaction
et de restauration, n'hésitera pas, d'un bout à l'autre
du territoire, aussi bien au nom des intérêts conservateurs que des aspirations progressives, à envoyer sur
les bancs des deux Chambres une forte majorité de
gouvernement républicain, décidée à faire porter tous
ses fruits à la politique suivie en ces dernières années.

C'est à créer cette majorité que doivent être consa-
crés désormais tous nos efforts; c'est pour atteindre
un résultat aussi décisif pour la fortune de la France,
qu'il importe que le suffrage universel soit consulté
aux élections législatives par la voie du scrutin de
liste. En dehors des considérations générales qu'on
peut faire valoir, et qu'on fera valoir, en faveur du
scrutin de liste contre tout autre mode de votation et
qui toutes peuvent se résumer d'un mot : — une
lutte d'opinions substituée à une lutte de personnes,
— il est une raison plus haute encore et plus pressante pour les défenseurs de la Constitution de s'attacher énergiquement au scrutin de liste. Le scrutin de
liste seul permet, dans chaque département, suivant
son tempérament propre, la conciliation et l'alliance
électorale entre toutes les fractions du parti loyalement
constitutionnel.

Cette alliance si précieuse et si salutaire, conclue à
la Chambre sous les auspices d'hommes comme MM.
Thiers, Casimir Perier, Léonce de Lavergne, etc., doit,
en effet, être continuée devant le suffrage universel.

Il ne faut jamais oublier les services rendus et ceux qu'on est en droit d'attendre. L'exemple de ces citoyens s'engageant résolument dans les voies de la démocratie libérale et républicaine a puissamment influé sur l'opinion publique, et il est nécessaire de montrer à tous que ce n'est pas là un accord passager que peut rompre la première difficulté, mais au contraire une coopération réfléchie et durable, en même temps qu'un encouragement à l'union, à la concorde des bons citoyens pour le relèvement de la patrie.

Le scrutin d'arrondissement, en suscitant les compétitions personnelles, en rompant toute unité d'action d'un arrondissement à un autre, en surexcitant les haines et les rancunes, exclut toute modération dans les choix et transforme cette grande consultation du suffrage universel en une multitude de petites guerres de clochers, sans grandeur et sans signification politique. Il importe au succès et à la durée d'une politique d'apaisement et de modération que le scrutin de liste, qui est à l'heure actuelle l'état légal, reste acquis au pays. On a peine à comprendre que les auteurs ou les partisans de la Constitution du 25 février puissent hésiter sur une pareille question.

Je le dis en toute sincérité, ce sont les républicains de raison qui ont le plus d'intérêt au succès définitif du scrutin de liste.

Mes renseignements, en effet, me permettent d'affirmer que c'est eux seuls qui ont tout à perdre au scrutin d'arrondissement, et je ne crains pas d'être démenti par l'événement.

Quoi qu'il advienne d'ailleurs, n'ayez aucune inquiétude sur le résultat final.

Les élections, aussi bien pour le Sénat que pour la Chambre des députés, seront un triomphe pour la démocratie républicaine.

Depuis quatre ans, je n'ai jamais négligé une occa-

sion d'étudier et de suivre pas à pas les progrès de
l'idée républicaine dans les diverses parties de la
France et dans les diverses couches de la société française. Sans entrer dans des détails qui ne seraient pas
ici à leur place, je crois pouvoir affirmer que la France
n'a attendu avec tant de patience, de calme, l'heure
où il plairait à ses mandataires de lui rendre le dépôt
de sa souveraineté, que parce que sa résolution était
inébranlable d'affermir la République. Elle savait qu'il
faudrait bien finir par la consulter, et que ce jour-là,
sans tumulte, sans violence, presque sans émotion,
elle choisirait ses hommes et dicterait ses volontés.

Instruite par des malheurs inouïs et immérités, la
nation a évidemment gagné en expérience et en raison pratique. Elle est lasse des sauveurs qui l'ont perdue, des déclamateurs qui l'ont égarée ; elle dédaigne
les fanatiques qui voudraient la ramener à un passé
dont elle ne peut même pas supporter le nom. Elle
veut faire ses affaires elle-même et réaliser enfin le
gouvernement du pays par le pays, dont la Révolution
française avait apporté la promesse et les principes.

C'est cette politique qui doit triompher aux élections prochaines et devenir l'inspiratrice des actes et
des entreprises des futures Assemblées.

En effet, je pense qu'il est bon que nous considé-
rions d'avance quelle peut être la tâche de nos futurs
représentants. On peut l'envisager sous deux points de
vue : 1° la direction générale de la politique du gouvernement à l'intérieur ; 2° les lois à faire et les réformes à entreprendre.

Sur la première partie, l'accord est facile. Il faut
une *politique de liberté*, qui nous débarrasse des lois
d'exception, respecte et assure les droits de la presse,
en ne réservant à la répression qu'un délit ou un
crime, — l'attaque contre le principe républicain et
le suffrage universel ; qui établisse sans conteste la
liberté électorale en protégeant par des dispositions

légales l'exercice du droit de réunion et d'association ;
qui restitue aux communes leurs franchises municipales ; qui garantisse enfin la pratique de ces droits
individuels et publics par la présence à la tête des
affaires d'hommes à l'esprit large et éclairé, confiants
dans la démocratie, capables de la gouverner sans la
craindre et sans l'asservir.

En ce qui touche le travail législatif, il est de la
plus haute importance de s'imposer une règle de con-
duite qui détermine d'avance les divers buts à atteindre ; car ce que les majorités victorieuses, de quelque
nature qu'elles soient, ont surtout à redouter, c'est
de vouloir toucher à tout à la fois, au risque de tout
confondre et de tout compromettre. L'exemple de
ces dernières années doit être toujours présent à nos
yeux. La politique, de nos jours, est astreinte, comme
toutes les sciences, à marcher graduellement, du
simple au composé ; mais, plus que toutes les autres
sciences, elle exige l'esprit de circonspection, de prudence, de tempérament. La politique n'est pas une
géométrie dont toutes les constructions sont tracées
en des lignes parfaites, dont tous les problèmes reçoivent nécessairement des solutions exactes ; elle
doit s'inspirer, sans aucun doute, de principes fixes
et certains, mais elle se fait avec des hommes, pour
des hommes, au travers des intérêts et des passions
qui se croisent, en face de traditions qui résistent.
Elle doit donc savoir composer avec la nécessité et ne
jamais risquer le sort d'une idée ou d'un peuple pour
l'honneur d'une théorie sans espoir. Nous avons eu
des prédécesseurs, nous aurons des successeurs ; nous
ne leur transmettrons qu'un patrimoine bien imparfait, car toutes les conquêtes que nous aurons pu
réaliser ne pourront donner que la mesure du progrès
même des mœurs politiques, hélas ! encore bien en
retard.

Arrivés à la vie publique aux heures les plus difficiles de ce siècle, nous n'avons qu'un devoir : maintenir, augmenter et transmettre l'héritage à des générations mieux préparées et plus heureuses. Il faut donc mesurer et régler sa marche pour éviter les chutes.

Trois grands buts se présentent devant nous : les atteindre suffira largement à l'activité et à la durée des prochaines Assemblées : le crédit de la France, sa puissance matérielle, son développement intellectuel, c'est-à-dire faire une France riche, puissante, éclairée.

Le premier de ces buts réclame une réorganisation financière dont l'impôt sur le revenu doit devenir la clef, en prenant légitimement l'argent là où il est et en dégrevant la consommation et par là même la production de taxes incohérentes et excessives.

Le second, en rendant le service militaire réellement personnel et universel, en y préparant, dès l'enfance, tous les jeunes Français et en faisant de l'armée la plus haute expression de l'orgueil national et l'école virile de tous les citoyens, contient une réforme pour laquelle le pays est déjà préparé et qu'il ne reste plus qu'à compléter.

Enfin, et par-dessus tout, il faut refondre à nouveau et disposer en un mécanisme complet un système d'éducation nationale qui restitue à l'État ses véritables attributions et qui sache faire surgir des rangs pressés de tout le peuple l'intelligence et la moralité; un système à la fois général et technique, qui puisse sûrement mettre en pleine valeur toutes les aptitudes, aussi variées que merveilleuses du génie français; un système d'éducation qui, depuis l'école primaire jusqu'à l'enseignement supérieur, repose sur les principes de la société moderne, le respect des lois civiles, l'amour exclusif de la patrie, et réunisse les Français de toutes les classes dans un même esprit de confiance mutuelle, d'émulation pour le bien général et de solidarité nationale.

L'étude des lois nécessaires à une aussi grande et décisive réforme, la formation des maîtres, des écoles et des élèves, l'exécution ferme et patiente de pareilles lois suffiront, et au delà, à remplir la durée du mandat des prochaines Assemblées. Après avoir ainsi appliqué la Constitution et les lois dans un esprit constamment libéral et démocratique, il ne resterait à nos représentants qu'à rendre de nouveau la parole au pays et à le consulter alors, mais alors seulement, sur les améliorations qu'exigerait le pacte fondamental de la République.

Je suis convaincu qu'en comprenant ainsi le fonctionnement de nos nouvelles institutions, on en tirera les résultats les plus bienfaisants, dont je crois devoir énumérer quelques-uns.

D'abord, les partis hostiles à la République tombent dans l'impuissance et ne tardent pas à se désagréger. La masse du parti constitutionnel subira elle-même une nouvelle transformation; elle se décomposera en deux grandes fractions également respectueuses de la Charte, chacune représentant l'une des deux forces qui se partagent toute société réglée : la force de résistance et la force de progression.

Nous assisterons, à l'abri de la Constitution, à la lutte pacifique et légale du parti conservateur et du parti novateur, les wighs et les tories de la République se disputant les suffrages de l'opinion et se succédant régulièrement au pouvoir. Dans cette France unifiée il nous sera peut-être donné de voir tomber les haines et les préjugés de classe à classe, la paix civile sera faite. Les nouvelles couches sociales, sorties de la Révolution française et du suffrage universel, réconciliées avec l'élite de la vieille société, nous pourrons enfin achever, par l'alliance intime et chaque jour plus féconde du prolétariat et de la bourgeoisie, l'immense évolution commencée en 1789. Sous cette bienheureuse influence, on peut prédire à coup sûr un essor inouï des affaires et de la prospérité générale, un attachement tous les jours plus fervent aux institutions républicaines, une obéissance de plus en plus rigoureuse à la loi, un accroissement de la moralité publique. L'Europe, voyant la France stable, forte et sage, lui rendra ses sympathies et son rang légitime. Alors on pourra tenter avec confiance la révision de la Constitution républicaine toujours perfectible du 25 février.

L'ordre étant ainsi assuré autant que la liberté, il faudra songer aussi à un grand acte de clémence pour effacer jusqu'au souvenir de nos odieuses discordes civiles. Ce ne sera pas de la part de celui qu'on a placé à la première et inviolable magistrature de l'État, et dont la fermeté est connue, que pourront venir les objections à une mesure aussi humaine que politique.

C'est le cœur plein de confiance dans cet avenir que je vous envoie mes salutations fraternelles.

LÉON GAMBETTA.

# ASSEMBLÉE NATIONALE

## Séance du 15 décembre 1875

---

PROPOSITION DE M. PARIS (PAS-DE-CALAIS) AYANT POUR OBJET DE DEMANDER LA NULLITÉ DU SCRUTIN POUR LA NOMINATION DE TRENTE-TROIS SÉNATEURS INAMOVIBLES.

Les articles 1 et 5 de la loi du 24 février 1875 relative à l'organisation du Sénat étaient ainsi conçus :

« Article 1er. — Le Sénat se compose de trois cents membres : deux cent vingt-cinq élus par les départements et les colonies, et soixante-quinze élus par l'Assemblée nationale.

« Article 5. — Les sénateurs nommés par l'Assemblée sont élus au scrutin de liste et à la majorité absolue des suffrages. »

Dès la rentrée de l'Assemblée, la formation des listes de candidats pour les sièges de sénateur inamovible était la grande préoccupation des partis.

« A gauche, raconte M. Ranc (1), les pessimistes à principes jugeaient la situation avec leur justesse de coup d'œil habituelle. Toutes les probabilités, au contraire, étaient pour que dans les élections sénatoriales les gauches dominassent la situation. Il n'y fallait que de la discipline et une ferme résolution. Les orléanistes voulaient faire du Sénat leur chose : l'extrême droite et les bonapartistes le souffriraient-ils ? M. Gambetta pensait que non, et il avait toujours soutenu qu'il n'y avait pas lieu de se décourager. Il était persuadé que le jour du vote les rancunes et les dissentiments éclateraient, que les noms de MM. Buffet, de Broglie et de leurs amis seraient impitoyablement biffés par les gens qui ne leur pardonnaient pas d'avoir accepté la Constitution et par ceux qui redoutaient l'intrigue orléaniste. Il

1. *De Bordeaux à Versailles*, page 370.

était donc d'avis de présenter une liste compacte, homogène, et d'attendre les propositions d'alliance qui ne manqueraient pas de se produire.

« On commença par négocier. Le centre gauche formula une proposition qui consistait à choisir les sénateurs parmi les votants de la Constitution, en excluant tous les représentants qui s'étaient séparés de la majorité du 25 février. Si le principe eût été admis, il n'eût pas été difficile de régler la proportion numérique où chaque groupe aurait été représenté. Mais le centre droit refusa net ; il demanda l'admission sur la liste de la droite et de l'extrême droite et l'exclusion de l'extrême gauche. Dans ces conditions, les pourparlers ne pouvaient pas aboutir. Chacun reprit sa liberté, et il y eut deux listes en présence, liste de droite et liste de gauche. Le groupe Lavergne, qui s'était laissé envahir par une bande sous les ordres de M. Antonin Lefèvre-Pontalis, tourna à droite. Son président, M. Léonce de Lavergne, se trouva en minorité et ne figura même pas sur la liste de la droite. La liste républicaine avait été dressée dans le plus grand secret par MM. Gambetta, Lepère, Jules Simon, Jules Ferry, Bardoux et Ricard, qui avaient reçu à cet effet de pleins pouvoirs. Les droites se croyaient sûres du triomphe. Le pointage le plus exact leur accusait au moins vingt voix de majorité. C'est le 9 décembre qu'eut lieu le premier tour de scrutin. Le résultat en fut proclamé au milieu de l'étonnement général. M. d'Audiffret-Pasquier et M. Martel étaient seuls élus, le premier porté sur les deux listes, le second seulement par la gauche. Les bonapartistes et l'extrême droite avaient rayé les noms orléanistes, pendant que les gauches avaient voté avec ensemble et discipline. C'est ce que tous les esprits sagaces avaient prévu. De plus, les antipathies, les haines personnelles, les rancunes s'étaient donné libre carrière. Des deux chefs du centre droit, M. Buffet n'arrivait que le onzième et M. de Broglie que le quatre-vingt-cinquième. »

Le désarroi se mit immédiatement dans le camp des coalisés monarchistes. Le soir même, M. de la Rochette, président de l'extrême droite et ami particulier du comte de Chambord, vint offrir aux délégués des gauches l'appui de quinze députés légitimistes, à la condition qu'un siège sénatorial serait assuré à chacun d'eux. Les délégués des gauches, réunis chez M. Jules Simon, n'hésitèrent point. Quinze noms de la liste primitive furent rayés et remplacés par ceux de MM. de Boisboissel, de Gouvello, Paulin-Gillon, Bourgeois, de la Rochejacquelin, de Plœuc, Vinols, de Douhet, Cornulier-Lucinière, Dumon, de Franclieu, de la Rochette, de Lorgeril, Pajot, Théry, de Tréville et Hervé de Saisy. Le baron Chaurand se joignit deux jours plus tard aux précédents.

La séance du lendemain ne fut qu'une longue tempête. Dès que les députés de l'extrême droite se présentèrent à la tribune pour déposer leur bulletin dans l'urne, la droite et le centre droit éclatèrent en rumeurs furibondes. Ce fut un véritable mot d'ordre d'intimidation. « Il n'y a qu'un moyen à employer, avait dit le duc de Broglie, il faudra les huer. » La consigne fut exécutée, mais six (1) seulement des députés légitimistes se laissèrent intimider. Les onze autres, M. de la Rochette en tête, restèrent sourds à toutes les objurgations et exécutèrent fidèlement la transaction convenue. Quand M. de la Rochette parut à la tribune, il fut accueilli par un ouragan de cris et d'injures : il sourit, et montrant d'un geste dédaigneux les amis de M. de Broglie et de M. Rouher qui hurlaient : « Je vous connais, dit-il, vous ne m'intimiderez pas, moi ! » Il tint bon avec MM. de Cornulier-Lucinière, de Douhet, Dumon, de Franclieu, de Lorgeril, Pajot, Théry, de Tréville, Hervé de Saisy et Bourgeois. Les scrutins du 10, 11, 13, 14 et 15 décembre portèrent successivement au Sénat inamovible MM. le général Frébault, Krantz, Duclerc, Changarnier, Jules de Lasteyrie, l'amiral Pothuau, Corne, Laboulaye, Joubert, Roger du Nord, Léon de Maleville, Barthélemy Saint-Hilaire, Wolowski, Ernest Picard, Casimir Perier, le général d'Aurelle de Paladines, l'amiral Fourichon, le général Chanzy, Cordier, de la Rochette, de Franclieu, de Cornulier-Lucinière, Dumon, Théry, le colonel de Chadois, de Tréville, Pajot, Kolb-Bernard, Baze, Humbert, de Lavergne, Le Royer, l'amiral Jaurès, Bertauld, Calmon, Oscar de Lafayette, Luro, Gaulthier de Rumilly, Tribert, Fourcand, le général de Chabron, Corbon, Lanfrey, Hervé de Saisy,

1. MM. de Boisboissel, de Gouvello, de la Rochejacquelin, Paulin-Gillon, Vinols et de Plœuc, qui déclarèrent au pied de la tribune qu'ils protestaient contre les inscriptions sur la liste des gauches.

le général Letellier-Valazé, Carnot, de Douhet, Gouin, Lepetit, Littré, Schérer, Crémieux, Scheurer-Kestner, de Lorgeril, Rampon, de Tocqueville, Paul Morin, Testelin, le général Charreton, Bérenger, Magnin, Denormandie, Jules Simon, Edmond Adam, Laurent Pichat, Schœlcher, Cazot et le général Billot. Sur ces soixante-dix nominations la liste des droites n'avait réussi à faire passer que trois candidats.

Pourtant ces scrutins multiples accusaient des imperfections de discipline. Si l'entente eût été parfaite, la liste entière eût dû passer d'un seul coup. Dans les différents groupes de gauche on rayait trop de noms, comptant qu'à côté l'on n'aurait point la même tentation. Il y avait là, pour le succès décisif de l'élection, un réel danger auquel il importait de trouver un prompt remède. Le 14, à la suite du scrutin qui avait abouti à la seule nomination de M. Fourcand, les bureaux des gauches se réunirent et prirent une résolution énergique. Ils décidèrent que les listes imprimées seraient remises aux votants sous enveloppes et seulement au pied de la tribune.

La droite se sentit perdue et la plupart de ses membres s'apprêtaient déjà à lâcher la partie quand M. de Broglie décida de tenter un dernier effort. Un mot d'ordre général fut donné, et, le 15, l'opération du vote était à peine commencée que tout le centre droit se mit à protester avec fureur contre la distribution des bulletins sous enveloppes au pied de la tribune et à solliciter bruyamment l'intervention du président.

Le duc d'Audiffret-Pasquier ne se laissa pas troubler : après s'être reporté à l'article 58 du règlement de l'Assemblée et à l'article 21 du décret réglementaire du 2 février 1852, il se borna à prier « ceux des députés qui s'étaient chargés de faire la distribution des bulletins de vote de vouloir bien, par égard pour les scrupules de leurs collègues, s'abstenir de faire cette distribution dans l'enceinte de la salle ».

Le scrutin ayant été déclaré clos à deux heures trente-cinq minutes, M. Paris (Pas-de-Calais) déposa la proposition suivante, qu'il développa avec la plus grande véhémence :

« Les soussignés, membres de l'Assemblée nationale, croient devoir porter à la connaissance du président de l'Assemblée la protestation suivante :

« Dès l'ouverture de la séance, des bulletins de vote sous enveloppe ont été distribués dans la salle même des délibérations par des députés placés au pied de la tribune. Chacun de ceux qui entraient par la porte de gauche recevait ainsi son bulletin sous le regard des scrutateurs.

« Un tel procédé, pratiqué jusqu'à deux heures et demie, est contraire à la dignité de l'Assemblée, au secret du vote et à la liberté de l'électeur. Il est condamné formellement par l'article 21 du décret réglementaire du 2 février, ainsi conçu : Les électeurs apportent leur bulletin préparé en dehors de l'Assemblée.

« En conséquence, les soussignés demandent la nullité des opérations électorales du 15 décembre 1875.

« Amiral de Kerjégu, général de Chabaud La Tour, de Dampierre, de Ravinel, Baragnon, de Cumont, Daru, de Valfons, Giraud, Henri Fournier, etc. »

M. Gambetta répondit à M. Paris :

M. GAMBETTA. — Messieurs, nous aurions tous mauvaise grâce à nous plaindre de la protestation qui a été apportée à cette tribune par l'honorable M. Paris, en son nom et au nom d'un certain nombre de ses collègues ; car, aussitôt que, dans une Assemblée, une question qui touche à sa dignité et à son renom est soulevée, il est bon qu'elle soit discutée et vidée. C'est ce que je vais essayer de faire en aussi peu de mots que M. Paris en a employés lui-même.

On vous a fait le récit, Messieurs, de la manière dont les opérations électorales se seraient passées.

*Un membre à droite.* — Se sont passées !

M. GAMBETTA. — Permettez-moi de rétablir la vérité, qui, sur certains points, ignorés par M. Paris, pourrait vous échapper.

Que dit-on contre les élections qui ont lieu dans cette enceinte depuis une heure de l'après-midi jusqu'à l'heure présente ? On dit que la manière dont on a procédé aux opérations matérielles du scrutin constitue une atteinte à la liberté électorale.

Eh bien, Messieurs, il n'y a qu'un moyen de savoir

de quel côté est l'exactitude, c'est de vous dire comment les choses se sont passées.

*A droite.* — Vous êtes bien bon ! nous le savons.

M. Gambetta. — Vous ne le savez pas, Messieurs.

*A droite.* — Nous l'avons vu !

M. le président. — Je fais observer aux membres qui siègent de ce côté de l'Assemblée (*M. le président désigne la droite*) qu'ils doivent écouter en silence les explications données par un collègue, alors que les allégations apportées à cette tribune pourraient en quelque sorte l'atteindre. (*Rumeurs à droite.*)

M. Gambetta. — Depuis le premier jour des opérations électorales commencées dans cette enceinte pour l'élection des soixante-quinze sénateurs, voici ce qui s'est passé. On a déposé dans l'enceinte où avait lieu le scrutin, sur les tables qui sont au-dessous de la tribune, sur le banc des commissions, des bulletins de vote appartenant aux divers côtés de l'Assemblée. (*Dénégations à droite.*)

*A gauche.* — Parfaitement ! Si ! si !

M. Lepère. — Il y en a encore ; la liste de droite y est encore !

M. Gambetta. — Messieurs, vous dites non ; vous prenez mal votre temps, car, lorsque l'honorable président est intervenu, à propos de l'incident, savez-vous ce qu'il a dit : Enlevez également les listes de la droite qui sont là sur la table. (*Interruptions à droite.*)

*Voix à gauche.* — Elles y étaient.

*Un membre au centre droit.* — Ces listes n'étaient pas sous enveloppes !

M. Gambetta. — Permettez, Messieurs ! procédons par ordre. J'arriverai aux enveloppes tout à l'heure, mais procédons avec précision. La loi dit, en effet, que les bulletins doivent être préparés en dehors de la salle, mais il est cependant exact que, dans l'élec-

tion particulière qui est dévolue à l'Assemblée nationale, on s'est départi de cette rigueur.

*Un membre à droite.* — Non!

M. GAMBETTA. — Comment? non?

*A gauche.* — Mais c'est certain!

M. GAMBETTA. — C'était autorisé. (*Rumeurs à droite.*)
Arrivons au fait de la distribution.

M. DE RAINNEVILLE. — Annulons tous les scrutins!
(*Ah! ah! à gauche.*)

M. GAMBETTA. — M. de Rainneville dit : Annulons
tous les scrutins! C'est un mot de candidat malheureux. (*Hilarité prolongée à gauche.*)

M. DE RAINNEVILLE. — Vous vous trompez : je n'ai
jamais été candidat dans l'Assemblée!

M. GAMBETTA. — Je dis, Messieurs, et c'est un point
fondamental que, dans les cinq scrutins qui ont eu lieu,
la distribution, sur les tables qui avoisinent la tribune, des listes de droite et des listes de gauche a été
un fait constant qui s'est passé sous les yeux de l'Assemblée : il y avait là un huissier qui avait les listes
sous la main et qui, au fur et à mesure que les députés passaient, leur remettait les listes...

*Au centre et à droite.* — Non pas les listes, mais une
liste!

*A gauche.* — Oui! oui! les listes.

M. BUFFET, *vice-président du conseil, ministre de l'intérieur.* — Mais non!

M. GAMBETTA. — Oui, les listes, car on remettait les
deux à chacun, monsieur le ministre de l'intérieur.

M. DE PRESSENSÉ. — C'est incontestable; je les ai
reçues ainsi.

M. HENRI VILLAIN. — M. le ministre de l'intérieur a
reçu ici même ces listes.

M. LE VICE-PRÉSIDENT DU CONSEIL. — Parce que j'en
ai fait demander, et qu'on ne pouvait en obtenir là
où étaient les autres listes! (*Bruyantes exclamations
à gauche et interpellations diverses.*)

M. Tailhand. — Je n'ai pas pu en avoir une!

M. le président. — N'interrompez pas, Messieurs!

M. Gambetta. — Messieurs, je comprends combien il est difficile de ne pas être interrompu dans un débat qui touche à tant de côtés personnels ; néanmoins, je prie M. le ministre de l'intérieur, s'il ne veut pas devenir le ministre de l'interruption à perpétuité... (*Rires et applaudissements à gauche. — Réclamations à droite et cris : A l'ordre! à l'ordre!*)

M. le président. — Vous réclamez, Messieurs, les sévérités du président...

*Voix à droite.* — Oui! oui!

M. le président. — Je regrette l'expression dont vient de se servir M. Gambetta; mais il avait le droit de se plaindre d'interruptions qui sont interdites par le règlement. (*Très bien! très bien! à gauche. — Rumeurs à droite.*)

M. Gambetta. — Ce premier point de la déposition des listes sur le bureau étant bien établi... (*Non! non! à droite.*)

Messieurs, vous niez l'évidence!

M. Tailhand. — On ne donnait pas la liste de la gauche. J'en ai demandé une...

M. Gambetta. — Je vais arriver à la liste de la gauche, monsieur Tailhand; mais ayez quelque patience. (*Rires à gauche.*)

M. Tailhand. — ... et je n'ai pas pu l'obtenir.

M. Gambetta. — Ce premier point étant établi, c'est une pure question de bon sens que je pose à l'Assemblée.

Est-ce que, ce que l'huissier pouvait faire, sans attenter à votre liberté, sur la table qui est là au pied de cet escalier, un de nos collègues, n'importe lequel, n'était pas autorisé à le faire lui-même à son banc? (*Non! non! sur divers bancs à droite.*)

M. Mettetal. — Il n'y a pas d'analogie!

M. Gambetta. — Vous dites non? Eh bien, je dis que la majorité de cette Assemblée dira oui tout à l'heure, parce que le bon sens saura toujours prendre le dessus sur les vanités personnelles blessées. (*Applaudissements à gauche.*)

Maintenant il y a un autre côté de la question. On nous a dit, et c'était le sens de l'interruption de M. Tailhand et des observations de M. Paris : Votre liste, vous l'avez apportée ici secrète et enveloppée.

Eh bien, je réponds qu'avant qu'une heure ait sonné, à midi et demi, nous avons affiché la liste dans la buvette sur les deux portes qui sont à l'entrée de gauche. Elle n'était pas secrète. Premier fait. (*Interruptions à droite.*) Laissez-moi continuer.

*Voix à droite.* — Il s'agit du vote !

M. GAMBETTA. — Mais, Messieurs, nous serons au vote tout à l'heure. Permettez au moins qu'on rétablisse l'exactitude des faits.

Les bulletins ont été remis sur la table des huissiers. (*Non! non! au centre droit et à droite.*) Et, Messieurs, cela est tellement vrai... (*Nouvelles dénégations.*)

Et ici, que se passait-il, au banc de la Commission ou au banc qui sert aux commissions? Voici ce qui se passait : Il y avait deux de nos collègues, l'honorable M. Danelle-Bernardin et M. Gent, qui avaient devant eux un paquet de bulletins ouverts et un paquet de bulletins sous enveloppes, et cela est tellement vrai, monsieur Tailhand, que M. Baragnon est venu en prendre,... (*Ah! ah! à gauche*) que beaucoup d'autres sont venus en prendre.

M. TAILHAND. — Vous me faites dire ce que je n'ai pas dit.

J'ai dit que j'avais voulu en avoir et que je n'avais pas pu en obtenir.

M. LE PRÉSIDENT. — Si vous avez des explications à présenter, monsieur Tailhand, je vous donnerai la parole; mais n'interrompez pas. (*Rumeurs à droite.*)

M. GAMBETTA. — Donc ce que je tiens à bien

établir devant la majorité de l'Assemblée, c'est qu'au banc où se délivraient les bulletins, il y avait des bulletins ouverts et des bulletins sous enveloppes, et que ces enveloppes étaient également ouvertes ; le député à qui on les donnait votait selon sa convenance ; il prenait soit un bulletin ouvert, soit un bulletin sous enveloppe, et il était parfaitement libre de se servir de l'un ou de l'autre.

M. LE BARON DE RAVINEL. — Libre, non! puisqu'il était surveillé.

M. GAMBETTA. — Messieurs, on me dit qu'il y avait des surveillants.

Je ne sais pas à qui ce mot s'applique, mais franchement j'imagine que ceux qui suivent les opérations du vote de votre côté (*la droite*) sont également des surveillants, et je ne vois rien de blessant dans ce titre.

M. LE BARON DE RAVINEL. — Que faites-vous du secret du vote?

M. GAMBETTA. — Vous dites, monsieur de Ravinel ?

M. LE BARON DE RAVINEL. — Je dis que c'est contraire au secret du vote.

M. GAMBETTA. — C'est contraire au secret du vote de surveiller les opérations électorales? (*Rires approbatifs à gauche.*)

Messieurs, il s'agit de réduire toute cette querelle à ses véritables proportions. La vérité vraie, je la trouve dans le mot qui a échappé à M. Paris : Ce qui vous irrite, — et le nombre des auteurs de la proposition est très restreint, malgré les trente signatures, — c'est ce que vous appelez la discipline.

Eh bien, cette discipline, — car cela touche à la question, — il faut que je vous le dise, elle est non seulement volontaire, car, si on a voté ainsi, ce n'est pas la fantaisie qui en a pris à deux ou trois d'entre nous de s'asseoir à cette table et de distribuer des bulletins, ce sont les groupes qui, réunis chez eux, à l'unanimité, l'ont décidé pour la commodité du vote. (*Rumeurs ironiques à droite.*) Oui, Messieurs, pour la commodité du vote.

M. LE BARON DE RAVINEL. — Dites plutôt pour le contrôle du vote de vos amis.

M. GAMBETTA. — Je sais très bien combien il faut donner d'heures aux plaideurs qui perdent leurs procès pour maudire leurs juges. (*Rires à gauche.*)

Eh bien, je dis que cette décision a été prise par tous les membres de ce côté de l'Assemblée (*la gauche*) ; ils ont décidé qu'au lieu d'aller chercher des bulletins de droite ou de gauche, ils se rendraient à ces tables, et que sur ces tables il y aurait deux bulletins : le bulletin ouvert, le bulletin sous enveloppe libre. (*Interruptions à droite.*)

Et maintenant, qu'est-ce que vous voulez arguer de cela ? Est-ce sérieux, Messieurs ? Est-ce que vous trouvez cette argumentation sérieuse de venir dire que le choix librement fait de prendre ou l'enveloppe ou le bulletin ouvert constitue une pression sur l'électeur ?

*A droite.* — Oui ! oui !

*A gauche.* — Non ! non !

M. GAMBETTA. — Ce qui constituerait une pression sur l'électeur, ce qui serait une manœuvre électorale de la dernière heure, ce serait, à l'aide d'une protestation dérisoire, de vouloir ici arrêter inutilement la vérité et la justice de l'Assemblée. (*Marques d'approbation et applaudissements à gauche.*)

M. Paris (Pas-de-Calais) et M. Baragnon répondirent à M. Gambetta. M. Paris déclara que l'honnêteté politique exigeait impérieusement la nullité du scrutin, et M. Baragnon prononça les paroles suivantes :

M. BARAGNON. — Messieurs, j'ai demandé la parole pour un fait personnel. Je viens d'être nommé par M. Gambetta, qui a jugé à propos d'indiquer à l'Assemblée que j'avais pu librement trouver une liste de gauche ouverte. D'abord, bien que ma protestation soit inutile ici, je ne voudrais pas qu'on pût supposer, ailleurs, que c'était pour la mettre dans l'urne que je l'avais demandée. (*Très bien! à droite.* — *Exclamations à gauche.*)

M. HORACE DE CHOISEUL. — Vous violez le secret du vote!

M. BARAGNON. — A ce premier point de vue, donc, ma réclamation est opportune; et puisqu'on me parle du secret du vote, je ferai remarquer qu'on avait déjà commencé à le violer en partie en racontant la petite anecdote que vous avez entendue. (*On rit*).

J'ai donc effectivement pu me procurer une liste de gauche. Mon honorable collègue, M. Gent, sait que je les collectionne avec intérêt... (*Oh! oh! à gauche.*), et il a la bonté, tous les jours, de m'en conserver un exemplaire; mais voici ce que je puis dire : Quand je me suis présenté devant le banc où siègent ordinairement les membres des commissions, il y avait en effet des enveloppes renfermant des listes et des listes qui n'étaient pas sous enveloppe, mais on les y mettait. (*Ah! ah!* — *Très bien! à droite et au centre.*)

M. GAMBETTA. — Pas du tout!

M. BARAGNON. — Si maintenant vous me demandez pourquoi on m'a donné précisément, à moi, une liste qui n'était pas sous enveloppe, je vais vous le dire, — mais vous l'avez déjà deviné, — c'est que ce n'est pas pour moi que le système a été imaginé. (*Rires à droite.*) Je ne suis pas de ceux qui ont besoin d'être surveillés... (*Nouveaux rires sur les mêmes bancs.* — *Bruit à gauche.*) dans l'exécution, je ne dirai pa d'uns marché, mais d'une convention qui a été sévèrement jugée. (*Vifs applaudissements à droite.*) De telle sorte qu'étant donné ces deux idées : 1º Que je n'étais qu'un simple collectionneur (*Exclamations à gauche*); 2º que je n'étais pas un votant à surveiller, puisque je continuais à voter dans l'impénitence finale, on n'avait nul besoin d'employer l'enveloppe à mon égard. (*Très bien! très bien! à droite et au centre droit.*)

M. GAMBETTA. — Messieurs, je crois qu'il faut mettre fin à ces divers récits.

M. BARAGNON. — C'est vous qui avez raconté l'anecdote.

M. Gambetta. — Je ne l'ai fait que pour rétablir l'exactitude de ce qui s'est passé.

M. Baragnon peut venir défendre sa pudeur, je n'ai pas à lui répondre. (*Rires sur divers bancs à gauche. — Protestations à droite et au centre. — Cris : A l'ordre! à l'ordre!*)

M. Gambetta. — Comment! on ne peut pas parler de la pudeur de M. Baragnon sans exciter vos murmures! (*Nouvelles réclamations à droite.*)

M. le président. — Il ne peut être question ici ni de pudeur attaquée, ni de pudeur à défendre.

Je prie M. Gambetta de s'abstenir de toute parole qui pourrait blesser ses collègues. (*Très bien! très bien!*)

M. Gambetta. — Messieurs, M. Baragnon a cru qu'il devait expliquer que c'était comme collectionneur (*Interruptions à droite*), et non pas comme électeur, qu'il s'était procuré la liste de gauche. J'ai pensé qu'il était naturel de le traiter comme la femme de César et de dire que sa pudeur était au-dessus de tout soupçon. (*Murmures à droite et au centre.*)

Mais, cela dit, et pour rentrer dans le fond du débat parlementaire, il résulte maintenant, de l'aveu même des fameux protestants, qu'il y avait deux listes; il résulte de leur aveu qu'on pouvait prendre l'une ou l'autre de ces listes... (*Non! non! à droite*) et que vous ne pouvez justifier vos réclamations qu'en disant qu'il n'y avait que des listes mises sous enveloppes, alors qu'on en avait peut-être sous la main cinquante sans enveloppes.

M. le baron de Ravinel. — Mais il y avait des surveillants!

M. Gambetta. — Messieurs, c'est avec des lazzi qu'on juge une pareille question; j'en appelle à votre conscience et à votre bon sens. (*Très bien! très bien! à gauche.*)

La proposition de M. Paris, mise aux voix, est repoussée par 334 voix contre 321.

Il restait à élire cinq sénateurs. Le centre gauche eut peur de trop vaincre ; M. Ricard demanda qu'on ne réduisît pas au désespoir les libéraux du centre droit, et qu'on leur accordât deux ou trois noms parmi les moins compromis. Cette proposition, que son auteur croyait un acte de générosité habile, n'était, dans la vérité, qu'une insigne faiblesse dont le 16 mai devait révéler toutes les conséquences funestes. M. Gambetta et M. Lepère s'y opposèrent en vain avec la plus vive énergie. Il fut décidé que chaque groupe reprendrait sa liberté d'action, et les droites firent aussitôt passer le général de Cissey, l'amiral de Montaignac et l'évêque d'Orléans. M. Wallon et M. de Maleville passèrent dans les mêmes scrutins (17-21 décembre.)

# LETTRE

## A UN CONSEILLER MUNICIPAL DE CAHORS

---

Paris, 31 décembre 1875.

Mon cher ami,

L'Assemblée élue le 8 février 1871 vient enfin de voter sa dissolution et de décréter la loi qui convoque la nation dans ses comices pour procéder à l'élection des hommes qui devront siéger dans les deux Chambres instituées par la Constitution républicaine du 25 février 1875 [1].

Le moment n'est pas venu de juger l'Assemblée, les partis qui l'ont déchirée, ni les actes qui se sont accomplis sous son impulsion et sous sa responsabilité. Ce sera l'œuvre ultérieure de l'impartiale histoire.

On peut dire toutefois que, si on la juge sur les résultats de son œuvre et non sur ses intentions, l'Assemblée nationale obtiendra les circonstances atténuantes de la postérité.

Elle a voulu, en effet, ruser avec la souveraineté nationale et le suffrage universel, et ils sortent l'un et l'autre intacts et respectés; elle a tenté de rétablir la monarchie, et elle a abouti à la République légale; elle a cherché à asservir par avance la démocratie en

---

1. La loi de dissolution fixait les élections des délégués sénatoriaux des communes au 15 janvier 1876, les élections sénatoriales au 30 janvier, les élections législatives au 20 février et la réunion des deux nouvelles chambres au 8 mars.

instituant une Chambre haute qui devait être comme
le refuge et la citadelle des politiques de la réaction.
Les profonds tacticiens qui avaient inventé cette belle
machine sont vaincus ; la citadelle nous appartient et
nous y avons mis garnison. Les vœux du pays sont
réalisés : la Chambre est dissoute ; la République est
proclamée le gouvernement légal de la France, et ce
Sénat tant redouté se présente comme le gardien
tutélaire du parti républicain.

C'est au suffrage universel maintenant qu'il appartient de poursuivre et de compléter l'œuvre de ses
mandataires. C'est à lui désormais qu'incombent
l'honneur et la charge de se défendre, de se protéger,
de se gouverner lui-même. Il a à choisir des sénateurs, des députés. De ces choix vont dépendre le
repos, la sécurité, la paix intérieure et extérieure, la
grandeur même de la France.

Il est donc nécessaire que, dans chaque département et dans chaque fraction d'arrondissement, tous
les bons citoyens se pénètrent du sentiment de leur
responsabilité et se préparent à agir, pour le service
de leurs convictions politiques, sur les choix et la
détermination de leurs concitoyens.

Je sais trop bien, depuis cinq ans, les sacrifices de
résignation et de patience qu'a coûtés à toute la
population la prolongation d'un pouvoir hostile,
équivoque et tracassier, pour douter que, de toutes
parts, on ne se dispose avec activité aux luttes et aux
salutaires agitations de la période électorale. Les
nouvelles qui arrivent de tous les points du territoire démontrent que la France est majeure et qu'elle
est levée pour reprendre la possession de ses affaires.
Il n'en est pas moins vrai que, çà et là, il existe certains départements où l'esprit politique est encore
trop assoupi et où, faute de cohésion, les serviteurs
de la démocratie républicaine ignorent et leur force
et leur nombre. Je crains, peut-être à tort, que notre

cher département du Lot n'appartienne encore à
cette dernière catégorie, et, cependant, que d'éléments d'activité! que de ressources matérielles et
morales! que de bonne volonté! que de capacités! en
un mot, que de forces perdues! Ce qui vous manque,
c'est l'unité et la concentration, une bonne règle de
conduite et un prosélytisme à toute épreuve. Vous
pouvez, vous devez en quelques jours refaire l'union,
grouper vos forces et porter à la connaissance de
tous votre programme politique. Vous obtiendrez la
cohésion en formant, au chef-lieu du département,
un comité central contenant les représentants autorisés de tous les arrondissements. Vous les associerez
dans ce programme commun : la défense énergique
de la Constitution républicaine du 25 février, — la
guerre implacable à toute entreprise de restauration
monarchique ou princière, — l'ajournement de la
révision en 1880, basée uniquement sur l'amélioration des institutions républicaines. Il vous restera dès
lors à voir et à réunir les électeurs sénatoriaux, à
leur démontrer, par l'analyse de la Constitution elle-
même, le tableau politique de la France, les exigences
de la situation extérieure, la nécessité non seulement
pour tout républicain et pour tout démocrate, mais
pour tout patriote, de défendre et de protéger la République. Vous leur direz que la France, étant une
indestructible démocratie, n'a le choix qu'entre une
démocratie avilie et corrompue sous la main d'un
maître, et une démocratie libérale réalisant la formule du gouvernement du pays par le pays lui-
même.

A ce titre, vous ferez éclater à tous les yeux que les
vrais, les seuls conservateurs sont les défenseurs du
régime actuel, et que les fauteurs d'anarchie et de
désordre sont dans les rangs de ses ennemis.

Nos populations sont positives et pratiques; le bon
sens n'exclut pas chez elles la finesse. Amoureuses

avant tout de stabilité et de travail, elles comprendront promptement de quel côté se trouve la sécurité et de quel côté sont les risques et les aventures.

Vous choisirez donc, pour le Sénat comme pour la Chambre des députés, des républicains sincères et loyaux, — non pas que je veuille que vous regardiez à la date et à l'origine de leurs convictions; — la fermeté, le désintéressement, l'autorité du caractère, l'honorabilité, voilà les conditions qu'il faut exiger de vos candidats. Les noms? C'est au comité, non à moi, de les proposer.

Les candidats, d'ailleurs, ne nous feront pas défaut, et aujourd'hui il n'en sera pas comme au 8 février 1871, où tout s'est fait à la hâte, au milieu des ténèbres, dans la terreur causée par la guerre et l'invasion. On pourra comparer, analyser, choisir les meilleurs entre les hommes, ce qui est, à proprement parler, faire une élection.

Il vous appartient, mon cher ami, de répandre autour de vous ces idées qui sont les vôtres, de grouper vos amis, de les animer de votre propre esprit, de ne vous laisser arrêter ni par les appétits personnels de quelques-uns, ni par l'inertie de quelques autres, et de marcher résolument en avant. Votre exemple sera contagieux, je n'en doute pas, et, grâce à tous ces efforts réunis, nous pourrons enfin arracher notre département à l'odieuse pression exercée sur lui par les créatures du Deux-Décembre. Il est temps de le ramener à sa véritable tradition, toute de liberté et de progrès, et de ne pas permettre plus longtemps que le pays des Cavaignac soit le dernier asile des Napoléon.

Salut fraternel,

Léon GAMBETTA.

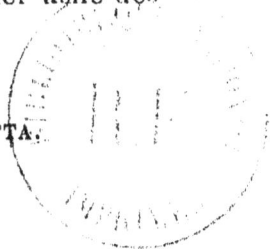

# TABLE DES MATIÈRES

Paris. — Typ. G. Chamerot, rue des Saints-Pères, 19. — 11223.